侵權責任法

當代中國民商法叢書

侵權責任法

程嘯

CITY UNIVERSITY OF
HONG KONG PRESS
香港城市大學出版社

編　　輯　　陳小歡

實習編輯　　張倩瑩（香港城市大學亞洲及國際研究學系四年級）

國際統一書號：978-962-937-275-0

出版

　　　香港城市大學出版社
　　　香港九龍達之路
　　　香港城市大學
　　　網址：www.cityu.edu.hk/upress
　　　電郵：upress@cityu.edu.hk

**Contemporary Chinese Civil and Commercial Law Series—
Tort Law**

(in traditional Chinese characters)

ISBN: 978-962-937-275-0

Published by

　　　City University of Hong Kong Press
　　　Tat Chee Avenue
　　　Kowloon, Hong Kong
　　　Website: www.cityu.edu.hk/upress
　　　E-mail: upress@cityu.edu.hk

Printed in Hong Kong

目錄

第二編　一般侵權行為

第三編　多數人侵權責任

**第十七章
違反安全
保障義務的
侵權責任**

**第十八章
教育機構
的
侵權責任**

第五編　侵權責任的承擔

總序

改革開放以來，中國大陸的市場經濟迅速發展，法治建設取得了重大成就。自 1986 年制定《民法通則》之後，立法機關先後頒佈了《合同法》、《物權法》、《侵權責任法》等法律。截至 2016 年，中國大陸已經頒行了 250 部法律，其中近半數屬於民商事法律。這些法律的頒佈，標誌着中國已建立了較為完善的合同法律制度、物權法律制度、侵權責任法律制度、婚姻家庭繼承制度。中國大陸高度重視保護知識產權，頒佈並實施了專利法、商標法、著作權法等法律法規。除上述民事立法外，中國大陸還制定了公司法、合夥企業法、個人獨資企業法、證券法、海商法、票據法、保險法等商事法律，形成市場經濟的法律體系。除立法機關頒佈的法律之外，國務院也制定了大量的行政法規，最高人民法院為適用民事法律而頒行了一系列民商事方面的司法解釋，這些規範也是中國社會主義法律體系的重要組成部分。

雖然中國大陸民商事法律不能適用於香港地區，但香港回歸中國超過 20 年，香港與內地的關係日趨密切，兩地的經貿合作與交易愈來愈頻繁，由此也產生了諸多糾紛，這就涉及大陸法律的適用問題。故此熟習中國大陸的民事法及商事法是當務之急，也是必需的。認識中國大陸民商法不但可以減少交易風險，防範各種法律糾紛，也有利於營造良好的營商環境。

正是因為上述原因，香港市民認識中國大陸民商法的需求十分迫切，然而由香港出版有關內地法律的著述寥寥無幾，尤其缺乏能反映最新法律狀況的著作，這與香港地區對內地法律認識的需求是不相應的。基於上述種種原因，促

成了這套立足港、台，面向海外的「當代中國民商法叢書」，期望讓從事法律實務的專業人員和管理人員，甚至是普通市民，都能藉此叢書認識到中國民商法的精神，並能在實踐中加以應用。本叢書有以下幾個特點：

(1) 理論與實務並重：強調並堅守理論與實務並重的原則，有系統地解讀學科的基本理論框架和學術發展現狀，指導讀者深入理解法律的立法原理。同時又結合典型或重大的案例，透徹地分析法規如何實踐，幫助讀者深入理解民商法的基本原理和應用規則。

(2) 精選重要法則：民商法包含眾多法理及法則，本叢書切合讀者的需要，從繁瑣的法律條例中精選了最核心、最重要、最常遇到的法規加以闡述，有條不紊地分析其原理、功能及實際應用，從而便於讀者快速了解大陸地區的民商事立法。

(3) 簡明易讀：本叢書考慮到不同法域及不同法律語言的運用，極力避免生僻、晦澀的字眼，運用簡明直白的文字和實際的案例，期望讓專業或大眾讀者認識到中國民商法的定義及法理，並能掌握各法則在現實中的應用。

(4) 針對港、台及海外市場：有別於內地出版的民商法專書，本叢書從港、台、海外的角度出發，以繁體字、本地慣用的語言及熟悉的法律知識分析中國民商法，符合港、台、海外的法律實務專業人員及管理人員的實際需要。

本叢書十分榮幸邀得多位熟悉內地民商法的專家學者擔任作者，對每種法規提供獨到的見解和清晰簡明的解讀，並闡釋中國最新的法律狀況和未來發展趨勢。「嚶其鳴矣，求其友聲」，期待本叢書的出版能夠讓讀者進一步認識中國大陸的民商法，促進國內、香港、台灣及海外讀者的民事法學及商事法學的交流。

王利明

　　在以德國為代表的大陸法系國家和地區，並不存在一部名為「侵權責任法」的法律。因為，在他們的民法中，侵權行為與違約行為、不當得利、無因管理，都屬於債的發生原因，即產生了特定當事人之間的權利義務關係；所以，侵權法中的兩大問題——侵權行為的成立與侵權責任的承擔，被分別規定在民法典的不同部分。什麼行為構成侵權行為，需要承擔侵權責任，即侵權責任的構成要件，規定於民法典債編的分則部分；侵權責任成立後，侵權人如何承擔侵權責任、承擔何種侵權責任，則規定於民法典債編的總則部分。當然，在英國、美國等大陸法系國家，由於實行的是判例法，故此更不存在一部叫做「侵權責任法」的法律。

　　與大陸法系國家不同的是，中國大陸的侵權責任法脫離債法，獨立成編。這就是說，在中國大陸，有一部名字就叫《侵權責任法》的法律，即 2009 年 12 月 26 日第十一屆全國人民代表大會常務委員會第十二次會議通過，2010 年 7 月 1 日起正式施行的《中華人民共和國侵權責任法》。該法凡 12 章，92 條。

　　縱觀整部《侵權責任法》，可知其有以下兩大特點：

　　其一，該法既規定了侵權責任的構成要件，又規定了侵權責任的承擔。也就是說，整部《侵權責任法》都是「從不同的角度回答侵權是否構成和責任如何承擔的問題」。這是一種非常新穎獨特的立法模式。

　　其二，在《侵權責任法》中，既有對所有的侵權責任共通規則的規定，也有對特殊侵權行為的規定。前者即《侵權責任法》第 1 章至第 3 章的規定，主要內容包括：對過錯責任、無過錯責任等歸責原則的規定，對共同侵權行為在內的多

數人侵權責任的規定及對責任的承擔方式、減輕責任或免除責任的規定等。後者即《侵權責任法》第4章至第12章。在這9章中，去掉第12章「附則」，其餘的8章分別對各類特殊侵權行為作出了具體的規定。這些規定可以大致分為三類：（1）對已有規定的補充，如第6章「機動車交通事故責任」中對機動車責任主體的規定，就是對《道路交通安全法》有關規定的補充；（2）對已有規定的修改，這部分的內容最多，如第4章「關於責任主體的特殊規定」、第7章「醫療損害責任」、第10章「飼養動物損害責任」、第11章「物件損害責任」等，都是對原有法律和司法解釋相關規定的修改。（3）新的規定，也就是說，這部分內容是以前完全沒有規定的，如第9章「高度危險責任」中的許多規定。

當前，中國民法典各分編的編纂工作正在密鼓緊鑼地進行當中。從2018年8月27日第一次提交第十三屆全國人民代表大會常務委員會第五次會議審議《民法典各分編（草案）》來看，分編共分為六編，即物權編、人格權編、合同編、婚姻家庭編、繼承編和侵權責任編。作為民法典分編中第六編的「侵權責任」基本上是以現行的《侵權責任法》為基礎進行相應的修改完善而成，其總體結構與絕大部分內容與《侵權責任法》是一致的，只是對個別規則和制度進行了修改和完善。依據全國人大常委會法制工作委員會主任沈春耀所做的「關於《民法典各分編（草案）》的說明」，《民法典侵權責任編草案》（以下簡稱《一審稿》）在總結《侵權責任法》的實踐經驗的基礎上，針對侵權責任制度作出了五個方面必要的補充和完善，即完善公平責任規則、完善精神損害賠償制度、完善網絡侵權責任制度、完善機動車交通事故責任規則、完善生態環境損害責任等。

應當說，《侵權責任法》的規定總體上是符合中國國情的，施行至今八年來，該法在保護民事主體合法權益，預防和制裁侵權行為方面發揮了積極的作用。民法典侵權責任編當然不應全部推翻《侵權責任法》的規定，另起爐灶，從頭再來。然而，必須看到的是，《侵權責任法》對於一些立法時已經存在的問題採取了迴避的態度，沒有規定，而對於有些問題的規定又不科學，這些都迫切需要通過此次民法典編纂來解決。同時，《侵權責任法》自2010年7月1日施行至今已逾八年，其中的一些規定在歷經實踐檢驗後也發現了不少新問題，迫切需要民法典侵權責任編予以解決。故此，民法典侵權責任編的編纂雖非重新立法，但也絕不能

簡單地照搬照抄《侵權責任法》的規定。對於確實存在的、應當解決的問題，最高立法機關應當直面之、解決之。惟其如此，民法典侵權責任編的編纂才符合科學立法、民主立法的要求，才能充分地發揮侵權法所具有的保護功能。

在《侵權責任法》單獨立法及「侵權責任」作為未來中國民法典中單獨一編的背景下，不僅在教學上，侵權責任法應單獨開設課程，從學習研究的角度上來看，也迫切需要有一本穩妥可靠的侵權責任法的教科書，供教師教學、學生學習以及律師、法官等法律實務工作者之用。本書就是立足於中國大陸的侵權法實踐，通過介紹侵權法的基本概念、規則、制度及體系，尤其是侵權法的基礎理論，並闡釋中國現行的《侵權責任法》等侵權法律規範，以使讀者對中國大陸的侵權法有一個基本掌握的教科書。侵權法的理論博大精深，實踐中各種問題層出不窮，而本人才疏學淺，故書中缺漏、錯誤之處，定然不少，敬請廣大讀者批評指正，不吝賜教！

程嘯

2019 年 3 月 12 日於清華園

術語縮略表

一、法律及縮略語

縮略語	原法律
1.《憲法》	《中華人民共和國憲法》
2.《民法通則》	《中華人民共和國民法通則》
3.《侵權責任法》	《中華人民共和國侵權責任法》
4.《合同法》	《中華人民共和國合同法》
5.《擔保法》	《中華人民共和國擔保法》
6.《物權法》	《中華人民共和國物權法》
7.《農村土地承包法》	《中華人民共和國農村土地承包法》
8.《道路交通安全法》	《中華人民共和國道路交通安全法》
9.《鐵路法》	《中華人民共和國鐵路法》
10.《公路法》	《中華人民共和國公路法》
11.《民用航空法》	《中華人民共和國民用航空法》
12.《婚姻法》	《中華人民共和國婚姻法》
13.《繼承法》	《中華人民共和國繼承法》
14.《產品質量法》	《中華人民共和國產品質量法》
15.《藥品管理法》	《中華人民共和國藥品管理法》
16.《食品安全法》	《中華人民共和國食品安全法》

17.《農產品質量安全法》	《中華人民共和國農產品質量安全法》
18.《消費者權益保護法》	《中華人民共和國消費者權益保護法》
19.《環境保護法》	《中華人民共和國環境保護法》
20.《水污染防治法》	《中華人民共和國水污染防治法》
21.《大氣污染防治法》	《中華人民共和國大氣污染防治法》
22.《固體廢物污染環境防治法》	《中華人民共和國固體廢物污染環境防治法》
23.《專利法》	《中華人民共和國專利法》
24.《著作權法》	《中華人民共和國著作權法》
25.《商標法》	《中華人民共和國商標法》
26.《反不正當競爭法》	《中華人民共和國反不正當競爭法》
27.《國家賠償法》	《中華人民共和國國家賠償法》
28.《安全生產法》	《中華人民共和國安全生產法》
29.《建築法》	《中華人民共和國建築法》
30.《電力法》	《中華人民共和國電力法》
31.《煤炭法》	《中華人民共和國煤炭法》
32.《傳染病防治法》	《中華人民共和國傳染病防治法》
33.《獻血法》	《中華人民共和國獻血法》
34.《公司法》	《中華人民共和國公司法》
35.《證券法》	《中華人民共和國證券法》
36.《保險法》	《中華人民共和國保險法》
37.《企業破產法》	《中華人民共和國企業破產法》

二、司法解釋及縮略語

縮略語	原司法解釋條文
1.《民法通則意見》	《最高人民法院關於貫徹執行〈中華人民共和國民法通則〉若干問題的意見（試行）》
2.《名譽權解答》	《最高人民法院關於審理名譽權案件若干問題的解答》
3.《名譽權解釋》	《最高人民法院關於審理名譽權案件若干問題的解釋》
4.《人身損害賠償解釋》	《最高人民法院關於審理人身損害賠償案件適用法律若干問題的解釋》
5.《精神損害賠償解釋》	《最高人民法院關於確定民事侵權精神損害賠償責任若干問題的解釋》
6.《道路交通事故損害賠償解釋》	《最高人民法院關於審理道路交通事故損害賠償案件適用法律若干問題的解釋》
7.《鐵路人身損害賠償解釋》	《最高人民法院關於審理鐵路運輸人身損害賠償糾紛案件適用法律若干問題的解釋》
8.《適用侵權責任法通知》	《最高人民法院關於適用〈中華人民共和國侵權責任法〉若干問題的通知》
9.《食品藥品糾紛規定》	《最高人民法院關於審理食品藥品糾紛案件適用法律若干問題的規定》
10.《利用信息網絡侵害人身權益糾紛規定》	《最高人民法院關於審理利用信息網絡侵害人身權益民事糾紛案件適用法律若干問題的規定》
11.《會計師事務所侵權賠償規定》	《最高人民法院關於審理涉及會計師事務所在審計業務活動中民事侵權賠償案件的若干規定》
12.《公證案件規定》	《最高人民法院關於審理涉及公證活動相關民事案件的若干規定》
13.《工傷保險行政案件規定》	《最高人民法院關於審理工傷保險行政案件若干問題的規定》
14.《計算機網絡著作糾紛解釋》	《最高人民法院關於審理涉及計算機網絡著作權糾紛案件適用法律若干問題的解釋》
15.《不正當競爭解釋》	《最高人民法院關於審理不正當競爭民事案件應用法律若干問題的解釋》

16.《民事訴訟法解釋》	《最高人民法院關於適用〈中華人民共和國民事訴訟法〉的解釋》
17.《民事訴訟證據規定》	《最高人民法院關於民事訴訟證據的若干規定》
18.《環境侵權責任解釋》	《最高人民法院關於審理環境侵權責任糾紛案件適用法律若干問題的解釋》

第一編　基礎理論

第一章

導論

一　概述

1.　《侵權責任法》的含義及特徵

1.1　含義

《侵權責任法》（Tort Law/ Law of Torts/ *Deliktsrecht*），又稱「侵權法」或「侵權行為法」，是民法的重要組成部分。《侵權責任法》有廣、狹義之分。

狹義的《侵權責任法》，也稱「形式意義上的《侵權責任法》」，僅指以「《侵權責任法》」或「侵權法」為名的某部法律。當今世界主要成文法國家和地區幾乎沒有像中國這樣，專門制定一部名為《侵權責任法》的法律。因為這些國家或地區通常都是在民法典債編的各論部分規定各類侵權行為的成立要件，例如，《德國民法典》在第 2 編〈債務關係法〉第 8 章〈具體債務關係〉的最後一節，即第 27 節規定了「侵權行為」。這些規定侵權損害賠償責任發生原因的法律規範被統稱為「責任法（*Haftungsrecht*）」。至於侵權行為（以及債務不履行等其他原因）所產生的法律效果即損害賠償，這屬於「損害法（*Schadensrecht*）」的範疇，其內容主要規定於民法典債編的總則當中，如《德國民法典》第 249 條至第 255 條，就是損害賠償請求權內容的規定（包括損害賠償的目的、方法、範圍等）。

2009 年 12 月 26 日第 11 屆全國人民代表大會常務委員會第 12 次會議通過、2010 年 7 月 1 日起正式施行《侵權責任法》。這部法律就是狹義的《侵權責任法》，該法不僅詳細規定了各類侵權行為的構成要件，還統一規定了侵權責任的內容與承擔方式。具體來説，該法解決的就是兩大問題：其一，構成要件，即符合哪些構成要件的行為，屬於侵權行為，從而成立侵權責任。其二，法律後果，即侵權責任成立後，發生何種法律後果，應由何人承擔何種責任。《侵權責任法》的全部內容都與這兩個問題息息相關，整部《侵權責任法》都是「從不同的角度回答侵權是否構成和責任如何承擔的問題」。[1]

廣義的《侵權責任法》，也稱「實質意義上的《侵權責任法》」，它是對所有規範侵權責任之構成要件與法律後果的法律規範的總稱。在中國，除《侵權責任法》這部專門的法律外，廣義的《侵權責任法》尚包括《民法通則》、

---

1. 王勝明主編（2010）。《中華人民共和國侵權責任法解讀》。北京：中國法制出版社。1 頁。

《產品質量法》、《道路交通安全法》、《消費者權益保護法》、《民用航空法》、《物權法》、《環境保護法》、《鐵路法》、《公路法》、《電力法》等法律，以及司法解釋中涉及侵權責任構成要件和法律後果的法律規範。

1.2　特徵

1.2.1　《侵權責任法》屬於私法

《侵權責任法》調整的是平等主體之間的民事權利與民事義務關係，屬於私法，是民法的重要組成部分。首先，《侵權責任法》保護的是民事權益，即民事權利與民事利益，如物權、人格權等。其次，侵權責任是侵害民事權益後發生的民事責任，而非行政責任或刑事責任。任何主體如因侵權行為而給他人造成損害，均應承擔侵權責任，即便是國家也不例外。

1.2.2　《侵權責任法》是強行法

《合同法》以合同自由為最基本之原則（《合同法》第 4 條），當事人可以自由地決定是否訂立合同、與誰訂立合同、合同的內容如何、形式怎樣等。正是由於充分尊重當事人的意思，故此，《合同法》中的法律規範多屬於任意性規範，當事人可以通過約定排除其適用的規範。在立法用語通常都表現為大量使用「約定」及「當事人另有約定的除外」之類的表述。《物權法》中雖然有物權法定原則（《物權法》第 5 條），對物權的種類與內容由法律強制規定，當事人不得任意創設物權或改變物權內容，但由於引起物權變動的最主要原因是法律行為，因此當事人的意思仍有廣泛的適用空間。《侵權責任法》雖屬私法，但是與私法的其他組成部分如《合同法》、《物權法》相比，《侵權責任法》具有更多的強行法色彩，主要體現於：

首先，法律關於侵權責任的構成要件與法律效果的規定屬於強行性規範，不能任由當事人協商改變。這是因為何種侵權的構成要件，是由立法者經過權衡後確定的，如果當事人可以隨意改變，則立法者的目的就要完全落空。

其次，侵權法規則的可適用性是強制的，不能任由私人協商。之所以如此，是出於維護公共利益的考慮。當然，《侵權責任法》具有強行性並不意味

着侵權法中完全排除了當事人意思自治的空間。例如，在侵害他人人身權益造成財產損失的場合，如果被侵權人的損失難以確定，且侵權人因侵權行為獲得的利益也難以確定，依據法律規定，被侵權人和侵權人可以就賠償數額進行協商（《侵權責任法》第 20 條第 3 句）。

2. 侵權責任基本法與侵權責任特別法

2.1 含義

在有民法典的國家，區分侵權責任基本法與侵權責任特別法比較容易。所謂侵權責任基本法，就是民法典對侵權責任的構成要件與責任承擔問題的規定。侵權責任基本法中規定的內容，很多是侵權責任中最基本和共通性的問題，如對過錯責任、多數人侵權責任等內容的規定。侵權責任特別法，則指民法典之外的單行法中關於侵權責任的規範。之所以在民法典規定了侵權行為後，還需要有侵權責任特別法，主要就是因為隨着社會的發展，各種特殊的、新型的侵權行為會不斷湧現，而民法典必須保持穩定，不能隨意增修，故此只能通過單行立法來規範這些新產生的侵權行為。

中國沒有民法典，在《侵權責任法》頒佈之前，《民法通則》第 6 章「民事責任」關於侵權責任的法律規定，包含了侵權責任中最基本和共同的一些規則，故此屬於侵權責任基本法。而《侵權責任法》頒佈後，該法就成為了侵權責任基本法。該法第 2 條第 1 款規定：「侵害民事權益，應當依照本法承擔侵權責任。」此外，《侵權責任法》第 5 條還規定：「其他法律對侵權責任另有特別規定的，依照其規定。」所謂「對侵權責任另有特別規定的」其他法律，就是侵權責任特別法。中國侵權責任特別法的數量眾多，僅全國人大及其常委會通過的單行法律就有四十餘部，如《產品質量法》、《消費者權益保護法》、《道路交通安全法》、《食品安全法》、《鐵路法》、《民用航空法》、《環境保護法》、《水污染防治法》、《大氣污染防治法》、《固體廢物污染環境防治法》、《放射性污染防治法》、《國家賠償法》等。這些侵權責任特別法要麼對侵權責任基本法中已有的規定進行細化或修改，要麼規定了侵權責任基本法中沒有規定的內容。

圖 1.1 《中國侵權責任法》的體系結構

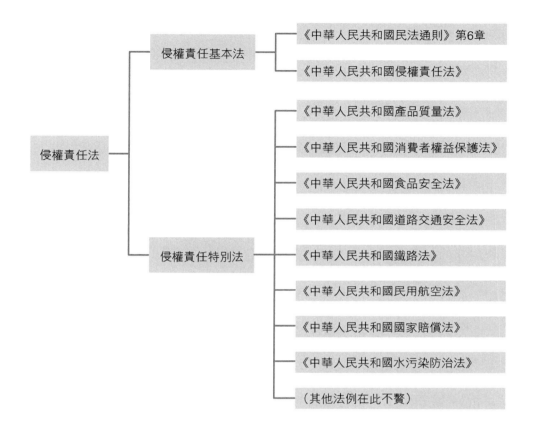

2.2　侵權責任基本法與侵權責任特別法的適用關係

　　就《侵權責任法》與其他規定侵權責任的法律之間的適用關係問題，需要特別注意的是《侵權責任法》第 5 條。該條規定：「其他法律對侵權責任另有特別規定的，依照其規定。」這是不是意味着，凡是其他法律中有了侵權責任的規定，且這些規定與《侵權責任法》的規定不一致時，都應適用其他法律？本書認為，答案是否定的。因為《中國侵權責任法》是在現有侵權責任立法與司法實踐經驗基礎上制定的，是為了解決現有法律中侵權責任的規定較為原則、較為分散等問題，而制定的一部較為完備的《侵權責任法》方面的重要法律。因此，在考慮《侵權責任法》與其頒佈之前的、規範侵權責任的法律的關係時，不能簡單地適用「特別法優於一般法」的規則。

(1) 與《侵權責任法》頒佈之前的規範侵權責任的法律相比，《侵權責任法》屬於新法，且其修改了不少舊法中的規定。例如，《民法通則》第 127 條規定，飼養動物致害責任一律適用無過錯責任。然而，《侵權責任法》第 10 章區分了不同類型的動物，分別適用不同的歸責原則，如動物園飼養的動物致害責任不適用無過錯責任，而適用過錯推定責任（第 79 條）。再如，依據《民法通則》第 126 條，建築物、構築物或者其他設施倒塌、脫落、墜落造成他人損害的，均適用過錯推定責任。但是，《侵權責任法》的立法者為了強化建築質量，於第 86 條特別規定，如果建築物、構築物或者其他設施倒塌造成他人損害的，應適用無過錯責任。由此可見，凡是《侵權責任法》已經明確修改了以前法律對侵權責任的規定，即便其他法律的規定屬於對侵權責任的特別規定，也應適用《侵權責任法》的規定。

(2) 對於有些侵權責任，原來的法律和司法解釋作出了明確的規定，但《侵權責任法》卻沒有規定。此時，不能理所當然認為《侵權責任法》否定了以往的做法。究竟是適用《侵權責任法》還是適用原有的法律和司法解釋，應當考慮《侵權責任法》立法本意及原有規定合理與否後加以確定。例如《人身損害賠償解釋》第 9 條規定了僱主與僱員的連帶責任及僱主的追償權，但《侵權責任法》第 34、35 條卻沒有規定。儘管如此，從強化僱員的責任心並更好地保護受害人的角度出發，還是應當認為，是有必要承認僱主與僱員在特定情形下的連帶責任並賦予僱主追償權。

(3) 《侵權責任法》頒佈之後，新頒佈或新修訂的法律中關於侵權責任的規定，如果與《侵權責任法》的規定不一致的，應當適用「同一效力位階的法律，特別法優於一般法、新法優於舊法」的規定（《立法法》第 83 條）。例如，《消費者權益保護法》於 2013 年 10 月 25 日由第 12 屆全國人民代表大會常務委員會第五次會議修訂，該法原第 49 條關於雙倍返還的懲罰性賠償的規定，被修訂後成為第 55 條。該條第 2 款規定：「經營者明知商品或者服務存在缺陷，仍然向消費者提供，造成消費者或者其他受害人死亡或者健康嚴重損害的，受害人有權要求經營者依照本法第 49 條、第 51

條等法律規定賠償損失，並有權要求所受損失兩倍以下的懲罰性賠償。」顯然，該款是對《侵權責任法》第 47 條規定的「相應的懲罰性賠償」具體化，司法實踐應適用《消費者權益保護法》第 56 條第 2 款的規定。

3. 《侵權責任法》的法律淵源

了解《侵權責任法》的法律淵源，不僅有助於找法，對正確適用法律也非常重要。在中國，《侵權責任法》的法律淵源主要是制定法即成文法。依據立法權限和效力等級的不同，制定法可被分為：憲法、法律、法律解釋、行政法規、地方性法規、經濟特區法規、自治條例、單行條例、規章（部門規章以及地方政府規章）。「民事基本制度」屬於只能制定法律的事項（《立法法》第 8 條第 7 項）。侵權責任制度是民事基本制度，故應由法律規定之。行政法規不能規定侵權責任，除非有全國人大及其常委會的授權（《立法法》第 9 條）。至於地方性法規、經濟特區法規、自治條例、單行條例、規章等，更不屬於《侵權責任法》的法律淵源。中國《侵權責任法》的實際法律淵源，主要就是法律與司法解釋。

3.1 法律

法律有廣、狹義之分。狹義的法律，是指全國人民代表大會及其常務委員會制定的規範性法律文件。廣義的法律，是指有權的機關所制定、頒行的所有規範性法律文件，包括狹義的法律、行政法規、地方性法規、規章等。作為《侵權責任法》的法律淵源的法律只是狹義的法律。

法律是中國《侵權責任法》最主要的法律淵源，它們包括《侵權責任法》、《民法通則》、《合同法》、《物權法》、《產品質量法》、《消費者權益保護法》、《反不正當競爭法》、《國家賠償法》、《公司法》、《證券法》、《鐵路法》、《公路法》、《民用航空法》、《建築法》、《道路交通安全法》、《未成年人保護法》、《大氣污染防治法》、《放射性污染防治法》、《環境噪聲污染防治法》、《固體廢物污染環境防治法》、《水污染防治法》、《海洋環境保護法》、《安全生產法》、《藥品管理法》、《食品衛生法》、《電力法》、《建築法》等。

3.2　司法解釋

　　司法解釋，是指最高人民法院和最高人民檢察院就各級審判機關與檢察機關在審判、檢察工作中，如何具體應用法律、法令問題而作出的具有法律效力的闡釋與說明。《全國人民代表大會常務委員會關於加強法律解釋工作的決議》規定，最高人民法院、最高人民檢察院對法院審判工作、檢察院檢察工作中具體應用法律、法令的問題有權進行解釋。由於最高人民檢察院的司法解釋不涉及應用民事法律的問題，因此只有最高人民法院的司法解釋才屬於《侵權責任法》的法律淵源。司法解釋在中國法律體系中具有何種地位、效力如何，對此並無任何法律加以明確規定。《最高人民法院關於司法解釋工作的規定》第 5 條規定：「最高人民法院的司法解釋具有法律效力。」[2] 第 27 條第 2 款規定：「人民法院同時引用法律和司法解釋作為裁判依據的，應當先援引法律，後援引司法解釋。」

　　侵權法屬於民法，因此作為侵權法法律淵源的司法解釋，僅指最高人民法院頒佈的司法解釋，其可以分為「解釋」、「規定」、「批覆」和「決定」（《最高人民法院關於司法解釋工作的規定》第 6 條）。

3.3　案例

　　中國是成文法國家，判例並非法律淵源。然而，僅依靠成文法來處理紛繁複雜的案件，顯然是不夠的。這是因為，法律條文畢竟是非常抽象的，在具體糾紛的解決中如何理解和闡釋抽象的法律規定，往往見仁見智，差異甚大。即便是最高人民法院做出了相應的司法解釋，由於司法解釋也是採取抽象條文的表達方式，故此，仍會存在理解上的差異，需要進一步的解釋。解釋需要再被解釋，如此循環反覆，依然解決不了同案不同判的問題，無法保證法律適用上的統一性與司法的權威。為了彌補成文法周延性、具體性與應變性上的不足，建立指導性案例制度，發揮案例在彌補成文法的局限上的重要作用，極為必要。在未來的司法實踐中，案例對於人民法院的審判、法

---

2. 對最高人民法院司法解釋地位的詳細分析，參見曹士兵（2006）。〈最高人民法院裁判、司法解釋的法律地位〉，《中國法學》。第 3 期。

學研究及立法，會具有愈來愈重要的作用，將逐漸成為中國的法律淵源。目前，對地方法院具有不同程度拘束力的案例主要有以下三類：

(1) 最高人民法院公佈的指導性案例。2010 年 11 月 26 日最高人民法院頒佈了《關於案例指導工作的規定》，決定在中國建立案例指導制度。依據該規定，最高人民法院將確定並統一發佈對全國法院審判、執行工作具有指導作用的指導性案例。所謂指導性案例，應當是裁判已經發生法律效力，認定事實清楚，適用法律正確，裁判說理充分，法律效果和社會效果良好，對審理類似案件具有普遍指導意義的案例。依據《關於案例指導工作的規定》第 7 條，最高人民法院發佈的指導性案例，各級人民法院審判類似案例時應當參照。《〈最高人民法院關於案例指導工作的規定〉實施細則》[3] 第 9、10 條規定，各級人民法院正在審理的案件，在基本案情和法律適用方面，與最高人民法院發佈的指導性案例相類似的，應當參照相關指導性案例的裁判要點作出裁判。各級人民法院審理類似案件參照指導性案例的，應當將指導性案例作為裁判理由引述，但不作為裁判依據引用。到 2016 年 7 月 5 日為止，最高人民法院發佈了 13 批、共 64 件指導性案例，其中涉及侵權法問題的指導性案例共 17 件。

(3) 《最高人民法院公報》上刊登的案例。《最高人民法院公報》具有很大的權威性，[4] 其刊載之最高人民法院及地方各級法院的判決書，皆經最高人民法院審判委員會討論通過，對各級人民法院的審判工作具有很強的指導意義。[5]

(3) 最高人民法院公佈的典型案例。近年來，為闡釋法律精神，指導地方法院的裁判，最高人民法院還不定期公佈各類典型案例。例如，2014 年 2 月 17 日最高人民法院公佈了近年來人民法院審理

---

3. 2015 年 4 月 27 日由最高人民法院審判委員會第 1649 次會議討論通過。

4. 《最高人民法院關於本院發出的內部文件凡與〈中華人民共和國最高人民法院公報〉不一致的均以公報為準的通知》（1985 年 7 月 2 日法（辦）發〔1985〕14 號）。

5. 《最高人民法院辦公廳關於重申本院發出的內部文件凡與〈最高人民法院公報〉公佈的內容不一致的均以公報為準的通知》（1988 年 6 月 4 日）。

的涉及拆遷補償、著作權保護、刑事冤錯案賠償等民生領域的七起典型案例；2014 年 3 月 12 日最高人民法院公佈了十起人民法院維護消費者權益的典型案例；2014 年 7 月 25 日最高人民法院發佈了四起典型的機動車交通事故侵權案例等。雖然這些典型案例雖然不是指導性案例，但其闡述的法律精神對下一級法院的審判具有一定的拘束力，對於解決糾紛以及法學研究具有重要意義。

二　　《侵權責任法》的功能

1.　　概述

　　《侵權責任法》的功能，就是《侵權責任法》在社會生活中所發揮的作用，或者說是人們希望通過《侵權責任法》來實現的目的。《侵權責任法》具有何種功能，並無固定的標準或統一的答案。因為在不同的歷史時期、不同的社會經濟狀況下，《侵權責任法》的功能也有所不同。申言之，「侵權法的功能是隨着歷史的發展而有所不同的。撫慰、實現正義、懲罰、威懾、賠償以及損失分散等都曾位列其中。它們當中沒有一種能夠作為侵權法全部的正當性基礎。⋯⋯ 在侵權法的不同歷史階段上，某一種功能會比其他功能更佔據主導地位。而且，每一種功能的歷史地位都揭示了那個時代的某些社會經濟與哲學的發展趨勢」。[6]

　　中國《侵權責任法》第 1 條規定：「為保護民事主體的合法權益，明確侵權責任，預防並制裁侵權行為，促進社會和諧穩定，制定本法。」從這一規定來看，《侵權責任法》的立法者希望該法的作用是保護功能 ── 即「保護民事主體的合法權益」、預防功能與懲罰功能 ── 即「預防並制裁侵權行為」。

---

6. B.S. Markesinis & S.F. Deakin (1999). *Tort Law*. Oxford: Clarendon. 36.

2.　懲罰並非《侵權責任法》的功能

由於《侵權責任法》第 1 條規定了「制裁」侵權行為，因此不少學者認為，懲罰功能也是中國侵權法的一項功能。[7] 本書認為，懲罰並非《侵權責任法》的功能。首先，任何法律責任都是責任人所不願意承擔的，對其而言都是不利的，但這只是說明法律責任具有強制性和不利性，卻並不意味着侵權法是以懲罰或制裁為目的，更不表明侵權法的確能夠發揮懲罰的作用。在現代社會中，諸法分立且各司其職。刑法以懲罰與預防犯罪為基本之功能，而作為私法的侵權法側重的是損害的填補與預防。顯然，就嚴厲性來說，任何侵權責任的承擔方式恐怕都不會比剝奪自由甚至生命的刑罰更嚴厲、更具有懲罰性。其次，侵權法中幾乎沒有太多的制度能夠起到懲罰的作用。以損害賠償責任為例，完全賠償原則和禁止得利，是損害賠償法的兩項基本原則。一方面，通過令侵權人承擔賠償責任，使被侵權人回復到侵權行為如果沒有發生時其應處的狀態，這本來就是侵權人應當承擔的責任，並非對其額外的懲罰。另一方面，基於禁止得利原則，被侵權人不能因損害賠償而獲利，否則有違公平原則，這就更加不存在懲罰的可能性。再如，無過錯責任不以過錯為責任成立之要件，表面上對侵權人非常嚴厲；然而，令侵權人承擔責任的是風險或控制力，此等歸責事由本身並不具有非難性，當然就沒有可懲罰性。[8] 考慮到責任保險制度的存在，事實上，侵權人並不需要承擔全部的損害賠償金，懲罰作用無從談起。在中國《侵權責任法》中，能夠認為具有強烈懲罰色彩的制度只有懲罰性賠償制度。然而，即便是這個懲罰性賠償，它也不是以懲罰為目的，它只是要通過剝奪加害人的非法利益，加大其侵權成本，使之得不償失，從而在經濟上遏制其從事侵權行為的衝動，產生特定威懾。同時，巨額的懲罰性賠償對社會上之潛在的侵權人也能產生「殺一儆百」的作用。換言之，侵權法對侵權人的不利後果或者制裁的根本目的，是要填補受害人的損害並預防侵權行為的再次發生。事實上，將懲罰作為《侵權責任法》的基本功能，還會使《侵權責任法》真正的基本功能 —— 補償功能與預防功

---

7. 王利明（2010）。《侵權責任法研究（上卷）》。北京：中國法制出版社。104 頁以下；楊立新（2010）。《〈中華人民共和國侵權責任法〉精解》。北京：知識產權出版社。26 頁。
8. 朱岩（2011）。《侵權責任法通論·總論》。北京：法律出版社。113 頁。

能 —— 被忽略甚至被扭曲。而這一點在中國已經發生。中國法院對於刑事附帶民事訴訟中禁止受害人請求精神損害賠償,一個重要的理由就是犯罪分子已經遭受了刑罰的懲罰,因此沒有必要再通過精神損害賠償責任來對其進行懲罰。

正因將懲罰作為侵權法的功能,會產生很多的弊端,在起草《侵權責任法》時,不少學者、單位和地方就明確提出,「制裁侵權行為」不是《侵權責任法》的主要功能。作為私法責任的侵權責任不應強調懲罰功能,建議刪去「制裁侵權行為」的內容。[9] 可惜,這一意見未被立法者接受。《侵權責任法》第 1 條依然將「制裁」侵權行為作為立法的目的。該規定顯然是不妥當的。綜上所述,本書認為,中國《侵權責任法》的基本功能就是兩項:補償功能與預防功能。

3. 《侵權責任法》的補償功能

3.1 補償功能的含義

侵權法的補償功能(*Ausgleichsfunktion*),是指侵權法具有填補被侵權人所遭受之損害的作用。通過要求侵權人填補被侵權人的損害,保護被侵權人的合法權益,補償功能有助於實現立法者所追求的化解衝突、促進社會和諧穩定的目標。補償不僅意味着恢復受害人被減少的財產額,更意味着使受害人回到「倘若損害事件沒有發生時應處的狀態」,此乃各國損害賠償法共通的、最高的指導原則。[10] 為了實現補償功能,損害賠償法中遂產生了「完全賠償」與「禁止得利」這兩項基本原則。

完全賠償原則(*Das Prinzip der Totalreparation*),也稱「要麼全賠,要麼不賠的原則」(*Das Alles-oder-nichts-Prinzip*),[11] 是指在任何產生損害賠償請求權的場合,不管損害的類型如何、加害人的過錯程度如何,均應先確定受害人所遭受的損害,然後由賠償義務人通過相應的賠償方法為賠償權利人提

---

9. 全國人大常委會法制工作委員會民法室編(2010)。《侵權責任法立法背景與觀點全集》。北京:法律出版社。43 頁、111 頁。

10. 曾世雄(2001)。《損害賠償法原理》。北京:中國政法大學出版社。14–17 頁。

11. Vgl. Medicus/ Lorenz (2008). *Schuldrecht I* (18 Aufl.). München: Verlag C. H. Beck. Rn. 624.

供一定的利益，以求全部填補損害，使受害人回復到倘未遭受侵害時應處之狀態。申言之，侵權損害賠償責任僅與受害人的損害有關，「損害多少，賠償多少」。侵權人主觀上的可非難程度如何、故意還是過失，通常並不影響賠償的範圍與數額。即便侵權人僅具有最輕微的過失，但造成了嚴重的損害，他也要就該損害承擔全部的賠償責任。「在法律上，不能考慮所謂損害之大實出預料之類的答辯，因為這對於所有錯誤行為無不如此。」[12] 反之，雖然侵權人從事的是最卑鄙的侵權行為，但僅造成了輕微的損害，也不能就此加重侵權人的賠償責任。[13] 至於侵權賠償責任的成立與否，更不受加害人動機的影響。行為人「不能以良好的動機為不法行為做辯解，而惡意或不良的動機也不能使得本來是合法的行為變成侵權行為」。[14]

所謂禁止得利原則（*Bereicherungsverbot*），是指受害人不能因損害賠償而獲得超過其損害的利益。倘若賠償帶給受害人的利益超過了應予賠償的損害之範圍，就意味着受害人因侵害行為而獲利，這是法律所不允許的。[15]

3.2　補償功能的實現方式：損失的轉移與損失的分散

3.2.1　損失的轉移（loss shifting）

侵權法的規則是建立「雙邊性」的基礎之上的，侵權法本身要實現補償功能，只能是通過在加害人與受害人之間進行損失的轉移來實現。就法院而言，損害事故發生後，其僅着眼於加害人與受害人這雙方當事人，在兩者中決定應由哪一方承擔損失，非此即彼。申言之，如果侵權責任成立，那麼已經產生的損失就從受害人頭上轉移給加害人；反之，受害人應自認倒霉。

通過損失的轉移來補償受害人可謂有利有弊。利在於：由於加害人要自掏腰包，承擔賠償責任，可以直接形成對加害人的經濟威懾機制，從而預防再次發生侵權行為。弊在於：一方面，在加害人與受害人沒有就賠償達成

---

12. 〔新西蘭〕瓦萊里・安・彭林頓（1985）。《香港的法律》（毛華等譯）。上海：上海翻譯出版公司。164 頁。

13. Walter van Gerven, Jeremy Lever & Pierre Larouche (2000). *Cases, Materials and Text on National, Supranational and International Tort Law*. Oxford: Hart Publishing. 19.

14. 〔新西蘭〕瓦萊里・安・彭林頓（1985）。《香港的法律》。164 頁。

15. Vgl. Looschelders (2008). *Schuldrecht Allgemeiner Teil* (6 Aufl.) Köln: Carl Heymanns Verlag. Rn. 876.

圖 1.2　損失在加害人與受害人之間的轉移

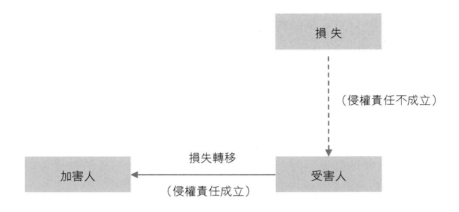

圖 1.3　透過保險等賠償機制實現損失的分散

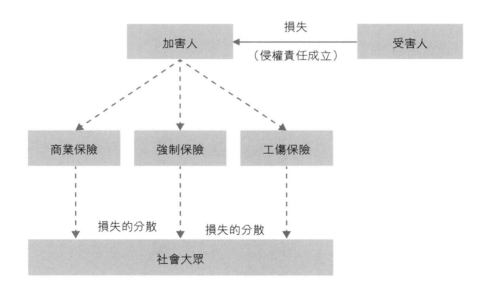

協議的情況下，受害人需要通過民事訴訟來實現損失的轉移，而訴訟需要耗費大量的時間與金錢。另一方面，受害人的損失能否最終得到填補，取決於加害人的賠償能力。如果加害人沒有賠償能力，則受害人的損害將無法得到填補。

3.2.2　損失的分散（loss spreading）

由於單純在加害人與受害人之間的轉移損失存在上述弊端，加之進入現代社會後，損害的發生日益頻繁，為了能夠更好地實現對侵權行為受害人的救濟，在侵權法之外，發展出了多種損害填補機制，如商業保險、強制保險、工傷保險、賠償基金等。侵權責任已經不是實現補償功能的唯一手段。一方面，在工傷事故領域，工傷保險制度逐漸取代了侵權責任，成為對受害人進行補償的唯一來源。另一方面，《侵權責任法》也不再是通過損失的轉移來實現補償功能，更多的時候，它與商業保險、強制責任保險互相結合，以「損失分散」的方式補償受害人。透過商業保險與責任保險，侵權人在「大部分時間只是扮演渠道的角色：費用最終由社會的一大部分人分頭承擔」。[16] 顯然，這種損害分散的方法，既能有效地實現補償的功能，使被侵權人避免因侵權人沒有賠償能力而致損害無法填補，也可以防止侵權人因承擔巨額的賠償責任限於困境或破產。[17]

3.3　《侵權責任法》對補償功能的貫徹

3.3.1　規定了「民事責任優先行政責任、刑事責任」的原則

《侵權責任法》第 4 條規定：「侵權人因同一行為應當承擔行政責任或者刑事責任的，不影響依法承擔侵權責任。因同一行為應當承擔侵權責任和行政責任、刑事責任，侵權人的財產不足以支付的，先承擔侵權責任。」該規定體現的是「民事責任優先」的原則。除《侵權責任法》該條外，明確承認民事責任優先的原則的中國法律規範還包括《刑法》第 36 條第 2 款、《消費者權

---

16. 〔英〕John G. Fleming（1992）。《民事侵權法概論》（何美歡譯）。香港：中文大學出版社。6 頁。

17. 王澤鑒（2009）。《侵權行為》。北京：北京大學出版社。9 頁。

益保護法》第 58 條、《產品質量法》第 64 條、《食品安全法》第 147 條、《公司法》第 214 條、《合夥企業法》第 106 條、《個人獨資企業法》第 43 條、《證券法》第 232 條、《證券投資基金法》第 150 條，以及《特種設備安全法》第 97 條。此外，《最高人民法院關於刑事裁判涉財產部分執行的若干規定》第 13 條還規定：「被執行人在執行中同時承擔刑事責任、民事責任，其財產不足以支付的，按照下列順序執行：(1) 人身損害賠償中的醫療費用；（2）退賠被害人的損失；（3）其他民事債務；（4）罰金；（5）沒收財產。債權人對執行標的依法享有優先受償權，其主張優先受償的，人民法院應當在前款第 (1) 項規定的醫療費用受償後，予以支持。」

3.3.2 完善了多數人侵權責任制度

在多數人實施侵權行為，造成他人損害時，各個行為人之間究竟是承擔連帶責任還是按份責任，不僅涉及到行為人的利益，更直接關係到《侵權責任法》補償功能的實現。為保護被侵權人，為其損害提供補救，《侵權責任法》第 8 條至 12 條對多數人侵權責任作出了系統完善的規定。

3.3.3 明確了侵害財產的賠償計算標準

以往中國的法律和司法解釋，對於人身損害賠償的範圍和計算標準有明確的規定。但是，對於侵害財產的損害賠償卻沒有規定。《侵權責任法》第 19 條則對侵害他人財產時，財產損失的計算方法作出了具體規定。這些對財產損害賠償範圍與計算標準的規定，都是對補償功能的貫徹落實。

3.3.4 首次在法律上肯定了精神損害賠償責任

侵權法具有的補償功能不僅意味着要移除被侵權人因侵權行為遭受的有形損害，還包含對被侵權人的撫慰與賠償。要對被侵權人的精神損害進行賠償與撫慰，責令侵權人向被侵權人支付精神損害撫慰金是最有效的方法。《侵權責任法》第 22 條首次在法律上明確規定了精神損害賠償責任，有利於實現侵權法的補償功能。

4. 《侵權責任法》的預防功能

4.1 預防功能的涵義

　　預防功能（*Präventionsfunktion*），也稱「阻止」或「威懾」的功能，是指《侵權責任法》具有預防侵權行為發生的作用。就補償功能而言，其重點是在被侵權人身上，即對已經發生的損害予以補償。但是，預防功能將重點放在侵權人身上。通過令侵權人承擔侵權責任、尤其是損害賠償責任，侵權法既可以使侵權人今後小心從事，避免再次侵害他人權益，也可以威嚇、阻止其他為社會所不期待的侵權行為的發生。例如，T 視頻分享網站在網上將 B 公司享有著作權的電影供用戶免費下載，該行為被認定侵權行為。在法院判令 T 視頻承擔巨額的賠償責任後，其就不敢再隨意侵害他人的著作權。否則，B 公司又要遭受金錢上的損失。

4.2 《侵權責任法》對預防功能的貫徹

4.2.1 規定了預防性保護措施

　　預防就是未雨綢繆、防患於未然，而不是亡羊補牢。在有些案件中，被告的行為雖然尚未構成對原告人身權益或財產權益的侵害，但已具備明顯的危險性，此時原告有權採取預防性保護措施，以免遭受現實的侵害。對此，《侵權責任法》第 21 條規定：「侵權行為危及他人人身、財產安全的，被侵權人可以請求侵權人承擔停止侵害、排除妨礙、消除危險等侵權責任。」依據這樣的規定，當事人可以在損害尚未現實化之前，通過停止侵害、排除妨礙或消除危險等方式，有效地預防損害的實際發生。

4.2.2 依據危險程度為行為人確立了不同程度的注意義務

　　從事具有不同程度危險性的行為之人，相應地負有不同程度的注意義務。愈危險的活動，注意程度愈高。這樣就能有效預防損害的發生。例如，《侵權責任法》第 76 條規定，對於未經許可進入高度危險活動區域，或者高度危險物存放區域受到損害的情形，管理人只有在已經採取安全措施並盡到「警示義務」的情況下，方能減輕或不承擔責任。第 75 條規定，倘若非法佔有高

度危險物造成他人損害的，該危險物品的所有人、管理人只有能夠證明對防止他人非法佔有盡到「高度注意義務」的，方可免於承擔連帶責任。

4.2.3 確立了缺陷產品的召回制度

現代社會是大生產、大消費的社會。產品往往在全國乃至全球範圍內銷售，使用和消費該產品的主體數量不可勝數。一旦產品存在缺陷，造成的損害勢必極為巨大。為更好地預防損害之發生，《侵權責任法》第 46 條首次在法律上明確規定了缺陷產品的生產者和銷售者的召回義務，即當它們發現產品存在缺陷後，應及時採取有力的警示或召回等預防性補救措施，否則就要對因此造成的損害承擔侵權責任。

4.2.4 懲罰性賠償的預防作用

懲罰性賠償金既可以有效防止同樣的侵權行為再度發生，又能夠鼓勵原告起訴，消滅被告的僥倖心理，從而使其憚於從事構成懲罰性賠償的行為。[18] 法經濟學的研究也表明，當懲罰性賠償金的倍數等於補償性損害賠償金與預防成本之比乘以避免損害事故的邊際概率時，懲罰性賠償金將使那些邊際加害人的社會成本內在化。為了加強保護消費者，預防侵權行為，《侵權責任法》第 47 條規定了缺陷產品的生產者和銷售者的懲罰性賠償責任。

三 《侵權責任法》的立法模式、體系與意義

1. 《侵權責任法》的立法模式

1.1 中國採取了「一般條款＋類型化」的立法模式

中國《侵權責任法》兼採了大陸法系與普通法系的立法模式，其立法模式是獨特的「一般條款＋類型化」的模式。首先，對於特殊的侵權行為，即適

---

18. M. Rustad (1986). *The Social Functions of Punitive Damages and the Law of Evidence*. Thesis (LL. M.), Harvard Law School, Massachusetts. 53.

用無過錯責任、過錯推定責任的侵權行為，以及那些雖然適用過錯責任，但需要專門規定的侵權行為，逐一列舉及專門規定（專章或專條）。其次，確立侵權法上的一般條款，凡是沒有具體列舉的侵權行為，皆適用該一般條款。之所以《侵權責任法》採取「一般條款＋類型化」的立法模式，理由在於：

1.1.1 對於無過錯責任與過錯推定，逐一明文規定，是非常必要的

侵權法不是刑法，無須也不可能採取所謂的侵權行為法定原則，去逐一規定所有的侵權行為類型。侵權法中所謂的類型化，僅指對某些比較特殊的侵權行為要逐一作出規定。就中國《侵權責任法》而言，這些侵權行為可分為兩類：

其一、特殊的侵權行為，即適用無過錯責任或過錯推定責任的侵權行為，《侵權責任法》第 4 章至第 11 章基本上是對這些特殊侵權責任的規定。與過錯責任相比，無過錯責任與過錯推定責任對行為人來說，更為嚴格。此外，法律上規定某一侵權行為適用無過錯責任時，往往需要確立有配套制度，如最高賠償額或強制保險。因此，如果不是由法律明確地作出規定，而是任由法官確定，必將對人們的行為自由構成嚴重的損害，對社會的進步也是不利的。正是出於這種考慮，早在《民法通則》第 106 條第 3 款中，就明確規定，只有法律才能規定無過錯責任。而《侵權責任法》第 6 條第 2 款與第 7 條更是明確規定，過錯推定責任與無過錯責任都必須由法律規定。

其二、需要特別規定的侵權行為。該類侵權行為雖然屬一般侵權行為，適用的是普通過錯責任，但基於各種政策上的考慮，立法者認為有必要特別加以規定。例如，醫療損害責任並不屬特殊的侵權責任，但是由於「近年來醫療糾紛逐年上升，社會廣泛關注」，[19] 為了妥善處理醫療糾紛，維護社會的和諧穩定，《侵權責任法》第 7 章仍對醫療損害責任作出了規定。此外，網絡侵權、安全保障義務、教育機構侵權責任，都屬此類侵權行為。

19.〈全國人民代表大會法律委員會關於《中華人民共和國侵權責任法（草案）》主要問題的彙報〉，2008年 12 月 22 日第十一屆全國人民代表大會常務委員會第六次會議。

1.1.2 一般條款對於《侵權責任法》有效的保護民事主體的人身與財產權益，適應社會的發展變遷而言是不可或缺

傳統侵權法的保護對象主要是少數的人身權與財產權。其中，人身權包括生命權、健康權、身體權、自由權等。財產權則限於個人現實的財產利益，主要就是各類物權。但是，進入 20 世紀之後，侵權法的保護範圍呈現急劇擴張的趨勢。一方面，人格權愈來愈受到重視，成為侵權法的保護重點。經歷兩次世界大戰的苦難之後，各國人權運動蓬勃興起。對個人人格利益的尊重，成為不可遏制的發展趨勢。人格權的類型從傳統的姓名權、肖像權、名譽權擴張到隱私權、信用權、貞操權等，甚至死者的人格利益如名譽、隱私、肖像、姓名等也受到保護。另一方面，在財產方面，除傳統的物權外，還產生了許多需要保護的新型財產權益，如商業秘密、股權、基金份額等。

由於《侵權責任法》無法列舉窮盡各類侵權行為，所以特別需要通過一般條款來解決新型人身權益和財產權益的保護問題，從而有效實現自由與安全的協調，適應社會發展變化的需要。所謂一般條款，是指《侵權責任法》中用來規定過錯責任原則的法律條文。中國《侵權責任法》依舊延續了《民法通則》的模式，即只是規定過錯責任的一般條款，該法第 6 條第 1 款關於過錯責任原則的規定就是一般條款。

2. 《侵權責任法》的體系與意義

2.1 「總則＋分則」的結構

《侵權責任法》共 12 章、92 條。除最後一章〈附則〉僅有一條（第 92 條），對該法的實施時間做出規定外，其餘 11 章之間的關係為「總則＋分則」的結構（參見圖 1.4）。申言之，第 1 至 3 章為總則，規定的是侵權法領域共通的、基本的內容，如立法目的（第 1 條）、保護範圍（第 2 條）、歸責原則（第 6、7 條）、多數人侵權責任（第 8 至 12 條）、連帶責任（第 13 至 14 條）、侵權責任的承擔（第 15 至 25 條）及減責與免責事由（第 3 章）等。

《侵權責任法》的第 4 至 11 章屬分則，這部分逐一列舉了特殊的侵權行為與典型的侵權行為，對它們的成立要件與法律效果做了詳細的規定。所謂特殊的侵權行為，是指那些不適用過錯責任原則，而適用無過錯責任原則或

圖 1.4　中國《侵權責任法》的體系

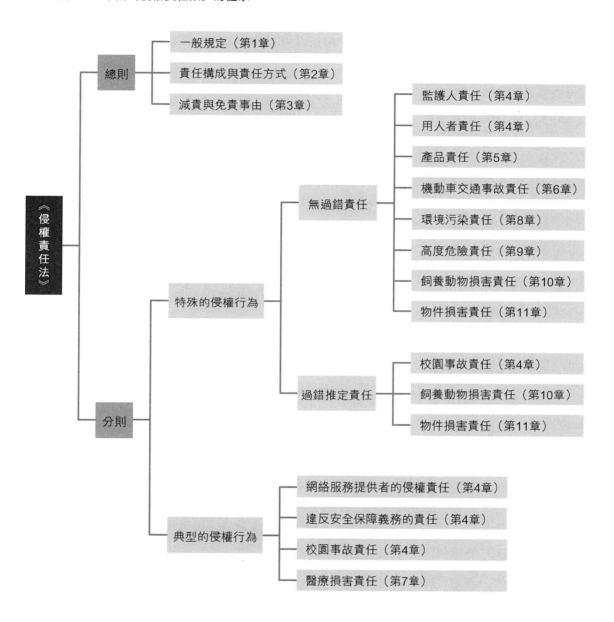

者過錯推定責任的侵權行為，具體包括：監護人責任（第32條）、僱主責任（第34、35條）、產品責任（第5章）、機動車交通事故責任（第6章）、環境污染責任（第8章）、高度危險責任（第9章）、飼養動物損害責任（第10章）、物件損害責任（第11章）。

所謂典型的侵權行為，是指雖然適用的是過錯責任原則，但由於社會生活中發生的糾紛較多、社會關注度高，立法者有意單獨規定的侵權行為，包括：網絡服務提供者的侵權責任（第36條）、違反安全保障義務的侵權責任（第37條）、校園侵權責任（第38至40條）以及醫療損害責任（第7章）。

雖然在立法上採取的是「先一般後特殊、先總則後分則」的順序，但在適用法條解決案件時，則應當遵循「先特殊後一般，先分則後總則」的順序。因為如果法律沒有特殊的規定需要適用，就應當適用一般的規定。處理侵權案件也是如此，面對一個侵權案件，應當先考慮是否屬特殊的侵權行為，即是否適用《侵權責任法》第4至11章的規定或其他單行法的特別規定。如果不是，再適用《侵權責任法》第6條第1款規定的過錯責任原則，以及其他總則部分的規定。

2.2　《侵權責任法》的意義

2.2.1　作為侵權領域的基本法，《侵權責任法》規定了侵權行為共同適用的法律規則

首先，與《民法通則》第106條第2款一樣，《侵權責任法》第6條第1款再次確立了過錯責任作為最基本的損害賠償歸責原則的地位。凡是《侵權責任法》或其他單行法沒有特別規定適用無過錯責任或過錯推定責任的侵權行為，均應適用過錯責任。其次，《侵權責任法》第2、3章對侵權責任構成要件、多數人侵權責任、責任主體、責任承擔方式、損害賠償範圍、侵權責任之減輕與免除等問題作了規定，這些規定是所有侵權責任都能夠適用的共通性規定。《侵權責任法》之所以被稱為侵權領域中的基本法，原因正在於此。

2.2.2 《侵權責任法》有效地規範了其他立法對侵權行為的規定，貫徹了保護受害人權益，維護行為自由的基本價值

作為侵權領域的基本法，《侵權責任法》以協調自由與安全這兩項基本價值為依歸。《侵權責任法》的許多規定，都可以很好地規範其他立法，防止因部門立法、部門利益而產生的通過立法損害當事人合法權益或不合理地限制人們的自由的弊端。例如，依據《侵權責任法》第 6 條第 2 款與第 7 條，除了法律，其他任何立法如行政法規、地方性法規或政府規章都不得確立無過錯責任或過錯推定責任。

第二章

侵權行為的類型

一　概述

　　侵權行為，英語稱之為 "tort"，德語稱為 "*Unerlaubte Handlung*" 或 "*Delikt*"，日語為「不法行為」。漢語的「侵權行為」一詞最早出現於清末編定的《大清民律草案》第 2 編〈債權〉第 8 章。此後，該用法為《中華民國民律草案》（第 2 編〈債編〉第 1 章〈通則〉第 1 節「債之發生」第 2 款）、《中華民國民法》（第 2 編〈債〉第 1 章〈通則〉第 1 節「債之發生」第 5 款）沿用下來。

　　本書並不力求給侵權行為下一個完美的定義，而只是將其簡單地描述如下：侵權行為就是侵害他人受保護的民事權益、依法應承擔賠償責任的行為。由於侵權行為會產生侵權責任法律關係，所以它是一種法律事實，但屬法律事實中的不法的事實行為。事實行為與法律行為最大的區別就在於，法律效果是否行為人所欲求的。法律行為如合同產生的法律效果是當事人所欲求的，在當事人的合意符合法律規定的前提下，法律承認當事人追求的效果並幫助其實現。例如，甲以 300 萬元的價格從乙處購買一套 100 平米的房屋，雙方訂立房屋買賣合同。該合同成立並生效後的法律效果就是，甲有權要求乙交付房屋並協助辦理房屋所有權轉移登記，而乙有權要求甲按照約定交付價款。這種法律效果是甲乙兩人希望發生的，是他們所追求的。然而，侵權行為卻並非是雙方協商的，侵權行為發生的損害賠償責任等法律後果也並非是侵權人、被侵權人所追求的。換言之，侵權行為一旦發生，就產生相應的侵權責任，無論侵權人是否預期出現這一後果。例如，張某與李某因排隊之事發生糾紛，李某打傷張某。李某的行為構成了侵權行為，需要依法承擔侵權賠償責任。該後果顯然既非侵權人所追求的，也非侵權人與被侵權人預先協商好的。事實上，即便是侵權人追求給他人造成損害，是否承擔侵權賠償責任也不是由侵權人決定的，必須依據法律的規定。由此可見，作為事實行為的侵權行為具有權利義務效果法定性的特徵，即侵權行為所引起的法律後果是法律直接規定而非基於意思表示而產生的。[1]

---

1. 董安生（2002）。《民事法律行為》，修訂版。北京：中國人民大學出版社。80 頁以下。

圖 2.1　侵權行為在法律事實中的位置

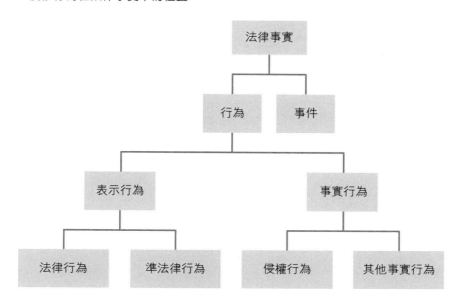

二　一般侵權行為與特殊侵權行為

1.　區分的標準

　　一般侵權行為與特殊侵權行為是一種重要的分類，但究竟依據何種標準劃分之，向有異議。有些人主張按照侵權行為是否行為人的個人行為所致來區分：凡是由行為人的個人行為所致的侵權行為，為一般侵權行為；而由於個人行為之外的原因（如第三人行為的參與、自己行為以外的事實）所生的侵權行為，都是特殊的侵權行為。[2] 本書傾向於以歸責原則作為區分兩者的標準。因為無論在近代還是現代的侵權法中，過錯責任原則始終佔據主導的地位，是最基本的歸責原則，被規定為一般條款，即沒有例外規定就適用的條款。所以，凡是適用過錯責任原則的侵權行為就屬於一般侵權行為。這些侵權行為無需法律逐一列舉並規定之。相反，作為過錯責任原則例外的無過錯

---

2. 孫森焱（2012）。《民法債編總論（上冊）》。台北：自刊。203–204 頁。

表 2.1 《侵權責任法》中的特殊侵權行為類型

適用過錯推定責任的特殊侵權行為	適用無過錯責任的特殊侵權行為
無民事行為能力人受害時教育機構的侵權責任（第 38 條）	監護人責任（第 32 條）
動物園的動物致害責任（第 81 條）	用人者責任（第 34 條第 1 款、第 35 條第 1 句）
建築物、構築物等及其擱置物、懸掛物脫落、墜落致害責任（第 85 條）	產品責任（第 41 條以下）
堆放物倒塌致害責任（第 88 條）	環境污染責任（第 8 章）
林木折斷致害責任（第 90 條）	高度危險責任（第 9 章）
窨井等地下設施致害責任（第 91 條第 2 款）	飼養動物致害責任（第 78 條以下）
	建築物、構築物或其他設施倒塌致害責任（第 86 條）
	公共道路堆放、傾倒、遺撒妨害通行的物品致害責任（第 89 條）

責任、過錯推定責任，必須由法律逐一明文定之（《侵權責任法》第 6 條第 2
款、第 7 條）。既然哪些侵權行為適用無過錯責任或過錯推定責任，需要由法
律做出特別的規定，因此這些侵權行為就屬於特殊的侵權行為。

2.　區分的意義

2.1　有無強制責任保險的不同

　　許多特殊侵權行為適用的是過錯推定責任或無過錯責任，因此較之於一
般侵權行為，特殊侵權行為人的責任更容易成立。此時，為了分散風險，也
為了避免因侵權人喪失經濟能力而致受害人無法得到賠償，法律上常常會強
制性要求那些從事可能引發特殊侵權行為的活動之人投保責任保險。至於一
般侵權行為，行為人是否投保完全遵循自願的原則，由其自行決定是否投保
商業性責任保險，法律上並不加以強制。

表 2.2　中國法上強制責任保險列表

損害事故類型	強制責任保險名稱	法律規定
道路交通事故	機動車第三者責任強制保險	《道路交通安全法》第 17 條；《機動車交通事故責任強制保險條例》
	承運人責任險	《道路運輸條例》第 36 條
民用航空事故	地面第三人責任險	《民用航空法》第 166 條
環境污染事故	船舶油污損害民事責任保險	《海洋環境保護法》第 66 條；《防治船舶污染海洋環境管理條例》第 53 條
	污染損害民事責任保險	《海洋石油勘探開發環境保護管理條例》第 9 條
民用核設施損害事故	核電站責任保險	《國務院關於核事故損害賠償責任問題的批覆》第 8 條
船舶沉沒損害事故	沉船打撈責任險	《內河交通安全管理條例》第 12 條
破產管理人責任	破產管理人執業責任保險	《企業破產法》第 24 條第 4 款
公證損害事故	公證執業責任保險	《公證法》第 15 條
旅遊損害責任	旅行社、住宿、旅遊交通及法律規定的高風險旅遊項目等經營者責任保險	《旅遊法》第 56 條；《旅行社條例》第 38 條
煤礦井下作業職工工作中的人身傷亡事故	煤礦井下作業職工意外傷害保險	《煤炭法》第 44 條
建築施工企業中從事危險作業的職工工作中的意外傷害事故	建築業職工意外傷害保險	《建築法》第 48 條
突發事件救援中的人身意外傷害事故	專業應急救援人員人身意外傷害強制保險	《突發事件應對法》第 27 條

2.2　有無最高賠償限額的不同

　　一般侵權行為中，侵權人給被侵權人造成了多少損害，就應當承擔多少賠償責任，遵循的是完全賠償原則。但是，在適用無過錯責任的特殊侵權行為中，法律上往往會有最高賠償限額的規定。這是因為：適用無過錯責任的

侵權行為不以過錯為構成要件，且法律上還對免責與減責事由加以嚴格的限制，因此責任極易成立。為避免侵權人承擔過重的責任，且能通過保險分散損失。如果沒有最高賠償限額，則保險公司無法計算出保費，所以法律上對於一些適用無過錯責任且依法必須投保責任保險的侵權行為會有最高賠償限額之規定。中國《侵權責任法》第 77 條也規定：「承擔高度危險責任，法律規定賠償限額的，依照其規定。」

三　自己責任的侵權行為與替代責任的侵權行為

1.　區分的標準

依據侵權行為人是自己承擔侵權責任還是由他人承擔責任，可以將侵權行為分為自己責任的侵權行為與替代責任的侵權行為。自己責任，是在反對封建專制社會株連制度的過程中確立的，是現代法律的一項基本原則。它意味着每個人要為自己的行為，且僅為自己的行為負責，除非法律另有特別規定。

侵權法中大多數的侵權行為都是自己責任的侵權行為，即加害行為就是承擔侵權責任之人。例如，20 歲的甲因過失引發火災，將乙的房子燒毀，甲應為此承擔侵權責任。再如，A 公安局司機丙在休假期間擅自駕駛警車，因醉酒駕車壓死路人丁，丙須自行承擔侵權賠償責任。然而，有一些侵權行為中的加害行為人與侵權責任人並非同一人，即行為人無須為自己的行為負責，而是由其他人來為他的行為負責，這就是替代責任的侵權行為。替代責任也稱「轉承責任」、「為他人行為的責任」等。現代法律中最為典型的替代責任就是三種：監護人責任、僱主責任與國家賠償責任。（1）監護人責任中，從事加害行為的是被監護人，但承擔責任的是監護人，例如，五歲的小孩 A 在奔跑中將三歲的小孩 B 撞倒摔傷，A 的父母應當為此承擔侵權責任。（2）僱主責任中，僱主要為僱員因從事僱傭活動而造成的損害承擔賠償責任。例如，A 公司的司機張某受指派開車接送公司客人途中發生交通事故，致行人李某受重傷，A 公司應承擔侵權責任。（3）國家賠償責任中，因國家機關工作人員違法行使公權力造成他人損害的，須由國家來承擔賠償責任。例如，A 市公安局警官甲在偵查犯罪

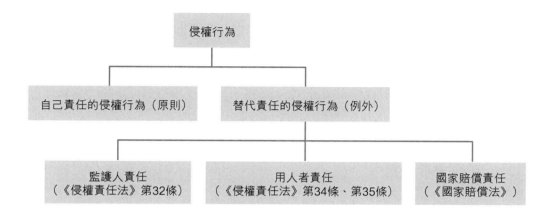

圖 2.2　自己責任與替代責任的類型

侵權行為

自己責任的侵權行為（原則）

替代責任的侵權行為（例外）

監護人責任
（《侵權責任法》第32條）

用人者責任
（《侵權責任法》第34條、第35條）

國家賠償責任
（《國家賠償法》）

過程中刑訊逼供，將無辜的乙打傷致殘。甲本人當然要承擔刑事責任，但就給乙造成的損害，A 市公安局應當承擔國家賠償責任。中國《侵權責任法》規定了監護人責任（第 32 條）與用人者責任（第 34 條、第 35 條）。此外，《國家賠償法》也規定了賠償義務機關就國家機關和國家機關工作人員違法行使職權造成民事主體合法權益損害的賠償責任，該責任也屬替代責任（《國家賠償法》第 7 條、第 21 條）。

在替代責任的侵權行為中，之所以責任人要為加害行為人的行為後果負責，是因為他們之間「存在一種特定的關係。這種特定關係表現為隸屬、僱傭、代理、監護等身份關係」。[3] 正是基於這種特定的關係，責任人能夠支配、控制加害人的行為或因加害人行為而獲益。為了使責任人更好地加強對行為人的管理和控制，也為了有效地保護受害人，法律上例外地創設了所謂替代責任的侵權行為。

---

3. 〈楊飛與北京益民製藥廠、郝晶人身損害賠償糾紛案〉，北京市順義區人民法院（2001）順民初字第 406 號民事判決書。

2. 區分的意義

2.1 歸責原則不同

在中國法上，自己責任的侵權行為既可能適用的是過錯責任原則，也可能適用無過錯責任或過錯推定責任（如產品責任、物件致害責任）。但是，替代責任的侵權行為則多適用無過錯責任原則，如《侵權責任法》第 32 條規定的監護人責任、第 34 條規定的用人單位責任均屬無過錯責任。

2.2 構成要件不同

在自己責任的侵權行為中，如果適用過錯責任原則，那麼被侵權人通常要證明以下侵權責任的成立要件：加害行為、損害後果、因果關係，以及侵權人的過錯。倘若適用的是無過錯責任原則或過錯推定責任，被侵權人無須證明侵權人的過錯。由於侵權法以自己責任為基本原則，故除非法律另有規定，責任成立後，行為人即責任人，不存在責任轉移的問題。然而，在替代責任的侵權行為中，構成要件需要分為兩部分：一是侵權責任的成立要件，二是侵權責任的承擔要件。首先，被侵權人要證明侵權責任成立要件已經滿足，即加害人的行為符合了侵權責任的成立要件。如果加害人從事的行為適用過錯責任，則侵權責任的成立要件包括加害行為、損害後果、因果關係與過錯。如果是無過錯責任或過錯推定，則被侵權人無須證明侵權人的過錯。除了侵權責任的成立要件，被侵權人還要證明侵權責任承擔要件也已滿足。具體來說，就監護人責任，被侵權人要證明應承擔責任之人是加害人的監護人。在僱主責任中，需要證明加害人是責任人的僱員，並且加害人是因執行工作任務或從事僱傭活動而造成損害的。如果被侵權人僅證明了侵權責任成立要件，卻無法證明侵權責任的承擔要件也已滿足，不發生責任的轉移，加害人應當自行承擔侵權責任。

四　人造成損害的侵權行為與物件致害的侵權行為

1.　區分的標準

社會生活中的任何損害都是人的行為造成的，法律調整的也只是人與人之間的關係。不過，在《侵權責任法》中，仍可將侵權行為分為：人造成損害的侵權行為與物件致害的侵權行為。前者是指由於行為人的作為或不作為而直接給他人造成損害的侵權行為，後者是指由於人控制下的物件給他人造成損害的侵權行為。

中國《侵權責任法》中最典型的物件致害的侵權行為被規定於第 11 章〈物件損害責任〉當中。不過，該章規定的只是狹義的物件致害的侵權行為。廣義的物件致害的侵權行為則不限於此，尚包括產品責任（第 5 章）、機動車交通事故責任（第 6 章）、環境污染責任（第 8 章）、民用核設施損害責任（第 70 條）、民用航空器損害責任（第 71 條）、高度危險物損害責任（第 72 條），以及飼養動物損害責任（第 10 章）等。

2.　區分的意義

2.1　歸責原則不同

在中國法上，人造成損害的侵權行為適用的可能是過錯責任原則，也可能是無過錯責任。然而，物件致害的侵權行為適用的多是無過錯責任原則與過錯推定責任。前者如建築物倒塌致害責任（《侵權責任法》第 86 條），後者如樹木折斷致害責任（《侵權責任法》第 90 條）。

2.2　責任主體不同

在人造成損害的侵權行為中，原則上承擔侵權責任之人是從事加害行為之人，除非屬替代責任。在物件致害的侵權行為中，承擔侵權責任的人是與致害物件存在法律關係的人，包括該物件的所有人、管理人、使用人或佔有人。例如，建築物、構築物或者其他設施及其擱置物、懸掛物發生脫落、墜落造成他人損害時，如果所有人、管理人或者使用人不能證明自己沒有過

圖 2.3　物件致害的侵權行為的類型

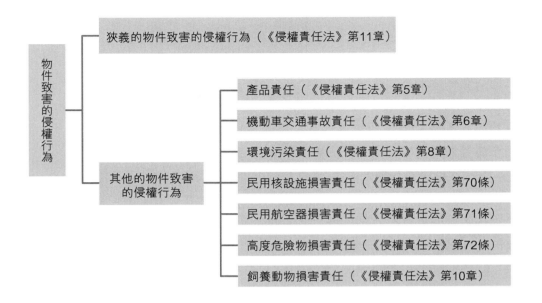

錯，就應當承擔侵權責任（《侵權責任法》第 85 條）。因此，在物件致害的侵權行為中，被侵權人必須證明被告與致害物件之間存在相應的法律關係，否則被告無須承擔責任。

五　單獨侵權行為與多數人侵權行為

1.　區分的標準

　　依據侵權行為人的多寡及侵權人承擔責任的方式不同，可將侵權行為分為單獨侵權行為與多數人侵權行為。單獨侵權行為就是由一人實施且由一人承擔侵權責任的侵權行為。多數人侵權行為是指，二人以上實施且他們向被侵權人承擔連帶責任或按份責任的侵權行為。中國《侵權責任法》上的多數人侵權行為包括：共同加害行為（第 8 條）、教唆幫助行為（第 9 條）、共同危險行為（第 10 條），以及無意思聯絡的數人侵權（第 11 條、第 12 條）。

圖 2.4　單獨的侵權行為與多數人的侵權行為類型

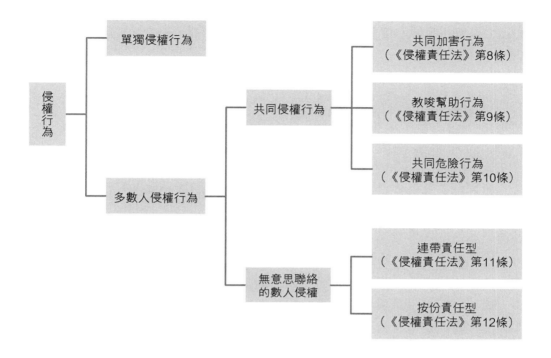

2.　　區分的意義

2.1　　行為主體與責任主體的數量不同

　　單獨的侵權行為中加害人為一人，承擔侵權責任之人也是一人。例如，張三開車撞傷李四，張三是加害人也是侵權責任人。多數人侵權行為中加害人為二人以上，承擔侵權責任的主體也是二人以上。例如，甲、乙合謀盜賣丙的股票獲利，導致丙損失數十萬元，甲乙構成共同加害行為，應就丙之損失承擔連帶賠償責任。

2.2　　承擔責任的具體形式不同

　　由於承擔侵權責任的為一人，故此單獨的侵權行為中一般不存在按份責任或連帶責任。而多數人侵權中，多個侵權責任人要承擔按份責任或連帶責

任。例如，甲駕駛的 A 車撞傷乙，甲撥打 110 後，110 急救車遲遲不到，最終乙失血過多而亡。甲與 110 急救中心應按照各自過錯、原因力大小，就乙的死亡承擔相應的賠償責任。

六　作為的與不作為的侵權行為

1.　區分的標準

　　加害行為分為作為與不作為，據此可將侵權行為分為作為的侵權行為與不作為的侵權行為。作為的侵權行為也稱「積極的侵權行為」，是指違反不得侵害他人合法權益的不作為義務而作為，致人損害，應承擔侵權責任的行為。後者也稱「消極的侵權行為」，是指違反對他人負有的法定或約定之作為義務，不履行或未正確履行該義務從而造成他人損害，應承擔侵權責任的行為。例如，酒後駕車發生交通事故致人死亡、盜竊他人財物、毆打他人，這些都是作為的侵權行為。學校未盡管理職責致使校外人員入校打傷小學生，產品投入流通後發現存在缺陷而生產者未有補救措施造成損害的，這些是不作為的侵權行為。

2.　區分的意義

2.1　過錯的認定方法不同

　　作為的侵權行為中，行為人是有所為，故此從侵權人實施的積極行為可以判斷出其有無過錯。但是，不作為的侵權行為中，行為人無所作為，什麼都沒有做。此時，只有先判斷行為人有無作為的義務，如果有，卻沒有作為，就違反了作為的義務，存在過錯。因此，在不作為侵權糾紛中，關鍵在於確定被告是否負有作為的義務。

2.2　因果關係的判斷方法不同

就作為的侵權行為而言，判斷作為與損害後果之間有無因果關係時，須考慮假如沒有該作為，損害是否仍然發生。如果是，則無因果關係；反之，則有因果關係。在不作為的侵權行為中，判斷因果關係時要考慮的是，如果行為人按照法定或約定的作為義務時，損害是否仍會發生。如果是，則無因果關係；反之，則有因果關係。例如，A 船沒有按照規定違背救生設備，結果乘客甲不慎掉入海中，因缺乏救生設備致甲死亡，A 船的侵權行為就屬不作為的侵權行為。

第三章

歸責事由與歸責原則

一   歸責與歸責事由

1.   損害承擔的基本原理

「享有權益者自擔損害」（*Der Inhaber eines Rechtsguts hat den daran entstehenden Schaden selbst zu tragen*）是損害賠償法中最基本的原理。早在羅馬法上，就有「意外讓所有權人倒霉」（*casum sentit dominus*）的法諺。[1] 之所以說，權益的享有者要自行承擔因意外而遭受之損失，因為「誰受益，誰受損」是符合事物本性的。正所謂「死生有命，富貴在天」。原則上，法律不應干預意外事件的發生，任何人也不能指望通過法律補償命運所造成的不公平。如果法律隨意加以干涉的話，會產生巨大的弊端。

首先，任何損失都是意味着價值或利益的減少，而從社會整體角度來看，這種減少是無法再行恢復的。如果法律上對於每個遭受損害的人都給予針對他人的補償請求權，雖然就這個受害人而言，其減少的價值或利益確實得到了恢復；但實際上這個損失是由第三人承擔了。而且從社會整體來看，不僅減少的價值或利益並沒有得到補償，而且還發生了新的損失，因為補償的過程本來是要支付相應的成本或消耗相應的費用的。[2]

其次，任何人在社會上都不是生活在保險櫃裏而沒有任何風險，有一些風險是正常的、人們不得不承擔的風險。比如，登山愛好者張某勇攀珠峰，卻遭遇雪崩，命喪黃泉；導演姜某拍攝了一部自以為不錯的電影，卻招致一片罵聲，票房慘淡；李某是賭石愛好者，重金購入一塊玉石原石，剖開一看，純屬廢料；B 市空氣污染嚴重，A 公司投入巨資研發防霧霾產品，結果血本無歸。在這些活動中，行為人都要自行承擔風險，不能求助於法律。否則，從此以後，人們可以無需為自己的決策和行為負責，自己責任蕩然無存，市場也無法利用其自身的獎懲機制來實現資源的有效配置。此外，法律干涉會製造新的成本，而這些成本對於社會是沒有什麼好處的。

---

1. Erwin Deutsch/ Hans-Jürgen Ahrens (2009). *Deliktsrecht* (5. Aufl.). München: Verlag Franz Vahlen. Rn. 1.
2. Kötz/ Wagner (2010). *Deliktsrecht* (11 Aufl.). München: Verlag Franz Vahlen. S. 2ff.

2. 歸責與歸責事由的涵義

侵權法上，歸責就是歸咎或追究侵權賠償責任，即決定由誰來對損害依法律上的價值判斷而承擔責任。歸責事由，就是追究侵權賠償責任的理由或者說是對那些能夠使得已發生的損害由何人承擔的法律原因。由此可見，歸責事由始終與損害密切相連，可以導致損害轉由他人承擔。[3] 歸責意義的核心在於「在法律規範原理上，使遭受損害之權益與促使損害發生之原因相結合，將損害因而轉嫁由原因者承擔之法律價值判斷因素」，「即行為人因其行為或容態，侵害他人權益，在法律價值判斷上，因而應負賠償責任之成立要素」。[4] 在侵權賠償責任的構成要件如損害、因果關係、違法性等中，歸責事由至關重要。

2.1 歸責是對人的行為的歸責

無論如何，歸責事由原則上都僅與個人行為的後果相關，是對具體的個人之歸責。確切地說，是對人的行為的歸責。這是自己責任原則的基本要求。自己責任意味着：一個人要對其基於獨立自主的意思而作出的行為負責，且僅對自己的行為負責。如果一個人作出的行為，僅是條件反射或是在夢遊症的情況下作出的，該行為就並非出於其獨立意志，不屬於人的行為，不具有可歸責性。[5] 基於自己原則產生的「肇因原則」（*Verursachungsprinzip*）要求，受害人的侵權賠償請求權只能針對那些給其造成了損害的人提出，故此受害人應證明究竟何人的行為給其造成了損害。根據肇因原則，受害人負擔因果關係的證明責任，他不僅要證明加害行為與其權益受侵害存在因果關係（即責任成立的因果關係），還要證明權益受侵害與損害之間的因果關係（即責任範圍的因果關係）。[6]

---

3. Deutsch/ Ahrens (2009). *Deliktsrecht* (5. Aufl.). Rn. 2.

4. 丘聰智（2002）。《民法研究（一）》。北京：中國人民大學出版社。84–85 頁。

5. Larenz/ Canaris (1994). *Lehrbuch des Schuldrechts, zweiter Band Besonderer Teil*, Halbband 2. München: Verlag C.H. Beck. S. 361.

6. Staudinger/ Eberl-Borges. §830, Rn. 1.

2.2　歸責事由是損害賠償責任的歸責事由

損害是歸責的前提，倘無損害，則無歸責之問題，因為此時也不存在賠償責任成立與否的問題，所以歸責事由是對損害賠償的歸責事由。

3.　歸責事由的類型

歸責事由可以分為主觀的歸責事由和客觀的歸責事由。因此，歸責也分為主觀歸責（*subjektive Zurechnung*）與客觀歸責（*objektive Zurechnung*）。

3.1　主觀歸責

主觀歸責，也稱意思歸責（*Zurechnung zum Willen*），即依據行為人有無過錯，確定其是否應當就所造成之損害負賠償義務（責任）。只有在損害是因行為人之故意或過失所致時，該人才應負賠償責任。例如，甲故意毆打乙；A 在路面施工，未設置警示標誌導致 B 掉入坑內。甲的故意和 A 的過失就是使他們必須負擔損害的主觀歸責事由。倘若損害是由於無法避免的意外所造成的，是一個正常人的謹慎和預見都無法預防的行為所致，這只能説是受害人的不幸，不構成法律責任的依據。[7] 由此可見，所謂主觀歸責，就是過錯歸責，即以行為人具有過錯作為令其就與其行為存在因果關係的損害承擔責任的理由。

3.2　客觀歸責

客觀歸責，是指基於社會本位的思考，依據社會秩序之一般客觀需要，對參與社會活動之個別人格，科以責任負擔之原理。[8] 也就是説，在客觀歸責的情況下，考慮的不是行為人個人主觀上有無過錯，而是依據社會的一般需要。換言之，行為人承擔責任是基於一種更為客觀、更為社會化的原因，例

7.　O.W. Holmes (1881). *The Common Law*. Boston: Little, Brown. 94.

8.　丘聰智（2006）。《從侵權行為歸責原理之變動論危險責任之構成》。北京：中國人民大學出版社。35 頁。

如風險分散、社會正義等。在侵權法上,客觀歸責包括兩類:一為無過錯責任,一為公平責任。而屬於客觀的歸責事由則有三種,即危險、控制力與公平。以危險、控制力作為歸責事由的責任屬於無過錯責任,而以公平作為歸責事由的是公平責任。

3.2.1 危險

現代社會,科學技術高度發展,科學活動在給人們帶來各種生活上的便利與舒適的同時,也有其無法消除的、內在的高度危險。因此,法律上一方面允許高度危險活動的存在與發展,一方面要求從事高度危險活動之人要就該危險之現實化而給他人造成的損害負賠償責任,無論其有無過錯。顯然,令行為人負賠償義務的事由不是過錯,而是危險,即高度危險物或高度危險活動。例如,佔有或者使用高度危險物的人,因其佔有、使用的物品屬於「易燃、易爆、劇毒、放射性等高度危險物」,所以這種高度危險現實化造成他人損害時,佔有人或者使用人應當承擔侵權責任(《侵權責任法》第 72 條)。以危險為歸責事由的侵權賠償責任就是危險責任,屬於無過錯責任中的一類。

3.2.2 控制力

除了危險責任外,還有一類無過錯責任就是替代責任。在替代責任的侵權行為中,責任人雖無過錯也要對與之有特定關係的人從事的侵權行為承擔責任。此時的歸責事由既非過錯也非危險,而是控制力。一個人之所以要對並非自己的行為造成的損害負賠償責任,原因在於其對行為人享有的支配和控制力。申言之,基於責任人與行為人之間的特定關係,責任人能夠支配行為人的行為或者可以對行為人的行為產生重大的影響,因此責任人要為行為人造成他人損害的行為負賠償義務。比如,父母是子女的法定監護人,所謂「養不教,父之過」,作為監護人,父母既有權利也有義務管理、教育未成年子女,保護子女免受他人傷害,防止子女給他人造成傷害。既然父母對未成年子女具有很強的控制力,在未成年子女造成他人損害的時候,無論父母有無過錯,其都要為子女所造成的損害承擔賠償責任(《侵權責任法》第 32 條第 1 款)。

3.2.3 公平

公平是法律的基本價值之一。侵權法當然也要貫徹公平的價值理念。因此，侵權法上一般很少、也不應過多地直接以公平作為令人承擔賠償責任的理由。但在極個別的情況下，造成損害之人並無過錯，而受害人也很無辜，可此時卻不適用無過錯責任，在這種情況下，立法者基於各種價值的綜合權衡考慮，不得不以公平作為歸責事由，從而產生所謂的公平責任。例如，當建築物中拋擲的物品或從建築物上墜落的物品造成了他人損害，卻難以確定具體侵權人時，如果讓無辜的受害人自擔損害，顯然是非常不公正的。可是，畢竟連具體的侵權人都不知道是誰，也無法適用侵權法的其他規則。這種情況下，立法者規定，由可能加害的建築物使用人給予補償（《侵權責任法》第87條）。也就是說，可能加害的建築物使用人之所以要承擔補償責任，就是出於公平的考慮。

4.　多重歸責事由體系

中國《侵權責任法》中確立的歸責原則只有一個，即過錯責任原則，至於過錯推定責任、無過錯責任以及公平責任都不屬於獨立的歸責原則。但是，《侵權責任法》中的歸責事由可以有多個。除了過錯外，歸責事由還包括危險、公平、控制力等。首先，歸責事由不同於歸責原則。基於法政策的考量，歸責事由可以是多種的，而歸責原則只能是一個。因為歸責原則是作為基本原則的損害賠償責任的歸責事由，它是解決損害賠償責任成立的最基本的原則，凡是法律沒有特別規定的，均應適用之。如果侵權法中有多個歸責原則，就會出現無法適用的情形。正因如此，中國《侵權責任法》才逐一列舉無過錯責任和過錯推定責任的情形，並且明文規定只有法律規定適用無過錯責任或過錯推定責任時，才能適用。其次，過錯推定責任也是以過錯作為歸責事由，與過錯責任原則沒有本質的區別，過錯推定責任雖然可以作為一類獨立的侵權責任，適用過錯推定責任的侵權行為也屬於特殊的侵權行為，但過錯推定責任中除了過錯外，根本沒有獨立的歸責事由，更無法成為獨立的歸責原則。第三，無過錯責任所蘊涵的歸責事由是不同的，對於高度危險作業責任等，歸責事由是危險；而對於用人者責任等替代責任，歸責事由則是控制力。因此，儘管無過錯責任或嚴格責任在現代侵權法中發展甚快，卻依

然無法撼動過錯責任原則的地位。如果僅因為無過錯責任在現代侵權法中非常重要，而稱之為無過錯責任原則，倒也無礙大雅。可是，切不能忘記該原則是無法直接適用的，而必須在法律明文規定其構成要件之後，才有適用的可能性。正因如此，即便如中國《民法通則》第 106 條第 3 款、《侵權責任法》第 7 條那樣對無過錯責任加以明文規定，也只能是做一種宣示性的規定。最後，公平責任是在無過錯責任、過錯推定責任及過錯責任都無法適用的情形下，法律為彰顯公平正義而作出的規定，其體現的歸責事由是公平。公平責任適用的情形極為狹窄，須嚴格限制，故此更無法作為一項獨立的歸責原則。

二   過錯責任原則

1.   涵義

過錯責任原則（*Verschuldensprinzip*/ principle of fault liability）是幾乎所有國家的侵權法中最基本的歸責原則。中國《民法通則》第 106 條第 2 款、《侵權責任法》第 6 條皆明文規定了過錯責任原則在侵權法中的基本地位。

過錯責任原則，也稱「過錯原則」或「過失責任原則」，是指除非法律另有規定，任何人在且僅在過錯（故意或過失）侵害他人權益時，才應當承擔侵權損害賠償責任。過錯責任原則包含下列三層含義：

(1)   過錯是使侵權人承擔損害賠償責任的唯一的歸責事由（《侵權責任法》第 6 條），除非法律有特別的規定。所謂依過錯使侵權人負損害賠償責任，可以從兩方面加以理解。首先，從積極的方面來說，就是「有過錯，或有責任」，即任何人只有在因過錯造成他人損害時，才可能承擔侵權責任。其次，從消極的方面說，就是「無過錯，必無責任」。申言之，如果一個人沒有過錯，即便其確實造成了他人的損害，其也無須為此承擔賠償責任，除非法律有不同的規定。

(2)   數人因共同故意造成他人損害時，要承擔連帶賠償責任。因為數人主觀上的共同將他們結合為一個整體，無論他們給受害人造成的是一個還是多個損害，只要沒有超出共同故意的範圍，他們都

必須為此向被侵權人負連帶賠償責任（《侵權責任法》第 8 條）。然而，如果行為人沒有共同故意，那麼原則上就不必承擔連帶賠償責任，除非法律另有規定。

(3) 過錯責任原則不僅意味着加害人要為因其過錯給他人造成的損害負責，還意味着受害人要因自己的過錯而給自己造成的損失負責。一方面，如果損害是受害人故意造成的，則行為人不承擔責任（《侵權責任法》第 27 條）；另一方面，如果被侵權人對損害的發生也有過失的，則可以減輕侵權人的賠償責任（《侵權責任法》第 26 條）。

2. 過錯責任原則的功能

2.1 充分保障個人自由，擴張人類活動的空間

自由是人類社會法律的基本價值。在一個文明社會，個人自由應受到高度的重視與充分的保障。過錯責任與契約自由從不同方面分別發揮了保障個人自由的作用。「契約自由原則積極保障人們可以基於自己的意思而締結合同的活動自由，與此相對，人們如果沒有過失就不必承擔責任，通過課以損害賠償義務，過失責任限定了活動自由的阻礙，從消極的側面保障了活動的自由。」[9] 過錯責任原則包含了這樣一個基本的價值評判，即「在法律地位的維護與行為自由這兩種利益發生衝突時，行為自由優先。因為行為自由是形成人和物品的價值所必須的，這意味着正在形成者優先於已經存在者。就個人人格之發展，尤其是職業活動而言，自由是不可或缺的。對於青年人的發展來說，一個特定的活動空間必不可少。行為自由優先的結果並非單方面的：人們在利益方面被拿走的可以通過行為方面得到償還」。[10]

---

9. 〔日〕吉村良一（2013）。《日本侵權行為法（第 4 版）》（張挺譯，文元春校）。北京：中國人民大學出版社。5–6 頁。

10. Deutsch/ Ahrens (2009). *Deliktsrecht.* Rn. 6.

2.2 激發人們的創造力，促進社會進步

通過確立人的行為自由優先，過錯責任原則極大地激發了人們的創造力，推動了社會進步。在過錯責任原則的統治下，任何人只要盡到了充分的注意，主觀上沒有故意或者過失，無論是否出現損害、損害結果多麼嚴重，都不必負責。過錯責任開闢了「廣闊天地」，人們可以勇往直前，義無反顧地投身於社會活動，去追求幸福、實現夢想。例如，在經濟生活中，過錯責任原則鼓勵人們為了提供生產率而去冒險，採用各種新機器、新技術，極大地扶持了早期資本主義工商業的發展。同時，工業的發展引起的資本增長，因不受法律上承擔賠償責任的經濟風險，又能夠繼續投入生產。如此循環往復，社會生產力與物質文明程度都得到了極大的發展。如果沒有過錯責任原則，而仍採取結果責任，那麼引發工業革命的各種發明就無法得到有效、充分的運用，工業革命就不可能發生。今天的人類社會，或許會是另一番面貌。可以說，近代資產階級法是以個人主義、自由主義為思想基礎，根據權利本位的立場制定的。從私法秩序方面來看，它是以尊重私有制、契約自由、無過失便無責任等原則作為支柱，用最大限度地保障個人財產和自由的意志活動（私法自治）來構成的。在這種自由主義的法秩序的基礎上，在 19 世紀完成了資本主義急驟的上升發展。[11]

2.3 擴大侵權行為法的適用範圍，有利於保護受害人

過錯責任原則以一般原則的形式，確認了任何因他人的過錯而遭受侵害的人都有權獲得法律的救濟。因此，侵權行為法的適用範圍大大擴張，受害人的權益也得到了充分的保障。到現代侵權法中，不僅物權、人格權等絕對權受到侵權法的保護，而且相對權及一些人身利益、財產利益也受到侵權法的保護。這不能不說是過錯責任原則的功勞。例如，早期普通法中的侵權行為法採取的是個別侵權類型，即一個令狀對應一類侵權。如果沒有相應的令狀，受害人就無法獲得救濟。顯然，這種個別的侵權類型無法適應社會發展的需要。一方面，每一種侵權類型保護的是某一利益免受某種侵犯。這樣的

---

11. 〔日〕平凡社（1988）。《世界大百科事典》。東京：平凡社。28 卷，127 頁。

模式必然會出現掛一漏萬的後果，使得某些利益無法受到保護；另一方面，社會在發展，各種新型的侵權行為會不斷產生，法院在只有對應的令狀時才對侵權的受害人給予救濟，這種做法無法滿足保護民事權益的需要。有鑒於此，過失侵權（negligence）這一更具有一般性的侵權類型被發展出來，[12] 並逐漸成為普通法的侵權法中適用範圍最廣、也是最重要的一類侵權。

三 過錯推定責任

1. 過錯推定責任的涵義與性質

所謂過錯推定，也稱過失推定，是指在損害事實發生後，基於某種客觀事實或條件而推定行為人具有過錯，從而減輕或者免除受害人對過失的證明責任，並由被推定者負擔證明自己沒有過錯。過錯推定產生之初被認為是訴訟法上的一種證據規則，但是隨着現代侵權行為法對過失推定愈來愈廣泛的運用，它對於民事權利的得喪變更所產生的影響也愈來愈大，所以，理論界已有不少人認為過失推定成為了一項實體法規則。[13] 過錯推定責任中，使被告承擔責任的歸責事由依然是過錯，而非其他。只是原本由原告負擔的證明被告具有過錯的證明責任，被轉移給了被告，即由被告證明自己沒有過錯。因此，過錯推定責任只是過錯責任的特殊形態，而非獨立的歸責原則。

過錯推定責任是指損害發生後，基於某種客觀事實或條件而推定行為人具有過錯，如果行為人不能推翻該過錯之推定即證明自己沒有過錯，則須承擔侵權責任。《侵權責任法》第 6 條第 2 款規定：「根據法律規定推定行為人有過錯，行為人不能證明自己沒有過錯的，應當承擔侵權責任。」但是，該款屬於宣示性的規定，不屬於獨立的請求權基礎，無法單獨適用。《侵權責任法》頒佈前，除了《民法通則》第 126 條外，中國法律再未規定適用過錯推定責任的侵權行為。但是，《侵權責任法》的立法者似乎非常偏愛過錯推定。該

---

12. Walter van Gerven, Jeremy Lever & Pierre Larouche (2000). *Cases, Materials and Text on National, Supranational and international Tort Law.* Oxford: Hart Publishing. 45.

13. 丘聰智（2006）。《從侵權行為歸責原理之變動論危險責任之構成》。81 頁。

法規定了相當數量的適用過錯推定責任的侵權行為，具體包括：（1）教育機構對無民事行為能力人遭受損害的賠償責任（第 38 條）；（2）非法佔有的高度危險物致害時，所有人、管理人與非法佔有人之間的連帶責任（第 75 條）；（3）動物園的動物致害責任（第 81 條）；（4）建築物、構築物或者其他設施及其擱置物、懸掛物致害責任（第 85 條）；（5）堆放物倒塌致害責任（第 88 條）；（6）林木折斷致害責任（第 90 條）；（7）窨井等地下設施致害責任（第 91 條第 2 款）。

2. 過錯推定責任的特徵

2.1 過錯推定屬於可以推翻的法律上的事實推定

推定（presumption/ Vermutung），就是從已經知道的事實推斷出未知的事實。私法上的推定可以分為兩類：事實推定與法律推定。事實推定是指法官在審判過程中根據某一樣已經確認的實施，依據一般的生活經驗或者科學原理，推論與之相關的需要證明的另一事實是否存在。事實推定僅是判決經常採用的一種輔助手段，有助於法官心證的獲得。例如，從貸款人將借據返還給借款人這一事實，依據一般的生活經驗通常可以認為，借款人已經償還了借款。這就是事實推定。

法律推定是指某些法律規範中，立法者以一定的事實（推定基礎）直接推導出另外一個特定的法律要件（法律效果）。這種被推定的法律要件可以是一個事實（法律對事實的推定），也可以是一種權利狀態（法律對權利的推定）。[14] 法律推定可以分為兩類：一是法律上的事實推定，一是法律上的權利推定。這兩種推定都必須有法律的明文規定，故此稱為法律上的推定。所謂法律上的事實推定是指，法律規定以某一事實之存在為基礎，據以認定某待證事實之存在（《民事訴訟法解釋》第 93 條第 1 款第 3 項）。民法上的佔有推定即為法律上的事實推定。對此，中國《物權法》沒有規定，但是台灣《民法》第 944 條有規定：「佔有人推定其為以所有之意思，善意、和平、公然及無過失佔有。經證明前後兩時為佔有者，推定前後兩時之間，繼續佔有。」對於法

---

14. 〔德〕漢斯·普維庭（2000）。《現代證明責任問題》（吳越譯）。北京：法律出版社。74 頁。

律上的事實推定，法官無須經過證明就可以直接以法律上所推定的事實作為判決的基礎。法律上的權利推定是指，如果前提事實之存在獲得證明，並不推認其他事實，而是依據法律規定直接推認某權利或法律關係之存在與否。[15] 例如，中國《物權法》第 16 條第 1 句關於不動產登記簿推定力的規定就是對法律上的權利推定的規定。

過錯推定意味着法律直接依據某些事實的存在而推認被告存在過錯這一事實，即對於這一作為侵權責任構成要件之一的事實 —— 被告具有過錯，原告無須舉證，法律直接推認，故此，過錯推定屬於法律推定中的對事實的推定。而這種推定是可以推翻的推定。推定就是一種假定。即便具有一定的合理性，也未必都符合實際，所以理應允許反駁和爭議。不存在不可反駁的推定，因為不可反駁的推定是「擬制」。[16] 過錯推定屬於可以反駁的法律上的事實推定，作為被告的侵權人可以通過提出證據推翻法律上對其存在過錯的推定。例如，甲到乙家中作客，在陽台抽煙時將陽台上的一盆花碰掉下去，將路人丙砸傷。本案屬於擱置物墜落致人損害的情形，依據《侵權責任法》第 85 條，乙作為花盆的所有人在不能證明自己沒有過錯的情況下，應當承擔侵權責任。由於花盆是甲的過錯行為所致，故此，乙可以通過證明此點來推翻對自己過錯的推定，從而不承擔責任。

2.2　過錯推定會發生舉證責任倒置的效果

過錯推定並未改變責任構成要件的數量，只是發生了舉證責任倒置的效果。依據傳統的過錯責任原則，受害人要證明加害人構成侵權責任，必須證明以下侵權責任構成要件的存在：加害行為、損害結果、因果關係及過錯。在過錯推定的情況下，受害人僅需要證明前三項構成要件即可，因為過錯已依實體法之規定而被推定存在了。加害人要免責，必須證明自己沒有過錯，從而推翻這種對其存在過錯的法律推定。理論上將這種改變證明責任的情形，稱為舉證責任倒置。舉證責任倒置是指按照法律要件分類說在雙方當事人之間分配證明責任後，對依此分配結果原本由一方當事人負擔的證明某法

---

15. 姜世明（2013）。《民事訴訟法（下冊）》。台北：新學林。42 頁。
16. 李浩（2003）。《民事證明責任研究》。北京：法律出版社。196 頁。

律要件事實存在的責任，轉由另一方就不存在該事實負擔證明之責任。舉證責任倒置是對舉證責任正置的修正。

2.3　過錯推定應由法律加以規定

過錯推定屬於法律上的事實推定，而非單純的事實推定，因此必須有法律的明確規定方可。以往，中國司法實踐中，一些法官認為，可以在訴訟中根據案件的具體情況進行過錯推定或舉證責任的倒置。這種觀點是不妥當的。[17] 因為這種做法將使法官有權力隨意改變當事人的舉證責任負擔，影響訴訟的結果，也意味着司法者篡奪了立法者的權力。有鑒於此，《侵權責任法》第 6 條第 2 款明文規定：「根據法律規定推定行為人有過錯，行為人不能證明自己沒有過錯的，應當承擔侵權責任。」本款所謂的「法律」僅指全國人大及其常委會頒佈的規範性法律文件。

四　無過錯責任

1.　無過錯責任的涵義與類型

侵權法以過錯責任為基本之歸責原則，故行為人只有因過錯造成他人損害時，才需要承擔侵權賠償責任。但是，基於特殊的考慮，立法者又規定，有些時候即便行為人沒有過錯，只要造成了他人的損害，也要承擔侵權賠償責任。因此種侵權損害賠償責任不以過錯為要件，故也稱「無過錯責任」（liability without fault）。《民法通則》第 106 條第 3 款規定：「沒有過錯，但法律規定應當承擔民事責任的，應當承擔民事責任。」《侵權責任法》第 7 條規定：「行為人損害他人民事權益，不論行為人有無過錯，法律規定應當承擔侵權責任的，依照其規定。」這兩款都是對無過錯責任的宣示性規定，並非獨立的請求權基礎，無法單獨適用。從字面上來看，無過錯責任就是沒有過錯

---

17. 王利明（2002）。〈舉證責任倒置研究之二：舉證責任倒置必須法定化〉。《人民法院報》，2002 年 12 月 20 日。

也要承擔責任，但這並未說明無過錯責任的歸責事由。在無過錯責任中，歸責事由並不相同，主要有兩類。

1.1　危險

　　即歸責事由是危險，此類無過錯責任被稱為危險責任（*Gefährdungshaftung*）。所謂危險責任，是指「特定企業、特定裝置、特定物品之所有人或持有人，在一定條件下，不問其有無過失，對於因企業、裝置、物品本身所具危害而生之損害，應負賠償責任」。[18] 由此可見，危險責任僅與某一特定危險相關且僅取決於該危險是否已經現實化。在危險責任中，確定行為人賠償責任的依據在於其從事的活動或保有的物件所具有的內在的、特定的危險。[19] 危險責任是隨着現代科學技術的發展而出現的一類無過錯責任，其適用的多是具有高度科學性與技術性的侵權行為，如產品責任、環境污染責任、鐵路事故、民用核設施責任、高度危險物致害責任等。這些因科技發展而產生的物質、裝置、設備或活動，本身對他人具有高度危險性，但是由於它們是人類進步發展所必需的。故此，一方面，法律上明確容許這些危險活動的進行；另一方面，應當讓危險物品的所有人、持有人或者危險活動的從事者賠償損害，不能讓無辜的受害人承受損失。因此，與過錯責任所不同的是，危險責任並非行為人對自己從事的不法的具有道德上可非難性行為承擔的責任。「危險責任的根本思想在於不幸損害的合理分配。」[20] 中國《侵權責任法》中規定的危險責任包括：產品責任（第 5 章）；機動車與非機動車駕駛人、行人之間的交通事故責任（都 6 章）；環境污染責任（第 8 章）；高度危險責任（第 9 章）；飼養動物損害責任（第 10 章）；建築物等倒塌致害責任（第 85 條）。

---

18. 〔德〕卡爾·拉倫茨（2009）。〈德國法上損害賠償之歸責原則〉（王澤鑒譯）。載黃澤鑒，《民法學說與判例研究（第五冊）》。北京：北京大學出版社。187 頁。

19. Kötz/ Wagner (2010). *Delitksrecht* (11 Aufl.). München: Verlag Franz Vahlen, S. 195.

20. 參見〔德〕卡爾·拉倫茨（2009）。〈德國法上損害賠償之歸責原則〉。載黃澤鑒，《民法學說與判例研究（第五冊）》。187 頁。

1.2　控制力

　　即因為某人對於他人基於特定關係而具有控制力，因此需要承擔損害賠償責任。此類無過錯責任也稱「替代責任」。在替代責任中，由於責任人對加害人的行為具有控制力，故而即便其對加害人侵權行為之發生毫無過錯，也應負賠償責任。例如，被監護人給他人造成損害時，監護人應當承擔賠償責任；僱主對於僱員在執行僱傭活動過程中給他人造成的損害，僱主需要承擔賠償責任等。中國《侵權責任法》中規定的屬於無過錯責任的替代責任包括：監護人責任（第 32 條）、用人單位責任（第 34 條第 1 款）、接受勞務提供者的責任（第 35 條第 1 句）。

2.　無過錯責任的特徵

2.1　無過錯責任不以侵權人的過錯為責任成立要件

　　無過錯責任之成立，不以侵權人的過錯為要件。因此，不管侵權人有過錯還是無過錯，均不影響侵權賠償責任的成立。故此，被侵權人無需證明侵權人的過錯，其只要證明存在加害行為、損害後果及因果關係等客觀構成要件即可。然而，過錯雖然不是責任成立要件，但並非沒有意義。首先，在有些適用無過錯責任的侵權行為中，侵權人有無特定類型之過錯會直接決定了其應否承擔懲罰性賠償責任。例如，依據《侵權責任法》第 47 條，只有當生產者、銷售者明知產品存在缺陷仍然生產、銷售，造成他人死亡或者健康嚴重損害時，被侵權人才有權請求相應的懲罰性賠償。其次，如果適用無過錯責任的侵權行為中，侵權人具有故意或者重大過失，而受害人對損害的發生只是存在一般過失，不減輕賠償責任（《人身損害賠償解釋》第 2 條第 1 款）。

2.2　無過錯責任中的減責與免責事由有特定要求

　　無過錯責任不以侵權人具有過錯的成立為要件。因此，對於侵權人而言，無過錯責任比過錯責任嚴厲。然而，再嚴格的無過錯責任也不等於絕對責任或結果責任，法律上仍會承認減責或免責事由的存在。不過，與過錯責任相比，無過錯責任中減責與免責事由的範圍受到非常大的限制。一方面，

無過錯責任中的減責與免責事由的種類少於過錯責任。例如，當損害是由於第三人的過錯造成的，在適用過錯責任的侵權行為中，行為人基本上可以免責。然而，在無過錯責任尤其是危險責任中，即便損害完全是因為第三人過錯引發的，責任人也不能免責（《侵權責任法》第 68 條）。再如，過錯責任中，受害人的一般過失即可減輕侵權人的責任。而在無過錯責任中，只有在受害人有重大過失時，方能減輕侵權人的賠償責任（《侵權責任法》第 78 條）。另一方面，危險程度不同的危險責任，法律規定的減責與免責的事由也有差異。例如，在民用核設施發生核事故損害時，只有在證明損害是因戰爭等情形或者受害人故意造成之時，核設施的經營者才不承擔責任（《侵權責任法》第 70 條）。而高度危險物致害時，只要證明損害是由於受害人的故意或者不可抗力造成的，即可免責（《侵權責任法》第 72 條）。

2.3　無過錯責任有強制責任保險或最高賠償限額等配套制度

在無過錯責任尤其是危險責任中，法律往往規定強制責任保險制度及侵權人的最高賠償限額，從而避免因給行為人施加過苛的責任。這是因為：首先，適用無過錯責任的侵權行為，侵權人的損害賠償責任很容易成立。加之，適用危險責任的侵權行為所造成的損害通常很大、受害人數眾多。倘若不限制侵權人的賠償責任並輔之以保險，則侵權人可能根本無力賠償或因賠償而遭受經濟上的毀滅性打擊，陷入破產境地。在侵權人破產的情況下，不僅受害人無法獲得賠償，而且由於有人因此失業，對於社會也不利。故此，有必要限制最高賠償數額並輔之保險。其次，在有最高賠償限額的情況下，負擔危險責任之人可以預算其所負擔的危險責任，從而依據其經濟能力，評估風險與收益，確定是否從事此項危險活動。[21] 此外，最高賠償限額使得危險責任可以與責任保險制度相配合，從而合理地分散損害。申言之，保險人可以根據最高賠償限額來確定風險、計算保險費率，為侵權人承保。

---

21. 〔德〕卡爾・拉倫茨（2009）。〈德國法上損害賠償之歸責原則〉。載黃澤鑒，《民法學説與判例研究（第五冊）》。263 頁。

3.　無過錯責任的理論基礎

3.1　危險責任的理論基礎

　　危險責任中，侵權人為何要在沒有過錯的情況下也承擔侵權損害賠償？其理論依據有三：危險開啟理論、危險控制理論以及報償理論。

3.1.1　危險開啟理論

　　危險開啟理論也稱為危險來源理論，依據這一理論，之所以危險物品的所有人或危險活動的行為人要承擔危險責任，是因為他們製造了這些原本不存在的危險，給他人的人身、財產安全帶來了巨大的風險。危險責任適用的都是那些具有潛在高度危險的行為或活動，如產品的製造與流通、向環境中排放污染物、生產與使用具有高度危險性的物品等。儘管這些行為或活動具有損害他人人身、財產的高度危險性，但它們總體上對社會有利，法律不應將之看做違法行為而禁止。可是，從事危險活動之人畢竟開啟了危險源，將本不存在的危險製造出來了，因此，在危險現實化、造成了他人的損害時，行為人就應當承擔責任。由此可見，危險責任僅服務於這一目的，即補償那些法律允許危險在具體場合之特定現實化。[22] 例如，存在於自然界的礦物質即便有輻射，給他人造成損害，也是天意如此，無可厚非。但是，現在 A 礦業公司通過採礦活動將這種具有強輻射的物質開採冶煉出來了，那麼 A 公司就製造了這種危險。如果因為該物質的輻射給他人造成了損害，A 公司就要承擔責任。

3.1.2　危險控制理論

　　「控制事物的能力本身並不是承擔法律責任的基礎。有能力阻止災難的發生和不運用（甚至是故意不運用）此種能力之人對所產生的損害不承擔責任。」「然而，當某人是具有很大危險性的土地或動產的控制者時（當他排他性地使用時），如果他未能照料好這些財產而使得他人受到傷害，那麼侵權責

---

22. Güenter Christian Schwarz/ Manfred Wandt (2009). *Gesetzliche Schuldverhältnisse* (3 Aufl.). Munich: Verlag Vahlen. S. 406.

任便產生了。」[23] 危險控制理論認為，持有危險物品、從事危險活動之人具有專門的知識、人力與物力，其對所從事之活動及其危險具有最真切的認識，也最有能力控制該危險，從而避免危險之現實化。如果不讓他們承擔危險責任，而只是讓他們承擔過錯責任，這對受害人是極不公平的，因為受害人礙於知識、能力，無法證明他們的過錯，而且會使得持有危險物品、從事危險活動之人沒有足夠的控制危險、避免危險現實化的動力。此外，通過危險責任，也在無形中為從事危險活動、持有危險物品設置了門檻，避免不合格的人隨意從事危險活動或持有危險物品，給他人造成損害。

3.1.3 報償理論

利益之所在，風險之所歸。「如果一項法律允許一個人 —— 或者是為了經濟上的需要，或者是為了他自己的利益 —— 使用物件、僱用職員或者開辦企業等具有潛在危險的情形，他不僅應當享有由此帶來的利益，而且也應當承擔由此危險對他人造成任何損害的賠償責任：獲得利益者承擔損失。」[24] 從事危險活動的人並非做慈善事業，而是要從活動中獲利。既然如此，其應從事對他人有危險的活動或擁有危險物品而獲利，自然就應當付出相應的代價，如危險責任，這並非不公。

3.2 替代責任的理論基礎

替代責任就是對他人的侵權行為承擔責任。在侵權法中，自己為自己行為負責乃是基本原則，為他人行為負責乃是例外。在沒有過錯的情況下，要求一個人為另一個人的侵權行為負責，就更是例外。其理論基礎主要有三：控制理論、報償理論與「更深口袋」理論。

---

23. 〔美〕沃倫・A・西維（2005）：〈侵權法的原則〉。載〔美〕布蘭代斯，《哈佛法律評論・侵權法學精粹》（徐愛國編譯）。北京：法律出版社。40 頁。
24. 〔德〕克里斯蒂安・馮・巴爾（2005）。《歐洲比較侵權行為法（上）》（張新寶、焦美華譯）。北京：法律出版社。10 頁。

3.2.1　控制理論

　　無論是僱主責任中僱主與僱員之間，還是監護人責任中監護人與被監護人之間，都存在一方對另一方具有強大控制力的特徵。例如，「在僱主僱員的關係中，控制或實施有形控制的權利成為了最突出的因素。無論僱主承擔責任是基於身份理論，基於長期賭博玩世不恭的思想，還是基於應當分散事故損失的思想，在這些觀點中所強調的都是控制權。」[25] 在替代責任中的控制權或控制力，「應當是通過對他人意志的支配或者重大影響來實現的，例如利用相互之間的『命令─服從』關係，將自己的意志強加給對方，使之在他人的意志驅使或者雙方意志共同的驅使之下從事特定的行為。但是，在特殊情況下如對無意思能力的人，由於直接加害人並無意思能力，在觀念上則徑認為直接加害人的行為受到了他人的支配或者重大影響。」[26] 正是基於這種強大的控制力或影響力，在替代責任中令某人為他人侵權行為承擔無過錯賠償責任，能夠使之更好地履行監督、管理與教育之職責，有利於避免侵權行為之發生。

3.2.2　報償理論

　　報償理論認為，享受利益者也應承擔風險，這才是公平合理的。就替代責任來說，無論是用人者責任還是國家賠償責任，行為人都是在為了責任人的利益而活動，如執行職務、提供勞務，該活動的受益者是僱主或國家。如果僱員或國家機關工作人員要為執行工作任務給他人造成的損害而個人負責，顯然既不公平，也不利於僱主或國家的利益。例如，在國家賠償責任中，如果政府官員個人要對其執行公務給他人造成的損害負賠償責任，這將極大地減少政府的活動，抑制政府職能的實現。[27] 因為如官員要對他們的違法行為承擔個人責任，他們將會通過改變其行為模式以便最少地承擔風險。與作為政府相對人的私人部門 —— 他們承擔風險將獲得報酬 —— 所不同的是，

---

25. 〔美〕沃倫・A・西維（2005）。〈侵權法的原則〉。載布蘭代斯，《哈佛法律評論・侵權法學精粹》。41 頁。

26. 尹飛（2009）。〈為他人行為侵權責任之歸責基礎〉，《法學研究》。第 5 期。

27. Bruce A. Peterson & Mark E. Van Der Weide (1999). "Susceptible to Faulty Analysis: United States v. Gaubrt and the Resurrection of Federal Sovereign Immunity". *Notre Dame Law Review*. 72, 482–83.

政府的官員們幾乎不大可能因「正確」的決策而獲得報償，受益的是那些對此習以為常的公眾。而且，官員們必須面對技術上的複雜性、不確定性及易變的規則，因有限的政府資源和經常與公眾打交道的需要，在信息很少時迅速地作出決策，這些因素都極大地增加了官員們所從事的行為出問題的機率。此外，官員們因違法行為造成相對人損害的可能性往往非常大，包括名譽受損、訴訟費用、損害賠償責任。倘若這些損害都要官員作個人負責人，對他們而言將是毀滅性災難。為了應對這種個人責任的風險，作為政府代理人的官員勢必採取多種將個人風險降到最低的策略，例如，無動於衷、完全不採取行動、拖延行動或採取不必要的措施來作記錄以證明其行動的正確，或者選擇一種雖然對社會整體不利但對其個人風險最小的行動方案等。

3.2.3 「更深口袋」（deeper pocket）理論

該理論是指，一般而言僱主都比僱員更加富有，監護人也通常「有錢」，被監護人往往沒有自己的財產。既然如此，在以補償功能為首要功能的現代侵權法中，如果要加強對受害人的保護，使得其損害最終能夠得到補償，就必須由更「有錢」的人來承擔責任，方屬妥當。如果不採取替代責任或者在替代責任中不實行無過錯責任，則受害人難以從僱主或監護人處得到賠償。不僅如此，就僱主而言，其也更有能力通過產品或服務的定價、保險，將損失加以分散。[28]

五　公平責任

1.　公平責任的涵義

公平責任是指在當事人對於損害的發生都無過錯且法律又未規定適用無過錯責任的情況下，法院依據公平的觀念，在考慮受害人的損害、雙方當事

28.　B. S. Markesinis & S. F. Deakin (1999). *Tort Law* (4th ed.). Oxford: Clarendon Press. 532.

人的財產狀況及其他相關情況的基礎上，決定由加害人與受害人雙方對該損害加以分擔。中國法對公平責任的規定始自《民法通則》。

《民法通則》採取了「具體列舉＋一般規定」的模式來規定公平責任。所謂「具體列舉」就是在《民法通則》及司法解釋中，規定了三種適用公平責任的具體情形，分別為：（1）《民法通則》第 109 條規定，因防止、制止國家的、集體的財產或者他人的財產、人身遭受侵害而使自己受到損害時，受益人的適當補償責任；（2）《民法通則》第 133 條第 2 款規定的有財產的無行為能力人、限制行為能力人致人損害，財產不足以補償損害時監護人的適當賠償責任；（3）《民法通則》第 129 條及《民法通則意見》第 156 條規定的因自然原因引起的險情，緊急避險人承擔的適當的民事責任。而「一般規定」即為《民法通則》第 132 條。該條規定公平責任的一般適用條件，即凡是「當事人對造成損害都沒有過錯的」，就可以根據實際情況，由當事人分擔民事責任。《民法通則意見》第 157 條將該條細化為「當事人對造成損害均無過錯，但一方是在為對方的利益或者共同的利益進行活動的過程中受到損害的，可以責令對方或者受益人給予一定的經濟補償」。

《侵權責任法》繼續保留了公平責任，這是因為大多數人都贊同繼續規定公平責任。在他們看來，「公平責任原則體現了民法的公平精神，有利於建立和發展平等、團結、互助、友愛的社會主義新型關係」，故此中國應當保留這一有中國特色的規定。[29]

2.　公平責任的成因及利弊

2.1　公平責任的形成原因

從比較法來看，不少國家或地區的民法上也都有「公平責任」（*Billigkeitshaftung*）或「衡平責任」。例如，《德國民法典》第 892 條、《意大利民法典》第 2047 條第 2 款、《瑞士債務法》第 54 條第 1 款、《比利時民法典》第 1386 條、台灣《民法》第 187 條第 3 款等，均為對公平責任的規定。但這些規定只適用於極個別的情形。相比於域外法，中國法上公平責任不僅

---

29. 全國人大常委會法制工作委員會民法室編（2010）。《侵權責任法立法背景與觀點全集》。155 頁。

地位極其重要（不少人甚至將之視為歸責原則之一），而且適用範圍甚廣，不僅有多個具體適用情形的規定，還有一般性規定。本書認為，之所以出現這種情形，原因是多方面的。

首先，從歷史的角度來看，公平責任是中國長期以來民事法律制度不完善的必然結果。上世紀80年代《民法通則》頒佈後，在很長一段時間內，中國民事法律規範都極不完善。一方面，許多侵權行為尤其是適用無過錯責任的侵權行為缺乏法律上明確而具體的規定。這就導致原本案件該適用無過錯責任，卻由於缺少規定以致無法適用。然而，受害人本身沒有過錯，其也無法證明加害人的過錯。顯然，這種情況下法官似乎只能適用公平責任，「各打五十大板」了事；另一方面，對於民事證據法則，缺乏規定且不少法官本身也不熟悉。在許多當事人本來因舉證不力而應承擔敗訴風險的案件中，由於法官沒有掌握舉證責任的分配規則，於是錯誤地認為屬於當事人雙方都沒有過錯的情形，進而適用公平責任。

其次，從民族心理來說，公平責任的出現也有其相當的必然性。一方面，在受害人死亡的案件中，即便被告沒有任何過錯且不適用無過錯責任，由於「畢竟人死了」之類的觀念影響甚大，為了撫慰受害人家屬和平息糾紛，法官甚至被告都認為，給些金錢了事是合理的。另一方面，中國傳統觀念是「不患寡，患不均」。計劃經濟年代下，大家都窮，相互之間發生侵權糾紛，如果被告沒有過錯，法官不會認為同樣貧窮的被告就一定要補償貧窮的原告。可是，改革開放以來，社會貧富差距拉大，富者愈富，窮者愈窮，社會上逐漸出現了強烈的仇富心理，而各種社會保障制度又很不完善。在這種情況下，如果死者或傷者是窮人，則作為富人的被告即便沒有過錯，也不適用無過錯責任，法官也認為，富人經濟狀況好，出一些錢，分擔一些受害人的損害，也是合情合理的。由此可見，中國法上的公平責任並不是建立個人主義而是集體主義的觀念基礎之上的。其主要目的並非協調權益保護與行為自由的關係，而是通過模糊處理消除當事人之間的權利邊界，起到維護社會穩定的作用。

2.2 公平責任的弊端

公平責任固然有其存在的合理性，但是，由於公平責任完全是以財產之有無、多寡作為責任分擔的依據，是道德規範的法律化，實踐的是分配正義而非矯正正義。[30] 因此，對公平責任的適用範圍須嚴加限制，否則會造成有資力的一方當事人承擔社會保障制度的任務。如果不限制公平責任的適用範圍，實務中也難免使法院不審慎地認定加害人是否具有過失，加害行為是否適用無過錯責任等問題，僅是出於方便、人情或其他因素的考慮就向公平責任逃避，最終將導致過錯責任和無過錯責任無法發揮應有的預防損害之規範功能，軟化侵權法歸責原則的體系構成。[31] 然而，在中國法上，由於存在《民法通則》第 132 條與《侵權責任法》第 24 條這種對公平責任的一般性、模糊性的規定，公平責任的適用將變得難以確定，當事人對自己的行為也將喪失可預期性。

為了既保留公平這種特殊的歸責事由，又防止濫用公平責任，本書認為，未來中國民法典中應當取消類似於《民法通則》第 132 條與《侵權責任法》第 24 條的規定，而是針對有必要規定的適用公平責任的具體情形，逐一加以規定即可。

3. 見義勇為者的補償請求權

為弘揚社會正氣，鼓勵見義勇為之舉，《侵權責任法》第 23 條、《民法通則》第 109 條賦予了因見義勇為而受損害者針對受益人的補償請求權。《民法通則》第 109 條並未將侵害人不能或無力承擔責任作為受益人補償的前置條件，可是，《侵權責任法》第 23 條卻將受益人的補償責任置於第二順序，以「侵權人逃逸或者無力承擔責任」作為受益人給予適當補償的前置條件。這就是說，在見義勇為的情況下，因見義勇為者如果遭受損害，還是應當先要求侵權人承擔責任。只有在「侵權人逃逸或者無力承擔責任」的情況下，由於

---

30. 王澤鑒（2009）。《侵權行為》，401 頁。
31. 王澤鑒（2009）。《民法學說與判例研究》（第六冊）。293 頁；小口彥太（1999）。〈日中侵權行為法的比較〉，《法制與社會發展》。第 3 期。

見義勇為者已經不可能從侵權人處得到賠償，因此其才可以要求給予適當補償。所謂適當補償，意味着受益人並非承擔的兜底性責任，不能認為凡是侵權人不能承擔的部分都應當由受益人來承擔。「適當補償」意味着，法官要根據被侵權人即見義勇為者或其近親屬所受害的嚴重程度，見義勇為者或其近親屬是否從見義勇為基金等其他地方獲得了一定的補償，見義勇為行為使受益人受益的程度（如保全了生命還是財產）、受益人的經濟狀況等因素，綜合考慮後確定補償的金額。

第四章

保護範圍

一　概述

1.　侵權法保護範圍的特徵

法律中的權利與利益眾多，但絕非所有的權利或利益在遭受損害後，都需要或都能得到侵權法的保護。這是因為侵權法需要協調權益的保護與自由的維護這兩項基本價值。對民事權益的保護愈強，則對人們的行為自由限制得愈多。現代社會中，人們的經濟地位具有交互性，今天要求保護其權益者就是明日力圖維護自由之人。故此，侵權法既不可能保護人們的一切，也不可能什麼都不保護。科學合理地界定侵權法的保護範圍，至關重要。

《侵權責任法》第 2 條採取「列舉＋概括」的方式對於該法保護的範圍作出了界定。該條第 1 款規定：「侵害民事權益，應當依照本法承擔侵權責任。」第 2 款規定：「本法所稱民事權益，包括生命權、健康權、姓名權、名譽權、榮譽權、肖像權、隱私權、婚姻自主權、監護權、所有權、用益物權、擔保物權、著作權、專利權、商標專用權、發現權、股權、繼承權等人身、財產權益。」從這兩款可以看出，中國侵權法的保護範圍有以下兩個特點：

1.1　保護的是民事權益

民事權益者，民事權利與民事利益之統稱也。凡私法確認之權利，即為民事權利，包括人格權、身份權、物權、債權、社員權、知識產權等不同類型。通說認為，民事權利是由以下兩個要素構成：特定利益與法律上之力。[1] 一方面，特定利益是指法律所確認的平等主體之間的類型化利益。另一方面，法律為該特定利益之實現提供了終局的強制力保障。民事利益，是指雖未被法律明文規定或未被司法實踐認定為是一種權利，但也受到私法一定程度保護的利益，包括人身利益與財產利益。人身利益如死者的名譽、隱私等，財產利益如佔有、商業秘密等。

---

1. 王利明（2003）。《民法總則研究》。北京：中國人民大學出版社。202 頁；梁慧星（2007）。《民法總則（第三版）》。北京：法律出版社。71 頁。

侵權法的保護對象是民事權益，這一點意味着公權力不屬於侵權法的保護對象。公權力是公法賦予國家機關的權力，包括立法權、司法權與行政權。侵權法屬於私法，旨在保護民事主體的民事權益，不保護公權力。而對於那些侵害公權力或妨害國家行使公權力的行為，國家擁有足夠多的措施加以懲治，如採取拘留、罰款、吊銷營業執照等行政強制措施、行政處罰，直至追究相應的刑事責任。既然法律已經賦予了相應的保障公權力行使的措施，自然無須再疊床架屋地借助侵害公權力之民事侵權之訴訟。況且，這種做法也非常低效。故此，公權機關完全沒有必要也不應當針對私人提起侵害其公權力的民事訴訟。

1.2　保護的範圍廣泛且具有變動性

《侵權責任法》第 2 條第 2 款只是列舉了 18 種典型的權利，這並非意味着中國侵權法僅保護這 18 種權利。事實上，中國侵權法保護的範圍非常廣泛，既包括各類民事權利，也包括相當種類的民事利益；既保護人身權益，也保護財產權益。此外，社會生活中的民事權利、民事利益不僅多種多樣，而且隨着社會政治經濟文化的發展還具有變動性，即原來不認為是權利的會被認為是權利，原來不保護的利益會得到保護。因此，侵權法保護的民事權利和民事利益的範圍不是一成不變的。例如，人格權的種類和保護方法就隨着社會發展發生了很大的變化。一方面，人格權的種類從早期的生命權、健康權、自由權和名譽權，發展到晚近的姓名權、肖像權、隱私權等；另一方面，隨着科學技術的發展，侵害人格權的方式在發生變化，而法律的保護方式也相應地發生變化，例如現代社會中利用網絡侵害名譽權、隱私權等人格權的現象屢見不鮮，法律上就需要對網絡侵害人格權的新型予以相應的規範。

2.　民事權利與民事利益的區分及意義

區分不同的民事權利、民事利益而給予不同的侵權法上的保護。儘管《侵權責任法》沒有採取德國、台灣使用不同條款來規定對不同民事權益給予不同保護的立法模式，但這並不意味着中國侵權法上就不區分民事權利和民事利益，更不意味着區分權利和利益是沒有必要的。

首先，從《侵權責任法》第 2 條第 2 款可知，侵權法所保護的權利主要是物權、人格權等絕對權。所謂區分權利和利益，實際上就是要區分絕對權與絕對權之外的權利或民事利益，如相對權和民事利益。而判斷哪些權利是絕對權、哪些是相對權，並不困難。因為任何絕對權皆須法律明定，否則不屬於絕對權。例如，在物權法領域，由於實行物權法定原則（《物權法》第 5 條），故而凡是法律沒有明文規定為物權者，皆非物權。至於知識產權和人格權，也不例外。故此，以無法區分權利和利益為由拒絕對侵權法的保護對象進行區分，是沒有道理的。

　　其次，受保護的利益當然會逐漸上升為權利。但是，從某種利益的出現到其受法律保護，直至最終被確認為權利，絕非一蹴而就，而是有一個發展過程的。申言之，社會的發展會使得人們產生許多新的需求，出現新的需要保護的利益。法官在司法實踐中可能先為這些利益提供若干保護手段，即確認為法律所保護的利益。然後，隨着該利益的定型化與普遍化，其最終也許會被法律確認為一種權利。

　　再次，從中國現行立法來看，也是承認民事權利和民事利益受到法律不同程度的保護的。例如，商業秘密乃是一種受到法律保護的財產利益，但是，商業秘密不同於著作權、專利權等知識產權，法律上沒有將之上升為絕對權而加以保護。因此，侵犯商業秘密的行為只有在符合法律規定的情形下才構成侵權責任，如侵害人須以盜竊、利誘、脅迫或者其他不正當手段獲取權利人的商業秘密（《反不正當競爭法》第 10 條第 1 款）。

　　最後，從中國司法實踐來看，也迫切需要區分權利和利益而給予不同的保護。一方面，現實中之所以出現「權利泛化」、「權利大躍進」，一些人隨便給自己的利益安上權利的名稱就要求獲得法律的保護，根本原因就在於，無論是當事人還是法官，都知道並非所有利益都受到法律的保護，而法官把一項利益認定為權利，就可以避免出現保護了不該保護的利益的情形，以防出現錯案。[2] 另一方面，從防止法官的「任性」，避免濫用自由裁量權，出現法律適用上的不確定性，也有必要區分權利和利益。

---

2. 于飛（2014）。〈侵權法上權利與利益的區分保護〉，《為民法而鬥爭 —— 梁慧星先生七秩華誕祝壽文集》。北京：法律出版社。328 頁。

綜上所述，在侵權法的保護範圍中，區分民事權利與民事利益既是可行的，也是極為必要而有益的，它不僅可以協調自由與安全的關係，確保法律適用的可預期性，也能使侵權法可以更好地適應社會發展的需要。

3. 民事權利與民事利益的範圍

3.1 侵權法保護的權利為絕對權

依據效力之不同，民事權利被分為絕對權與相對權。絕對權（*absolutes Recht*），也稱「對世權」，如所有權、擔保物權、用益物權、人格權、知識產權等。絕對權相對於不特定的人（即權利人之外的一切人）而存在的。也就是說，絕對權對每一個人產生效力，每一個人都必須尊重它。相對權，又稱對人權，是相對於特定的人產生效力的權利。它必須通過義務人實施一定的行為才能實現，權利人只能對抗特定的義務人。債權是最典型的相對權。所謂債權，就是特定的一方（債權人）針對特定的他方（債務人）享有要求其為或不為一定行為的權利。

《侵權責任法》第 2 條第 2 款列舉了 18 種民事權利，其中，除了少數一些本身能否算作獨立的權利（如監護權、發現權、繼承權）仍需要進一步研究的外，其他的權利都確定無疑的是絕對權，[3] 如生命權、健康權、姓名權、名譽權、榮譽權、肖像權、隱私權、婚姻自主權、所有權、用益物權、擔保物權、著作權、專利權、商標專用權、股權。至於債權，並未出現在這 18 種權利當中，這是因為債權不具有社會典型公開性，由於缺乏相應的公示方法，債權人與債務人之外的人無法得知債權的存在。如果對於債權這一相對權也給予如同絕對權的保護，就會對行為人合理的行為自由構成不正當的干預。

3.2 絕對權的法定化

絕對權意味着權利人之外的一切人都負有不得侵害權利人的絕對權的義務。例如，張三是 A 房屋的所有權人，張三之外的任何自然人、法人及其他

---

3. 梁慧星（2010）。《中國民事立法評說：民法典、物權法、侵權責任法》。北京：法律出版社。347 頁。

組織，都負有不得妨害或侵害張三對 A 房屋的所有權的義務。再如，生命權是人格權，任何自然人都享有生命權，任何自然人也都不得侵害他人的生命權。由於絕對權的效力極為強大，因此絕對權必須由法律明文規定，不僅當事人不得隨意創設，法院也不能隨意創造絕對權。否則，會構成對他人行為自由的不合理侵害。

中國屬於成文法國家，現行法律體系中凡被明定為權利者，通常以「ＸＸ權」的形式加以表述。例如，《民法通則》規定的所有權、著作權、專利權、生命健康權、姓名權、名譽權、肖像權、榮譽權、婚姻自主權等；《物權法》規定的所有權、土地承包經營權、宅基地使用權、建設用地使用權、地役權、抵押權、質權、留置權；《繼承法》規定的繼承權；《婦女權益保護法》規定的婦女的名譽權、榮譽權、隱私權、肖像權、婚姻自主權等。這些權利中，凡是具有排他功能，權利內容明確而具體且具有公開性的權利，都屬於絕對權。[4]

3.3　憲法上的基本權利與侵權法

中國《憲法》第 33 條第 3 款規定：「國家尊重和保障人權。」《憲法》中詳盡地列舉了人民享有的各種基本權利，如私有財產權和繼承權（第 13 條）；言論、出版、集會、結社、遊行、示威的自由（第 35 條）；宗教信仰的自由（第 36 條）；人身自由（第 37 條）；人格尊嚴權（第 38 條）；住宅不受侵犯的權利（第 39 條）；通信自由和通信秘密（第 40 條）等。

儘管憲法上對人民基本權利和自由的規定，是《侵權責任法》確定保護範圍與保護力度的基本依據，為《侵權責任法》的生長提供了「源頭活水」。然而，這並不意味着這些憲法上的基本權利就可以直接成為《侵權責任法》的保護對象。

首先，憲法上規定的基本權利屬於最上位的原理性權利。在該原理性權利下，還有具體權利及為保護該具體權利而發揮實現其內容這一功能的手段性權利。侵權法主要是通過規定手段性權利來保護具體權利，進而實現憲法上確認的原理性權利。例如，在以所有權為中心的法律體系中，處於最上位

---

4. 四川省廣漢市人民法院（2001）廣漢民初字第 832 號民事判決書。

的是憲法有關保護私有財產的條款，即《憲法》第 13 條第 1、2 款之規定：
「公民的合法的私有財產不受侵犯。國家依照法律規定保護公民的私有財產權
和繼承權。」所有權是財產權的一種，屬於具體的權利概念。至於從所有權派
生出來的各種物權請求權及侵權賠償請求權，則是為保護所有權設置的手段
性權利。中國《物權法》與《侵權責任法》已經分別對作為具體的權利的所有
權及保護所有權的手段性權利作出了明確的規定。

其次，憲法上有些基本權利的義務人並非具體的民事主體而是政府等公
權力機關，不存在民事主體侵害這些基本權利的問題。例如，《憲法》第 46
條第 1 款規定：「中華人民共和國公民有受教育的權利和義務。」因此，受教
育權屬於憲法賦予人民的基本權利之一。但是，「與其他經濟、社會、文化權
利一樣，受教育權是針對國家的，國家負有尊重、保障和實現的義務，尤其
是國家負有發展和維護學校及其他教育機構制度的義務，以便為所有的人提
供最基本的教育，可能的情況下還應當提供免費教育。」[5] 由此可見，最高人
民法院針對「齊玉苓案」[6] 的批覆中認為，冒名頂替上學者是「以侵犯姓名權
的手段，侵犯了齊玉苓依據憲法規定所享有的受教育的基本權利」，該觀點顯
非妥當。[7] 因為該案中的受害人齊玉苓只是因為被他人冒名頂替而失去了上學
的機會，並由此遭受了損失（如複讀的費用、失去了找到更好工作的可能性
等），其憲法上的受教育權並未遭受侵害；法院應當依據《民法通則》第 106
條第 2 款，而非直接援引憲法規定進行裁判。[8]

3.4　民事利益的涵義與特徵

民事利益，是指雖然受到法律一定程度的保護但尚未形成為一種民事權
利的利益。依內容之不同，《侵權責任法》保護的民事利益可分為：人身利益

---

5. 張千帆主編（2004）。《憲法學》。北京：法律出版社。234 頁。

6. 〈齊玉苓訴陳曉琪冒名頂替到錄取其的中專學校就讀侵犯姓名權、受教育的權利損害賠償案〉。最高人
民法院中國應用法學研究所（2001）。《人民法院案例選（總第 38 輯）》。北京：人民法院出版社。

7. 參見〈最高人民法院關於以侵犯姓名權的手段侵犯憲法保護的公民受教育的基本權利是否應承擔民事
責任的批覆〉（2001 年 6 月 28 日最高人民法院審判委員會第 1183 次會議通過；法釋〔2001〕25 號）。
這一司法解釋後被廢止。

8. 梁慧星（2002）。〈最高法院關於侵犯受教育權案的法釋〔2001〕25 號批覆評析〉。梁慧星主編，《民
商法論叢》，第 23 期。香港：金橋文化出版。

與財產利益，如死者之名譽、隱私、肖像、具有人格象徵意義的特定紀念物品上的人格利益、商業秘密、佔有等。

現實生活中的利益眾多，哪些利益屬於民事利益，能夠受到侵權法的保護，應有一定的判斷標準。否則，就會導致法律適用上的不統一，使人們缺乏合理的預期。本書認為，受到侵權法保護的民事利益至少應當具備合法性、私人性、確定性與可救濟性這四項特性。

首先，合法性意味着當事人請求法律保護的利益應當是合法的利益，只有合法的利益才可能受到法律的保護並在遭受損害時獲得救濟。如果是通過違法之方式取得或保持之利益，不能獲得法律之保護。例如，某甲在住宅樓內開設娼妓館，組織婦女進行賣淫。鄰居乙多次報警請求警方制止，均無效果。盛怒之下，乙率家人衝進甲的家中，搗毀娼妓館。乙造成甲的物品損害之行為，當然屬於侵權行為，應當承擔賠償責任。但是，甲不能就娼妓館喪失之營業收入要求賠償，因為該利益屬於非法利益。[9] 例如，原告向被告主張房屋的租金損失賠償，但是依據法律規定，沒有經過消防驗收的房屋不得投入使用，故此，租金的損失不屬於原告依法能夠獲得的收益，無法主張賠償。再如，賣淫是中國法律所禁止的，因此賣淫女甲被乙撞傷後，其不得主張賠償因被車撞傷而無法從事色情交易的收入損失。

其次，侵權責任屬於私法，其保護的是民事利益。故而，民事利益應是特定民事主體的利益即私益，而非不特定的社會公共所享有之利益即公益。例如，深圳市的一間派出所曾打出「堅決打擊河南省籍敲詐勒索團夥」的宣傳橫幅。結果該省的律師要以派出所侵害河南省人士之名譽權提起訴訟。儘管派出所的宣傳橫幅涉及地域歧視，但並未侵害特定民事主體之利益，因此既不涉及侵害名譽權，也不涉及侵害人格利益。針對公益被侵害的情形，中國現行法上開始承認公益訴訟。例如，2014 年修訂的《環境保護法》新增關於環境保護公益訴訟的規定。依據該條第 58 條，對污染環境、破壞生態，損害社會公共利益的行為，符合一定條件的社會組織可以向法院提起訴訟。此類訴訟中，原告的利益並未受到侵害，受到侵害的是社會公共利益。[10]

---

9. 此例乃台灣發生的實際案例，參見王澤鑒（1998）。《民法學說與判例研究》（第 8 冊）。北京：中國政法大學出版社。191 頁以下。

10. 參見《最高人民法院關於審理環境民事公益訴訟案件適用法律若干問題的解釋》第 8 條第 2 項。

第三，侵權法保護的利益應當具有確定性。所謂確定性就是指受保護的利益必須具有一定程度的可識別性，這就意味着該利益是穩定的、持續的、值得信賴的。至少社會大眾的觀念是承認這一利益的存在的或者這種的利益受侵犯，是伴隨着某種權利的被侵害而發生的。例如，受害人因交通事故而使嘴巴受傷了，健康權受損這是毫無疑問的，但是如果有人主張因為嘴巴受傷了，所以接吻時無法享受美好的感覺這一利益也受損了，該利益就不具有確定性。因為並不是所有人都認為這是一種持續存在的、穩定的利益。如果以嘴巴的用途來界定需要保護的利益，那麼是不是還可以主張品嘗美食的利益、外觀容貌的利益等也受損，也需要得到保護呢？顯然是不可能的。

最後，受侵權法的民事利益必須具有可救濟性。一方面，它必須具有一定的持續性，即穩定的、外界可識別的。另一方面，該利益可以通過《侵權責任法》給予救濟。社會生活中，有些利益雖然屬於合法利益且為私益，但是，如果應由社會風俗等加以調整的，原則上不應由《侵權責任法》給予救濟。法律並非是萬能的，調整社會生活的規範除法律規範外，尚有風俗習慣、道德、文化傳統等。例如，實踐中經常發生的所謂侵害悼念權的案件，[11] 悼念逝去親人這種利益雖然確實被侵害了，但由此產生的糾紛應付諸於風俗習慣和道德，非法律所能為。

二　人格權

1.　概述

1.1　人格權的涵義與特徵

人格權是以民事主體依法固有的人格利益為客體的，以維護和實現人格平等、人格尊嚴、人身自由為目的的權利。[12] 在中國法上，人格權包括生

---

11. 李鳳新。〈對一起悼念權糾紛的評析〉。《中國法院網》，http://www.chinacourt.org/public/detail.php?id=95694
12. 王利明（2005）。《人格權法研究》。北京，中國人民大學出版社。14 頁。

命權、身體權、健康權、姓名權、名稱權、肖像權、名譽權、榮譽權、隱私權、人身自由權、人格尊嚴權等。人格權具有以下特徵：

1.1.1 人格權具有專屬性

就自然人而言，人格權與權利能力一樣，是與生俱來的權利，始於出生、終於死亡。[13] 現代文明社會，人就是人，不是物，任何人都不能奴役他人。《世界人權宣言》第 6 條、《公民權利和政治權利國際公約》第 16 條明文規定，人人在任何地方都有權被承認在法律前的人格。也就是說，在一個法治國家，一個人除了肉體和精神上的存在之外，還需要使其存在得到法律的承認，即其法律上的主體性得到承認。如果沒有這一權利，人就被降格為一個法律客體，因而也會被剝奪其他一切權利，包括生命權。[14] 故此，法律上不允許沒有法律人格的自然人存在，人格權不存在權利取得的問題。即便是姓名權，雖然自然人出生之時並非立即取名，但是從自然人命名、使用時，仍要說他一出生就享有專用姓名的權利。[15]

在自然人生存期間，人格權也不會消滅或被削弱（羅馬法上則存在所謂的人格減等制度）。同時，人格權只能由自然人專有，不得讓與、拋棄或繼承，也不得由他人代位行使。即便是所謂人格權的商業化利用或人格的商品化也僅是指自然人或法人可以通過合同（特許合同等）授權他人使用其姓名、名稱或肖像而已，並非是說人格權本身可以加以轉讓。

法人也享有名稱權、名譽權等人格權，這些人格權在法人存續期間也不能轉讓或由他人代位行使。

1.1.2 人格權是具有排他效力的絕對權

人格權屬於絕對權，具有排他性，除了權利人之外的任何人都負有不得妨害或侵害人格權的權利人享有和行使權利的義務。因此，人格權與物權一樣，是可以對抗一切人的絕對權。在人格權之圓滿狀態被妨害時，也會產生

---

13. 對死者的姓名、名譽、肖像、隱私等的保護是對人格利益的保護，而非對死者人格權的保護。

14. 〔奧〕曼弗雷德·諾瓦克（2008）。《〈公民權利和政治權利國際公約〉評注（修訂第二版）》（孫世彥、畢小青譯）。北京：生活·讀書·新知三聯書店。386 頁。

15. 參見謝懷栻（1996）。〈論民事權利體系〉，《法學研究》。第 2 期。

基於絕對權的請求權。這意味着：一方面，當人格權已經遭受了侵害時，權利人有權行使停止侵害、排除妨害等請求權；另一方面，人格權有遭受侵害的危險時，權利人也有權要求消除危險。對此，《侵權責任法》第 21 條有明文規定：「侵權行為危及他人人身、財產安全的，被侵權人可以請求侵權人承擔停止侵害、排除妨礙、消除危險等侵權責任。」

1.1.3 侵害人格權多產生精神損害賠償責任

人格權與財產權的一個重要區別就是，侵害人格權雖然常常會給受害人造成經濟利益的損失，更經常的是給受害人造成精神痛苦。故此，侵害人格權時，侵權人多要承擔精神損害賠償責任。在中國，《侵權責任法》第 22 條甚至明確地將取得精神損害賠償請求權的條件限制為「侵害他人人身權益，造成他人嚴重精神損害的」，該條中的人身權益，就包括人格權、身份權以及人身利益。

1.2 人格權的具體種類

中國現行法律和司法解釋承認的具體人格權包括：生命權、身體權、健康權、姓名權、名稱權、肖像權、名譽權、隱私權、婚姻自主權、人身自由權、人格尊嚴權。雖然從各國成文法的規定來看，中國法上具體人格權的種類是非常豐富的。但是，現實生活中仍有需要在條件成熟時，承認其為人格權而加以保護的人格利益。例如，張三盜用李四的身份證辦理信用卡，因惡意透支致使李四被金融機構認定為信用等級極差之人。張三的行為不僅侵害了李四的姓名權，也導致了其信用評價降低。司法實踐中法院將之納入名譽權加以保護。但是否有必要獨立出來，承認信用權為一種獨立的人格權，值得研究。[16]

---

16. 《中華人民共和國最高人民法院公報》，2012 年第 9 期。

1.3　人格權的主體

　　在中國法上，人格權的主體包括自然人、法人以及其他組織。絕大多數人格權都只能由自然人享有，如生命權、身體權、健康權、肖像權、隱私權等，而法人或其他組織能夠享有的人格權僅包括名譽權、名稱權。這是因為，人格權產生的目的就在於維護人的尊嚴，使人成其為人。對於法人或其他組織而言，其並無肉體的存在與心理、精神上的感受，故此既無需享有生命權、健康權、身體權、自由權、肖像權、隱私權等人格權；此外，在法人或其他組織的人格權遭受侵害了，也不會發生精神損害賠償責任。對此，《精神損害賠償解釋》第 5 條有明文加以規定：「法人或者其他組織以人格權利遭受侵害為由，向人民法院起訴請求賠償精神損害的，人民法院不予受理。」

2.　生命權

2.1　概念與特徵

　　生命是自然人存在的基礎。自然人的生命始於出生，終於死亡。自然人在出生之前是胎兒，在死亡之後成為屍體。生命權是以自然人的生命安全利益為內容的權利。任何人都平等地享有生命權。也就是說，任何自然人均享有維護自己的生命、支配自己的生命利益、免受非法侵害之權利。生命權是法律保護的最高利益（*das hoechste Rechtsgut*），是最高人權。因為生命權是所有其他權利的來源，如果生命權得不到有效的保障，人類的其他權利都不再有意義。

　　生命權具有以下幾項特徵：首先，生命權的客體是生命安全與其他生命利益。其次，侵害他人的生命，就是殺人。其不僅構成侵權行為，且常屬於犯罪行為（如故意殺人罪、交通肇事罪等）。即便經受害人同意，而幫助他人自殺（如安樂死），在中國亦構成侵害生命權的侵權行為，同時還會構成故意殺人罪。第三，生命權是人格權中惟一的一項，對其侵害只能由被侵權人之外的第三人主張賠償請求權的權利。[17] 生命權在遭受侵害後，因受害人已經

---

17. 王利明主編（2005）。《民法》。北京：中國人民大學出版社。257 頁。

死亡，故而其近親屬有權請求侵權人承擔侵權責任（《侵權責任法》第 18 條第 1 款第 1 句）。此外，支付被侵權人醫療費、喪葬費等合理費用的人也有權請求侵權人賠償費用，除非侵權人已支付該費用（《侵權責任法》第 18 條第 2 款）。

2.2　胎兒與屍體的法律地位

人的權利能力始於出生，終於死亡。胎兒尚未出生，不具有權利能力，不是民法上的權利主體。故此，胎兒不享有生命權，侵害孕婦導致流產或出現其他致胎兒死亡的情形，在民法上，只是構成對孕婦健康權的侵害，不會同時構成對胎兒生命權的侵害。

由於人的權利能力終於（生理）死亡。因此，屍體在法律上不是權利主體。因此，侵害屍體並不構成對生命權的侵害。儘管屍體不是權利主體，但也非普通的權利客體，不得任由他人處置。凡是非法利用、損害遺體，或者以違反社會公共利益、社會公德的其他方式侵害遺體，而給死者近親屬造成精神痛苦之人，應承擔侵權賠償責任（《精神損害賠償解釋》第 3 條第 3 項）。

3.　身體權

3.1　概念

身體權，是指自然人保持其身體組織的完整性並自主地支配其肢體、器官和其他身體組織的權利。侵害身體權就是從外部破壞身體的完整性，違背權利人的意願干預對其肢體、器官和其他身體組織的利用。身體是自然人的物質載體，不能成為他人權利的客體。對於身體的自我決定權來自於人格權，而非所有權，未得到身體權人的同意，不得破壞他人身體的完整性。正因如此，在醫療活動中，如果診療行為將破壞患者身體的完整性，如必須切除有癌細胞的器官、鋸掉已經壞死的大腿等，則屬於破壞患者身體完整性的行為，此等侵害性的醫療行為必須得到患者或其近親屬的書面同意（《侵權責任法》第 55 條第 1 款），否則構成對患者身體權之侵害（《侵權責任法》第 55 條第 2 款）。

3.2　與身體分離的部分的保護

身體權通常並不持續地存在於那些已與人的身體相分離的部分之上，比如剪掉的頭髮，拔去的牙齒，捐獻的血液、精子、其他人體器官及分娩出的死嬰。[18] 這些部分已經屬於獨立的物品，權利人對之享有的是所有權，而非身體權。[19] 不過，倘若某些與身體分離的部分，只是短暫地分離，將來還會被重新植入身體，或者這種分離恰恰是為了保持或維持被取出者的某種生理機能時，則該部分依然受身體權之保護。在這種情況下，損害該與身體分離之部分，屬於侵害身體權的行為。

3.3　身體權與健康權

身體權與健康權的關係極為密切。許多時候，侵害身體權的行為也構成了對健康權的侵害。例如，非法割去他人一個腎臟的侵權行為，當然破壞了受害人身體的完整性，同時也損害了受害人的健康。同樣，侵害健康權的行為常常也是對身體權的侵害。例如，注射有毒藥物導致他人手臂的肌肉組織腐爛，不得不切除之。

儘管存在上述聯繫且從法律後果上說，侵害健康權與侵害身體權並無不同，都發生侵權損害賠償請求權。但是，**兩者仍存在一定的區別**。首先，身體權旨在防止從外部對身體組織完整性的破壞，而健康權是防止從內部對身體組織完整的破壞。其次，侵害身體權並不必定侵害健康權，如強行剪去他人的頭髮、[20] 強行親吻他人、猥褻他人、強制抽血或提取 DNA（在不損害健康的限度內）等。侵害健康權也未必就侵害了身體權，如輸血導致他人感染梅毒、[21] 驚嚇他人以致一病不起等。

---

18. 〈焦某訴北京航天總醫院賠償損失案〉。北京市高級人民法院（2007）。《損害賠償新型疑難案例判解》。北京：法律出版社。91 頁以下。

19. 德國《聯邦最高法院民事判例集》第 124 卷，54 頁。參見〔德〕鮑爾／施蒂爾納（2004）。《德國物權法》（上冊）（張雙根譯）。北京：法律出版社。22 頁。

20. 參見〈金貞淑、金雪薇侮辱金明錦、朴杏梅案〉。最高人民法院中國應用法學研究所編（1997）。《人民法院案例選》，總第 19 輯。27 頁以下。

21. 〈平頂山市第一人民醫院與韓凌雲醫療過失損害賠償糾紛上訴案〉，河南省平頂山市中級人民法院（2010）平民二終字第 371 號民事判決書。

《民法通則》第 98 條只是規定了「生命健康權」，未規定身體權。《人身損害賠償解釋》把身體權作為一項獨立於生命權、健康權的單獨的人格權，其第 1 條第 1 款規定：「因生命、健康、身體遭受侵害，賠償權利人起訴請求賠償義務人賠償財產損失和精神損害的，人民法院應予受理。」本書認為，將身體權作為一項單獨的人格權是必要的。否則，既無法解釋強行剪髮、強制抽血、強行親吻、猥褻等行為究竟侵害了受害人的何種人格權，也無法說明損害他人身體分離出來的執行該人生理機能的部分後為何要給予精神損害賠償。然而，令人不解的是，《侵權責任法》第 2 條第 2 款在羅列各類受侵權法保護的民事權益時，卻沒有將身體權納入其中。[22]

4. 健康權

4.1 概念

健康權是以「健康」這一人格利益為客體的權利。與健康相對應的就是生病，但是人在自然界由於不注意衛生等原因也會得病。顯然，法律上的健康權並非保證人們不生病，而是保證人們不因他人的原因而被迫得病。故此，健康權作為一項人格權旨在防止他人對自然人內在生理的完整性之破壞。例如，S 廠生產含有三聚氰胺的奶粉，導致食用該奶粉的兒童患上腎結石，此種行為屬於侵害兒童健康權的行為。

健康包括生理健康（*physiologische Gesundheit*）與心理健康（*psychische Gesundheit*）。侵害健康權是否既包括因侵權行為而導致他人生理健康受損，也包括他人的心理健康受損，如抑鬱、神經衰弱、精神病等。[23]

4.2 對生理健康的侵害

侵害生理健康，意味着行為人破壞了他人生理機能的正常狀態。此種行為的種類眾多，如將帶有病毒的血液輸入他人體內致感染疾病；故意毆打

---

22. 參見王勝明主編（2010）。《中華人民共和國侵權責任法解讀》。466 頁。
23. 中國《精神衛生法》第 83 條第 1 款規定：「本法所稱精神障礙，是指由各種原因引起的感知、情感和思維等精神活動的紊亂或者異常，導致患者明顯的心理痛苦或者社會適應等功能損害。」

他人致臟器損傷；美容機構的過失致他人毀容；機動車交通事故致行人成為植物人等。在侵害審理健康的案件中，最典型的一種情形為，受害人感染乙肝、HIV 病毒等病毒的案件。此類案件中，只要受害人因加害人之行為而感染病毒，即便尚未發病，依然構成侵害健康權。例如，HIV 病毒在人體內的潛伏期平均為 8 至 9 年，而在發病前病人可以沒有任何症狀地生活和工作多年。

在因輸血感染病毒的案件中，受害人被感染病毒的損害結果與被告加害行為之間的因果關係往往難以確切地證明。原告往往只能證明自己曾經在被告的醫院輸過血，但不能證明就是因為在被告的醫院輸血行為而被感染病毒，尤其是考慮到病毒有潛伏期，等到病毒發作，原告知道患病的結果往往時過境遷。此時，如果按照要求原告證明就是因為在被告醫院輸血被感染病毒，十分困難。在中國司法實踐中，一些法院通過因果關係推定的方式，進行舉證責任倒置，從而減輕原告證明的難度。

對自然人的生理健康的侵害行為，也可能發生在自然人尚未出生的階段。例如，如醫療機構在接生時或對孕婦進行手術時，過失損害了胎兒的健康；某人毆打孕婦致其腹內胎兒受傷。自然人的民事權利能力始於出生，而胎兒尚未出生，其並非民事主體。故此，母親只能就自身受到的傷害行使損害賠償請求權。如果受傷之胎兒出生即為死胎，其亦不享有損害賠償請求權。如果胎兒在出生時是活着的，則無論其存活多長時間，都享有針對加害人的損害賠償請求權。當然，在起訴前，胎兒死亡的，其針對加害人的損害賠償請求權應由其父母繼承。中國司法實踐認為，如果侵權行為發生時，胎兒尚未出生且訴訟開始前或訴訟結束前仍未出生的，則法院將推遲整個案件的判決，等到胎兒出生確定其所受到的實際損害後一併判決，或者先對其他受害人的請求進行審理判決，而對胎兒的可以等到其出生後另案處理。[24] 當然，胎兒出生後，只要存在就可以行使針對加害人的損害賠償請求權。例如，作為被告的計劃生育服務站接生胎兒（即原告）時，因醫療過失損傷該胎

---

24. 王毓瑩（2006）。〈懷孕期間胎兒或胎兒父母受到傷害，出生後嬰兒可否請求賠償〉。載最高人民法院民事審判第一庭編，《民事審判指導與參考》（總第 26 集）。北京：法律出版社。184 頁以下。

兒的頭皮。胎兒出生後被診斷患有腦癱。原告向法院提起損害賠償訴訟。法院認為，因被告過失造成原告損害，應當承擔侵權賠償責任。[25]

4.3　侵害心理健康的行為

侵害心理健康會給受害人造成各種精神或心理上的疾病，如抑鬱症、神經衰弱等。至於此等損害後果與受害人的器官組織有無關聯，在所不問。[26] 也就是說，在受害人的心理健康遭受侵害的同時，受害人的生理健康可能也同時遭受了侵害，也可能沒有受到侵害。這些都不影響對受害人心理健康的賠償。判斷一個人的行為是否構成對他人心理健康的侵害時，往往需要取得專家的意見。依據中國《精神衛生法》第 29 條，精神障礙的診斷應當由精神科執業醫師作出。如果醫生做出了受害人罹患精神障礙的診斷，自然構成侵害健康權。

4.4　精神痛苦

與心理健康受損不同的，精神痛苦（emotional distress），也稱精神驚嚇，只是一種心理上的不良情緒，如痛苦、失望、憤怒、憂慮等。其持續時間可能長，也可能短。如果受害人是因生理健康或心理健康受損，而遭受了精神痛苦，在確定損害賠償時，法官會考慮這種痛苦而判給相應的撫慰金。但是，如果受害人僅是遭受了精神痛苦，卻沒有伴隨生理健康或心理健康受損，此時對該種精神痛苦是否應當給予賠償，需要慎重考慮。

---

25. 〈趙甜宇訴長清縣崮山鎮人民政府人身損害賠償案〉，山東省濟南市中級人民法院（1997）濟民終字第 639 號民事判決書。

26. Larenz/ Canaris (1994). *Lehrbuch des Schuldrechts*, zweiter Band Besonderer Teil, 2, Halbband. S. 378.

5. 姓名權

5.1 姓名的涵義

姓名（name），是人的標識，是人和人互相區別的語言標識。通過姓名，自然人得以在與其周圍的人的關係中維護其人格，並將自己與他人在社會交往中加以區分，從而作為一個獨特的個體存在，獲得自我認同，實現人格尊嚴。作為區分自然人的語言符號，姓名至少要滿足三個構成要件：（1）是一個符號；（2）該符號與某個特定的自然人相聯繫；（3）該自然人利用此符號形成了一定的社會交往。[27]

作為姓名的符號應當符合法律的規定，且遵循善良風俗等民法之基本原則。在中國，《通用語言文字法》第 17 條規定，除姓氏中存在的異體字，否則應當使用規範漢字，[28] 不得使用規範漢字以外的文字，如外文字母、自創漢字等。[29]《居民身份證法》第 4 條第 1 款規定：「居民身份證使用規範漢字和符合國家標準的數字符號填寫。」

至於自然人的姓名的字數之多少、重名概率如何、怪異與否等，在所不問。[30] 例如，原名「閆才源」之人，以素好天文地理為由，申請將名字改為「閆宇奧能」，因為它蘊含了「揭開宇宙所有奧秘的能力」之意。[31]

姓名不限於身份證、戶籍上的姓名即法定姓名，還包括由個人選定並可隨時變更的筆名、藝名、曾用名以及中國傳統文化中的字、號等。例如，清中興名臣曾國藩，字「伯涵」，號「滌生」，謚「文正」。國學大師梁啟超先生，字「卓如」，號「任公」，又號「飲冰室主人」、「飲冰子」、「哀時客」、「中國之新民」、「自由齋主人」等。

---

27. Heinrich Hubmann (1967). *Das Persönlichkeitrecht* (2 Aufl.). Vienna: Böhlau. S. 276.

28. 參見公安部對廣東省公安廳戶政管理處作出的〈關於對中國公民姓名用字有關問題的答覆〉（2001 年 6 月）。

29. 參見〈趙 C 訴鷹潭市月湖區公安分局侵害姓名權案〉，詳見 http://baike.baidu.com/view/2234017.htm

30. 據統計，中國姓名中「張偉」這個名字的重名率最高，為 299,025 個。http://zhaoren.idtag.cn/samename/searchName!pmbyrepeatlist.htm

31. 〈閆才源訴焦作市公安局不予變更姓名案〉，河南省焦作市山陽區人民法院〔2005〕山行初字第 4 號行政判決書。

5.2　姓名權的涵義與內容

姓名權是一種人格權，它意味着自然人有權決定、變更和使用自己姓名並排除他人干涉或非法使用。由於姓名是自然人的語言標識，而構成姓名文字本身顯然不是某個人能排他、唯一的予以支配的。故此，姓名權的實質保護的是權利人這一主體與姓名這一符號標識之間的聯繫，以及基於此產生的各種財產性利益、經濟性利益。

姓名權的內容包括兩方面，積極的方面就是姓名權有權決定、變更自己的姓名：有權決定如何使用自己的姓名。消極的方面就是有權禁止他人假冒、盜用自己的姓名以及禁止他人未經同意使用自己的姓名。

5.2.1　決定與變更姓名的權利

自然人有決定和變更自己姓名的權利。除了權利人，任何單位或個人都無權變更他人的姓名。當然，決定自己姓名的權利以具有意思能力為前提。自然人出生後，父母或其他監護人有權決定其姓名。當自然人具有完全民事行為能力後，有權決定自己的姓名。其既可以更改原有的姓名，也可以自己取筆名、藝名或別名。由於姓氏因出生而取得的，且可能因婚姻或收養而變更，所以自然人的姓氏應由親屬法加以規定。《婚姻法》第 22 條規定：「子女可以隨父姓，可以隨母姓。」為子女選擇姓氏是父母共同的權利，雙方應協商確定。即便夫妻離婚，父或母一方也不得擅自將子女姓氏改為繼母或繼父姓氏。[32]

關於子女可否在父母的姓氏之外選擇第三姓的問題，2014 年 11 月 1 日第 12 屆全國人民代表大會常務委員會第 11 次會議通過的《全國人民代表大會常務委員會關於〈中華人民共和國民法通則〉第 99 條第 1 款、〈中華人民共和國婚姻法〉第 22 條的解釋》規定：「公民依法享有姓名權。公民行使姓名權屬於民事活動，既應當依照《民法通則》第 99 條第 1 款和《婚姻法》第 22 條的規定，還應當遵守《民法通則》第 7 條的規定，即應當尊重社會公德，不得損害社會公共利益。在中華傳統文化中，『姓名』中的『姓』，即姓氏，體現

---

32. 參見〈最高人民法院關於變更子女姓氏問題的覆函〉（〔81〕法民字第 11 號）；〈最高人民法院關於人民法院審理離婚案件處理子女撫養問題的若干具體意見〉第 19 條；〈公安部關於父母離婚後子女姓名變更有關問題的批覆〉（2002 年 5 月 21 日公安部公治〔2002〕74 號）。

着血緣傳承、倫理秩序和文化傳統，公民選取姓氏涉及公序良俗。公民原則上隨父姓或者母姓符合中華傳統文化和倫理觀念，符合絕大多數公民的意願和實際做法。同時，考慮到社會實際情況，公民有正當理由的也可以選取其他姓氏。基於此，對《民法通則》第 99 條第 1 款、《婚姻法》第 22 條解釋如下：公民依法享有姓名權。公民行使姓名權，還應當尊重社會公德，不得損害社會公共利益。公民原則上應當隨父姓或者母姓。有下列情形之一的，可以在父姓和母姓之外選取姓氏：（1）選取其他直系長輩血親的姓氏；（2）因由法定扶養人以外的人扶養而選取扶養人姓氏；（3）有不違反公序良俗的其他正當理由。」

5.2.2　使用姓名的權利

使用姓名的權利包括：自然人有權自己使用姓名，如在申請書、請願書、合同書等有關文件上簽署自己的姓名；授權他人使用自己的姓名，如將自己的姓名印在廣告、作品上等；更改姓名後有權要求他人使用新的姓名稱呼自己等。姓名權人有權使用自己的姓名，同時就意味着其有權禁止他人擅自使用或不以不正當的手段使用自己的姓名。

5.3　侵害姓名權的行為

侵害姓名權的典型行為：干涉他人決定或變更自己姓名的行為；盜用他人姓名的行為以及假冒他人姓名的行為（《民法通則》第 99 條第 1 款）。《民法通則意見》第 141 條規定：「盜用、假冒他人姓名、名稱造成損害的，應當認定為侵犯姓名權、名稱權的行為。」這一規定以造成損害作為侵犯姓名權的構成要件，殊為不妥。損害之有無只是損害賠償責任的構成要件。對於作為絕對權的姓名權而言，即便侵害行為沒有造成損害而只是有侵害的危險，權利人也有權要求停止侵害、排除妨礙和消除危險（《侵權責任法》第 21 條）。

5.3.1　干涉姓名權

干涉姓名權，是指行為人採取各種違法手段干涉、妨害他人行使姓名權。例如，母親要求隨自己生活的子女將姓氏從隨父姓改為隨母姓；不使用他人的新姓名稱呼該人等。

5.3.2　假冒他人姓名

假冒他人姓名，是指將他人的姓名作為自己的姓名。例如，甲考上了大學，乙未考上。乙通過偽造身份證、竊取錄取通知書等方式，冒用甲的姓名上大學；[33] 再如，A 男嫖娼被公安機關抓獲，為防止暴露身份，A 男謊稱自己是 B 男。由於假冒他人姓名的行為，會造成同一性的混淆，因此姓名權人有權加以抗拒。[34]

5.3.3　盜用他人姓名

盜用他人姓名是指未經姓名權人的同意而使用其姓名。例如，被告某中介公司未經原告的同意而使用原告的姓名等信息進行網簽信息提交，導致原告被建設行政主管部門取消了購買經濟適用房的資格。[35] 被告未經其母親的同意，冒用母親簽名將之列為自己註冊的公司的股東之一。[36] 再如，某司法考試培訓學校未經著名司法考試培訓教師 A 的同意，在招生廣告及網站上將 A 列為本校特聘教師。張三寫信舉報本單位領導，卻將舉報人姓名寫成李四。

盜用與假冒他人的姓名之間有相同之處，但也存在顯著的區別。相同在於，行為人都未經姓名權人同意；區別在於，盜用他人姓名不存在混淆同一性的危險，即公眾不會將盜用人與姓名權人加以混淆。假冒姓名則是將姓名權人的姓名作為自己的，或者一個實際存在的第三人的姓名，因此會發生混淆同一性的危險。

姓名只是在法律交往中用以將特定主體與他人相區別的手段，單純的重名即便可能引起混淆，也不構成侵害他人姓名權，姓名權人仍然有權使用。但是，如果重名的行為已經構成了不正當競爭，則行為人需要承擔侵權責任。[37]

---

33. 如〈齊玉苓訴陳曉琪等以侵犯姓名權的手段侵犯憲法保護的公民受教育的基本權利糾紛案〉，《中華人民共和國最高人民法院公報》。2001 年第 5 期。

34. 〔德〕迪特爾‧梅迪庫斯（2000）。《德國民法總論》（邵建東譯）。北京：法律出版社。799 頁。

35. 相關案例，參見北京市高級人民法院編（2013）。《北京法院參閱案例（第八卷）》。北京：知識產權出版社。72 頁以下。

36. 〈黃有土訴其女兒黃蘭未經同意將其姓名登記在公司登記的股東欄目中一直延用侵犯姓名權賠償案〉，載最高人民法院中國應用法學研究所（2002），《人民法院案例選》（總第 39 輯）。177 頁以下。

37. 《中華人民共和國最高人民法院公報》，2005 年第 10 期。

6. 名稱權

6.1 概念

名稱，是標示特定團體，從而使之區別於其他團體的文字符號。所謂團體，既可以是具有法人資格的，也可以是非法人團體；既可以是企業法人的，也可以是非企業法人的。名稱與團體的社會地位密切相連，對於維持團體的存在以及發展都具有至關重要的意義。故此，法律上產生了名稱權。

名稱權，是特定的團體針對其名稱享有的排他性支配權。名稱權人有權決定、使用、變更以及轉讓自己的名稱。《民法通則》第 99 條第 2 款規定：「法人、個體工商戶、個人合夥享有名稱權。企業法人、個體工商戶、個人合夥有權使用、依法轉讓自己的名稱。」

對於團體的名稱，法律上有相應的規範。例如，就企業的名稱，中國有《企業名稱登記管理規定》；對於非企業的名稱，如社會團體、基金會的名稱，相應的法律規定包括《社會團體登記管理條例》、《基金會名稱管理規定》、《民辦非企業單位名稱管理暫行規定》等。在這些規定中對於團體的名稱都有嚴格的規範。例如，依據《企業名稱登記管理規定》第 6 至 7 條的規定，企業只准使用一個名稱，並且在登記主管機關轄區內不得與已登記註冊的同行業企業名稱相同或者近似。企業名稱應當由以下部分依次組成：字號（或者商號）、行業或者經營特點、組織形式。企業名稱應當冠以企業所在地省（包括自治區、直轄市）或者市（包括州）或者縣（包括市轄區）行政區劃名稱。只有經國家工商行政管理局的核准，下列企業的企業名稱可以不冠以企業所在地行政區劃名稱：（1）可以在企業名稱中使用「中國」、「中華」或者冠以「國際」字詞的企業；（2）歷史悠久、字號馳名的企業；（3）外商投資企業。

6.2 侵害名稱權的行為

名稱權與特定的團體相聯繫，因此名稱上將承載團體的聲譽、商業價值等經濟的或非經濟的利益。在市場經濟，企業的名稱本身就是一項無形財產，具有巨大的經濟價值。申言之，「由於名稱的這種屬性能夠帶來商業上的

利益，使名稱成為名稱權人的一項無形財產。任何人想通過使用他人名稱獲取商業利益，必須經過名稱權人的同意，否則即構成對名稱權的侵權」。[38]

實踐中，侵害名稱權的行為主要有：其一，盜用他人的名稱，即未經同意擅自使用他人的名稱的行為。其二，假冒他人的名稱，即將他人的名稱作為自己的名稱加以使用。《民法通則意見》第 150 條規定，法人的名稱權受到侵害，法人要求賠償損失的，人民法院可以根據侵權人的過錯程度、侵權行為的具體情節、後果和影響確定其賠償責任。

7. 肖像權

7.1 概念

肖像權（*das Recht am eigenen Bild*）是自然人享有的決定是否傳播並公開展現其肖像的排他性權利。[39] 肖像（*Bildnis*）則是以第三人可資識別的方式對一人或多人的外部特徵所作的展現（*Darstellung*）。具體來說：首先，肖像是對自然人的外部特徵的展現，而不包括自然風光、物品的樣子或虛幻的形象。人的外部特徵，既包括人的臉部相貌，也包括人通過面具、臉部表情、體態和手勢等形成的外部特徵。

其次，展現自然人的外部特徵的方法多種多樣，既可以是繪畫、雕刻、剪紙等傳統藝術形式，也可以是錄像、電影、照相等現代方法。通過這些手段和方法，人的外部特徵被附着在獨立的、為人所能支配的物品之上，如照片、畫作、錄像帶、剪紙、雕像、數據信息等。

再次，作為肖像的自然人的外部特徵應當具有可識別性。肖像作為人的外部形象，彰顯了自然人的特徵，因此，「肖像的特徵，除肖像與原形人在客觀上相互獨立成為能讓人力支配的物品外，再就是具有完整、清晰、直觀、可辨的形象再現性或稱形象標識性。這裏所說的形象，是指原形人相貌綜合特徵給他人形成的、能引起一般人產生與原形人有關的思想或感情活動的視

---

38. 〈申花足球俱樂部訴特雷通貿易有限公司侵害名稱權糾紛案〉，《中華人民共和國最高人民法院公報》，2001 年第 1 期。

39. Götting/ Schertz/ Seitz (2008). *Handbuch des Persönlichkeitsrecht*. München: Verlag C.H. Beck. §12, Rn. 1.

覺效果。畫像、照片等載體，如果其內容不能再現原形人的相貌綜合特徵，不能引起一般人產生與原形人有關的思想或感情活動，一般人不能憑直觀清晰辨認該內容就是某一自然人的形象，這樣的載體不能稱為肖像」。[40] 肖像的可識別性可以體現在肖像權人的臉部特徵上，也可以體現在肖像權人的典型造型、衣着、髮式、手勢之上。例如，在「葉璇訴安貞醫院、交通出版社廣告公司肖像權糾紛案」中，一審法院認為：「原告葉璇所訴的這張照片，只有臉上的鼻子和嘴部分，不是完整的特定人形象。這張照片不能反映特定人相貌的綜合特徵，不能引起一般人產生與特定人有關的思想或感情活動，因此不是法律意義上的肖像。」二審法院也認為：「《北京交通旅遊圖》上刊登的自然人面部局部器官照片，不能體現該自然人的外貌視覺形象，本身不構成肖像。」[41]

7.2　內容

7.2.1　肖像製作權

只有自然人才享有肖像權。而任何自然人的形象在製作成肖像後，才附着於物質載體之上，進而具有了被利用或遭受侵害的可能性。因此，肖像的製作權很重要，它專屬於肖像權人。肖像權人可以自己製作（如自拍），也可由他人來製作（聘請他人進行攝像、雕塑）。任何人在未經肖像權人的同意之前，都不得擅自將他人的形象製作成為肖像，如拍攝照片、畫成油畫等，否則構成侵權行為。例如，原告與同事一起去血站無償獻血，而作為被告的報社想報道此事。在被告的攝影記者給原告拍照前，原告就明確表示拒絕，而該記者依然堅持拍照並將照片刊登在報紙上，公開發行。顯然，被告的行為侵害了原告的肖像權，包括肖像製作權與肖像使用權。[42]

---

40. 參見〈葉璇訴安貞醫院、交通出版社飛廣告公司肖像權糾紛案〉，《中華人民共和國最高人民法院公報》，2003 年第 6 期。

41. 類似案例，參見〈許曉霞訴蘭溪市電信局、浙江蘭溪華亞八達摩托車有限公司、蘭溪市雅特廣告裝潢有限公司肖像權糾紛案〉，浙江省蘭溪市人民法院（2000）蘭民初字第 1311 號民事判決書。

42. 〈劉衛東訴中國石油天然氣管道局石油管道報社侵犯肖像權糾紛案〉，河北省廊坊市中級人民法院（1999）廊民終字第 168 號民事判決書。

7.2.2 肖像使用權

肖像權人有權以任何合法的方式公開並使用自己的肖像，藉此獲得相應的財產利益或精神利益。肖像權人可以自行公開並使用（如在微信群中發自己的照片），也可授權他人公開、使用自己的肖像（如刊登在報刊上、用於製作廣告牌、宣傳冊等）。對於具有很高社會知名度的歌星、演員、體育明星等人而言，其肖像有很大的經濟價值。因此，這些名人可以通過收取報酬，而允許他人將自己的肖像用於商品或服務的廣告當中。未經同意擅自使用演員、明星的肖像，實際上侵害的主要不是這些人的精神利益，而是商業利益。

7.3 法律限制

為了維護社會公眾獲取信息的正當利益和其他社會公共利益，法律上有必要對於肖像權作一定的限制。否則，對肖像權的保護將過於寬泛，以至於任何未經肖像權人同意而使用肖像的行為都將構成侵權，這將對人們的合理行為自由構成妨害。歸納起來，以下情形中對肖像的使用即便沒有經過肖像權人的同意，亦不構成侵權行為。

7.3.1 出於新聞報道的目的而使用他人的肖像

言論自由乃是憲法規定的基本權利。現代社會資訊發達，新聞自由已成為最重要的一類言論自由。為使人民能及時、生動、直觀的了解各種政治、經濟、軍事、文化等信息，新聞媒體在對新聞人物進行報道時，「若要真實再現當時情況，增加準確性、生動性和感染力，不免要經常使用個人肖像；加之眾多與特定場景相結合的特殊人物肖像，往往具有代表國家、民族或者某一歷史時期的特殊象徵意義，此等肖像亦不免需被經常使用」。[43] 倘若被拍照者動輒以侵害肖像權為由，提起訴訟，必然嚴重妨害新聞自由，損害廣大公眾獲取信息的正當利益。因此，有必要對新聞人物的肖像權進行適當限制。

新聞人物包括兩類：其一，政治、文化、經濟、社會、體育等領域中的知名人物，如總統、總理、議員、外交官、作家、藝術家、運動員、演藝

---

43. 〈劉翔與《精品購物指南》報社、北京精品卓越科技發展有限公司、北京中友百貨有限責任公司〉，北京市第一中級人民法院（2005）一中民終字第 8144 號民事判決書。

明星等;這些人因享有較高的知名度,公眾對於獲取該人的信息具有正當利益,故此屬於「絕對的新聞人物(absolute Personen der Zeitgeschichte)」,在報道與之相關的任何新聞時,都可以不經其同意使用其肖像。其二,突發的新聞事件,如犯罪行為、不幸事故、法庭審判程序等特定的突發事件中涉及到的人,這些人屬於「相對的新聞人物(relative Personen der Zeitgeschichte)」。因此,只能是在報道該特定新聞事件時,不經其同意使用其肖像。[44] 當然,如果特別法對於公開這些新聞人物的肖像有特別的規定,應遵循之。例如,中國《未成年人保護法》第 58 條規定,對未成年人犯罪案件,新聞報道、影視節目、公開出版物、網絡等不得披露該未成年人的姓名、住所、照片、圖像以及可能推斷出該未成年人的資料。

7.3.2 自然人的肖像僅構成某一風景或地點的附屬物品

現代社會人口稠密,除了沙漠、核輻射區,在陸地上想找個沒人的清淨地方,極難。故此,人們在拍攝風景照片時,一不留神就將在場的其他人攝入其中。出於社會實踐合理性的考慮,當某個自然人的肖像僅為展示某一自然風光或某一地點的照片或攝影中的附屬物品或背景而已,不具有突出地位時,即便未經該被拍攝之人的其同意,也不屬於侵害其肖像權。[45] 例如,被告的某電影攝製組為了更好地展現當地的風土人情,而以偷拍的方式進行拍攝,將在公共場所棉花糖的原告攝入鏡頭。原告以侵害肖像權為由起訴被告。法院在協調權益保護與行為自由之後認為,在被告主觀上並無惡意,客觀上也沒有渲染原告的任何不完善之處的情況下進行偷拍,是一種創作方法,屬於合理的行為自由,應予允許,不構成侵權。[46]

---

44. Götting/ Schertz/ Seitz (2008). *Handbuch des Persönlichkeitsrecht*. §12, Rn. 40.

45. 依據《德國藝術作品著作權法》第 23 條第 1 款第 2 項,如果圖片是風景圖片且在圖片中人只是一個附屬物,則即便沒有得到被拍照人的同意,該圖片也可以公開展示。

46. 〈賈桂花訴北京電影學院青年電影製片廠侵害肖像權案〉,北京市第一中級人民法院(1995)中民終字第 797 號民事判決書。

7.3.3 集體肖像

集體肖像是指對多個自然人的形象進行製作後形成的肖像。集體肖像並非數人之肖像的簡單拼湊，而是基於特定的事件、活動，多人參與其中所形成的。[47] 換言之，集體肖像側重的是一個由多人組成的群體之形象（在德國法上認為至少要有 12 個人），每個參與者的個性均為全體畫面所掩蔽。由於集體肖像多形成於各種會議、體育比賽、遊行、慶典、狂歡節、遊行示威等群體活動或社會公共環境之場合，為維護公眾獲得一般信息的利益，確保人們的行為自由，有必要對單個人的肖像權加以限制。[48]

7.3.4 公法上對肖像權的限制

公法上對肖像權的限制，包括進行犯罪調查、通緝逃犯、為預防違法犯罪而採取或使用他人的肖像權，這些情形不構成對肖像權的侵害。例如，為了公共安全的需要，在車站、碼頭、機場、學校、醫院、商場等涉及公共安全、公共服務和管理的場所或者區域的重要出入口、主要通道或者要害部位安裝公共安全視頻圖像信息系統，該系統採集的視頻不構成對肖像權的侵害。

8. 名譽權

8.1 概念

名譽權是民事主體依法享有的維護自己名譽，並排除他人侵害的權利。名譽權的客體是名譽，而非名譽感。所謂名譽，是對特定民事主體的品德、才幹、信譽、商譽、資歷、聲望、形象等方面的社會性評價。[49] 名譽感只是人們對自身的人格價值所持有的個人的、主觀評價，是民事主體內心的自我感受。名譽和名譽感既有聯繫又有區別。名譽直接關涉民事主體的社會地位和

---

47. 依據《德國藝術作品著作權法》第 23 條第 1 款第 3 項，如果是關於集會、遊行和類似活動參加者的圖片，那麼即便沒有得到被拍照人的同意，該圖片也可以公開展示。

48. Götting/ Schertz/ Seitz (2008). *Handbuch des Persönlichkeitsrecht*. §12 Rn 64ff.

49. 參見〈倪培璐、王穎訴中國國際貿易中心侵害名譽權糾紛案〉，《中華人民共和國最高人民法院公報》。1993 年第 1 期；〈余一中訴《新聞出版報》社侵害名譽權糾紛案〉，《中華人民共和國最高人民法院公報》。2003 年第 2 期。

人格尊嚴，損害一個人的名譽實際上就是毀壞了該人在社會關係網絡中的原有地位，當然也會對一個人的名譽感造成損害。另一方面，雖然使用了侵害名譽權的言詞，傷害了受害人的名譽感，但是由於並未被受害人之外的人所知，故此沒有導致受害人的社會評價降低，不構成侵害名譽權。當然，這種行為有可能構成對隱私權或人格尊嚴權的侵害。

《民法通則》第 101 條規定：「公民、法人享有名譽權，公民的人格尊嚴受法律保護，禁止用侮辱、誹謗等方式損害公民、法人的名譽。」如果公民、法人的名譽權受到侵害，則有權要求侵權人停止侵害，恢復名譽，消除影響，賠禮道歉，並可以要求賠償損失（《民法通則》第 120 條）。

8.2　侵害名譽權的構成要件

8.2.1　存在侵害名譽權的行為

名譽權通常無法被積極地加以行使。比如，名譽權人既無法自行行使名譽權，也不可能授權他人來使用自己的名譽。名譽權只有在受到他人不法之侵害時，才會顯現出來。侵害名譽權的行為，是指行為人通過各種行為，如在報紙、雜誌、網絡、廣播、電視等刊載、播出侵害他人名譽權的文字、語言、圖片的行為。《民法通則》第 101 條中列舉了兩類最為典型的侵害他人名譽權的加害行為 —— 侮辱與誹謗。例如，公然在大庭廣眾面前辱罵、羞辱他人；故意散佈虛假事實，貶損他人名譽等。再如，兩被告缺乏事實根據，懷疑原告張某與被告李某的丈夫有不正當的男女關係，進而多次在夜晚打電話騷擾原告，甚至跑到原告就讀的學校及原告住處，散佈原告與李某的丈夫有不正當關係，對原告進行侮辱和誹謗，其行為構成對原告名譽權的侵害。[50]

侵害他人名譽權的行為，也可以是通過文學作品、評論文章等醜化他人的形象，以達到降低公眾對受害人的評價的目的。例如，被告採用姓相同、名相近，體型外貌等突出特徵相似的方法把作品中的三個醜惡人物與三原告聯繫起來加以醜化，使熟悉三原告的讀者一看便知這三個反面人物是影射三原告的，在當地給三原告的人格尊嚴造成不良影響，使他們的名譽受到損

---

50. 〈張輝女訴李濤、李鴻琴侵害名譽權案〉，上海市第一中級人民法院（2000）滬一中民終字第 1966 號民事判決書。

害。[51] 此外，在紙幣上書寫辱罵他人的話語之將該紙幣投入流通、[52] 在自己店門前以書寫黑板報的方式詆毀他人出售假貨等行為，[53] 也構成對他人名譽權之侵害。

8.2.2　侵害了受害人的名譽

(1)　造成了受害人社會評價降低

侵害名譽權造成的損害後果，是被侵權人的社會評價降低。一方面，社會評價不是受害人自我評價，而是不特定的人對受害人的評價的降低。另一方面，社會評價是對受害人的人品、聲望、信譽、商譽、才幹、能力等的評價。因此只有導致這種評價降低，才構成侵害名譽權。如果僅是使人們對某種事實發生單純地錯誤認識，並未因此導致社會評價降低，亦不構成侵害名譽權。例如，新聞報道中錯誤地報道了他人的職業（如將作家說成律師）、職稱（如將教授說成是講師）或生存狀況（將活着的人說成已經去世），僅是這種錯誤不構成侵害名譽權。

(2)　受害人社會評價降低的證明方法

如何證明受害人的社會評價降低，司法實踐中，往往是採取推定的方法來確認的，即受害人通過提供證據證明針對自己的誹謗和侮辱性內容已經為第三人所知，在此基礎上，法官根據經驗法則就可以推定受害人因名譽權受侵害而遭受了損害。也就是說，只要能夠證明被告陳述的是虛假事實，所進行的評論也是侮辱性、誹謗性的，並且這些事實和評論已經公開了，為或可能為公眾所知，就可以推定出受害人的名譽權因此而遭受損害。被告認為並未侵害原告的名譽權，如沒有造成原告社會性評價降低，則被告應當舉證證明。

---

51. 〈胡驥超、周孔昭、石述成訴劉守忠、《遵義晚報》社侵害名譽權糾紛案〉，《中華人民共和國最高人民法院公報》。1992 年第 2 期。
52. 〈卓碧珍等訴徐穎珺在人民幣上書寫謾罵、侮辱其的語言後支付出去在社會上流通侵犯名譽權案〉，最高人民法院中國應用法學研究所編（2003）。《人民法院案例選》（總第 43 輯）。168 頁以下。
53. 〈余福均訴傅躍明等在其店旁竪立黑板並寫上暗示其售價的內容侵犯名譽權案〉，最高人民法院中國應用法學研究所編（2003）。《人民法院案例選》（總第 43 輯）。173 頁以下。

8.2.3 侵害了特定主體的名譽

名譽之所以受到法律保護，就因為它是特定主體的社會評價，損害這種社會評價就破壞了該特定主體的正常社會生活地位，從而歪曲其真實的社會形象。因此，在侵害名譽權中受害人應當是特定之主體。

(1) 指名點姓地侵害他人之名譽權

如果有關報道或文章直接指名點姓的侵害他人名譽權，受害人顯然是特定的。指名點姓不僅包括直接提及受害人的姓名、名稱等，還包括具有特定聯繫且他人均知悉的網名，[54] 以及某一特定時期的特定稱謂。例如，在「工行六姐妹」名譽權糾紛案中，法院認為：「工行六姐妹」這一稱呼，是隨着趙某等六人與所在單位的案件被中央級電視媒體報道，在全國範圍內傳播後才出現的特定稱謂，所指即趙某等六人堅持多年訴訟要求確認無固定期限勞動合同一事。[55]

(2) 非指名點姓的侵害他人名譽權

有些時候，被告在文學作品或言論中並不指名點姓地侵害他人名譽權，而是使用「假名」或「含沙射影」、「指桑罵槐」等春秋筆法，來侵害他人的名譽權。此時，原告是否屬於被告侵害的對象，需要認真研究。因為有些情況下，被告文學作品中指的人或事並非是指原告，而是來源於實際生活，與原告的情形有些重合。只是原告非要「對號入座」，認為被告侵害了自己的名譽權。《名譽權解答》對此曾規定：「撰寫、發表文學作品，不是以生活中特定的人為描寫對象，僅是作品的情節與生活中某人的情況相似，不應認定為侵害他人名譽權。描寫真人真事的文學作品，對特定人進行侮辱、誹謗或者披露隱私損害其名譽的；或者雖未寫明真實姓名和住址，但事實是以特定人或者特定人的特定事實為描寫對象，文中有侮辱、誹謗或者披露隱私的內容，致其名譽受到損害的，應認定為侵害他人名譽權。」

---

54. 《中華人民共和國最高人民法院公報》。2001 年第 5 期。

55. 參見程屹（2011）。〈特定職業身份的人在媒體上的不實陳述可能構成對當事者名譽權的侵害 —— 趙某某等人訴梁某、和訊信息科技有限公司名譽權糾紛案相關法律問題分析〉。載北京市高級人民法院，《審判前沿：新類型案件審判實務（總第 34 集）》。北京：法律出版社。103 頁。

(3) 團體誹謗

團體誹謗，是指針對某一民族、性別、膚色的人或某一國、省、縣或某一組織、某一社會階層的人進行的誹謗。在團體誹謗中，由於受害人不具有特定性，發表誹謗言論之人不構成對其中某個特定人的名譽權的侵害，否則侵權責任將漫無邊際。例如，某戀愛失敗之女士在博客中寫到，「天底下的所有男人都是騙子」；某一訴訟中敗訴的當事人，在微信圈中大罵「法官沒有一個是好東西」。顯然，任何男人或法官都無權以侵害名譽權為由，要求該女士或當事人承擔侵權責任。因為這種團體誹謗涉及的人數實在太多。如果要求行為人因此承擔責任，將會使行為人向不特定人的承擔不特定的責任，也會引發訴訟爆炸。但是，倘若被誹謗群體的人數比較少，屬於可控制的範圍時，情況就會有所不同。例如，被某著名高校 P 大學 E 學院解聘的 M 教授在微博上大罵 E 學院的領導都是淫棍，由於該學院的領導就是院長、書記等五人，故此 M 教授對該五人的名譽權構成了侵害。至於人數究竟要少到何種程度，學說或實踐中很難給出一個確定的答案，而應根據案件的具體情況加以確定。

(4) 行為人主觀上存在過錯，此種過錯可能是故意的，也可能是過失的

例如，以侮辱、誹謗等行為侵害他人名譽權者，主觀上是故意的。而因沒有盡到審查義務刊登或報道了侵害他人名譽權的作品的報刊、網站，則往往是過失。

9. 榮譽權

9.1 概念

「榮譽」是外界（如國家、社會或者有關單位）對民事主體的稱讚、表揚或獎勵，它表現為各種榮譽稱號，如勞動模範、戰鬥英雄、先進企業、文明商店等；各種獎勵、表彰，如諾貝爾獎、南丁格爾獎、全國勞動模範、一等功等。但是，曾經擔任的職務不能構成一種榮譽。在一個案件中，原告以被告醫院在編寫《院誌》時遺漏自己曾擔任過該醫院的領導之事為由，起訴被告侵害自己的榮譽權。法院認為：「榮譽是指政府或社會組織給予公民、法人的

一種讚美稱號，一般通過表彰授予。原告訴稱的其曾擔任的醫院行政和黨內職務，被告編寫院誌時確實有誤，但是職務只是一種組織的分工，並不是榮譽稱號，因此被告並未侵犯原告的榮譽權。」[56]

榮譽權，是指自然人和法人享有的榮譽稱號不受他人侵害的權利。學說認為，榮譽權的主要內容在於排除他人對權利人所獲得的榮譽稱號的非法干預或剝奪。也就是說，權利人已經享有了榮譽權，然後這種權利遭受了侵害。如果權利人尚未獲得某種榮譽，而就此引發的爭議，不屬於侵害榮譽權。[57]《民法通則》第 102 條規定：「公民、法人享有榮譽權，禁止非法剝奪公民、法人的榮譽稱號。」《侵權責任法》第 2 條第 2 款也明確將榮譽權納入侵權法的保護範圍。

9.2　性質

榮譽權的性質如何，存在很大的爭議，有特殊人格權說、身份權說、名譽權說及雙重屬性說等觀點。本書認為，榮譽本身就是一種社會評價，完全可以納入名譽權的保護範圍，沒有必要作為一種獨立的民事權利加以規定。實踐中，幾乎沒有真正的侵害榮譽權的案件。常見的所謂「榮譽權糾紛」多表現為，被告侵害了原告因獲得某項榮譽而附帶的財產利益，或者是毀損了作為榮譽的證明的獎杯、獎旗、證書等物品。可是，無論不法侵佔榮譽權人應獲得的財產利益，還是毀損丟失證書、獎狀等，都不構成對榮譽權本身的侵害。例如，最高人民法院在《關於張自修訴橫峰縣老幹部管理局損害賠償糾紛案的請示的覆函》中曾有明確指出：「被告橫峰縣老幹部局在收集原告張自修所獲得的獎章及證書等紀念物後，因遺失不能歸還，起訴到人民法院，不應定為榮譽權糾紛，也構不成對原告榮譽權的侵害，但對原告所遭受的損失應予賠償。至於賠償的數額，可結合紀念物的價值（包括收藏價值）、質地及紀念物遺失後對原告精神方面造成的損害等各種因素確定。」

---

56. 〈李樹槐訴魯山縣人民醫院在編寫的院誌中錯寫、漏列其曾任職務侵害榮譽權案〉。最高人民法院中國應用法學研究所編（2003）。《人民法院案例選》（總第 46 輯）。153 頁以下。
57. 〈明哲訴深圳市公安交通管理局龍崗大隊榮譽權糾紛案〉，廣東省深圳市中級人民法院（2002）深中法民終字第 3753 號民事裁定書。

10.　隱私權

10.1　概念與意義

　　隱私（privacy），是指僅與特定人的利益或者人身發生聯繫且權利人不願為他人所知曉的私人生活、私人信息、私人空間及個人生活安寧。隱私權（the right to privacy）是自然人享有的對私人秘密和私生活進行支配並排除他人干涉的一種人格權。隱私保障了對人的個體性存在的尊重，因為「任何人都不僅有以物質、精神和法律的形式存在，而且還有權利得到對其特殊的、個人的本性、外形、名譽和聲譽的尊重」。[58] 所謂「文明，就是向擁有隱私權的社會不斷邁進的進程。野蠻社會的一切都是公共的，靠部落的法則來治理。文明是將一個人從一群人中解放出來的過程。」[59]

　　如果說在整個 20 世紀，侵害隱私權的行為還只是偶然的，零散的。進入了 21 世紀，情況就發生了巨大的改變。21 世紀是一個信息的時代、大數據時代，高度發達的信息網絡技術使得人們的一言一行都被這個大數據時代的信息記錄系統記錄下來，「這些系統，就單個而言，它們可能無關痛癢，甚至是很有用的、完全合理的。但一旦把它們通過自動化的技術整合連接起來，它們就會逐漸蠶食我們的個人自由」。[60] 比如，通過身份證信息這個主鍵，可以把人們的房地產信息、銀行存款信息、股票基金賬戶信息、納稅信息、醫療信息、出行信息、住宿信息、社保信息等，全部連接起來，把一個人的生活全方位地展現出來，這對於隱私權的侵害將是前所未有的。因此，在現代信息社會，保護人們的隱私權非常重要。不僅在各國國內的立法和司法判例中都非常明確地要保護隱私權，一些國際公約中也將之作為一項重要的人權加以規定。例如，聯合國的《公民權利和政治權利國際公約》第 17 條就規定：「任何人的隱私、家庭、住址和通信不得加以任意或非法干涉，他的名譽和聲譽不得加以非法攻擊。」

---

58. 〔奧〕曼弗雷德・諾瓦克（2008）。《〈公民權利和政治權利國際公約〉評註（第二版）》（孫世彥、畢小青譯）。396 頁。

59. Ayn Rand (1943). *The Fountainhead.* 轉引自塗子沛（2013）。《大數據》。桂林：廣西師範大學出版社。157 頁。

60. 美國隱私研究會（1977）。轉引自塗子沛（2013）。《大數據》，159 頁。

中國法上明確規定了「隱私權」這一概念的法律有三部，分別是：（1）《婦女權益保障法》第 42 條第 1 款規定：「婦女的名譽權、榮譽權、隱私權、肖像權等人格權受法律保護。」（2）《侵權責任法》第 2 條第 2 款規定：「本法所稱民事權益，包括生命權、健康權、姓名權、名譽權、榮譽權、肖像權、隱私權、婚姻自主權、監護權、所有權、用益物權、擔保物權、著作權、專利權、商標專用權、發現權、股權、繼承權等人身、財產權益。」（3）《涉外民事關係法律適用法》第 46 條規定：「通過網絡或者採用其他方式侵害姓名權、肖像權、名譽權、隱私權等人格權的，適用被侵權人經常居所地法律。」將隱私權規定為一種獨立的人格權，使其受到如同生命權、健康權、名譽權等其他人格權相同的保護，是中國人格權法律制度的一大進步。

10.2 隱私權的保護

要了解如何保護隱私權，就需要清楚侵害隱私權的行為有哪些類型。從中國的司法實踐來看，侵害隱私權的行為有以下幾類：

10.2.1 侵害私生活的安寧

為了維護每一個自然人的個性化存在，就應當允許私生活的安寧不被公開或遭受侵擾。所謂私生活是指自然人的家庭生活、感情生活、社交活動等。在中國法上，以下侵害他人私生活安寧的行為構成侵害隱私權：其一，侵入他人住宅；其二，窺視他人，如窺視他人在住宅中的活動、未經許可進入浴室窺視他人身體等；其三，偷錄、偷拍或設置監視器、攝像機等行為。通過偷錄、偷拍或在他人住宅前、住宅裏設置監視器、攝像機的方式錄下他人談話或影像資料的行為，無論出於何種目的（報復他人、獲取證據、發現違法線索或滿足個人窺視他人的癖好）等，均構成對他人隱私權的侵害。

10.2.2 未經許可公佈個人信息

現代社會是信息社會，要維護私生活的安寧不受妨害，就必須保護個人信息不被隨意公開或被濫用。因此，保護個人信息成為現代隱私權的核心

內容。[61] 個人信息的範圍廣泛，包括個人的性別、黨派、職業、學歷、婚姻狀況、財產狀況、家庭住址、電話號碼、身體狀況、基因信息、病歷資料、犯罪紀錄、個人嗜好、性取向、日記、私人信件以及其他個人不願公開的信息。[62] 任何知悉或收集、獲得了這些個人信息的民事主體，都依法負有保密的義務，不得泄露。否則，構成對他人隱私權的侵害。例如，某大學組織的體檢中，女生王某被查出患有肝炎，其輔導員知道後便告訴了全班同學，因受孤立和歧視，王某憤而自殺。[63]

在信息社會之前，只是通過口耳相傳或報刊雜誌才能泄露他人的個人信息，進而侵害隱私權。然而，在網絡信息技術高度發達的大數據時代、網絡信息社會，個人的信息遭受各種侵害或被泄露變得極為容易。一方面，人們的信息每天都在被記錄、收集，如上網購物、出行、住宿、看病、餐飲、下載安裝軟件、註冊網絡賬戶等都留下了許多個人信息；另一方面，由於網絡黑客和保存個人數據信息的單位問題，導致了每天有大量的信息被泄露出來。有鑒於此，現代社會的隱私權保護的中心是個人信息的保護。一方面，除了依據傳統的刑法、民法的規定，責令泄露個人數據信息，侵害他人隱私權等權益的行為人承擔相應的刑事、民事責任外；另一方面，要對於個人信息的收集、管理、使用和保護等做出詳細的規定。惟其如此，才能更有效地保護人們的隱私權與個人信息的自主決定權。目前，中國對個人信息收集、利用和保護的最基本規定就是《全國人民代表大會常務委員會關於加強網絡信息保護的決定》。該決定明確規定，任何組織和個人不得竊取或者以其他非法方式獲取公民個人電子信息，不得出售或者非法向他人提供公民個人電子信息。網絡服務提供者和其他企業事業單位在業務活動中收集、使用公民個人電子信息，應當遵循合法、正當、必要的原則，明示收集、使用信息的目

---

61. 參見王澤鑒（2012）。《人格權法：法釋義學、比較法、案例研究》。台北：作者自刊。245 頁以下。

62. 《侵權責任法》第 62 條規定：「醫療機構及其醫務人員應當對患者的隱私保密。泄露患者隱私或者未經患者同意公開其病歷資料，造成患者損害的，應當承擔侵權責任。」《傳染病防治法》第 12 條第 1 款第 2 句規定：「疾病預防控制機構、醫療機構不得泄露涉及個人隱私的有關信息、資料。」《愛滋病防治條例》第 39 條第 2 款規定：「未經本人或者其監護人同意，任何單位或者個人不得公開愛滋病病毒感染者、愛滋病病人及其家屬的姓名、住址、工作單位、肖像、病史資料以及其他可能推斷出其具體身份的信息。」

63. 〈大學女生因乙肝歧視燒炭自殺，家屬指責校方〉，http://news.sina.com.cn/s/2015-04-30/025931778181.shtml

的、方式和範圍，並經被收集者同意，不得違反法律、法規的規定和雙方的約定收集、使用信息。此外，該決定還要求「網絡服務提供者和其他企業事業單位及其工作人員對在業務活動中收集的公民個人電子信息必須嚴格保密，不得泄露、篡改、毀損，不得出售或者非法向他人提供」。「網絡服務提供者和其他企業事業單位應當採取技術措施和其他必要措施，確保信息安全，防止在業務活動中收集的公民個人電子信息泄露、毀損、丟失。在發生或者可能發生信息泄露、毀損、丟失的情況時，應當立即採取補救措施。」

11.　婚姻自主權

婚姻自主權，是指自然人依法享有按照自己的意願結婚和離婚的權利。中國實行婚姻自由的婚姻制度（《婚姻法》第 2 條第 1 款），公民享有婚姻自主權，在符合法律規定的條件下，可以自由的結婚與離婚。法律上禁止包辦、買賣婚姻和其他干涉婚姻自由的行為（《民法通則》第 103 條、《婚姻法》第 3 條第 1 款、《婦女權益保障法》第 44 條），任何人不得干涉他人的婚姻自由。

實踐中，侵害婚姻自主權的行為主要表現為：買賣婚姻、包辦婚姻和其他干涉婚姻自由的行為。如果是採取暴力的方式干涉婚姻自由，還可能構成《刑法》第 257 條規定的「暴力干涉婚姻自由罪」。

12.　人身自由權

12.1　概念與性質

人身自由權，是指自然人非依法律規定以及法定程序，不受非法逮捕、拘禁等對身體自由的非法限制或剝奪。[64] 因此，人身自由僅指身體的行動自由（*Körperlichen Bewegungsfreiheit*），即離開某一特定地點的自由。[65] 至於宗教信仰自由、言論自由等，均非人身自由權的範疇。

---

64. Markesinis & Deakin (1999). *Tort Law*, 49.
65. Jauernig/ Teichmann, §823 Rn5.

自由是現代社會最為重要的一項價值，也是最基本的一項權利。《憲法》第 37 條規定：「中華人民共和國公民的人身自由不受侵犯。任何公民，非經人民檢察院批准或者決定或者人民法院決定，並由公安機關執行，不受逮捕。禁止非法拘禁和以其他方法非法剝奪或者限制公民的人身自由，禁止非法搜查公民的身體。」《消費者權益保護法》第 25 條規定：「經營者不得對消費者進行侮辱、誹謗，不得搜查消費者的身體及其攜帶的物品，不得侵犯消費者的人身自由。」《精神損害賠償解釋》第 1 條第 1 款第 3 項更是明確地將人身自由權規定為民法上的人格權，予以保護。

人身自由權究竟屬於一般人格權，還是具體人格權，有不同的觀點。本書認為，人身自由權與名譽權、肖像權一樣都屬於具體人格權。[66]

12.2　侵害自由權的行為

任何未依法定程序並由法定機關而限制或剝奪他人人身自由的行為，構成對他人人身自由權的侵害。[67] 例如，實踐中，曾出現一些單位為阻止群眾上訪、上告反映問題，就將上訪或上告者作為精神病人強行收治，送往精神病院。這種行為顯然侵害了他人的人身自由權，是嚴重的侵權行為，應當承擔侵權責任。[68]

13.　人格尊嚴權

《憲法》第 38 條規定：「中華人民共和國公民的人格尊嚴不受侵犯。禁止用任何方法對公民進行侮辱、誹謗和誣告陷害。」《民法通則》第 101 條規定：「公民、法人享有名譽權，公民的人格尊嚴受法律保護，禁止用侮辱、誹謗等方式損害公民、法人的名譽。」《消費者權益保護法》第 14 條規定：消費者在購買、使用商品和接受服務時，享有其人格尊嚴。《民法通則》將人格尊嚴具體化為名譽權內涵的做法，固然有一定道理（因為侵害名譽權經常會對人

---

66. 王利明（2005）。《人格權法研究》。390 頁。

67. 最高人民法院中國應用法學研究所編（2005）。《人民法院案例選》（總第 48 輯）。341 頁以下。

68. 詳見黃雪濤、劉瀟虎、劉佳佳：〈中國精神病收治制度法律分析報告〉，http://ishare.iask.sina.com.cn/f/12068976.html?from=like

格尊嚴造成損害）。但是，將人格尊嚴局限於名譽權，則不利於對人格尊嚴的維護。因為加害行為有時並不構成對名譽權的侵害，但卻侵害了人格尊嚴，如非法搜身、強迫下跪或在他人房門上書寫詛咒性言語等。[69] 正因名譽權與人格尊嚴權存在上述區別，《精神損害賠償解釋》才明確將人格尊嚴作為一項人格權加以保護。

三　身份權

1.　概述

身份權也稱「親屬權」，是指具有一定的親屬關係（包括自然的親屬關係與擬制的親屬關係）的人相互之間享有的權利。身份權是以由親屬關係而得享有的利益為內容，以具有親屬關係的人為客體。[70]

身份權的特徵在於：首先，僅發生在具有親屬關係的人之間。親屬關係發生時，權利產生；親屬關係消滅時，權利消滅。其次，身份權具有專屬性，它不能轉讓或進行其他的處分，也不能由他人代為行使。第三，身份權具有一定的義務性。也就是説，是否行使身份權並不完全由權利人自由決定，權利人負有一定的義務，即必須行使該權利。這是因為身份權並非如同一般的權利那樣，以保護歸屬於權利人的利益為核心。身份權不是僅為權利人而存在的，而是為包括權利人自己在內的一定的親屬團體的共同利益而存在的。例如，配偶間的權利，是為配偶雙方的利益而存在的。再如，父母子女間的權利，是為由父母子女所組成的家庭之利益而存在的。

身份權可以作多種分類。例如，依據權利的作用不同，可以將身份權分為形成權（離婚和終止收養權、親生子否認權、認領權等）、支配權（如親權人和監護人對未成年子女和被監護人的監護教育權）等。[71] 再如，可以依據親

---

69. 〈薛雙林訴楊秀風侮辱詛咒其房屋侵害人格尊嚴精神損害賠償案〉，江蘇省鎮江市中級人民法院（2006）鎮民一終字第 339 號民事判決書。

70. 謝懷栻（1996）。〈論民事權利體系〉，《法學研究》。第 2 期。

71. 史尚寬（2000）。《親屬法論》。北京：中國政法大學出版社。37 頁

屬關係的不同，將身份權分為：父母子女之間的身份權、配偶間的身份權，以及其他親屬間的身份權等。

2. 監護權

監護權，是指監護人對被監護人享有的監督、教育、管理和保護的權利。關於監護權的性質問題，理論上存在爭議。有的人認為，監護權屬於身份權。[72] 有的人認為，監護並非一種權利，而是一種職責。[73] 在《侵權責任法》中，監護權是被作為受到侵權法保護的人身權益（第 2 條第 2 款）而加以規定的。

實踐中，常見的侵害監護權的行為有兩種：其一，拐賣人口或者未經監護人擅自帶走被監護人。[74] 其二，因醫療機構的過失，致使不同父母的嬰兒被抱錯或者導致嬰兒被他人偷走。[75][76] 這兩種情形都構成對監護權的侵害，《精神損害賠償解釋》第 2 條規定：「非法使被監護人脫離監護，導致親子關係或者近親屬的親屬關係遭受嚴重損害，監護人向人民法院起訴請求賠償精神損害的，人民法院應當依法予以受理。」

3. 配偶權

配偶權是指配偶之間因婚姻而成立的以互相忠誠為內容的權利。[77] 中國《婚姻法》第 4 條第 1 句規定：「夫妻應當互相忠實，互相尊重。」無論是丈

---

72. 最高人民法院民事審判第一庭（2001）。《最高人民法院〈關於確定民事侵權精神損害賠償責任若干問題的解釋〉的理解與適用》。北京：人民法院出版社。39 頁。

73. 參見王利明（2003）。《民法總則研究》。364 頁。

74. 〈唐愛華訴段鳳嬌未經同意帶走其未成年女兒侵犯監護權案〉。載最高人民法院中國應用法學研究所編（1997），《人民法院案例選》（總第 19 輯）。69 頁以下。

75. 最高人民法院中國應用法學研究所編（2000）。《人民法院案例選》（總第 30 輯）。47 頁以下。

76. 相關案例參見〈孫華東、李愛野訴通化市人民醫院侵犯身份權案〉。最高人民法院中國應用法學研究所編（2003）。《人民法院案例選》（總第 46 輯）。93 頁以下；〈阿衣古力‧庫爾班、艾熱提‧塔瓦庫勒訴阿克蘇市人民醫院丟失嬰兒損害賠償案〉，最高人民法院中國應用法學研究所編（2005）。《人民法院案例選‧2004 年民事專輯》。89 頁以下。

77. 王澤鑒（2009）。《侵權行為》。149 頁。

夫還是妻子，違背忠誠的義務而與第三人發生所謂「一夜情」或與他人通姦、同居的，均構成對另一方配偶權的侵害。[78] 遭受損害的配偶一方可以要求該第三人承擔侵害配偶權的侵權賠償責任，即便該第三人對與其通姦的配偶一方不構成任何侵權。但是，遭受損害的配偶一方能否向通姦的配偶要求賠償，比較法上有不同的做法。台灣法院採取肯定的觀點，「通姦之足以破壞夫妻間之共同生活，而非法治所許，此從公序良俗之觀點可斷言，不問所侵害者係何權利，對於配偶之他方應構成共同侵權行為。」[79] 中國《婚姻法》第 46 條規定：「有下列情形之一，導致離婚的，無過錯方有權請求損害賠償：(1) 重婚的；(2) 有配偶者與他人同居的；(3) 實施家庭暴力的；(4) 虐待、遺棄家庭成員的。」該條將侵害配偶權的情形限定於「重婚」和「與他人同居」這兩種情形，並且規定只有在離婚時，才能請求損害賠償。這種做法或許是為了避免夫妻一方通過侵權之訴去報復另一方並因此而導致婚姻關係的結束。

4. 繼承權

繼承權，是指依法或依據遺囑繼承被繼承人財產之權利。《民法通則》第 76 條規定：「公民依法享有財產繼承權。」《侵權責任法》第 2 條第 2 款將繼承權作為侵權法的保護對象，但實際上繼承權並非一類獨立的民事權利。對此，著名法學家謝懷栻先生曾有精闢之闡述，他說：在繼承沒有開始之前，繼承權只是一種期待權，可以依據繼承人與被繼承人的關係納入到各類親屬權之下；如果已經開始繼承，繼承權要麼屬於債權（如依據遺囑而請求交付遺贈物品的請求權），要麼屬於物權（如遺產分割請求權、返還遺產的請求權）。因此，不存在一類獨立的民事權利 —— 繼承權，身份權也不應被分為親屬權與繼承權。[80]

---

78. 重慶市第五中級人民法院（2010）渝五中法民終字第 4234 號民事判決書。

79. 台灣「最高法院」1966 年台上字的 2053 號判例。

80. 謝懷栻（1996）。〈論民事權利體系〉，《法學研究》。第 2 期。

四　物權

1.　概述

物權，是指權利人依法對特定的物品享有的直接支配並排他的權利，包括所有權、用益物權和擔保物權（《物權法》第 2 條第 3 款）。物權的本質是特定社會中人與人之間對物品的支配關係在法律上的表現。

物權具有如下法律特徵：首先，物權是支配權，即直接支配客體的權利。「支配」是指依據權利人的意思對權利客體進行管理或處置。「直接」意味着權利人實現權利完全無需他人的意思或行為的介入，權利人的力可以直接作用於權利客體之上。[81] 物權人對於作為權利客體之物品的支配，無需他人的意思的介入，即可依自己的意思加以實現。其次，物權是絕對權。絕對權是指能夠相對於每一個人產生效力，即每一個人都必須尊重此種權利的權利。在法律上，除了物權人，所有的人都被排除在對財產客體的處理之外，他們負有不干預物權人對物品進行支配、利用的義務。

以權利人對標的物品的支配範圍為標準可以將物權分為：所有權與定限物權。所有權，也稱為完全物權，是指所有人依法對自己的財產享有佔有、使用、收益和處分的權利（《民法通則》第 71 條、《物權法》第 39 條）。定限物權，也稱限制物權，是在所有權的基礎上產生的物權。定限物權人基於與所有權人的合意或者法律的規定而取得對物品進行直接控制的某些權能，故其只能在一定的範圍（在某一方面或某幾個方面）對物品進行支配。定限物權又可分為用益物權和擔保物權。中國《物權法》中明文規定的用益物權包括：國有（集體）建設用地使用權、農村土地承包經營權、宅基地使用權、地役權以及海域使用權、取水權、採礦權、探礦權等。而擔保物權包括抵押權、質權與留置權。

---

81. 〔日〕我妻榮（1999）。《日本物權法》（李宜芬譯）。台北：五南圖書出版。8 頁。

2. 物權請求權與侵權賠償請求權

物權作為一種絕對權，受到法律嚴密的保護。除了《侵權責任法》外，中國《物權法》第 3 章還專門規定了「物權的保護」。其中，第 33 至 34 條規定的物權請求權屬於物權法上獨有的物權保護方法。物權請求權也稱「物上請求權」，它是基於物權而產生的，旨在排除對物權現實或潛在的妨害，從而回復物權圓滿支配狀態的請求權。傳統民法上的物權請求權包括返還原物品請求權、排除妨害請求權與預防妨害請求權。《物權法》第 34 條規定：「無權佔有不動產或者動產的，權利人可以請求返還原物品。」這是對返還原物品請求權的規定。第 35 條規定：「妨害物權或者可能妨害物權的，權利人可以請求排除妨害或者消除危險。」這是對排除妨害請求權與預防妨害請求權的規定。

儘管物權請求權與侵權賠償請求權都可以保護權利人的物權，但兩者仍有以下區別：

2.1 目的不同

物權請求權的目的在於排除物權（主要是所有權）受侵害的事實或者可能，從而恢復與保障物權的圓滿狀態。而侵權損害賠償請求權的目的，在於以恢復原狀或者金錢賠償的方式使受害人回復到損害事故發生之前的狀態。

2.2 成立要件不同

侵權賠償請求權以損害和過錯為其成立要件，只有特殊的侵權行為才不考慮加害人的過錯。物權請求權則不以物權人已遭受實際損害為要件。只要他人不法侵奪物權人的佔有，對物權構成了妨害或有妨害的危險，物權人就可以行使物權請求權。妨害人有無過錯、物權人是否遭受了實際損害，不影響物權請求權之成立。

2.3 法律效力不同

債務人破產時，如果債務人佔有的物不屬於佔有人，該物品之物權人可行使取回權（《企業破產法》第 38 條），該權利優先於各類債權請求權。但

是，侵權賠償請求權只是普通的破產債權，不具有優先效力，債權人只能按破產清算程序受償。

2.4 能否讓與不同

侵權賠償請求權屬於獨立的請求權。其中，財產損害賠償請求權可以讓予他人，而精神損害賠償請求權於特定之情形亦可轉讓（《人身損害賠償解釋》第 18 條第 2 款）。物權請求權作為物權的作用，屬於從屬性的請求權，不得與物權分離而單獨轉讓。

五 知識產權

1. 概述

知識產權是以對於人的智力成果的獨佔排他的利用從而取得利益為內容的權利，[82] 包括著作權（版權）、專利權、商標權。知識產權具有以下特點：首先，知識產權屬於民事權利，是一種私權利。但是基於公共利益的考慮，一般的民事權利相比，知識產權存在法律上的很多限制。其次，知識產權既非財產權，也非人格權，而是一類獨立的民事權利。作為內容較為複雜的權利，知識產權保護的利益包括財產利益和精神利益。第三，知識產權和物權、人格權一樣，都屬於絕對權，具有直接支配性與排他性。

2. 商標專用權

商標權也稱註冊商標專用權，它是法律賦予商標所有人對其註冊商標（包括商品商標、服務商標和集體商標、證明商標）所享有的專有使用權。商標權原則上可以轉讓。

---

82. 謝懷栻（1996）。〈論民事權利體系〉，《法學研究》。第 2 期。

以下行為均屬侵犯註冊商標專用權的行為：（1）未經商標註冊人的許可，在同一種商品上使用與其註冊商標相同的商標的；（2）未經商標註冊人的許可，在同一種商品上使用與其註冊商標近似的商標，或者在類似商品上使用與其註冊商標相同或者近似的商標，容易導致混淆的；（3）銷售侵犯註冊商標專用權的商品的；（4）偽造、擅自製造他人註冊商標標識或者銷售偽造、擅自製造的註冊商標標識的；（5）未經商標註冊人同意，更換其註冊商標並將該更換商標的商品又投入市場的；（6）故意為侵犯他人商標專用權行為提供便利條件，幫助他人實施侵犯商標專用權行為的；（7）給他人的註冊商標專用權造成其他損害的（《商標法》第57條）。

3. 專利權

專利權是指民事主體享有的在一定期限內獨佔地、排他地支配、使用其發明創造的民事權利。所謂發明創造包括發明、實用新型和外觀設計（《專利法》第2條）。依據發明創造的不同，專利權可分為發明專利權、實用新型專利權與外觀設計專利權。

專利權包括人身權利與財產權利兩部分，人身權利是指發明人、設計人的署名權，而財產權利包括專利申請權、專利許可權、專利轉讓權等。

未經專利權人許可，實施其專利以及假冒他人專利的，都屬於侵犯專利權的侵權行為，應當承擔侵權責任（《專利法》第60、63條）。

4. 著作權

著作權是指文學、藝術和科學作品的創作者對其創作的作品享有的權利。[83] 它包括下列人身權和財產權：發表權、署名權、修改權、保護作品完整權、複製權、發行權、出租權、展覽權、表演權、放映權、廣播權、信息網絡傳播權、攝製權、改編權、翻譯權、彙編權，以及應當由著作權人享有的其他權利（《著作權法》第10條第1款）。在這17項權利中，除發表權、署名權、修改權和保護作品完整權屬於人身權，其他的皆為財產權利。

---

83. 李明德、許超（2009）。《著作權法》（第2版）。北京：法律出版社。1頁。

以下行為均屬於侵害著作權的行為：（1）未經著作權人許可，發表其作品的；（2）未經合作作者許可，將與他人合作創作的作品當作自己單獨創作的作品發表的；（3）沒有參加創作，為謀取個人名利，在他人作品上署名的；（4）歪曲、篡改他人作品的；（5）剽竊他人作品的；（6）未經著作權人許可，以展覽、攝製電影和以類似攝製電影的方法使用作品，或者以改編、翻譯、註釋等方式使用作品的，本法另有規定的除外；（7）使用他人作品，應當支付報酬而未支付的；（8）未經電影作品和以類似攝製電影的方法創作的作品、計算機軟件、錄音錄像製品的著作權人或者與著作權有關的權利人許可，出租其作品或者錄音錄像製品的，本法另有規定的除外；（9）未經出版者許可，使用其出版的圖書、期刊的版式設計的；（10）未經表演者許可，從現場直播或者公開傳送其現場表演，或者錄製其表演的；（11）其他侵犯著作權以及與著作權有關的權益的行為（《著作權法》第 47 條）。

5.　知識產權保護請求權

知識產權屬於一種絕對權。為保護知識產權之圓滿性，權利人應享有與物權請求權性質類似的知識產權保護請求權。《商標法》第 57 條與第 58 條、《著作權法》第 50 條與第 51 條以及《專利法》第 66 條、第 67 條規定的訴前禁令制度和保全措施，就屬於知識產權請求權的範疇。

知識產權保護請求權是基於知識產權作為絕對權的法律地位而產生的，它不以侵權人的過錯和被侵權人遭受損害為要件。但是，因侵害知識產權而產生的侵權賠償請求權則以損害和過錯為要件。

由於侵害知識產權的情況下，受害人往往難以證明自己的損失，為更好的保護權利，法律上規定，如果受害人無法證明損害，可以行使不當得利返還請求權（即以侵權人應當返還其因侵權所獲之利益）或要求侵權人承擔法定數額的賠償責任。中國《著作權法》第 49 條第 2 款規定：「權利人的實際損失或者侵權人的違法所得不能確定的，由人民法院根據侵權行為的情節，判決給予 50 萬元以下的賠償。」《商標法》第 63 條第 3 款規定：「權利人因被侵權所受到的實際損失、侵權人因侵權所獲得的利益、註冊商標許可使用費難以確定的，由人民法院根據侵權行為的情節判決給予 300 萬元以下的賠償。」《專利法》第 65 條第 2 款規定：「權利人的損失、侵權人獲得的利益和

專利許可使用費均難以確定的，人民法院可以根據專利權的類型、侵權行為的性質和情節等因素，確定給予一萬元以上、一百萬元以下的賠償。」

六 社員權

1. 概述

1.1 社員權的概念與內容

民法中，社團的成員（即社員）基於其成員的地位而與社團發生一定的法律關係。在這個關係中，社員對社團享有的各種權利的總體即為社員權（*Mitgliedschaftsrechte*）。[84] 社員權包括兩大類：其一，共益權，即參與社團營運的各種權利，如出席社團會議的權利、投票權、選舉權、被選舉權等；其二，私益權，即社員獲得相應利益分配的權利，如股息分配權、剩餘財產分配權等。共益權屬於非經濟性權利，而自益權屬於經濟性權利。

在不進行經濟活動的社團，社員權中經濟性質的部分不佔重要地位；在進行經濟活動的社團（營利社團），正相反。就公益性社團而言，社員的社員權以非經濟性的為主，且該權利不是「利己的」，具有公益的性質。[85]

1.2 股權

股權，是指股東基於其股東資格這一營利性社團法人的成員資格而享有的從其中獲取經濟利益並參與該社團法人經營管理的權利。股權是最重要的一類社員權，是營利性社團法人的成員所享有的社員權。

公司是最為典型也最為重要的營利性社團法人。《公司法》第 3 條規定：「公司是企業法人，有獨立的法人財產，享有法人財產權。公司以其全部財產對公司的債務承擔責任。有限責任公司的股東以其認繳的出資額為限對公司承擔責任；股份有限公司的股東以其認購的股份為限對公司承擔責任。」第

---

84. 謝懷栻（1996）。〈論民事權利體系〉，《法學研究》。第 2 期。
85. 同上註。

4 條規定：「公司股東依法享有資產收益、參與重大決策和選擇管理者等權利。」《物權法》第 67 條規定：「國家、集體和私人依法可以出資設立有限責任公司、股份有限公司或者其他企業。國家、集體和私人所有的不動產或者動產，投到企業的，由出資人按照約定或者出資比例享有資產收益、重大決策以及選擇經營管理者等權利並履行義務。」由此可見，股東基於其公司成員的法律地位享有股權，其主要體現為資產收益權、重大決策和選擇管理者等權利。

股東權中的經濟性權利即自益權，主要體現為資產收益權。資產收益權是指股東按照其對公司的投資份額通過公司盈餘分配從公司獲得股息、紅利等利益的權利。《公司法》第 34 條規定，股東按照實繳的出資比例分取紅利；公司新增資本時，股東有權優先按照實繳的出資比例認繳出資。但是，全體股東約定不按照出資比例分取紅利或者不按照出資比例優先認繳出資的除外。

股東權中的非經濟性權利即共益權，主要體現參與公司重大決策和選擇管理者的權利。參與公司重大決策權，是指股東對公司的重大行為通過在股東會或股東大會上表決，由股東會或股東大會做出決議的方式做出決定。公司的重大行為包括：公司資本的變化，如增加或者減少註冊資本；公司的融資行為，如發行公司債券；公司的對外投資、向他人提供擔保、購置或轉讓主要資產、變更公司主營業務等行為；公司合併、分立、變更組織形式、解散、清算等行為。選擇管理者的權利，是指股東通過股東會或股東大會做出決議的方式選舉公司的董事、監事的權利。

2.　侵害社員權的行為

社員權是基於社員這一成員資格而產生的權利，如轉移股份、進行投票、分配紅利等。因此，侵害社員權的情形限於與成員資格有關的侵害行為，[86] 例如，無正當理由開除社員，盜賣他人股票，不通知社員參加會議妨害其行使社員權等。至於侵害社團的財產，因該財產並不歸屬於某個社員，不構成對社員權的侵害。[87]

---

86. Larenz/ Canaris (1994). *Lehrbuch des Schuldrechts*, zweiter Band Besonderer Teil, 2. Halbband. S394.
87. Ebd, S394ff.

七　債權

1.　概念

　　債權，是指基於債的關係一方當事人即債權人有權向他方當事人即債務人請求給付的權利。《民法通則》第 84 條規定：「債是按照合同的約定或者依照法律的規定，在當事人之間產生的特定的權利和義務關係。享有權利的人是債權人，負有義務的人是債務人。債權人有權要求債務人按照合同的約定或者依照法律的規定履行義務。」最典型的債的發生原因有四種：合同、無因管理、不當得利和侵權行為。依據侵害人的不同，可將侵害債權的情形分為以下兩類。

1.1　債務人侵害債權

　　所謂債務人侵害債權就是債務不履行，典型的形態如違約行為。中國《合同法》依據履行期限是否已經到來，將違約形態分為預期違約和實際違約。其中，預期違約又分為明示預期違約和默示預期違約（第 108 條）。對實際違約，又根據違約的程度和具體被違反的合同內容分為：不履行合同、遲延履行合同、不適當履行合同以及其他不完全履行合同的行為（第 107 條、第 111 條）。無論是哪一種違約行為，依據《民法通則》第 106 條、《合同法》第 107 條，違約方應當承擔繼續履行、採取補救措施或者賠償損失等違約責任。此外，在違約責任與侵權責任競合的情況下，非違約方還可以追究違約方的侵權責任。

1.2　第三人侵害債權

　　所謂「第三人」是指處於債務關係之外的人，該人既非債務人也非債權人。中國多數學者認為，債權可以成為侵權法保護的客體，但是鑒於債權不具有社會典型公開性，故此對於第三人侵害債權之構成要件須嚴格界定，即

僅限於第三人明知債權之存在而故意加以侵害的情形。[88] 司法實踐中也有這方面的案例。[89]

2. 構成要件

2.1 客觀要件

為第三人所侵害之債權必須是已存在且合法有效的債權。如果債權尚未產生，或者雖然發生但因合同違反法律、法規的強制性規定等原因而歸於無效，則該債權並非合法有效的債權，不受到法律的保護。自然也不發生第三人侵害債權的問題。

2.2 主觀要件

第三人單獨與他人共同故意侵害債權。也就是說，第三人主觀上必須明知債權的存在而故意加以侵害。如果第三人並不知道該債權的存在，雖客觀上構成了對債權之侵害，亦不發生侵權責任。這是因為：債權並不具有公開性，僅存在於特定的當事人之間。況且，現代社會中債務重疊的現象普遍存在，一個人可能同時向多個債權人負有債務，多個債務並存於同一債務人身上。倘若任何人要負有尊重他人全部請求權地位的義務，其行為就可能承受過高的風險。[90] 這會導致侵權人的賠償範圍被無限地擴大，既不符合社會生活上損害合理分配的原則，也會嚴重影響社會交易活動和正常的競爭秩序。「自由競爭乃是法律所容許的經濟上重要原則，因此第三人縱知已有債權之存在，仍得依據自由競爭及債權人平等原則取得相同內容之債權，縱其結果侵害他人債權，亦為法律所容許行為。」[91] 例如，甲向乙負有債務尚未清償。丙在甲已經無清償能力的情況下，又令甲負擔債務。雖然丙成為甲的新債權人的行為足以導致乙的債權的受償可能性進一步降低，但基於債權平等的原

---

88. 王利明（2010）。《侵權責任法研究（上卷）》。79 頁。

89. 《中華人民共和國最高人民法院公報》，2014 年第 10 期。

90. 〔德〕迪特爾‧施瓦布（2006）。《民法導論》（鄭沖譯）。北京：法律出版社。221 頁。

91. 曾隆興（2004）。《詳解損害賠償法》。北京：中國政法大學出版社。353 頁。

則，後成立的債權與先成立的債權原則上是平等的，因此丙的行為雖然客觀上對乙的債權有害，卻不屬於第三人侵害債權的行為。[92]

所謂第三人故意侵害債權的情形如，第三人採取欺詐、脅迫、教唆、幫助或者共謀等不正當手段侵害債權，主要有以下兩類：

(1) 故意侵害債權的歸屬。所謂債權的歸屬遭受不法侵害是指因第三人的故意侵害行為而致債權消滅，使得該債權不再歸屬於債權人。例如，A 拾得 B 的未設置密碼的銀行存摺，A 遂持該存摺到 C 銀行將其中款項全部取走。由於 C 銀行是無過錯的，其履行債務的行為合法有效，於是 B 原先享有的針對 C 銀行的債權因 A 的行為被消滅，故此 A 的行為屬於侵害債權歸屬的行為，B 有權向 A 行使侵權損害賠償請求權或不當得利返還請求權。

(2) 故意妨害債權的實現。這主要是指第三人教唆債務人或與其合謀以到達不履行債務或者逃避債務的目的。例如，第三人甲與債務人乙故意製造虛假合同糾紛之訴，而在法院主持下達成以物抵債的協議，從而將債務人以財產轉移到第三人甲處，以逃避清償債權人丙的債務。再如，債務人在明知已經無法償還債權人的債務的情況下，為逃避債務，而與其關聯企業惡意串通將自己的大部分資產抵押給該關聯企業。該債務人與抵押權人的行為屬於惡意串通侵害債權的行為。《擔保法解釋》第 69 條規定：「債務人有多個普通債權人的，在清償債務時，債務人與其中一個債權人惡意串通，將其全部或者部分財產抵押給該債權人，因此喪失了履行其他債務的能力，損害了其他債權人的合法權益，受損害的其他債權人可以請求人民法院撤銷該抵押行為。」

---

92. 孫森焱（2012）。《民法債編總論（上冊）》。219 頁。

八　人格利益

1.　死者的人格利益

1.1　保護的範圍

　　死者喪失了民事權利能力，不是民事權利主體，無法享有人格權。但是，死者的姓名、名譽、肖像和隱私等人格利益仍應得到尊重。因為如果任由他人隨意侵害死者的人格利益，不僅會直接影響到人們對死者的評價，更會對死者近親屬的人格尊嚴造成損害。[93] 為「體現了法律對民事主體權益保護的完整性」，「引導人們重視個人生前和身後的聲譽，尊重主流社會的價值觀」，[94]《精神損害賠償解釋》第 3 條第 1、2 項規定，自然人死亡後，其近親屬因下列侵權行為遭受精神痛苦，向人民法院起訴請求賠償精神損害的，人民法院應當依法予以受理：(1) 以侮辱、誹謗、貶損、醜化或者違反社會公共利益、社會公德的其他方式，侵害死者姓名、肖像、名譽、榮譽；(2) 非法披露、利用死者隱私，或者以違反社會公共利益、社會公德的其他方式侵害死者隱私。

1.2　構成要件

　　在中國法上，侵害死者人格利益的侵權賠償責任應當具備以下三項要件。

1.2.1　請求權人僅為死者的近親屬

　　近親屬包括配偶、父母、子女、兄弟姐妹、祖父母、外祖父母、孫子女，外孫子女。[95] 例如，在「彭家惠訴《中國故事》雜誌社名譽權糾紛案」中，1998 年第 4 期《中國故事》刊登的小說《禍祟》虛構情節，用較大篇幅將在辛亥革命中英勇犧牲的彭家珍烈士，描寫為令人厭惡的反面人物，嚴重醜化

---

93. 葛雲松（2002）。〈死者生前利益的民法保護〉，《比較法研究》，第 4 期。
94. 唐德華主編（2001）。《最高人民法院〈關於確定民事侵權精神損害賠償責任若干問題的解釋〉的理解與適用》。北京：人民法院出版社。43 頁。
95. 北京市高級人民法院（2007）高民終字第 309 號民事判決書。

了彭家珍烈士的人格，侵害了彭家珍烈士的名譽。因彭家珍的父母已故，其本人又無配偶和子女，原告彭家惠是彭家珍烈士的妹妹。法院認為，死者的妹妹有權向侵害彭家珍烈士名譽權的單位或個人提起民事訴訟。[96]

之所以將請求權人限制為死者近親屬，是為了防止濫科侵權責任，引發訴訟爆炸，進而對人們的行為自由構成不合理的限制。例如，孔子後裔至今已繁衍八十多代，僅生活在曲阜的號稱孔子後裔的人就有 13 萬之眾，全球範圍內則據說有 400 萬人。倘僅因為某個學術明星胡亂解讀《論語》，孔子的後代皆可以侵害先祖孔子之名譽為由，提起訴訟，後果會如何，不難想像。

1.2.2 以非法的或悖於善良風俗的方式侵害死者的人格利益

死者的人格利益包括姓名、肖像、名譽、榮譽、隱私。由於死者的人格利益並非是一種權利，法律上對其保護的力度要弱於對人格權的保護。這主要體現在，法律上僅防止他人以非法或違背善良風俗的方式侵害死者的人格利益。非法性，是指侵害行為違反了法律、法規的強制性規定。悖於善良風俗，則意味着該行為違反了社會公共利益、社會公德的基本要求。如果行為人過失侵害了死者的人格利益，不構成侵權行為。要求侵害的方式必須是非法的或悖於善良風俗的，還有一個原因，即只有當侵害人採取了非法或違反善良風俗的方式侵害了死者的人格利益，才能據此認定死者的近親屬遭受了精神損害，從而有權要求加害人承擔精神損害賠償責任。否則，即便行為人未經死者的近親屬的同意，擅自利用了死者的姓名、肖像從而商業活動，取得了經濟利益，死者的近親屬也不能要求行為人承擔侵害財產的損害賠償責任。因為死者的近親屬並不享有針對利用死者肖像、姓名而產生的經濟利益的獨佔控制權。

1.2.3 死者的近親屬遭受了精神痛苦

只有在行為人侵害死者的人格利益的行為給死者的近親屬造成了精神痛苦時，死者的近親屬才有權請求行為人承擔賠償精神損害的侵權責任。倘若行為人雖未經死者近親屬的同意，而使用了死者的姓名、肖像 —— 即便是用

---

96. 《中華人民共和國最高人民法院公報》，2002 年第 6 期。

於從事商業活動，獲得了利益，只要這種利用不是違反法律或社會公德的，並未給死者的近親屬造成精神痛苦時，則無須承擔精神損害賠償責任。

2. 遺體、遺骨上的人格利益

屍體不再是人格權的客體，遺體和遺骨在法律上屬於物。倘若死者生前並未就如何處置自己的屍體作出特別的安排，對遺體、遺骨的處分權應歸於其近親屬。當然，近親屬對於遺體和遺骨的處分也必須符合法律之規定與公序良俗的要求。例如，不得買賣屍體、隨意棄置遺體而不予以埋葬等。「歷史教訓告訴我們，不尊重死者遺體與安息之所的社會，往往也會輕視生者身體與生命的價值。」[97]

任何人非法利用、損害死者的遺體、遺骨，或者以違反社會公共利益、社會公德的其他方式侵害遺體、遺骨，必將給死者的近親屬造成精神損害，受害人有權向人民法院起訴請求賠償精神損害（《精神損害賠償解釋》第 3 條第 3 項）。

實踐中，比較常見的侵害死者遺體的情形有：

(1) 擅自解剖遺體。例如，被告蘭州軍區烏魯木齊總醫院擅自對死者武勇的屍體進行解剖檢驗，並取出心、肝、肺等臟器留作研究用。死者的近親屬向法院提起訴訟，要求被告返還死者遺體及臟器，賠償因侵權而造成的精神損害補償費三萬元及承擔訴訟費用並賠禮道歉。法院認為：被告解剖死者武勇屍體後，又準備將屍體內取出的臟器作為病理標本長期保存，侵害了原告對其親屬屍體享有的處分權，造成了被上訴人的精神損害，應當承擔侵權責任。[98]

(2) 錯誤火化遺體，如某司法鑒定所錯將甲的屍體當成乙的屍體還給乙的家屬，導致甲的屍體被錯誤的火化。[99]

---

97. 〔美〕艾倫・德肖維茨（2014）。《你的權利從哪裏來？》（黃煜文譯）北京：北京大學出版社。175 頁。

98. 〈楊愛玲等訴蘭州軍區烏魯木齊總醫院擅自解剖死者屍體留取臟器侵權糾紛案〉，最高人民法院中國應用法學研究所編（2000）。《人民法院案例選》（1992–1999 年合訂本民事卷上中下）。636 頁以下。

99. 參見北京市順義區人民法院（2012）。〈司法鑒定所過失錯發屍體，親屬鬧事反覆調解得平息 —— 韓某某等訴北京市順義區法醫司法鑒定所精神損害賠償調解案〉。北京市高級人民法院，《審判前沿：新類型案件審判實務（總第 42 集）》。130 頁。

(3) 遺體受損，如殯儀館工作人員採取野蠻的方式拖拉屍體，導致屍體受損。而實踐中比較常見的侵害死者遺骨的情形，如毀壞他人的墳墓致遺骨被毀、丟失；[100] 因保管不善，殯儀館丟失或損壞了骨灰盒。

3. 特定物品上的人格利益

受害人的針對特定物品享有的所有權等物權受侵害時，當然要求侵權人承擔侵害物權的責任，獲得財產財產損害賠償金。但如果某些特定物品上凝結着受害人的人格利益或者該物與人格利益密切相關，那麼此物品遭受侵害時，對受害人而言，最大的損害可能不是經濟上的損失，而是精神上的傷害，即其凝聚於該物品上的人格利益也遭受了侵害。故此，《精神損害賠償解釋》第 4 條規定：「具有人格象徵意義的特定紀念物品，因侵權行為而永久性滅失或者毀損，物品所有人以侵權為由，向人民法院起訴請求賠償精神損害的，人民法院應當依法予以受理。」依據這一規定，侵害特定物品上的人格利益的侵權行為須符合以下構成要件。

3.1 被侵害的物品是具有人格象徵意義的特定紀念物品

所謂具有人格象徵意義的特定紀念物品，如已逝親人生前的唯一照片等。「具有人格象徵意義」就表明了該物品與受害人的特定人格利益不可分割的結合在一起，只有該物品存在，受害人的特定人格利益才能得以保存。如果該物品被滅失或毀損，受害人的特定人格利益就無法保存。例如，原告年幼時，其父母均在唐山大地震中罹難。成年後，為緬懷父母，經多方努力原告終於獲得了唯一的一張父母生前照片，並將其交由被告攝影公司沖洗。結果，被告竟然丟失該照片。顯然，被告不僅應當賠償沖洗費，更重要的是要為其丟失照片而承擔精神損害賠償責任。[101]

---

100. 參見〈李賢蘭訴劉青川等撬掘墳墓、毀損屍骨賠償案〉。最高人民法院中國應用法學研究所編（1999）。《人民法院案例選》（總第 28 輯）。73 頁以下。

101.〈王青雲訴美洋達攝影有限公司丟失其送擴的父母生前照片賠償案〉，最高人民法院中國應用法學研究所編（1998）。《人民法院案例選》（總第 26 輯）。82 頁以下。

通過要求被侵害的物品必須是具有人格象徵意義的物品，可以避免任何人因財產權被侵害而主張其人格利益也被侵害，以致隨意主張侵害財產權的精神損害賠償責任。

3.2　該物品因侵權行為而永久性滅失或毀損

具有人格象徵意義的特定紀念物品在永久性滅失或毀損時，才可能對受害人的人格利益構成侵害，也就是說，這種對他人精神上的傷害是不可逆轉或不可恢復的，加害人才應當承擔精神損害賠償責任。例如，新婚夫婦的結婚全過程的錄影帶雖被 A 不慎毀壞。但是，由於攝製該錄像的公司處還存有母帶，就不構成「具有人格象徵意義的特定紀念物品，因侵權行為而永久性滅失或者毀損」的情形。

4.　其他人格利益

除了《精神損害賠償解釋》明確規定受保護的人格利益外，是否還有其他人格利益受到某種程度的保護，值得研究。為了防止不正當的擴大侵權責任的範圍，限制人們的行為自由，筆者認為，對於其他人格利益的保護應加以限制。只有當該人格利益確實存在且受到了特定方式的侵害時，行為人的行為才構成侵權行為，應承擔侵權責任。

九　財產利益

1.　商業秘密

商業秘密，是指不為公眾所知悉、能為權利人帶來經濟利益、具有實用性並經權利人採取保密措施的技術信息和經營信息（《反不正當競爭法》對第 10 條第 3 款）。依據《反不正當競爭法》第 10 條，以下行為構成侵害商業秘密的行為：

(1)　經營者以盜竊、利誘、脅迫或者其他不正當手段獲取權利人的商業秘密。

(2) 經營者披露、使用或者允許他人使用以盜竊、利誘、脅迫或者其他不正當手段獲取的權利人的商業秘密；

(3) 經營者違反約定或者違反權利人有關保守商業秘密的要求，披露、使用或者允許他人使用其所掌握的商業秘密。

(4) 第三人明知或者應知前款所列違法行為，獲取、使用或者披露他人的商業秘密。

《合同法》第 43 條也規定：「當事人在訂立合同過程中知悉的商業秘密，無論合同是否成立，不得泄露或者不正當地使用。泄露或者不正當地使用該商業秘密給對方造成損失的，應當承擔損害賠償責任。」

2. 佔有

佔有是指對於物品具有事實上的管領力的一種狀態。佔有是一種事實而非權利。[102] 佔有具有以下特徵：首先，佔有的標的物品僅限於物品。所謂「物品」包括動產和不動產。其次，佔有必須是對物品產生了事實上的管領力。只有當某人對物品產生了事實上的管領力時，才能認為該人已佔有了該物品。判斷是否存在事實上的管領力，不應依照純粹物理上的接觸關係，而應依據社會上的一般觀念加以決定。

佔有不是一種權利，而只是佔有人對佔有物品的事實控制狀態。然而，由於佔有這一事實對佔有人也有經濟上之的價值，故此，在他人侵害佔有而給佔有人造成損害時，也發生侵權賠償責任。《物權法》第 245 條第 1 款第 3 句規定：「因侵佔或者妨害造成損害的，佔有人有權請求損害賠償。」關於該句是否為獨立的侵害佔有的損害賠償請求權的基礎，有不同的看法。一種觀點認為，該句並非一項獨立的請求權基礎規範，而是一條參引規範，指示參照《侵權責任法》關於過失責任的規則。[103] 另一種觀點認為，中國《物權法》第 245 條將佔有的物權法保護方法與債權法保護方法集中規定於一個條文之中，具有鮮明的中國特色。這種模式下的侵害佔有損害賠償請求權基礎統一，立法的抽象性、概括性程度較高，方便法律的檢索與適用。因此，與

---

102. 王利明（2013）。《物權法研究》（第三版）。北京：中國人民大學出版社。635 頁。第四版 2016。

103. 吳香香（2013）。〈論侵害佔有的損害賠償〉，《中外法學》。2013 年第 3 期。

德國法模式相比，中國法模式明文規定了侵害佔有的損害賠償請求權基礎，無須借助法律解釋提供侵害佔有的損害賠償請求權基礎，法律關係明晰、確定，避免了理論紛爭。至於不足之處，則在於，將原本不屬於物權規範和物權保護方法的侵害佔有損害賠償請求權規定於《物權法》之中，在法律規範的體系性、邏輯性方面明顯存在欠缺。[104] 本書贊同第二種觀點。

3.　純粹經濟損失

純粹經濟損失（pure economic loss），也稱「純粹財產損失」（*reiner Vermögensschaden*），是指那些除了因人身或財產受到侵害而遭受的有形損害之外的經濟利益損失。簡言之，純粹經濟損失只是使受害者的錢包受損，此外別無他物品受損。在純粹經濟損失的場合，受害人雖遭受了經濟損失，可該損失卻與其人身或財產受到的侵害無關。它既不是侵害人身、財產而造成的直接損失，也不是因人身、財產受到侵害而引發的間接損失。

純粹經濟損失有以下特徵：首先，純粹經濟損失不是因侵害人身權、財產權等絕對權而直接產生或間接產生的，而是獨立存在的。因此，在利益衡量上，純粹經濟損失不能與人身或財產權等同並重。其次，純粹經濟損失的發生完全是由於因果關係的延伸所致。由於社會生活中人與人的經濟關係的聯繫是如此的緊密，相互交織在一起，以致於其中任何一項聯繫的破裂都可能將產生影響深遠的結果。純粹經濟損害的連鎖反應，可以在沒有其他力量介入的情況下從一個人流向另一個人。因此，遭受純粹經濟損失的受害人的人數往往是眾多的、不確定的，加害人對此種損害的範圍也是難以預見的。[105] 第三，純粹經濟損失只是一種金錢利益上的損失，與精神損害無關。

---

104. 章正璋（2015）。〈論侵害佔有的損害賠償責任〉，《江蘇社會科學》。2015 年第 1 期。

105. B.S. Markesinis & Hannes Unberath (2002). *The German Law of Torts: A Comparative Treatise* (4th ed.). Oxford, Portland and Oregon: Hart Publishing. 43.

4. 其他財產利益

隨着社會的發展，會有各種新型的財產利益不斷產生，需要侵權法給予保護。例如，網絡技術的發展，使得網絡遊戲的虛擬環境中的「武器」、「裝備」等虛擬財產，能夠被支配和處分，具有交換價值。這些虛擬財產「雖然以數據形式存在於特定空間，但由於其具有一定的價值，滿足人們的需求，具有合法性，能夠為人所掌控，屬於在一定條件下可以進行交易的特殊財產，故而其具有財產利益的屬性」，[106] 在這些財產利益受害侵害時，也應當受到侵權法的保護。

---

106. 最高人民法院民一庭（2011）。〈網絡遊戲中虛擬財產的認定與保護〉。載奚曉明主編，《民事審判指導與參考（總第 42 集）》。168 頁。

第二編　一般侵權行為

第五章

一般侵權行為的構成要件

依據《侵權責任法》第 6 條第 1 款與《民法通則》第 106 條第 2 款，中國法上的一般侵權行為的構成要件包括：損害後果、因果關係與過錯。司法實踐中，一般侵權行為的論斷過程五花八門，極不統一。有些先考察有加害行為、損害，然後再討論因果關係，最後判斷行為的過錯。有些則先考察受害人是否享有受侵權法保護的權益，然後討論有無加害行為、加害行為與損害結果有無因果關係，最後考察是否存在侵權法上之抗辯事由。[1]

本書認為，考察一般侵權行為的構成要件，應遵循從客觀要件到主觀要件的過程，即首先考察客觀構成要件，然後考察過錯的有無。在客觀構成要件中，應當先考察：

(1)　是否存在加害行為。沒有加害行為，就不會產生侵權責任。完全與人無關的自然事件，如地震導致人員傷亡和財產損失，雖然也會發生一定的法律效果，如保險法上保險賠償金的給付、國家的救災行為等，但不發生侵權責任之問題。

(2)　受害人的何種民事權益遭受侵害。一方面，加害行為人侵害的是他人的民事權益，而非自身的民事權益。例如，汽車的所有人因操作失誤而損壞汽車，雖然也有損失，但是他損害的是自己的權益，只能自認倒霉，不發生侵權責任的問題。另一方面，加害行為侵害的是侵權法保護的民事權益。如果受侵害的並非侵權法所保護的民事權益，可能發生其他法律責任，但不會產生侵權責任。

(3)　加害行為與民事權益被侵害之間有無因果關係。雖然有加害行為，但是民事權益被侵害的後果並非該加害行為所致，而是由於其他原因造成的（如受害人故意），則行為人無須承擔侵權責任。

當客觀構成要件均滿足後，才應當考察行為人是否具有過錯，即行為人主觀上有無故意或過失。如果行為人沒有過錯，除非適用無過錯責任，否則即便客觀上侵害了他人的民事權益、存在因果關係，也不產生侵權責任。至於各類免責事由，無須單獨考察，而應當在考察客觀要件與主觀要件時相應地加以考察，因為有些免責事由是通過否定因果關係使被告免責，而有些則是通過否定過錯使被告免責的。

---

1. 上海市高級人民法院民一庭（2005）。《侵權糾紛辦案要件指南》。滬高法民一〔2005〕1 號，第 2、3 條。

一　加害行為

1.　概念與特徵

「行為（*Handlung*）」，是指受意思支配而表現出來的活動。[2] 作為侵權責任構成要件的加害行為是指侵害他人民事權益的，受意志支配的人之行為。[3]

1.1　加害行為必須是受到意思的支配的人的行為

一方面，加害行為須是人的行為。自然界的活動，如地震、洪水、颶風等，雖也能引起一定法律效果，但因未涉及到人的活動，也不會產生侵權責任。另一方面，該行為必須受到意志的支配，即行為是在行為人的意識控制下、由其意願所引導的，可以控制的人的行為。倘若某人的某一行為不是在其意思支配下進行的，「而是被強制作出的身體的動作或者因外力的影響而產生的不自覺的反應」，[4] 則該行為不屬於侵權法上的「行為」。例如，因夢遊而打傷他人、駕車途中突發心肌梗塞導致車禍。這些行為是人的意思所不能支配的，行為人對該等行為不存在意思控制的可能性，不屬於侵權法上有過錯的「行為」。

1.2　加害行為是侵害他人民事權益的行為

侵權法無法、也不應對那些沒有侵害他人民事權益的行為作出評價。因此，作為侵權責任構成要件的加害行為必須對他人的民事權益造成了侵害的行為，如侵害他人的生命權、身體權、健康權等人身權益或所有權、擔保物權、用益物權等財產權益。

---

2. 中國社會科學院語言研究所詞典編輯室編（2005）。《現代漢語詞典》（第 5 版）。北京：商務印書館。1524 頁。

3. Larenz/ Canaris (1994). *Lehrbuch des Schuldrechts*, zweiter Band Besonderer Teil, Halbband 2. S. 361.

4. Jauernig/ Teichmann. §823 Rn.2.

2. 作為與不作為

2.1　區分的標準

加害行為依其表現形態之不同，可分為「作為（*Tun*）」與「不作為（*Unterlassen*）」。作為是指，行為人積極的舉止動作，即有所為。對於作為，外界通常能夠加以識別。實踐中常見的加害行為是作為，如毆打他人、發表污蔑他人的報道、未經許可使用他人的肖像、偷竊財物、損壞汽車、縱火焚毀房屋等。

不作為，是指不作某件事情，從外界表現來看，行為人乃是處於消極的靜止狀態，什麼也沒幹（*Etwas nicht tun*），即有所不為。不作為並非是指一切屬於人類的消極靜止狀態，[5] 之所以不作為也會被認定為加害行為，根本原因在於行為人違反了某種作為的義務。倘無作為之義務，即便行為人有所不為，亦非加害行為。

2.2　作為義務

2.2.1　法定的作為義務

在對社會生活的調整中，法律也會設置相當數量的作為義務。但是，通常法律只會在那些存在特定關係的人之間規定一方負有作為的義務，或者給特殊職業的人施加作為的義務。

(1)　特定的關係

所謂特定的關係包括兩大類：其一，親屬關係。具有夫妻、父母、子女等親屬關係的當事人基於倫理道德也負有較多的作為義務。例如，《婚姻法》第 20 條第 1 款規定：「夫妻有互相扶養的義務。」其二，具有高度信任關係的當事人之間，例如，醫生與患者之間是一種高度信任的關係，中國《執業醫師法》第 26 條規定：「醫師應當如實向患者或者其家屬介紹病情，但應注意避免對患者產生不利後果。醫師進行實驗性臨床醫療，應當經醫院批准並徵得患者本人或者其家屬同意。對於一些雖非契約關係但當事人之間相互具有

---

5. 曾世雄（2001）。《損害賠償法原理》。63 頁。

信賴與被信賴之時，法律上也會規定當事人負有為一定行為（或不為一定行為）的義務，如處於締約狀態的當事人或者曾經有過合同關係的當事人之間就負有協助、通知與保護等作為的義務。

(2) 基於特定職業的要求

因從事一定的職業或營業，也會產生法律上明確規定的防範危險、制止損害的作為義務。例如，警察這一特定職業，就當然負有保護人民群眾安全，制止違法犯罪的義務。故此，《人民警察法》第 21 條第 1 款第 1 句規定：「人民警察遇到公民人身、財產安全受到侵犯或者處於其他危難情形，應當立即救助。」在一起案件中，受害人遭遇到犯罪分子的攔路搶劫，被刺傷後呼喊求救。路人聽到求救聲後，多次撥打 110 電話報警。然而，110 值班民警卻在拖延數小時後方指令派出所派出警察。此時，被害人因失血過多已經死亡。[6]

2.2.2 約定的作為義務

當事人依據民法中的意思自治原則，通過民事法律行為（以及意思推定規範）完全可以約定各種作為的義務。事實上，當事人通過法律行為尤其是合同確立的義務，主要就是作為的義務。違反此種作為的義務，有些時候不僅產生違約責任，還會產生侵權責任，構成不作為的侵權行為。例如，甲僱用乙為保姆，負責照顧自己的兒子丙，如果乙看見丙在吞食玩具或者以手觸摸電器，卻不予阻止，結果導致丙受到傷害，乙不僅違反了僱傭合同，其行為也構成了侵權行為。

2.2.3 在先行為引發的作為義務

行為的在先行為誘發或開啟了某種危險狀態，從而使其負有消除該危險狀態或救助因此而受害之人的義務。[7]例如，某人駕車不慎將運送的大石塊掉落在公路上，因該石塊對過往車輛的安全將產生很大的危險，因此該人負有消除此危險即移走大石塊的作為義務。但需要注意的是，如果某人開啟或創

---

6. 〈張美華等五人訴天水市公安局麥積分局行政不作為賠償案〉，《人民法院報》。2015 年 1 月 16 日。
7. 海南省第二中級人民法院（2014）海南二中民一終字第 434 號民事判決書。

造的危險源被完全控制在其個人的支配範圍之內且進入此種危險源之人並非基於正當理由，則該人對由此所生的損害不負責任。

2.2.4 基於誠信原則產生的義務

在一些特殊的情況下，即便沒有法定的、約定的作為義務，基於誠實信用原則、公序良俗原則或生存共同體相互協助義務的要求，也可產生作為的義務。史尚寬先生認為，在特定情形下，基於誠實信用、公序良俗的考慮，在一些沒有特別關係的當事人之間也會發生作為義務的要求。[8] 例如，在深山老林中，甲發現乙掉入獵人設置的陷阱中，身受重傷，此時基於公序良俗原則的考慮，應當認為甲負有救助乙的義務或者在沒有救助能力的情形，負有向外界告知緊急情況以為乙求得援助的義務。中國法院也曾確認與受害人共同出行的唯一的人不應獨自在副駕駛座上睡覺，而「應當謹慎提醒，或採取要求住宿、停車休息等相互保護措施」。[9]

2.2.5 安全保障義務

安全保障義務是特定場所的管理人或特定活動的組織者所負有的保障他人人身、財產的義務。該義務的內容主要是作為的義務，違反該義務的侵權行為也主要是不作為的侵權行為。例如，甲在 A 餐廳就餐時，與乙發生口角，乙便打電話叫來數人，在 A 餐廳圍毆甲。A 餐廳的服務員和經理皆視若無睹，既不打電話報警，也不上前阻止。乙等打完人後一哄而散，甲起訴 A 餐廳要求其承擔違反安全保障義務的侵權責任。該案中，A 餐廳的安全保障義務主要就是從事相應的作為（如報警或上前制止）來保護甲的安全。中國《侵權責任法》第 37 條已經將違反安全保障義務的侵權責任作為一類特殊的侵權責任加以規定。

在中國法上，安全保障義務最初是由最高人民法院的司法解釋——《人身損害賠償解釋》第 6 條—— 為了解決實踐中發生的不作為侵權案件（社會公眾在住宿、餐飲、娛樂等經營場所或社會活動中遭受損害的案件），而在借

---

8. 史尚寬（2000）。《債法總論》。北京：中國政法大學出版社。124 頁。

9. 最高人民法院中國應用法學研究所編（2009）。《人民法院案例選》（總第 68 輯）。113 頁。

鑒德國法上的「交往安全義務」（*Verkehrspflicht*）理論產生的。[10] 德國法上之所以產生社會交往義務理論，主要的一個原因就在於：依據德國普通法的學說，不作為侵權責任前提的作為義務僅在有法律明文規定、契約約定和行為人有在先的危險行為的時才會產生。這樣一來就極大地限制了不作為責任的產生，如何突破這種局限，成為德國法院和學者的重要任務。[11] 因此，在德國法上，社會交往義務的一項重要功能就是擴大了不作為責任。

二 民事權益被侵害

1. 概念

侵害民事權益（*Rechtsgutsverletzung*）是侵權責任的成立要件之一（《侵權責任法》第 2 條第 1 款），它是指民事權益遭受了侵害的客觀事實。在侵權訴訟中，原告主張民事權益被侵害的前提是，其確實享有該民事權益。就生命權、身體權、健康權、姓名權、名譽權、肖像權、隱私權、婚姻自主權、人身自由權、人格尊嚴權等人格權而言，由於它們屬於民事主體當然享有的權利，故此被侵權人無須特別證明此等權利之存在。但是，除此之外的民事權益，被侵權人負有證明該等權益存在的責任。具體來説：

(1) 就監護權、所有權、用益物權、擔保物權、著作權、專利權、商標專用權、發現權、股權、繼承權等權利的存在，被侵權人應當提供證據證明存在這些權利，並且自己是權利人。例如，通過提交被損害的有體物或者不動產登記簿的記載、不動產權屬證書、購物發票等權利憑證、權利載體證明享有動產物權或不動產物

---

10. 黃松有主編（2004）。《最高人民法院人身損害賠償司法解釋的理解與適用》。北京：人民法院出版社。99 頁。

11. 李昊（2008）。《交易安全義務論 —— 德國侵權行為法結構變遷的一種解讀》。北京：北京大學出版社。78 頁。

權。如果被侵害的財產權益的客體已經滅失，無法直接證明，則受害人可以通過證人證言等方式加以證明。[12]

(2)　就受法律保護之人身利益、財產利益而言：一方面，受害人應證明其享有此等利益，如在商業秘密被侵害時，被侵權人必須證明其擁有商業秘密；另一方面，法院也應判斷受害人主張的被侵害的民事利益是否屬於法律保護之範圍。

2.　權益被侵害與損害

很多時候，侵害民事權益當然會造成損害。例如，開車將行人撞傷的行為，既侵害了該行人的生命權，當然也造成了損害，如醫療費、殘疾賠償金、精神痛苦等。但有的時候，雖然行為人侵害他人民事權益，卻並不當然就會造成損害。例如，在他人家門口堆放建材，堵塞了出路。該行為雖然侵害了房屋所有人的所有權，但只是構成了妨害，並未造成損害。因此，權益被侵害不等於損害。倘若不加區分，將權益被侵害等同於損害，甚至將損害擴大性的理解為「不僅包括現實的已經存在的不利後果（如身體殘疾、財產減少），還包括構成現實威脅的不利後果（如房屋即將倒塌對他人人身、財產安全的威脅）」，[13] 就會無法區分侵權賠償責任與其他侵權責任方式（如排除妨害、消除危險等），進而導致侵權責任承擔方式適用上的混亂。因為，只有損害賠償責任方以損害之存在為必備的要件，而歸責原則也僅適用於賠償責任的成立。至於排除妨害、消除危險等侵權責任的承擔方式，是基於物權、人格權等絕對權而產生的保護性請求權，其構成要件中雖包括權益被侵害，卻不要求有損害，更不考慮加害人有無過錯。

---

12. 例如，《上海市高級人民法院民一庭侵權糾紛辦案要件指南》第 6 條規定：「請求方應舉證證明受侵權行為損害的合法權益存在的要件事實。可由人民法院直接依法確認的除外。」
13. 王勝明主編（2010）。《中華人民共和國侵權責任法釋義》。北京：法律出版社。43 頁。

圖 5.1　權益被侵害與損害的關係示意圖

三　損害

1.　損害的涵義

「損害（*Schaden*）」是所有的民事賠償責任的必備構成要件。沒有損害，就沒有賠償。惟有被侵權人因侵權行為遭受了損害，方能要求侵權人負損害賠償義務，即成立侵權損害賠償責任。客觀上的損害（*natuerlich Schadensbegriff*），[14] 是指任何物質的或精神的利益的非自願的喪失。[15] 並非所有的客觀上的損害都能獲得法律上的救濟。「任何人身或財產上的不利益，只有在法律上被認為具有補救的可能性和必要性時，才產生民事責任。」[16] 只有那些具有可賠償性（*ersatzfäehiger*）的損害，才屬於損害賠償法意義上的損害，這些損害就是所謂「法律上的損害（*normativ Schadensbegriff*）」。

具有可賠償的損害應符合以下兩個要件：首先，可補償的損害必須是能夠通過侵權人承擔賠償責任得到補償，而非通過其他方式得到補償。其次，基於法律價值上的考量，該損害應當由侵權人承擔。具體而言，一方面，該損害是由於侵權人侵害受害人的民事權益所致；另一方面，該損害並非過於遙遠，以至於不應由侵權人加以賠償。

---

14. Looschelders (2008). *Schuldrecht Allgemeiner Teil* (6 Aufl.). S. 282.

15. Schwarz/ Wandt (2009). *Gesetzliche Schuldverhaeltnisse* (3 Aufl.). S. 434; Brox/ Walker (2008). *Allegmeines Schuldrecht* (33 Aufl.). München: Verlag Franz Vahlen., S. 326.

16. 王利明（2010）。《侵權責任法研究（上卷）》。354 頁。

2. 損害的類型

2.1 財產性損害與非財產性損害

2.1.1 區分的標準

依據損害能否通過金錢加以計算，可以將之分為財產性與非財產性損害。

財產性損害（*Vermögensschaden/* pecuniary loss），也稱「有形損害（materieller Schaden）」或「經濟損失」，是指具有財產價值，能夠以金錢加以計算的損害。例如，A 將 B 的移動電話損壞；甲將乙的房屋燒毀等。

非財產性損害（*Nichtvermögensschaden*），也稱「無形損害」或「精神損害」（*immaterieller Schaden*），它是指沒有財產價值，無法以金錢加以計算的損害。例如，甲因近親屬乙被丙開車撞死而遭受的失去親人的痛苦；A 因被 B 打傷致殘而遭受的痛苦。

2.1.2 區分的意義

首先，兩者的可賠償性不同。原則上，任何財產性損害（*Vermögensschaden*）都屬於可補償的損害。對於財產性損害的確定，採取的是所謂「差額說（*Differenzhypothese/ Differenzen methode*）」，即將受害人在損害發生之前的財產狀況與損害發生後的財產狀況進行比較，如有差額，則有損害。否則，就不存在損害。至於非財產性損害，只有在符合法律規定時才能得到賠償（《侵權責任法》第 22 條）。這是因為，社會生活中因個人心理承受能力不同而引發的各種心理不適應或痛苦差異很大。如果精神損害賠償可以普遍適用，將使侵權賠償責任漫無邊際，妨害人們的合理行為自由。此外，非財產損害無法精確的按照較為客觀的市場價格加以計算，只能在考慮精神痛苦的嚴重程度、受害人的個人因素等具體情況的基礎上加以估算。這一點，使得法官在精神損害賠償數額的確定上具有很大的自由裁量權。[17] 為限制法官的自由裁量權，也有必要由法律對精神損害的可補償性加以限制。

---

17. 〔德〕U・馬格努斯主編（2009）。《侵權法的統一：損害與損害賠償》（謝鴻飛譯）。北京：法律出版社。139 頁。

其次,侵權責任的承擔方式不同。當侵權人造成了被侵權人財產性損害時,其承擔的侵權責任是賠償損失(《侵權責任法》第 15 條第 1 款第 7 項)。而當侵權人造成被侵權人非財產性損害時,被侵權人除了要求侵權人賠償損失外,還可以要求其承擔賠禮道歉、恢復名譽、消除影響等其他侵權責任。

2.2　直接損害與間接損害

2.2.1　區分的標準

直接損害(*Unmittelbarer Schaden*),也稱「具體損害(*Konkreter Schaden*)」,它是指對受害人的人身權益、財產權益本身所造成的損害。這種損害可以從客觀形體上的變化中得以反映或者加以觀察。例如,某人毀損他人汽車,汽車本身是有形的毀滅,可從外部觀察到的。

間接損害(*Mittelbarer Schaden*),也稱「後續損害(*Folgeschaden*)」,是指由於權益被侵害而延伸發展出來的損害,[18] 包括減少的收入、失去的利潤以及喪失的使用等。例如,某人將他人汽車毀壞後,車主無法使用該車的損失;某人將他人打傷後,傷者因此喪失的工作收入。

2.2.2　區分的意義

首先,因果聯繫的遠近程度不同。直接損害是因加害行為直接造成的,與加害行為的聯繫最為密切。間接損害則與加害行為的關係較為遙遠。

其次,是否考慮假設因果關係上的不同。在直接損害的賠償中,一般不考慮假設的因果關係。而在間接損害的賠償中,需要斟酌假設的因果關係。[19]例如,甲在山腳下建有一棟房屋經營「農家樂」,乙因過失將該房屋損壞,但在該損害事件發生的一天後,突然爆發的泥石流將甲的房屋全部沖毀。甲因乙的侵權行為遭受的有形損害為房屋受損,無形損害就是因房屋受損而無法營業的利潤損失。在這種情況下,對於房屋受損的損害,乙應賠償。而對於

---

18. Deutsch/ Ahrens (2009). *Deliktsrecht*. Rn. 622.
19. 王澤鑒〔2005〕。〈損害概念及損害分類〉,《月旦法學雜誌》。第 9 期。

甲喪失的營業利潤則不能給予賠償。因為即便沒有甲的加害行為，該房屋也會被泥石流沖毀，甲同樣無法獲得營業利潤。

再次，過錯認定的不同。過錯責任中加害人過失之認定是直接以加害行為人應否、能否預見直接損害（而非間接損害）為標準。

2.3 積極損害與消極損害

2.3.1 區分的標準

積極損害也稱「所受損害」，是指因加害行為的發生，導致受害人已有財產的減少。消極損害也稱「所失利益」，是指因加害行為的發生，導致受害人本能增加的財產未增加。例如，A 被 B 打傷，A 因此遭受的財產損失包括：治療傷害支出的醫療費、交通費、護理費等共計 10,000 元；因住院治療耽誤工作而減少的收入 200,000 萬元。這兩項財產損失中，前者是所受損害，而後者就是所失利益。

2.3.2 區分的意義

區分積極損害與消極損害的最大意義，就體現在損害賠償的計算標準上。積極損害賠償的計算，一般要按照客觀的方法即市場價格標準來確定，如《侵權責任法》第 19 條。至於消極損害，因其是一種未來收入的損失，具有很大的不確定性。中國法上對消極損害的計算一般都是按照抽象的、統一的標準來計算（如《人身損害賠償解釋》第 20 條、第 25 條、第 29 條等；《最高人民法院關於審理證券市場因虛假陳述引發的民事賠償案件的若干規定》第 31 條）。

第六章

因果關係

一　因果關係的意義

當某一個或一些事實引起或造成了另外一個或一些事實時，人們就說，前者是原因，後者是結果，兩者存在因果關係。這是因果關係最一般的涵義。在法律上，因果關係中的原因必定是人的行為（作為或不作為），而結果也必定與人有關的。單純的自然現象與自然現象之間的聯繫是科學的研究範疇，而非法律上需要關注的問題。因為法律是人的行為的一種秩序（order），即便是自然事件，也只有在和人的行為有關，或作為其條件，或作為其效果時，才為法律所調整。[1]

在所有國家的法律中，因果關係都是法律責任的最基本構成要件。沒有因果關係，而讓人承擔法律責任，是不可想像的。因果關係不僅歸屬於侵權行為法基本規定內容，且構成了其他幾乎所有賠償責任構成要件的基礎。[2] 在侵權法中，因果關係理論是一種責任理論，這種理論必須解決可歸因的損害賠償問題，因為一個人對某一損害的責任只能建立在這個人與該損害之間存在聯繫的基礎上。[3] 具體來說，侵權法中的因果關係的意義如下：

(1)　過濾無關原因，令行為人為、且僅為自己的行為負責，貫徹自己責任原則。現代法治社會奉行自己責任原則，任何人原則上都要為、也僅為自己的行為負責。如果某個損害後果與被告的行為無關，法律上卻要求這個人承擔責任，顯然是不公平合理的。然而，並不是所有的情況下，都可以清楚地發現誰應當為損害負責。因為，現實世界中的事物總是普遍聯繫的。任何一件事情的發生，都是多種原因結合的產物。例如，一起受害人被撞傷的簡單車禍的發生，可能是因為以下原因結合所致：機動車駕駛人今天心情不佳、駕駛人飲酒後駕車、肇事機動車的制動距離較長、雨天地面濕滑、事發路段的路燈壞了、受害人家中有急事故此埋頭騎車而未注意觀察等。顯然，在侵權糾紛中，就追究被告的侵

1. 〔奧〕凱爾森（1996）。《法與國家的一般理論》。北京：中國大百科全書出版社。3-4 頁。
2. 〔德〕克里斯蒂安・馮・巴爾（2005）。《歐洲比較侵權行為法（下）》（張新寶、焦美華譯）。北京：法律出版社。498 頁。
3. 〔荷〕J・施皮爾主編（2009）。《侵權法的統一：因果關係》（易繼明等譯）。北京：法律出版社。13 頁。

權賠償責任，並不需要考慮全部的因素。此時，因果關係的要件發揮了（並非唯一的）過濾器的作用，它能將歸因於某人的事實性後果與不能歸因於該人的事實性後果加以區分。只有能夠歸因於某人的事實性後果，該人才可能要對此負責，且也僅對此負責。因此，侵權責任的因果關係要件一個重要功能，就是貫徹自己責任原則。

(2) 合理截取因果關係鏈條，控制責任範圍，避免人們為過於遙遠的後果負責，維護合理的行為自由。世界是普遍聯繫的，事物之間的因果鏈條可以無限延伸。行為人的一個行為會引發一連串的後果。任何侵權法都不可能要求行為人對其行為引起的一切全部後果負責，否則法律將過於嚴酷，損害合理的行為自由，甚至摧毀人們的生存空間。例如，行為人甲過失駕駛機動車撞翻了乙駕駛的機動車，引起了一場嚴重的交通事故。這個事故的後果除了乙受傷、甲與乙的車輛損壞外，還包括：因交通擁堵導致前往飛機場趕飛機的丙誤機，被迫改簽機票；去上班的丁因遲到被扣工資 500 元；參加商業談判的戊，因遲到十分鐘而失去一筆重要的買賣；危重病人己來不及送醫院而身亡等。如果侵權法要求甲就前述乙、丙、丁、戊、己的損害全部負責，顯然是讓人無法忍受的。然而，甲究竟應當對於哪些損害負責？哪些損害被看做是與加害行為過於遙遠而被從賠償責任中排除出去？這些就是因果關係要件所須解決的重要問題。「無論是從單個侵權行為人的利益出發，還是為了自身生存的願望，侵權行為法都必須將那些過於『遙遠』的損害從其體系中排除出去。」[4] 否則，這樣的侵權法不能認為是被理性所支配的法律。而正是通過合理截取因果關係，控制責任範圍，因果關係要件才能有效地維護合理的行為自由。

---

4. 〔德〕克里斯蒂安‧馮‧巴爾（2005）。《歐洲比較侵權行為法（下）》。1頁。

二　相當因果關係說

　　長期以來，中國法院採取的是必然因果關係說的判斷理論。該理論混淆了法律因果關係與哲學因果關係，不適當的限制了侵權責任的成立以及賠償的範圍，非常不利於維護被侵權人的合法權益。因此，自上個世紀 90 年代中期以後備受理論界的抨擊。一些學者紛紛主張引入德國法上的相當因果關係理論，作為判斷因果關係的標準。「與必然因果關係說不同的是，相當因果關係說不要求法官對每一個案件均脫離一般人的智識經驗和認識水平，去追求所謂『客觀的、本質的必然聯繫』，只要求判明原因事實與損害結果之間在通常情形存在可能性。這種判斷非依法官個人主觀臆斷，而是要求法官依一般社會見解，按照當時社會所達到的知識和經驗，只要一般人認為在同樣情形有發生同樣結果之可能性即可。因此，相當因果關係說不僅是現實可行的，而且符合法律維護社會公平正義之精神。毫無疑問，作為一種法律學說，相當因果關係說是科學的，而必然因果關係說是不科學的。」[5]

　　在學者的大力倡導之下，相當因果關係說也漸受實務界重視，不少法院在實踐中已逐漸接受該理論。例如，最高人民法院的一則判決認為：「審計評估報告不同於驗資報告，其不具有驗資報告的法定效力而僅是提供一種交易價格的參考。青海證券在與武漢國租以及寶安集團事後簽訂補充協議時，以中天銀公司審計評估價格為基礎，為實現自身總體的經濟目標，對審計評估價格進行了逆向調整，這種行為已經割裂了審計報告與轉讓價格之間的因果聯繫，侵權行為所要求的因果關係要件在此並未充分體現。加之，中天銀公司的審計評估報告真實性和有效性已為本院（1999）民終字第 63 號民事判決所認可。故在中天銀公司沒有主觀過錯、且審計報告與轉讓價格之間欠缺直接或相當因果關係的情形下，本案原審法院判令中天銀公司對因上述三筆債權虛假給青海證券的權益造成的損害承擔賠償責任不當，中天銀公司關於不應承擔侵權賠償責任的抗辯有理，本院予以支持。」[6]

---

5. 梁慧星（1989）。〈僱主承包廠房拆除工程違章施工致僱工受傷感染死亡案評釋〉，《法學研究》。第 6 期。

6. 〈青海證券有限責任公司等與武漢中天銀會計師事務有限責任公司等轉讓合同、侵權賠償糾紛案〉，最高人民法院（2001）民二終字第 114 號民事判決書。

三　複數因果關係

1.　概述

　　所謂複數因果關係，是指多個原因與結果存在關聯的情形，即多因一果（多個原因相互結合造成一個結果）與多因多果（多個原因造成多個損害結果）。複數因果關係的類型包括：共同的因果關係、競合的因果關係、累積的因果關係、修補的因果關係、擇一的因果關係和假設的因果關係。之所以要特別研究這些因果關係形態，是因為在一因一果或一因多果的因果關係形態中的因果關係判斷理論，往往在複數因果關係中會遇到很大的麻煩，如不調整，將無法適用或得出非常荒謬的結果。

2.　共同的因果關係

　　共同的因果關係（*Gemeinsame Kausalitäten*），也稱「結合的因果關係」或「部分的因果關係」，是指多個行為人分別實施加害行為，給受害人造成了同一損害。其中，任何一個加害行為單獨發生均不足以造成部分或全部的損害，但是，這些加害行為在相互結合後，造成了受害人的損害。例如，A 船與 B 船在航行中均有過失以致兩船發生碰撞。B 船在碰撞後船體出現破裂，船上所載的重油泄漏，污染了 C 游泳場管理的水域及海岸帶污染。[7] 顯然，在該案中，A 船或 B 船的航行本身不是環境污染行為，兩者單獨發生均不會造成他人損害。

　　在共同因果關係中，各個加害行為人是各自實施加害行為，其主觀心理狀態可能均為過失，也可能均為故意，還可能有些是故意，有些是過失，但是，這些人之間並沒有意思聯絡，即他們不是共同故意侵害他人的。在前面所舉兩船相撞的例子中，兩船均為過失行為。再如，甲廠與乙廠為節約費用，均故意將沒有淨化的污水往河中排放。任何一個廠排放的污水量雖然都

---

7. 參見〈菱角咀海濱游泳場訴東海海運有限公司與中國船舶燃料供應福建有限公司的船舶碰撞造成船載油料泄漏海域污染損害賠償案〉。最高人民法院中國應用法學研究所編（2000）。《人民法院案例選》（總第 32 輯）。305 頁以下。在該案中，法院只是判決漏油的船舶所有人承擔環境污染侵權賠償責任，而沒有判決另一艘船的所有人承擔責任，頗值得商榷。

會使丙公司養殖的魚苗部分死亡，但不會使丙公司的魚苗全部死亡。由於兩個廠同時排污，導致水中污染物總量極大的超標，最終丙公司的魚苗全部死亡。張某向 A 報紙投稿，在文章中張某對李某進行了誹謗。A 報社在沒有核實情況下發表了該文章，導致李某的名譽權遭受侵害。該案中，張某是故意的，而報社則是過失。

由於共同的因果關係中，每一個加害行為都不足以造成全部的損害，並且它們對於損害的發生都具有一定的原因力。加之，各個行為人之間又不存在共同故意，也並非是《侵權責任法》第 8 條規範的共同加害行為。因此，在判斷因果關係時，既需要考慮每個加害行為本身與權益被侵害之間的關係，又要考慮該加害行為與加害行為的關係。對於共同因果關係的情形，Reid 勛爵認為必須從眾多的原因中找出「支配性原因（predominate cause）」。他說：「人們會發現，事實上幾個人都有過錯，而且如果他們中任何一個人的行為適當的話，事故就不會發生，但是這並不意味着該事故必須被看作為是因為所有這些人的過錯而生。人們應當判別這些過錯中哪些因過於遙遠而被排除、哪些則不能排除。有時候，應當將其他的所有過錯都排除，只剩下一個且將其作為唯一的原因，但其他一些案件中又必須將兩個或者多個過錯作為聯合造成事故的原因。我懷疑，是否有一個可以普遍適用的測試標準。」[8]

如果能夠確定每個加害行為與損害之間都具有因果關係，則各個加害行為人之間責任的承擔，應依據《侵權責任法》第 12 條處理即可，即每一加害行為人應在其因果關係範圍內承擔相應的責任。如果難以確定責任大小，行為人需要平均承擔賠償責任。

3. 修補的因果關係

在共同的因果關係中，有一類情形比較特殊，即「修補的因果關係（*Überholende Ursache*）」，即對同一受害人造成損害結果的多個原因依次發生，在先原因所造成的損害後果被在後的原因加以改變。在修補的因果關係中，由於各個加害人之間並無共同故意，且任何一個加害行為都不足以造成全部損害，故此，各個行為人之間不應當承擔連帶責任。但是，由於多個加

---

8. Margaret Brazier (Ed.). (1995). *Clerk & Lindsell on Torts* (17th ed.). London: Sweet & Maxwell. 48.

害行為依次出現，而後出現的加害行為改變了前加害行為的後果，因此，問題的實質不是責任成立的因果關係或事實因果關係的有無，而是責任範圍的因果關係或法律事實因果關係的判斷。申言之，第兩個出現的加害原因是否中斷了第一個加害原因與損害之間的因果關係，從而使得第一個加害人無須就最終的損害後果負責。

從中國法院的判決來看，對修補因果關係中各個加害人的責任如何承擔，基本上遵循以下規則。首先，如果多個加害人都能查明，通常採取的是按份責任的觀點，即各個加害人各自承擔相應的份額。其次，如果第兩個加害人逃逸，無法查明，則為了保護受害人，法院一般採取的是由各個加害人承擔連帶責任的方式，實際承擔了賠償責任的第一個加害人今後有權對第二加害人進行追償。

本書認為，依據中國《侵權責任法》第 12 條，各個加害人之間承擔的是按份責任，即各自承擔相應的賠償責任。如果某一加害人逃逸或下落不明，此時不能簡單地為保護受害人，而將風險轉移給另一加害人，該能夠查明的加害人僅就自己應承擔部分負責，無法查明的則平均分擔。

4. 競合的因果關係

競合的因果關係（*konkurrierender Kausalität*），是指多個加害行為人分別實施了加害行為，給他人造成同一損害，但是，即便其中任何一個加害行為單獨發生，而其他的沒有發生，也足以造成同一損害。例如，A 廠與 B 廠不約而同往河裏偷排污水，且任何一個廠排放的污水都足以導致 C 的魚苗死亡。再如，甲在林中散步時，被來自不同方向的打獵者乙、丙各自發射的一顆子彈擊中頭部而死亡，其中任何一顆子彈都是致命的。

在這種因果關係形態中，如果採用條件說或 "But for" 規則，都會出現問題。因為任何一個被告都可以以「即便沒有自己的加害行為，受害人也會遭受同樣的損害」為由，來推脫責任。因此，必須修正條件說與「But for」規則，即將每一個人的行為都作為與損害存在因果關係的行為。中國《侵權責任法》第 11 條明文規定：「二人以上分別實施侵權行為造成同一損害，每個人的侵權行為都足以造成全部損害的，行為人承擔連帶責任。」

5.　擇一的因果關係

擇一的因果關係（*alternative Kausalität*），也稱「替代因果關係」或「不確定的因果關係（indeterminate cause）」，是指損害是由於多個行為人中的某一或某些人的行為所致，但不能確定具體的侵權人。例如，甲、乙、丙三個小孩從樓頂往樓下扔酒瓶，其中一個酒瓶砸中受害人，但不知道該酒瓶是甲、乙、丙三人中何人所扔。再如，兩個獵人打獵，誤將行人看做獵物而開槍，其中一槍擊中受害人，但不知擊中受害人的子彈出自何人的獵槍。

擇一的因果關係中，受害人享有損害賠償權利的正當性已經存在，只是無法查明究竟是誰的行為導致其享有該損害賠償請求權而已。[9] 也就是說，不確定因果關係屬於程序法中事實因果關係的證明責任問題。此時，比較法為了保護受害人，都將本應由原告證明的事實因果關係轉換給被告。在中國法上，這種屬於擇一因果關係的多數侵權責任，屬於共同危險行為。依據《侵權責任法》第 10 條，各個行為人應當承擔連帶責任，除非其中某人可以證明自己的行為與損害之間沒有因果關係。

6.　假設的因果關係

假設的因果關係（*hypothetische Kausalität*）指的是這樣一種情形：損害已因某一加害人之行為而發生，即便該加害行為不存在，損害的全部或部分也會因為另外一個與加害人無關的原因而發生。[10] 假設因果關係與修補因果關係存在相似之處，如假設因果關係中也可能存在一前一後兩個加害人。兩者的區別在於：修補因果關係中的兩個原因是相繼發生的，並且依次給受害人造成了實際的損害。而假設的因果關係中，真正存在兩個與損害有關的原因：一個是實際引發損害的加害行為，即「真正原因」；另一個是並未實際發生，但如果真的發生也能造成同一損害的原因，即「假設原因（*Reserverursache*）」。

---

9. F. Bydlinsky (1979). *Aktuelle Streitfragen um die alternative Kausalitaet*,Beitzke-Festschrift.3. 轉引自〔奧〕赫爾穆特・庫奇奧 (2009)。〈替代因果關係問題的解決路徑〉（朱岩、張玉東譯），《中外法學》。第 5 期。

10. Looschelders (2008). *Schuldrecht Allgemeiner Teil* (6 Aufl.). Rn. 910.

假設原因可能是第三人的行為、受害人自己的行為或者事件。假設原因是第三人的合法行為的情形如，甲將乙的房屋燒毀，但由於乙的房屋是違章建築，即便甲不燒毀該房屋，該房屋也要被主管機關拆除。假設原因是第三人的侵權行為的情形如，A 在上午打碎 B 房屋的一塊玻璃，但在晚上 C 為報復 B 以前對他的侮辱，駕駛載重卡車撞毀了 B 的房屋。即便 A 不打碎這塊玻璃，也會因為 C 的撞擊而使之破碎。而假設原因是與人的行為無關的事實如，李某與張某是同村農民，一次李某在給自家的玉米噴藥時，因風力作用，藥水飄到張某的西瓜地裏，致使張某 10 畝地的西瓜大部分死亡。為此，張某要求李某賠償其瓜苗費 500 元、化肥費 1,000 元、西瓜損失 20,000 元。李某拒賠，張某訴至法院。然而，就在法院即將作出一審判決時，一場洪水使李某的玉米和張某的西瓜（包括已死亡的和剩下的）都被沖得無影無蹤。[11]

假設的因果關係不涉及侵權責任成立與否的問題。因為加害人的加害行為與受害人之間的損害具有的事實聯繫是毋庸置疑的。假設因果關係的實質在於：法官是否能基於政策性因素的考量，將假設的原因作為減輕被告賠償的範圍的理由。由於真正原因和假設原因都能夠導致損害的發生，因此需要討論的是，導致損害者究竟是真正原因還是假設的原因，抑或兩個原因在法律上都具有可歸責性。[12]

---

11. 袁文報（2006）。〈李某該承擔什麼責任〉，《人民法院報》。2006 年 8 月 21 日。

12. Deutsch/ Ahrens (2009). *Deliktsrecht*. S. 32.

第七章

過
錯

一　過錯的涵義與類型

1.　過錯的概念

「過錯（fault/ Verschulden）」是對行為人主觀心理狀態的評價，分為故意與過失。「過錯意味着主觀責任，只有在客觀上有應當負責的情況時，才可能提出主觀責任的問題。」[1] 所以，在一般侵權責任的構成要件中，只有先存在了加害行為、損害後果和因果關係等客觀構成要件後，方有討論過錯的必要性。因為在脫離客觀構成要件的情況下，單獨討論所謂的過錯，是毫無意義的。畢竟侵權法是對行為而非思想的規範。此外，過錯涉及何種內容，通常也是由客觀構成要件加以決定的。例如，甲騎車上班。此時，去討論甲是故意騎車，還是過失騎車，顯然很荒唐。但是，倘若甲在騎車的時候撞傷了路人乙。此時，因存在乙的權益被侵害的結果以及與之有關聯的甲的加害行為，這些客觀要件都滿足了，所以就有必要討論甲對給乙造成的損害有無過錯？如果有，是故意還是過失？

2.　故意

故意（Vorsatz），是指行為人明知其行為會發生侵害他人民事權益的後果，仍有意為之的一種主觀心理狀態。它包括「認識」與「意願」這兩個要素。

其一，認識要素（intellektuelle Voraussetzung），是指行為人對於其行為將會發生侵害他人民事權益的後果有所認識，即「明知（Wissen）」。故意並不要求行為人對損害有所認識，但無論如何行為人應認識到其行為會給他人權益造成侵害。[2] 倘若行為人完全沒有認識到其從事的行為會給他人權益造成損害，即存在「錯誤（Irrtum）」時，不構成故意。[3] 例如，甲看見自家門前有一個廢棄的玻璃瓶，便用腳踢開，結果玻璃瓶砸傷行人乙。因甲並未認識到其行為會對乙造成損害，故此其主觀上不具有故意。當然，這並不妨害對其過失的認定。

---

1. Medicus/ Lorenz (2008). *Schuldrecht I Allgemeiner Teil*. S. 301.

2. Jauernig/ Stadler. §276, Rn 19.

3. Deutsch/ Ahren (2009). *Deliktsrecht*. S. 52.

其二，意願要素（*voluntative Voraussetzung*），是指行為人在對其行為之後果有所認識後，具有實現該後果的決意。依據行為人是主動地追求還是放任該後果的發生，可將故意分為直接故意與間接故意。直接故意（*dolus directus*），即行為人明知其行為必將產生某一後果而追求該後果的發生。例如，向乙開槍並希望殺死乙，顯然，置乙於死地乃是甲所追求或希望的後果，因此甲主觀上屬於直接故意。間接故意（*dolus eventualis*），即行為人明知行為可能發生某種後果卻放任該後果之發生。例如，A 向 B 的辦公室扔進了一枚炸彈，想殺死 B。A 知道 C 正在辦公室，儘管 A 並沒有追求傷害 C 的後果，但是他知道將極有可能對 C 構成傷害，因此 A 對於 B 的死亡是直接故意，而對 C 的死亡則構成了間接故意。在侵權法上區分這兩者的意義很小，因為它們的法律後果是相同的。[4]

3. 過失

過失（*Fahrlässigkeit*），是指行為人對侵害他人民事權益之結果的發生，應注意或能注意卻未注意的一種心理狀態。與故意一樣，過失也包含了認識與意願這兩個要素。[5] 依據過失的程度，可以將過失分為重大過失、一般過失與具體過失。

其一，重大過失（*Grobe Fahrlässigkeit*/ gross negligence）是程度最為嚴重的一類過失。它是指，行為人連最普通人的注意都沒有盡到，或者說，行為人是以一種「異乎尋常的方式（*in ungewoehnliche hohem Mass*）」違背了必要的注意。這種行為是「特別重大而且在主觀上不可寬恕的違反義務的行為，其已經顯著地超出了通常的過失程度」。[6]

行為人是否具有重大過失，應依行為人未盡注意之時的總體情況加以判斷。至於行為人是否知悉其行為之危險性，並非判斷重大過失的必備標準。

---

4. 中國刑法權威學者張明楷教授認為，在刑法上區分直接故意與間接故意的意義也是極為有限的。詳見張明楷（2011）。《刑法學（第四版）》。北京：法律出版社。244–245 頁。

5. Münch Komm BGB/ Grundmann. §276, Rn. 53.

6. Medicus/ Lorenz (2008). *Schuldrecht I Allgemeiner Teil*. Rn. 311.

即便行為人完全沒有注意到其行為之危險性，但倘若其盡到最小程度的注意就能知悉的話，也會構成重大過失。[7]

其二，一般過失（*Einfache Fahrlässigkeit*）是最為常見的過失形態。前述對過失的界定指的就是這種過失。隨着過失的客觀化，侵權法中判斷行為人是否具有一般過失，採取的是相對客觀的標準，如「善良管理人」或「合理的人」（本章第四節將對一般過失的判斷進行詳細的論述）。

其三，具體過失（*Konkrete Fahrlässigkeit*）是指以「行為人（債務人）通常在自己事務上應盡的注意」作為判斷標準來確定的過失。它與一般過失的區別在於：判斷的標準不同。一般過失採取的是客觀化的判斷標準（*objektiv Massstab*）。而具體過失採取主觀化的判斷標準（*subjective Massstab*），需要考慮行為人通常的行為和秉性。[8] 通常，侵權法中都是以一般過失作為主觀構成要件，具體過失只是在特定的情形下適用。中國民法學界也將具體過失稱為「輕微過失」。該稱謂似乎意味着具體過失對行為人提出的注意程度的要求低於一般過失。實際上，具體過失未必一定輕於一般過失。例如，行為人平時就是一個非常謹慎的人，其慣常的謹慎程度超過了合理的人或善良管理人，則具體過失的要求就高於一般過失。

二　過失的判斷

採取客觀過失說，即以相對客觀的標準來認定侵權人的過失。這種判斷標準有助於結合案件具體情況，合理地界定協調維護行為自由與保護合法權益的關係，有利於經濟發展與構建和諧的社會。但必須明確的一點是，無論「合理的人」，還是「善良管理人」，這樣的一些概念都只是法律上的技術手段。在個案中判斷過失往往要綜合考慮多項因素，包括是否違反法律法規的規定，行為人的身份及其所屬職業或團體的應有注意義務水平，加害行為的

---

7. Karl Larenz (1987). *Lehrbuch des Schuldrechts, Band I Allgemeiner Teil* (14 Aufl.). Müchen: Verlag C.H. Beck. S. 292.

8. Jauernig/ Stadler. §277, Rn 3.

危險程度與損害後果的嚴重性，行為人預防與控制損害發生的成本、社會的一般觀念等。

1. 法律法規的規定

在成文法國家，很多情況下，法律法規對行為人的作為或不作為義務有明文之規定。如果行為人不按照法律法規的要求行為，違反法定義務，常常因此而被認為存在過失。然而，對於以下兩個問題，各國的回答不一：首先，行為人違反法律法規相關規定的行為，究竟只是其具有過失的證據，還是可以據此就推定行為人有過失（可以舉證推翻），抑或直接視為行為人存在過失（無法推翻）？其次，究竟違反何種性質的法律法規的規定，才會與過失建立或強或弱的聯繫？中國法上，沒有將違反保護性法律的侵權行為作為單獨的一類侵權行為。[9] 此外，中國通說和司法實踐並不承認違法性與過錯的區分，故此，加害人的行為是否違反相關法律法規的規定與其行為是否存在過錯，具有非常緊密的聯繫。目前的立法和司法實踐主要採取了兩種做法：其一，違法推定過失；其二，違法視為過失。

1.1 違法推定過失

即從行為人行為的違法性上推定該行為具有過錯，從而滿足侵權責任的構成要件。這方面最典型的規定是《侵權責任法》第 58 條，該條規定：「患者有損害，因下列情形之一的，推定醫療機構有過錯：(1) 違反法律、行政法規、規章以及其他有關診療規範的規定；（2）隱匿或者拒絕提供與糾紛有關的病歷資料；（3）偽造、篡改或者銷毀病歷資料。」實際上，在該條中並非僅第一項是違法性，第二、三項的行為也是違法行為。依據該條，只要醫療機構從事了上述三類違法行為，則推定其存在過錯，醫療機構可以提出反正證明自己沒有過錯。[10]

---

9. 有學者認為，中國應當確立違反保護他人法律的過錯責任，參見朱岩（2011）。〈違反保護他人法律的過錯責任〉，《法學研究》。第 2 期。
10. 對本條的詳細討論參見本書第二十一章〈醫療損害責任〉。

1.2　違法視為過失

所謂違法視為過失，是指在行為人的行為違反了法律法規的有關規定時，就直接認定該行為存在過失，如果沒有法定的免責事由，則行為人必須承擔侵權責任。之所以在這種情況下，不是將違法行為作為有過失的證據而是直接認定為過失，就是因為行為人所違反的法律和法規中明確提出了行為人的注意義務的要求。表面上，這種行為是違反了法律法規，實則違反了應有的注意義務，故此行為人當然具有過失，而非被推定具有過失。中國大量的法律和法規都確定了注意義務的標準，特別是在醫療活動、交通運輸、產品生產和銷售等領域中出現了愈來愈多的技術性規則，這些規則向行為人提出了明確的注意義務，對這些義務的違反即構成過失。[11] 例如，《侵權責任法》第 55 條第 1 款規定了醫務人員的在診療活動中向患者說明病情和醫療措施的義務。同時，該款還規定，如果需要實施手術、特殊檢查、特殊治療的，則醫務人員應當及時向患者說明醫療風險、替代醫療方案等情況，並取得其書面同意；不宜向患者說明的，應當向患者的近親屬說明，並取得其書面同意。因此，在醫務人員違反上述法律規定，沒有盡到告知說明義務而給患者造成損害的情況下，依據《侵權責任法》第 55 條第 2 款，醫療機構應當承擔賠償責任。這是因為醫務人員的違法行為本身就被視為過失，[12] 故此，醫療機構要為其醫務人員因診療活動中的過錯給患者造成的損害承擔責任。

此外，在道路交通事故中，公安機關道路交通管理部門在認定事故責任、即各方的過錯和原因時，均直接依據《道路交通安全法》、《道路交通安全法實施條例》對於機動車的通行規則的規定加以判定。

2.　職業或團體成員的一般知識能力和水平

客觀過失說的最大特點之一在於，其並非依據個案中行為人的具體的、個人的知識水平和專業能力來對其提出要求，而是要求從事某一職業或隸屬於某一團體的人員應當達到該職業，或該團體內普通的從業人員所應當具有的知識

---

11. 王利明（2010）。《侵權責任法研究（上卷）》。347 頁。
12. 例如，《安徽省高級人民法院關於審理醫療賠償糾紛民事案件的若干意見》第 12 條第 3 項規定：如果有證據證明醫療機構未盡到必要的告知、說明義務的，可以直接認定其存在過錯。

水平、專業技能和業務水平。簡而言之，客觀過失，依據人們的職業或所述團體而提出注意義務的要求，如果達到了，就不存在過失；如果達不到，將被認為存在過失。所謂職業或團體的要求，可能是那些非常專門的職業或團體，如醫生、會計師、律師等行業，不僅有專門的知識和能力的要求，有很高的行業准入門檻；也可能僅是因為長期從事該職業或活動而被認為具有普遍高於外行人的能力，屬於所謂「無他，唯手熟爾」的工作。故此，本書將行為人的職業或所述團體的要求分為兩類（專家與其他職業或團體），分別討論對其過失的判斷。

2.1　專家的注意義務

所謂專家（Expert/ Professions/ *Spezialist*），是指以向委託人提供專業性服務作為職業的具有專門知識和技術的專業人士，包括醫師、會計師、律師、公證員、資產評估師、建築師、工程師、保險經紀人等。現代社會中的專家的工作具有兩個重要特點：首先，他們所從事的行業需要專門的知識和技能，不是什麼人都能從事的。要從事該等職業或行業，必須經過長期而又嚴格的專門訓練，並且還要在獲得有關機關授予的資格證書或執業證明後才能執業。故此，專家所從事的工作是具有高度的技術性與專業性（skilled and specialized）。其次，專家工作的中心不是體力勞動，而是腦力勞動，是以精神與智力之判斷為中心（mental and intellectual rather than manual）的智力活動。[13] 這種專家職業的高度技術性、專門性和智力判斷性，使得委託人與作為受託人的專家之間必須具有高度的信賴關係。委託人不得不在很大程度上將自己的人身與財產利益託付給他們，亦即他們不得不賦予專家們很大的自由裁量餘地。此種信賴與被信賴、託付與被託付的關係，是各國立法與司法在確定專家義務的性質與程度的基礎。只有在該基礎上，法律才可能合理確認專家的注意義務。

現代侵權法中判斷專家的行為是否具有過失的客觀化標準，就是所謂的「勤勉盡責義務」，也可以稱為「合理審慎義務」或「合理注意義務」，它是指行為人的行為應當符合一定的標準，從而避免使第三人遭受不合理的危險，

13.　Jackson & Powell (1997). *Professional Negligence* (4th ed.). London: Sweet & Maxwell. 3.

它是法律承認的謹慎義務。這裏所謂的「謹慎或審慎」，是一種具有特定技能或者知識（special skill and knowledge）的職業人員（professionals）的「謹慎或審慎」。其統一的判斷標準是，在通常情形下同一職業領域中一位合格的從業人員在同樣的情形下應盡到的謹慎、技能與能力。如果行為人的行為已達到了這一標準，則認為盡到了勤勉謹慎義務；如果沒有達到，則屬於違反義務的行為。例如，依據中國《侵權責任法》第 57 條，醫務人員在診療活動中須盡到「與當時的醫療水平相應的診療義務」，否則在造成患者損害後，醫療機構應當承擔賠償責任。這個「與當時的醫療水平相應的診療義務」顯然是對醫務人員這個專業團體提出的要求。再如，《最高人民法院關於審理涉及會計師事務所在審計業務活動中民事侵權賠償案件的若干規定》第 6 條第 2 款，對於註冊會計師在審計過程中提出的要求是「保持必要的職業謹慎」；《最高人民法院關於審理房屋登記案件若干問題的規定》第 12 條規定，申請人提供虛假材料辦理房屋登記，給原告造成損害的，房屋登記機構「未盡合理審慎職責」的，需要承擔相應的賠償責任。再如，中國證監會頒佈的《律師事務所從事證券法律業務管理辦法》第 14 條更是明確規定：「律師在出具法律意見時，對與法律相關的業務事項應當履行法律專業人士特別的注意義務，對其他業務事項履行普通人一般的注意義務，其製作、出具的文件不得有虛假記載、誤導性陳述或者重大遺漏。」

2.2　其他職業或團體的注意義務

　　對於專家之外的其他職業或團體的成員，也應當盡到該職業或團體應有的注意義務。雖然這些職業的從業人員或團體的成員也需要有一定的知識，但畢竟不像專家那樣，需要高度的知識水平和專業能力，也無須取得行業准入許可後方能從事這些職業。然而，由於行為人長期從事某職業或屬於某團體的成員，因此法律上對這些人有更高的注意義務的要求。例如，在一起案件中，法院認為：「馬進文作為一名長期從事瓦工工作的人員，應具有一定的工作經驗和基本的安全注意義務。事故時，馬進文違反常規使用美工刀片清理

地面，主觀上放任了危險的發生，也忽視了自身的安全注意義務，亦應承擔事故的責任。」[14]

3.　行為的危險程度

所謂行為的危險程度是指，行為人的行為給他人造成損害的可能性的大小。對於那些愈容易給他人造成損害的行為，行為人負有愈高的注意義務，就愈應當預見損害發生的可能性，從而採取相應的防範措施，否則被會認為存在過失。例如，在公共道路上從事上挖坑、修繕安裝地下設施的危險性，遠大於在自家封閉的院落內從事此類活動的危險性。因為前者已經足以對不特定的社會公眾的人身、財產安全構成危險。再如，《侵權責任法》第 75 條規定：「非法佔有高度危險物造成他人損害的，由非法佔有人承擔侵權責任。所有人、管理人不能證明對防止他人非法佔有盡到高度注意義務的，與非法佔有人承擔連帶責任。」之所以要求所有人、管理人必須對防止他人非法佔有「盡到高度注意義務」，就是因為高度危險物相當危險。

在判斷行為人的行為給他人造成損害的危險程度時，需要結合案件的具體情況加以判斷。例如，對於那些在網絡大 V 們而言，因其網絡上的粉絲眾多，影響力巨大。所謂「能力愈大，責任愈大」，這些人在對某些事情發表評論或轉發一些消息時，就愈應當謹慎。

4.　預防損害的成本

從法律經濟學上說，任何法律制度的設計都應當實現成本與收益的均衡狀態。在判斷從事經營活動或者其他社會活動的自然人、法人、其他組織是否應當承擔以及承擔何種限度內的安全保障義務時，也應當考慮其預防與控制風險或損害的成本。根據著名的漢德公式，判斷加害人是否具有過失時，法官要考慮預防損害的成本（B）是否大於損害乘以損害發生的概率（P×L）。如果預期損害 P×L 超過了預防成本 B，而被告又未採取預防措施，則被告就

---

14. 〈馬進文、上海浪新建築工程有限公司提供勞務者受害責任糾紛案〉，上海市第一中級人民法院（2014）滬一中民一（民）終字第 3342 號民事判決書。

具有過失。中國法院在判斷行為人過失時，也愈來愈注意運用此種經濟學方法，來確定行為人有無過失。例如，在「李萍、龔念訴五月花公司人身傷害賠償糾紛案」中，法院認為：「五月花餐廳接受顧客自帶酒水到餐廳就餐，是行業習慣使然。對顧客帶進餐廳的酒類產品，根據中國目前的社會環境，還沒有必要、也沒有條件要求經營者採取像乘坐飛機一樣嚴格的安全檢查措施。由於這個爆炸物的外包裝酷似真酒，一般人憑肉眼難以識別。攜帶這個爆炸物的顧客曾經將其放置在自己家中一段時間都未能發現危險，因此要求服務員在開啟酒盒蓋時必須作出存在危險的判斷，是強人所難。五月花餐廳通過履行合理的謹慎注意義務，不可能識別偽裝成酒的爆炸物。」[15]

三 過錯能力

1. 過錯能力的涵義

民法以意思自治為基本原則。意思自治意味着：一個具有意思決定自由的人既可以通過自由的意思形成自己期待的法律關係，也需要對自己行為的後果負責。只有在行為人能夠認識其行為的後果時，他方具有自由的意思決定（*freie Willensbestimmung*），才能在是否及如何從事行為的問題上有所選擇或加以控制。倘若行為人無法認識行為的後果，即欠缺意思決定的自由。這時，行為人的行為只是一種無意識的動作，不是法律意義上的行為。[16]

過錯責任原則是意思自治原則的體現。根據過錯責任原則，一個具有意思決定自由的人，如果濫用其意志自由給他人造成了損害，就具有了過錯，應承擔侵權責任。倘若某人不能認識行為的危險，無法對行為進行選擇或控制，即無過錯能力（*Verschuldfäehigkeit*）時，他就不具備真正的意思決定之自由，法律對其行為不能做出過錯的評價，該行為亦無法歸責於行為人。所以，無論故意還是過失皆以行為人有過錯能力為前提。

---

15. 載《中華人民共和國最高人民法院公報》，2002 年第 2 期。

16. Münch Komm BGB/ Ulmer. §827, Rn. 1.

過錯能力，也稱「責任能力」、「歸責能力」（*Zurechnungsfähigkeit*），是指自然人對自己從事的加害行為是否需要負責任的認識能力，它是過錯責任對於主體可歸責性的要求。[17] 過錯能力主要適用於侵權法領域，並且僅適用於自然人（法人不存在過錯能力的問題），所以過錯能力也被稱為「侵權責任能力」（*Deliktsfäehigkeit*）。過錯能力既是判斷過錯的前提條件，又是貫徹意思自治的重要技術工具，對於維持民法價值評價的一致具有重要作用。[18]

2.　中國法對過錯能力的態度

《侵權責任法》的起草過程中，一些學者力主規定責任能力並依據責任能力的有無，相應地確定無民事行為能力人或限制民事行為能力人，從事加害行為時監護人的侵權責任問題。[19] 但是，負責立法工作的全國人大常委會法制工作委員會的有關人士認為，不應規定責任能力。因為「規定責任能力，就涉及到沒有責任能力的行為人造成他人損害的，監護人是否需要承擔責任的問題。如果監護人不承擔責任，被侵權人的損失得不到彌補，有悖於中國的國情和現實的做法。無民事行為能力人和限制行為能力人一般有獨立財產的情形不多見，且他們與監護人共同生活，造成他人損害的，仍然是用父母等監護人的財產進行賠償。此外，法律已明確規定被監護人有獨立財產的，應當從其財產中支付。多年的司法實踐也證明，雖然中國法律沒有行為人責任能力的規定，但能夠妥善解決無民事行為能人和限制行為能力人引發的侵權糾紛」。[20] 故此，《侵權責任法》一方面在第 32 條第 2 款繼續沿用《民法通則》第 133 條第 2 款的規定，另一方面，又在第 10 條規定：「教唆、幫助無民事行為能力人、限制民事行為能力人實施侵權行為的，應當承擔侵權責任；該無民事行為能力人、限制民事行為能力人的監護人未盡到監護責任的，應當承擔相應的責任。」

---

17. Deutsch/ Ahrens (2009). *Deliktsrecht*. S. 61.
18. 王利明（2011）。〈自然人民事責任能力制度探討〉，《法學家》。第 2 期。
19. 全國人大常委會法制工作委員會民法室編（2010）。《侵權責任法立法背景與觀點全集》。63 頁。
20. 王勝明主編（2010）。《中華人民共和國侵權責任法解讀》。152 頁。

3. 暫時沒有意識或失去控制造成他人損害的侵權責任

完全民事行為能力人具有意思決定的自由，能夠認識行為的危險性並加以選擇或控制，應就自己行為給他人造成的損害承擔侵權責任。但是，實踐中也時有發生完全民事行為能力人，由於種種原因突然陷入對自己的行為暫時沒有意識或失去控制的狀態，以致不能辨認甚至不能完全辨認自己的行為，給他人造成損害。此時，行為人是否需要承擔責任，在中國以往的法律和司法解釋都沒有規定。

司法實踐中的對此等問題的處理方法也各不相同。有的法院採取的做法是，直接將此類人認定為無民事行為能力人或限制民事行為能力人，依據《民法通則》第 133 條判令其監護人承擔民事責任。[21] 有的法院則認為，處理此類案件應先看該人有無財產。如有財產，則本人承擔責任；如果沒有，則依據《民法通則》第 132 條的公平責任，由受害人與該加害人的近親屬分擔損害。

為解決完全民事行為能力人暫時沒有意識或失去控制造成他人損害時的責任問題，《侵權責任法》第 33 條借鑒比較法的經驗，作出了具體規定。[22] 該條依據完全民事行為能力人對自己的行為暫時沒有意識或者失去控制造成他人損害是否有過錯，分別規定了侵權責任與公平責任。

3.1 有過錯時承擔侵權責任

既然完全民事行為能力人是在對自己的行為暫時沒有意識或者失去控制的情況下給他人造成損害的，因此，《侵權責任法》第 33 條第 1 款中的「過錯」顯然不是指行為人從事加害行為時的過錯。許多學者認為，該款中的過錯是指，行為人對導致自己陷入「暫時沒有意識或者失去控制」這樣一種狀態的過錯。[23] 由於《侵權責任法》上的過錯是一個與行為和損害結果緊密相關的概念，如果行為人沒有在先的自由決定行為，也無法預見到損害後果，就不可能進行任何過錯上的評價。故此，本書認為，從《侵權責任法》第 33 條第 1

---

21. 參見楊洪逵（2003）。《侵權損害賠償案例評析》。北京：中國法制出版社。345 頁以下。

22. 如《德國民法典》第 827 條、《日本民法典》第 713 條、台灣《民法》第 187 條的規定。

23. 王勝明主編（2010）。《中華人民共和國侵權責任法解讀》。154 頁；王利明主編（2010）。《中華人民共和國侵權責任法釋義》。北京：中國法制出版社。145 頁。

款第 1 句的「過錯」,是指行為人應預見、且能預見自己在先從事的某種行為可能導致自己陷入暫時沒有意識或失去控制,從而會給他人造成損害的心理狀態。也就是說,首先,行為人對於自己是否陷入暫時沒有意識或喪失控制狀態具有選擇的自由。其次,行為人能夠預見到:如果處於此種暫時沒有意識或失去控制的狀態中,會給他人造成損害。例如,甲醉酒後駕車,因暫時喪失意識而撞傷他人。甲是有過錯的。首先,甲有在先的自由決定行為 —— 喝酒不開車或開車不喝酒;其次,他能夠預見到醉酒的情況下開車,可能會因自己的行為失去控制而給他人造成損害。

如果某人陷入暫時沒有意識或失去控制的狀態,並非自己在先行為所致(如被他人強迫服用毒品以致對自己的行為失去控制),或者行為人雖然是因自己的在先行為陷入暫時沒有意識的狀態,但其並未預見到自己會陷入該狀態(如醫生並未告知患者服用某類藥物後會出現暫時喪失意識的後果),則不能認為行為人具有過錯。從實踐的情況來看,最常見的是完全民事行為能力人「對自己的行為暫時沒有意識或者失去控制造成他人損害有過錯」的情形,就是醉酒或濫用麻醉藥品或精神藥品。

3.2　無過錯時承擔公平責任

完全民事行為能力人對自己的行為暫時沒有意識或者失去控制而造成他人損害且無任何過錯時,如果法律沒有特別規定適用無過錯責任,則不應要求該人承擔侵權責任。可是,受害人畢竟遭受了損害,其對於損害的發生也沒有過錯。因此,基於公平的原則,為貫徹分配正義之理念,《侵權責任法》第 33 條第 1 款第 2 句規定,應當「根據行為人的經濟狀況對受害人適當補償」。需要注意的是,《侵權責任法》第 33 條第 1 款第 2 句並非根據「當事人」的經濟狀況(加害人、受害人等)決定補償的多少,而僅根據「行為人」的經濟狀況決定補償的數額。也就是說,在考慮補償的數額時主要看的是行為人的經濟狀況。如果行為人經濟狀況好,是富有者,那麼就要多補償;如果行為人很窮,則少補償。

第八章

免責事由

一 概述

1. 免責事由的涵義

免責事由，是指那些因其之存在而使侵權責任不成立的法律事實。免責事由之所以能使侵權責任成立，是因為這些事由的存在意味着侵權責任的某些構成要件不具備，如因第三人的行為而中斷了行為人在先行為與損害後果之間的因果關係；因行為人的行為構成正當防衛、緊急避險而使得其給他人造成損害的行為不具有違法性等。

中國《侵權責任法》既沒有採取免責事由的表述，也沒有使用抗辯事由的稱呼，該法第三章的標題為「不承擔責任和減輕責任的情形」。顯然，「不承擔責任的情形」指的就是免責事由。根據《侵權責任法》起草者的解釋，之所以沒有採取「免責事由」和「抗辯事由」，理由在於：首先，免責是以責任成立為前提，但在有些情形如不可抗力中，不存在誰有責任問題。因此，免責事由不夠準確。況且，第三章不僅規定了免除責任的情形，還有減輕責任的情形，用免責事由為章名也不合適。其次，使用「抗辯事由」作為章名，範圍太廣，無法一一列舉。此外，這個概念過於專業，不能夠為人民群眾理解。[1]本書認為，現在的表述雖無大問題，但如果第三章的章名使用「免責事由與減責事由」，則更加合理，文字上也更為精煉。

2. 免責事由的種類與類型

2.1 具體種類

《侵權責任法》第 3 章規定的免責事由包括：受害人故意（第 27 條）、第三人原因（第 28 條）、不可抗力（第 29 條）、正當防衛（第 30 條），以及緊急避險（第 31 條）。但是，我們知道，免責事由遠不止這些，至少還包括自助行為、行使權利、受害人同意、執行職務、免責條款等。[2] 不過，《侵權責任

---

1. 王勝明主編（2010）。《中華人民共和國侵權責任法解讀》。114 頁。
2. 《侵權責任法》在第 7 章〈醫療損害責任〉中就醫療活動中患者或其近親屬的同意做出了規定，這就是受害人同意的一種表現形式。

法》對這些免責事由都沒有規定。從現有的資料來看，立法者未對這些事由進行規定的原因在於：首先，有關人士擔心一旦在《侵權責任法》中規定自助行為屬於免責事由，容易造成社會秩序的混亂。其次，受害人同意本身就意味着受害人自己在處分自己的權利，完全與侵權行為無關，自然不存在免責的問題。[3] 況且，即便是受害人同意如自殺，也並不意味着行為人就完全沒有責任。例如，A 因失戀而躺在馬路上自殺，B 在遠處已經看見前方地上有人躺着，應當減速甚至停車，卻因車速太快來不及刹車，致 A 死亡。此時 A 雖為受害人且故意，B 顯然也有過錯，不能免責。最後，至於其他的免責事由如行使權利、執行職務等，本來意味着該行為不是違法行為，沒有違法性和過錯，無須承擔侵權責任，更不需要免責。

本書認為，既然《侵權責任法》專章規定免責事由與減責事由，就應當規定得細緻、全面。惟其如此，方能既避免實踐中因為法律沒有規定而產生的疑惑與爭議，有利於維護民事主體的合法權益，也能保障人們合理的行為自由。未來中國編纂民法典時，應當在《侵權責任法》編中，以專章且全面、詳細地規定免責事由與減責事由。具體來說，應當規定的免責事由包括：受害人故意、第三人原因、不可抗力、正當防衞、緊急避險、自助行為、受害人同意、行使權利、執行職務、免責條款。

2.2　類型

依據不同的標準，可以對免責事由進行不同的分類。例如，依據是法律規定的還是當事人約定的，可以分為法定的免責事由與約定的免責事由。前者如正當防衞、緊急避險、不可抗力等；後者如當事人事先通過合同的約定的免責條款。再如，依據免責事由究竟是通過排除加害行為與損害結果之間的因果聯繫，還是通過排除加害行為的違法性或過錯而使侵權責任不成立，可以將免責事由分為排除因果關係的免責事由與排除過錯的免責事由。前者如受害人故意、第三人行為，後者如自助行為、正當防衞、緊急避險、行使權利等。當然，這種區分也不是絕對的，比如在不可抗力而使行為人免責的

---

3. 王勝明主編（2010）。《中華人民共和國侵權責任法解讀》。120 頁

情形，既可以說行為人的行為因不可抗力而與損害後果之間沒有因果關係，也可以說不可抗力排除了行為人的過錯。

3.　中國法中免責事由的立法模式

在中國侵權法中，免責事由的立法模式是所謂「一般規定＋特別規定、一般法＋特別法」。

3.1　一般規定＋特別規定

所謂「一般規定＋特別規定」是《侵權責任法》內部對免責事由所採取的立法模式。該法第 3 章是對適用於所有侵權責任的免責事由的規定，性質上屬於一般性規定。而該法在第 5 章至第 11 章中，又有不少條文針對一些特殊侵權責任的免責事由做出了規定，如第 60 條第 1 款對醫療機構免責事由的規定；第 70 至 73 條及第 76 條對各類高度危險致害責任的免責事由的規定；第 78 條對飼養動物致害責任的免責事由的規定等。這些規定顯然是特別規定。

在適用《侵權責任法》對免責事由的規定時，應先適用特別規定；無特別規定時，再適用一般規定。倘若特殊規定中已經排除了一般規定的適用，自然不能再適用一般規定中的免責事由。例如，依據《侵權責任法》第 83 條，即便是因為第三人的過錯致使動物造成他人損害的，被侵權人也可以向動物的飼養人或管理人請求賠償，故而不再適用第 28 條。

問題是，如果特殊規定中沒有特別排除一般規定中的免責事由的適用，可否認為除特殊規定的免責事由外，一般規定中的免責事由也能適用？對此，不能一概而論，需要依據立法目的等加以判斷。例如，依據《侵權責任法》第 70 條，民用核設施致害責任的免責事由有兩種：一為戰爭等情形；另一為受害人故意。而不可抗力並未作為免責事由在該條中加以規定。此時，不可抗力能否作為民用核設施致害責任的免責事由？本書認為，回答是否定的。因為依據《侵權責任法》第 29 條，不可抗力雖然可以一般性地作為所有侵權行為的免責事由，但前提是法律並未另有規定，而《侵權責任法》第 70 條當然屬於第 29 條所謂「法律另有規定的」情形。

3.2　一般法＋特別法

　　《侵權責任法》屬於侵權領域的基本法或者説一般法，該法對免責事由的規定原則上可以適用於所有的侵權行為，除非法律另有規定。但是，除了《侵權責任法》外，中國《海洋環境保護法》、《民用航空法》等法律，還對一些特殊的侵權行為的免責事由做出了規定。《侵權責任法》第 5 條規定：「其他法律對侵權責任另有特別規定的，依照其規定。」因此，當特別法對侵權責任的免責事由另有特別規定時，應先適用特別法的規定。例如，《海洋環境保護法》第 90 條第 1 款規定：「造成海洋環境污染損害的責任者，應當排除危害，並賠償損失；完全由於第三者的故意或者過失，造成海洋環境污染損害的，由第三者排除危害，並承擔賠償責任。」再如，就民用航空器致害責任，《侵權責任法》第 71 條僅規定了一項免責事由即受害人故意。但依據《民用航空法》的規定，如果被侵權人的損害是由於本人的健康狀況（第 124 條第 2句）、行李或貨物的自身原因（第 125 條第 2 至 4 款）、戰爭或武裝衝突（第125 條、第 160 條）所致時，民用航空器經營者也不承擔責任。這些特別法上確立的免責事由依然有效，並不因《侵權責任法》第 71 條的規定而失效。

二　受害人故意

1.　概念

　　受害人故意，即受害人是指故意給自己造成損害的情形。依據《侵權責任法》第 27 條，「損害是因受害人故意造成的」，行為人不承擔責任。這是因為，行為人雖有在先的行為，但是該行為並沒有給受害人造成損害。也就是説，行為人在先的行為與受害人的損害之間不存在因果關係，損害完全是由於受害人自己故意的行為所致的。該故意的行為與損害之間具有全部的因果關係，受害人的故意行為是導致損害發生的唯一原因，自然行為人無須承擔侵權責任。實踐中，最為常見的受害人故意就是受害人自殺或自殘的情形。例如，A 與 B 談戀愛，後來 B 不喜歡 A，與 A 分手。A 痛苦不堪，要求 B 與之復合，否則就死給 B 看。B 斷然拒絕了 A 的請求。A 遂從十層樓上縱身躍

下，當場死亡。B 對 A 的死亡無須承擔法律責任，因為 A 的死亡完全是由於其故意跳樓自殺的所致。

在中國的道路交通事故中，還有一種類型的受害人故意，即行為人故意以碰撞機動車的方式來給對車主進行敲詐，從而達到非法佔有車主相應財物的目的，也就是俗稱的「碰瓷」。此種受害人故意比較特殊，與受害人的自殺、自殘有一定的區別。在自殺、自殘的情形中，受害人是主動地追求剝奪自己的生命或傷害自己的目的。但是，碰瓷者雖然是故意、主動的碰撞機動車，卻不僅不追求損害後果，而是要採取相當的技巧來避免發生剝奪自己生命或侵害健康的後果。碰瓷者希望達到的效果是，既讓自己看上去像是被機動車撞傷了，又不真的給自己造成損害。然而，由於種種事情，碰瓷者可能沒有掌握好分寸或者碰上「女司機」，結果輕則受傷，重則喪命。因此，在碰瓷的情形中，碰瓷者從事碰撞機動車的行為的主觀是故意的，但對於損害後果的發生卻並不具有故意。嚴格來說，這種行為不屬於《侵權責任法》第 27 條規定的受害人故意。在這種情況下，加害人是否需要對碰瓷者的損害負責，需要法律上予以明確。由於碰瓷者是故意碰撞機動車，且該行為為敲詐勒索司機錢財的違法犯罪行為的前奏，故此，為遏制這一違法行為，維護交通安全，《道路交通安全法》第76 條第 2 款特別規定：「交通事故的損失是由非機動車駕駛人、行人故意碰撞機動車造成的，機動車一方不承擔賠償責任。」該款中所謂的「故意碰撞機動車」就既包括受害人以碰撞機動車的方式自殺，也包括行為人的碰瓷行為。

2.　構成要件

作為免責事由的受害人故意行為，應當符合一定的要件，否則不能認定存在受害人故意的免責事由。這些要件包括以下幾項：

2.1　受害人具有過錯能力

所謂過錯能力，也稱責任能力，它意味着受害人是在能夠判斷和識別自己行為的性質的情形下追求損害後果的發生的。如果受害人沒有過錯能力，即其在根本無法判斷和識別自己行為的情形下給自己造成損害，則不構成受害人故意。

2.2　損害完全是因為受害人的故意行為所致

所謂損害完全是因為受害人的故意行為所致，包含主觀與客觀兩項要件。主觀上，受害人從事的是故意的行為；客觀上，損害後果完全是因為受害人的此種故意行為所致。

2.2.1　受害人從事的是故意行為

即明知其行為會給自己造成損害卻追求該結果之發生。所謂受害人故意只能是受害人的直接故意，不包括間接故意。為保護受害人合法權益，除非法律有明確的規定（如《道路交通安全法》第 76 條第 2 款），否則不應認為受害人故意包括了間接故意。因為間接故意與重大過失往往不易區分，如果將間接故意納入進來，就會產生不當免除被告責任的不公正的後果。

2.2.2　受害人的損害必須完全是因為受害人的故意行為所造成的

也就是說，行為人的行為與損害不存在因果關係。否則，即便造成損害的直接原因雖然是受害人的故意行為如自殺、自殘，行為人依然要承擔一定的侵權責任。例如，甲躺在公路上自殺，乙超速駕車經過，因車速過快，未及剎車，結果將甲碾壓致死。此案中，雖然甲是自殺，但是乙如果不超速，就能看到躺在路上的甲丙，及時剎車以避免損害結果的發生。這種案件中，不能認定受害人故意，免除加害人的侵權責任，只能認定受害人對損害的發生具有重大過失，以減輕加害人的賠償責任。

3.　舉證責任與法律效果

如前所述，加害人主張損害是因為受害人故意所造成的，則加害人負有舉證責任。否則，不得以受害人故意為由主張免責。受害人是否故意給自己造成損害，須有相應的證據證明之，例如，公安機關的屍體檢驗報告、現場的錄像、死者的遺書等。但是，遺書並非證明受害人故意的唯一證據。因為很多情形下，受害人在自殺前可能什麼遺言也不留下。倘若僵化地以遺書作為認定受害人故意的證據，顯然是錯誤的。

當損害是因為受害人故意造成之時，則行為人不承擔責任。這是因為受害人故意實際上已經中斷了行為人的行為與損害後果之間的因果關係。也正因如此，受害人故意是適用於最廣的免責事由，無論是一般侵權行為還是特殊侵權行為都可以適用。例如，中國《侵權責任法》除在第 27 條一般性地規定了受害人故意作為免責事由外，還特別在第 9 章〈高度危險責任〉與第 10 章〈飼養動物損害責任〉，明確將受害人故意作為免責事由加以規定。

除了免除侵權責任的效果，受害人自殺、自殘還會發生其他法律效果，例如，在保險合同成立兩年內受保人自殺的，保險公司將不承擔給付保險金的責任（《保險法》第 44 條第 1 款）；軍人自殺或自殘的，不享受軍人傷亡保險待遇（《軍人保險法》第 10 條）；職工因自殺或自殘而導致本人在工作中傷亡的，不認定為工傷（《社會保險法》第 37 條）。

三　受害人同意

1.　概念

受害人同意（*Einwilligung*），也稱「受害人允諾」或「受害人承諾」，是指受害人就他人特定行為的發生或者他人對自己權益造成的特定損害後果，予以同意並表現於外部的意願。受害人的同意既可以是明示的（express），也可以是默示的（implied）。

所謂明示的同意，是指受害人明確的通過言語或文字同意他人針對自己的特定行為或特定損害後果。例如，某明星接受記者的專訪，並自己將與某政客發生過兩性關係的隱私爆料給該記者；再如，明確告訴他人可以燒毀自己不希望保留的信件。默示的同意，是指基於受害人特定的行為而推斷出其對他人針對其所實施的特定行為或損害後果的同意。例如，伸出手臂讓護士抽血。此外，受害人的同意既可以是作為，也可以是不作為或者單純的沉默。[4] 例如，一個女孩對他人發出的談戀愛的建議保持沉默，此後不能起訴對方進行了恐嚇（assault）。《美國侵權行為法重述（第二次）》第 892 條對受害人同

---

4. John G. Fleming (1992). *The Law of Torts* (8th ed.). Sydney: The Law Book Company Limited. 79–80.

意的各種方式作出了明確的規定，該條規定：「受害人同意是指，意願行為發生的對外顯示。同意可以作為或不作為表達，且無須向行為人傳達。如語言或行為可以由他人合理了解為意圖同意的，該語言或行為構成『表面上顯示為同意』，而與對外顯示的事實上同意，有同樣的效力。」

受害人的同意無需向行為人送達，但是在他人的加害行為實施之前，該同意可以隨時撤回。例如，甲同意無償獻血，但是在看到明晃晃的針頭是又害怕了，決定不獻。這就是受害人撤回同意。

《侵權責任法》起草時，有人主張對受害人同意的法律效力問題作出明確規定。但是，立法者認為，國外對此種免責事由作出規定的成文法不多，目前只有《葡萄牙民法典》第 340 條有規定，因此中國《侵權責任法》也暫不規定，將該問題留待司法實踐具體解決。[5] 儘管《侵權責任法》沒有將受害人同意一般性地規定為免責事由，但該法第 55 條對醫務人員告知說明後取得患者或其近親屬書面同意的規定也清楚地表明，中國法上認可受害人同意是一種免責事由。

2. 構成要件

2.1 受害人的同意必須有明確具體的內容

受害人同意必須有明確具體的內容意味着，受害人的同意不能泛泛作出，而必須是針對他人特定的行為或某種特定的後果而作出的。例如，A 對 B 說：「我的財產你可以隨便毀壞」，這樣的話不能認為屬於法律上有效的受害人同意。如果 B 因此而將 A 的房屋燒毀，依然要承擔損害賠償責任。但是，倘若 A 對 B 說：「我借給你看的那本小説看完之後一定要燒毀。」由於 A 的同意是針對特定的後果 —— 那本小説被燒毀 —— 而作出的，則屬於有效的同意。受害人的同意必須針對具體的行為或後果而作出的原因在於：從本質上説，受害人同意是受害人對自己的人身與財產行使自由處分權利的表現，而受害人在行使此種處分權時，處分權的客體必須明確具體，否則將無法產生處分的法律效果。

---

5. 王勝明主編（2010）。《中華人民共和國侵權責任法解讀》。120 頁。

由於受害人的同意是針對他人的特定行為或後果而作出的，因此當他人實施的行為並非受害人所同意的行為，或者其造成的後果並非受害人同意的後果時，其不得以受害人的同意作為抗辯事由或違法阻卻事由。例如，當甲同意與乙進行拳擊比賽時，表明甲同意接受拳擊賽中乙的拳頭可能會給其帶來的傷害，但這並不表明甲同意接受乙在比賽中用匕首進行的傷害。[6] 再如，A同意B將其手機毀掉，如果B不僅毀掉了A的手機，而且將其筆記本電腦也毀掉，則B仍須對筆記本電腦的毀損承擔賠償責任。

受害人同意可以附條件，或者就時間、地點或其他方面作出限制，該同意的有效性僅限於該條件或限制的範圍內。如果加害人在條件尚未成就時或者超出限制的時間、地點等範圍實施加害行為，則該同意無效。

2.2 受害人須具有同意能力

受害人只有在具有同意能力（capacity to consent）時，其作出的同意方屬有效。例如，小學生A同意B將其書本扔掉，但是對於一些重大手術如器官切除手術，則屬於無行為能力人與限制行為能力不具有同意能力，必須經過法定代理人的允許。英美侵權法也認為，同意能力不同於行為能力。同意能力是一個人對其決定的性質、程度以及可能產生的後果的理解能力。兒童、醉漢、神志不清的人、精神病人或者低智能者作出的同意，一般是無效的。他們只能由監護人作出同意。[78]

2.3 受害人的同意必須是真實與自願的

受害人的同意必須是真實（real）與自願的（voluntary），如果他人通過暴力威脅或者某種藥物的作用而使得受害人進行同意，該同意則屬無效。例如，甲男子通過給乙女子服用催情藥物而使其同意與之發生性關係，則此種同意無效，甲仍應承擔侵權責任。此外，如果同意是因受害人對他人加害行

---

6. John G. Fleming (1992). *The Law of Torts* (8th ed.). 81.

7. 李亞虹（1999）。《美國侵權法》。北京：法律出版社。37頁。

8. Vincent R. Johnson (1995). *Mastering Torts.* Durham: Carolina Academic Press. 40.

為所發生的誤解或因加害人的虛假陳述而被誘使作出的,那麼該同意也不生效力。例如,一個人同意另一人拿一塊鐵皮觸摸他的身體,但是該作出同意之人並不知道鐵皮上帶電,該人因而被電擊傷,此種因不知道行為後果而作出的同意同屬無效。[9]

2.4　加害人必須盡到充分的告知、說明義務

加害人的告知、說明義務最典型的體現在醫療過程中,醫生在為病人從事醫療行為時必須盡到充分的告知與說明的義務。申言之,醫生必須將從事醫療行為的必要性、危險性等各方面的信息充分的傳達給受害人,如果受害人對此不具有充分的識別能力,那麼醫生須將此等信息告知給他的法定代理人。中國《侵權責任法》第 65 條也明確規定了診療活動中醫務人員的告知說明義務。

2.5　不得違反法律的強行性、禁止性規定及公共秩序、善良風俗

受害人的同意屬於意思表示,應當准用法律行為的規定。所以,其不得違反法律的強行性、禁止性規定以及公共秩序、善良風俗。否則,該同意無效,不發生免責之效力。例如,甲欲自殺但自己又下不了手,於是和乙訂立合同,要求乙將自己殺死,便給乙兩萬元。甲的此種對他人殺害自己行為的同意是無效的,因為它違反了法律的禁止性規定。故此,該同意也不能阻卻乙殺人行為的違法性,乙不僅應當承擔侵權責任且須承擔刑事責任。需要注意的是,所謂同意因違反法律或者公共秩序、善良風俗而無效,僅適用於人身傷害時,不適用於同意對象是財產損害的情形。

3.　法律效果

在中國,受害人同意雖未被《侵權責任法》作為免責事由加以規定,但無論司法解釋還是法院的判決,都承認受害人同意具有免除侵權責任的效力。

---

9. John G. Fleming (1992). *The Law of Torts* (8th ed.). 81.

例如，《利用信息網絡侵害人身權益糾紛規定》第 12 條規定，經過自然人書面同意且在約定範圍內公開的「自然人基因信息、病歷資料、健康檢查資料、犯罪記錄、家庭住址、私人活動等個人隱私和其他個人信息」，不構成對隱私權的侵害。法院的判決也認為，經過原告同意的而刊登在電信公司黃頁上的當事人姓名、電話號碼和簡要地址，不構成侵害隱私權。

四　第三人的行為

1.　概述

中國《侵權責任法》第 28 條規定：「損害是因第三人造成的，第三人應當承擔侵權責任。」該條是對第三人行為的一般性規定。此外，《侵權責任法》第 44、75、68、83 條還分別就產品責任、高度危險物致害責任、環境污染責任與飼養動物損害責任中的第三人行為不得免責作了規定。《物權法》第 244 條對於惡意佔有人不因第三人的行為而免責做出了規定。此外，一些單行法中也有對第三人行為的規定，如《石油天然氣管道保護法》第 40 條第 1 款、《水污染防治法》第 85 條第 4 款以及《電力法》第 60 條第 3 款等。儘管立法上規定了第三人行為，但是對於第三人行為的性質、適用範圍、適用要件以及法律效果等問題尚乏深入詳細的討論，需要澄清的疑惑還不少。

2.　第三人行為的性質與定位

在《侵權責任法》的制訂過程中，就是否將第三人行為規定為一般性的免責事由的問題，存在爭議，有肯定說與否定說。最後，立法者採取了折中方案：一方面，《侵權責任法》在規定減責與免責事由的第三章中專門規定了第三人的行為，即該法第 28 條。這表明立法者認為第三人的行為是減責或免責事由；另一方面，《侵權責任法》又根本沒有說明第三人的行為究竟是減責事由還是免責事由以及如何免責。該法第 28 條的表述非常獨特，完全不同於其他關於免責事由的條款，其僅規定第三人應當承擔責任，卻沒有規定被告是否減責或免責，更沒有明確規定符合哪些條件時第三人的行為可以使被告

減責或免責。由此導致了《侵權責任法》頒佈後，學界對於第三人行為究竟既為減責事由也為免責事由，還是僅屬於免責事由，存在很大的爭議。

3. 第三人行為的法律效果與適用範圍

3.1 第三人行為的法律效果

《侵權責任法》並未明確規定第三人行為會在何種情形下產生何種效果。本書認為，第三人行為在符合相應條件的情況下，能夠發生中斷被告在先行為與受害人損害之間的因果關係的效果；此時，因第三人的行為才是損害的真正原因，被告的在先行為與損害之間沒有因果關係，故此被告得以免除侵權責任。至於第三人行為與被告的行為共同構成損害的原因，從而使得被告對內或對外只需要承擔部分責任的情形，屬於多數人侵權責任即《侵權責任法》第 8 條至第 12 條規範的範疇，而非被《侵權責任法》作為抗辯事由加以規定的第三人行為應有的法律效果。

3.2 第三人行為的適用範圍

由於第三人的行為被作為一般性的免責事由規定在《侵權責任法》的總則部分，原則上可以適用於所有的侵權行為。同時，在分則部分，立法者又特別規定了幾種情形下第三人的行為不能作為危險責任的免責事由：其一，依據《侵權責任法》第 44 條，即便產品的缺陷是由於運輸者、倉儲者等第三人的過錯所致（如運輸中被污染、損壞），因產品的缺陷造成他人損害的，產品的生產者、銷售者也不能因此免責，而應當承擔賠償責任，無非他們有權向第三人追償。其二，依據《侵權責任法》第 68 條，如果環境污染是因第三人的過錯所致且造成損害的，被侵權人依然可以要求污染者承擔侵權賠償責任，也可以要求第三人賠償。污染者賠償後，有權向第三人追償。其三，《侵權責任法》第 75 條規定，即便是高度危險物為第三人非法佔有而造成他人損害的，如果所有人、管理人不能證明對防止他人非法佔有盡到高度注意義務的，所有人、管理人依然要與非法佔有人承擔連帶責任，不得免責。其四，《侵權責任法》第 83 條規定，因第三人的過錯致使動物造成他人損害的，被

侵權人可以向動物飼養人或者管理人請求賠償，也可以向第三人請求賠償。動物飼養人或者管理人賠償後，有權向第三人追償。

4. 第三人的行為與因果關係的中斷

第三人的行為能否中斷因果關係，在法律有明確規定的時候，當然依據法律之規定處理。例如，中國《侵權責任法》第 44、75、68、83 條還分別就產品責任、高度危險物致害責任、環境污染責任與飼養動物損害責任中的第三人行為不得免責作了規定。但是，在法律沒有規定第三人行為不得免責的時候，第三人行為在中斷了因果關係的情況下，當然可以免除被告的責任。問題是，如何判斷第三人的行為是否中斷了因果關係？本書認為，在判斷被告能否合理預見第三人行為時，有兩個因素特別重要。第一個因素是第三人行為的類型。現實生活中第三人的行為種類很多，有合法的、不法的，也有故意的、過失的。顯然對於不同類型的第三人行為，被告能否合理預見的差別很大。依據合法與否，可將第三人的行為區分為合法行為（lawful acts）與不法行為（wrongful acts）。[10] 不法行為也是有過錯的行為，而依據過錯類型的不同，可將第三人的不法行為進一步劃分為故意的與過失的不法行為。第兩個因素是被告所違反的法律規範的目的。如果避免第三人行為的出現或防止第三人造成某種損害結果，則即便事實上被告無法預見第三人的行為也在所不問。下面就這兩個因素如何用於第三人行為是否中斷因果關係的判斷問題，詳加討論。

4.1 第三人的行為是合法的行為

第三人的合法行為既包括第三人的行為是合理的、不具有可非難性即沒有過錯的行為，也包括第三人維護自身權益的行為。在第三人行為是合法行為時，它不會中斷被告的行為與損害之間的因果關係。這是因為：其一，既然第三人的行為是合法的，則第三人不構成對受害人的侵權，無需承擔賠償

---

10. Harvey McGregor (2003). *McGregor on Damages.* London: Sweet & Maxwell. 115–133.

責任；其二，從可預見性的角度來說，對於任何他人的合法行為被告都能夠預見或被法律上視為能夠預見。

4.2　第三人的不法行為是故意的還是過失

第三人的不法行為，是指第三人從事的侵害他人法益等不為法律所允許的行為。第三人的不法行為能否中斷因果關係，關鍵在於從事在先加害行為的被告是否能夠預見第三人的不法行為。畢竟「每一個介入者都是一個必要條件。然而，如果具有初始過失的加害人能夠合理的預見到該等介入行為或者預見到介入行為的發生將使得自己的過失行為引致損害後果時，那麼加害人仍將是有效的原因，除非介入行為屬於一個全新的、獨立的原因」。[11] 對於被告能夠合理預見第三人的不法行為，應在個案中結合具體情形，綜合考慮各種因素後加以判斷。

4.2.1　依據主觀狀態不同

第三人的不法行為可分為故意的不法行為與過失的不法行為。通常，第三人的故意不法行為極容易中斷因果關係，而過失往往不容易中斷因果關係。這是因為：一方面，從社會生活經驗上說，在作為陌生人社會的現代社會中，第三人過失實施不法行為的概率大於故意實施不法行為。因此，就第三人故意實施的不法行為，被告往往不容易預見。另一方面，既然是第三人故意實施的不法行為，顯然其目標更明確，意圖更堅決。較之於過失行為，第三人故意實施的不法行為更容易改變被告在先行為與損害後果的因果關係發展歷程。所以，第三人故意的不法行為很容易中斷因果關係。

4.2.2　依據第三人的不法行為是否構成犯罪

可將第三人的行為分為第三人的犯罪行為與第三人的一般違法行為。通常對於第三人犯罪行為的預見難度，要大於對第三人一般違法行為的預見。例如，機動車致害責任屬於無過錯責任，機動車的保有人應當承擔無過錯責

---

11. Harvey McGregor (2003). *McGregor on Damages*. 115.

任，但如果機動車是被他人盜竊、搶劫、搶奪的，由此發生交通事故造成損害的，機動車保有人絕對的免責（《侵權責任法》第 52 條）。這是因為第三人盜竊機動車屬於故意犯罪，機動車保有人難以預見並難以防止。但如果是第三人未經允許駕駛他人機動車發生交通事故的（如第三人為了練車而偷開朋友的轎車撞傷他人），雖然第三人從事的也是不法行為，原則上保有人不承擔責任。但是，如果機動車保有人能夠預見第三人的不法行為即有過錯的話，也要承擔相應的賠償責任，而不能免責。

4.3 被告是否負有防止或避免第三人行為或第三人行為所致後果的義務

無論第三人是故意還是過失從事不法行為，如果被告對該行為之出現或該行為之後果負有防止的義務，那麼無論第三人從事的不法行為是故意的還是過失的，都不會中斷因果關係。所謂被告負有防止第三人行為出現或第三人行為所致後果的出現的義務，發生在以下情形：

(1) 基於各種考慮，法律上就給被告施加了注意義務，而要求其制止、防範某些第三人的不法行為甚至某些犯罪行為。負有管理維護窨井義務的單位應當經常巡視，消除因井蓋損壞或被第三人盜竊所造成的危險狀態。如果井蓋被第三人盜竊致他人遭受損害的，則第三人的盜竊行為不中斷因果關係，該單位應當負責任。需要注意的是，法律上給被告施加的防範、制止第三人不法行為的義務有其特點，即該義務是合理限度內的方式性義務，而非結果性義務。申言之，只要被告依據法律的規定，盡到了合理限度內的防範制止第三人違法行為的義務，即便損害後果依然發生，被告也不承擔責任。

(2) 被告的在先行為極大的增加了受害人遭受第三人行為損害的風險，因此被告負有防止該損害後果出現的義務。例如，受害人因腦出血被送入被告醫院救治。因受害人呼吸停止，醫院給予呼吸機輔助呼吸，進一步用藥治療，此後受害人的呼吸依靠呼吸機持續維持。第二日凌晨，因被告電力公司檢修故障線路突然停電，致該呼吸機停用，受害人死亡。被告醫院以損害乃是由被告電力

公司在沒有通知情況下停止所致，主張免責。法院認為，被告電力公司的停電行為並不中斷被告醫院不作為與受害人損害的因果關係。[12] 這是因為，根據規定綜合醫院必須安裝雙迴路電路，[13] 被告醫院在病房大樓尚未安裝雙迴路電路，而受害人必須依靠呼吸機維持生命的情形下，就應當預見到停電將會給他造成損害後果，卻沒有採取任何預防措施。停電後，被告醫院也沒有採取相應的補救措施，以致受害人因呼吸機停用而死亡。因此，即便停電是電力公司未通知而為之，也不中斷因果關係。

(3)　被告的在先不法行為直接製造了危險，而第三人行為的介入只是使得該危險被現實化，從而給他人造成損害。由於被告是該危險的始作俑者，其本不應製造該危險，也就是說，製造該危險的行為就是不法行為。故此，其要對一切情形下（包括因第三人的行為）該危險現實化造成的損害後果負責。例如，數名被告皆將自家地裏收割的秸稈堆積在原告的承包地上，並緊挨原告種植的楊樹，結果秸稈燃燒燒毀了原告的楊樹。被告辯稱秸稈是被不知名的第三人點燃的。法院認為，被告將易燃的秸稈堆在他人土地上並緊挨原告的楊樹，形成了火災隱患，故此須對原告楊樹被燒死的損害負賠償責任。[14]

五　不可抗力

1.　概念

在中國法上，不可抗力有法定的定義，即「不能預見、不能避免並不能克服的客觀情況」（《民法通則》第 153 條、《合同法》第 117 條第 2 款）。除非

---

12. 參見〈西平縣人民醫院等與張某等人身損害賠償糾紛再審案〉，河南省高級人民法院（2010）豫法民提字第 185 號民事判決書。

13. 參見《綜合醫院建設標準》第 39 條。

14. 〈汪貴亭訴丁忠梅等人財產損害賠償案〉，新疆維吾爾自治區高級人民法院伊犁哈薩克自治州分院（2008）伊州民一終字第 46 號民事判決書。

法律另有規定，否則不可抗力是可以適用於絕大多數的民事責任的免責事由（《侵權責任法》第 29 條、《民法通則》第 107 條、《合同法》第 117 條第 1 款第 1 句）。例如，2008 年 5 月 12 日 14 時 28 分，中國四川省汶川、北川、都江堰等地發生了里氏 8.0 級大地震，造成了近十萬同胞罹難和難以計數的財產損失。該次地震顯屬不可抗力。為了明確相應的侵權責任的免除問題，防止受害人起訴建築物的所有人或管理人，《最高人民法院關於處理涉及汶川地震相關案件適用法律問題的意見（二）》第 8 條專門規定：「因地震災害引起房屋垮塌、建築物或者其他設施以及建築物上的擱置物、懸掛物發生倒塌、脫落、墜落造成他人損害的，所有人或者管理人不承擔民事責任。」第 9 條規定：「因地震災害致使堆放物品倒塌、滾落、滑落或者樹木傾倒、折斷或者果實墜落致人損害的，所有人或者管理人不承擔賠償責任。」

需要注意的是，在侵權法中，有幾項侵權責任，即便是不可抗力也不能免除侵權人的責任，即民用核設施損害責任（《侵權責任法》第 70 條）、民用航空器致害責任（《侵權責任法》第 71 條、《民用航空法》第 160 條）以及郵政企業就保價的給據郵件損失的賠償責任（《郵政法》第 48 條第 1 項）。

2. 構成要件

不可抗力是不能預見、不能避免並不能克服的客觀情況。因此，不可抗力要符合兩個要件。其一，客觀情況，即與加害人無關的外界事實，既包括自然界現象，如地震、洪水、颱風、海嘯等，也包括各種社會事件，如戰爭、武裝衝突、暴亂、恐怖活動、罷工、遊行集會等。[15] 但是，不包括單個的人的行為，因為這屬於第三人行為規範的範疇。[16]

其二，不能預見、不能避免與不能克服的客觀情況。雖然是客觀情況，但能夠預見、能夠避免與能夠克服的，不屬於不可抗力。加害人不能以此為由要求免責。如果加害人已經製造了某種危險狀態，而此後發生的、其未曾

---

15. 劉凱湘、張海峽（2000）。〈論不可抗力〉。《法學研究》。第 6 期；王利明（2010）。《侵權責任法研究（上卷）》。443 頁；奚曉明主編（2010）。《〈中華人民共和國侵權責任法〉條文理解與適用》。北京：人民法院出版社。219 頁；張新寶（2010）。《侵權責任法》（第二版）。北京：中國人民大學出版社。75 頁。

16. 王利明（2010）。《侵權責任法研究（上卷）》。443 頁。

預見到的某一客觀情況使該危險現實化而給他人造成了損害，那麼這一客觀情況同樣不屬於不可抗力。[17] 因為儘管客觀情況的出現是加害人無法預見的，但其造成的損害卻並非不能避免、不能克服。由此可見，加害人要以不可抗力作為免責事由，不僅要證明確實存在客觀情況，而且該客觀情況是造成損害的唯一原因。加害人「對損害的發生或擴大不能產生任何作用。如果當事人的行為也是損害的發生或擴大的原因之一，對損害的發生也有過錯，即發生不可抗力與當事人過錯的原因競合，當事人也不能以不可抗力免責」。[18]

六　正當防衛

1.　概念

所謂正當防衛（*Notwehr*），是指為了保護國家、公共利益、本人或者他人的人身、財產和其他權利，免受正在進行的不法侵害，而採取的不超過必要限度的制止不法侵害的行為。在刑法中，正當防衛屬於排除社會危害性的事由，其使得一些表面上符合了某些犯罪的客觀要件的行為，因不具有犯罪程度的社會危險性，故此不成立犯罪（《刑法》第 20 條第 1 款）。在侵權法，正當防衛屬於免責事由，使造成損害之人無須為損害負賠償責任。《民法通則》第 128 條第 1 句規定：「因正當防衛造成損害的，不承擔民事責任。」《侵權責任法》第 30 條第 1 句規定：「因正當防衛造成損害的，不承擔責任。」例如，甲男酒後亂性，強行抱住乙女，對之進行親吻和撫摸。乙女反抗時，將甲男臉部抓傷並將其舌頭咬斷三分之一。甲男起訴乙女，要求承擔侵權責任。法院認為，乙女的行為屬於正當防衛且未超過必要限度，不承擔民事賠償責任。

當然，如果防衛人超越了防衛行為的必要限度，造成了不應有的損害，仍應承擔適當的侵權責任（《侵權責任法》第 30 條第 2 句）。這就防衛過當的

---

17. PEL/ von Bar. *Liab. Dam.* Chapter 5, Article 5: 302, Comments, B.4.
18. 〈浙江省嵊州市浦東織造有限公司與宓安春、宓茹萍、茹金永等人身損害賠償糾紛案〉，浙江省紹興市中級人民法院（2003）紹中民一終字第 27 號民事判決書。

侵權責任。此外，正當防衛人在防衛過程中造成第三人損害的，應當承擔賠償責任。

2. 構成要件

正當防衛須符合一定的條件：首先，存在侵害國家、公共利益、本人或者他人人身、財產和其他權利的不法侵害行為。此等不法侵害行為可能是犯罪行為，也可能是不構成犯罪的侵權行為。如果行為人的行為是合法的，比如合法的正當防衛或自助行為，則不適用正當防衛。如果某人僅是違反了合同義務，構成違約行為，也不對該違約行為進行正當防衛。[19] 此外，當侵害是來自於他人之物而非他人之行為，不適用正當防衛，而適用緊急避險。例如 A 飼養的狼狗衝上來要咬 B，B 情急之下舉起棍子將狗打傷。此種情形是防禦型的緊急避險並非侵害行為。其次，不法侵害必須是正在進行。如果尚未發生或者已經停止了，則不構成正當防衛。第三，不得超過必要的限度。是否超過必要的限度需要綜合考慮多種因素，如不法侵害行為所侵害的權益、侵害的方式、受害人的情況、防衛人的情況等。例如，幾個小孩進入到果園偷摘 A 的桃子，A 卻使用獵槍射擊這些孩子，將其中的孩子擊傷。該行為顯然是防衛過當，應當承擔侵權責任。

七 緊急避險

1. 概念與構成要件

緊急避險（*Notstand*），是指為避免自己或他人生命、身體、自由以及財產上的急迫危險，不得已而實施的加害他人的行為。緊急避險須符合以下構成要件：首先，存在對避險人自身或者他人生命、身體、自由以及財產上的急迫危險。急迫危險是指近在眼前，刻不容緩的危險。其次，不得已而實施加害他人的行為。也就是說，避險人沒有別的選擇，只能通過實施一種加害

---

19. Medicus (2010). *Allgemeiner Teil des BGB* (10 Aufl.). Heidelberg: C. F. Müller. Rn. 153.

他人的行為，來防止針對自己或他人生命、身體、自由以及財產上的急迫危險。如果避險人存在其他的選擇，可以不通過給他人造成損害來避免危險，就不屬於緊急避險，仍應承擔侵權責任。[20] 最後，沒有超過必要的限度。這需要權衡需要保護的權益與被侵害的權益來具體判斷。為了保護人身權益而損害財產權益，通常不會被認為超過必要限度。但是，為了保護自己的財產權益而侵害他人的人身權益，或者為了保護自己的人身權益而以犧牲他人的人身權益為代價，難謂不超過必要限度。至於為了保護自己的財產權益而侵害他人的財產權益，是否超過必要限度，要考慮兩者之間「合理的價值關係」，即被侵害的物的價值應當小於侵害之物的價值。[21]

構成緊急避險的，緊急避險人不承擔侵權責任（《侵權責任法》第 31 條第 1、2 句）。緊急避險時，如果避險人採取的措施不當或者超過必要的限度，造成了不應有的損害，避險人應承擔適當的責任（《侵權責任法》第 31 條第 3 句）。例如，甲為避免乙扔的石頭將自己的豪華汽車砸壞而猛打方向盤，壓斷了丙的腿。甲要保護的僅是財產權，可侵害的是卻是他人的健康權，健康權的價值遠遠大於財產權。甲的避險顯然過當，應承擔侵權責任。

2. 類型

2.1 防禦型緊急避險和攻擊型緊急避險

依據危險是否來自被侵害的權益享有者，可以將緊急避險分為防禦型與攻擊型的緊急避險。[22] 所謂防禦型的緊急避險，就是針對引起危險的物品本身進行予以侵害的緊急避險。例如，A 為了擊退 B 飼養的狗對其發動的攻擊，而用棍子將 B 的狗打死。這種緊急避險中，危險就來自於被侵害的權益。而攻擊性的緊急避險中，危險並非來自於被侵害的權益，危險或完全是自然的原因引發的，或者來自其他人的行為。例如，A 駕駛機動車正常行駛過程中，

---

20. 參見〈周慶安訴王家元、李淑榮道路交通事故損害賠償糾紛案〉，《中華人民共和國最高人民法院公報》。2002 年第 5 期。

21. Reinhard Bork (2006). *Allgemeiner Teil des Buergerlichen Gesetzbuchs* (2 Aufl.). Tübingen: Mohr Siebeck. Rz. 373.

22. Medicus (2010). *Allgemeiner Teil des BGB* (10 Aufl.). Rn. 162.

為避免山上突然滾落的石頭，而突然轉向將旁邊 B 的車輛撞壞。再如，甲為趕走乙飼養的對自己發動攻擊的狗，而從丙的果樹上折斷一根樹枝。

《德國民法典》第 228 條對防禦型緊急避險做出了規定，第 904 條則是對攻擊型緊急避險的規定。中國《民法通則》和《侵權責任法》沒有區別規定這兩類緊急避險，而是統一加以規定，學理上也承認這兩類緊急避險的區分。[23]區分這兩類緊急避險的最主要的意義就在於：因緊急避險而遭受損害之人的請求權不同。在防禦型緊急避險中，受害人就是危險的製造者，因此除非緊急避險過當，否則因緊急避險構成免責事由，所以權益被侵害之人不享有針對避險人的損害賠償請求權。中國《民法通則》第 129 條以及《侵權責任法》第 31 條中所謂的「因緊急避險造成損害的，由引起險情發生的人承擔責任」，就包含了險情發生的人也是受害人時，其自擔損害之意。然而，在攻擊型緊急避險中，受害人則有權要求危險的製造者承擔損害賠償責任。此外，即便危險並非因人的行為而是由於自然原因引起的，受害人也有權要求緊急避險人給予適當補償，即適用所謂公平責任（《侵權責任法》第 31 條第 2 句、《民法通則》第 129 條第 2 句）。

2.2　自然原因引起的緊急避險和人的原因引起的緊急避險

依據《侵權責任法》第 31 條第 1、2 句和《民法通則》第 129 條，還可以依據導致險情的原因不同，將緊急避險分為：自然原因引起的緊急避險與人的原因引起的緊急避險。

所謂自然原因，是指與人的行為無關的外界客觀原因，例如地震、海嘯、山洪爆發等。在緊急避險人所躲避的危險是由自然原因引起之時，緊急避險人因避險行為給他人造成損害的，緊急避險人不承擔責任或者給予適當補償（《侵權責任法》第 31 條第 2 句）。出於公平的考慮，立法者沒有完全免除緊急避險人的責任，而是由法院根據案件的具體情況加以判斷。可以是完全免除緊急避險人的賠償責任，也可以讓其對受害人給予適當補償。「適當補償」首先意味着是補償，而非賠償，即緊急避險人承擔的不是侵權賠償責任，

---

23. 顏良舉（2009）。〈民法中攻擊性緊急避險問題研究〉。載清華法律評論編委會，《清華法律評論》，第 3 卷第 1 輯。北京：清華大學出版社。129 頁以下。

而是一種基於公平原則的對損害的合理分擔。至於「適當」則意味着，不可能要求緊急避險人對受害人的損失全部給予補償，而是要綜合考慮各種因素，尤其是受害人的損害與緊急避險人的經濟狀況、避險人因緊急避險行為而得以保存的權益等因素，確定避險人應當補償的數額。

　　人的原因，是指由於緊急避險人與受害人之外的第三人行為引發的險情。例如，甲在路邊行走，乙駕駛的汽車突然朝人行道衝來，甲為了躲避而猛地跳到路邊丙的花壇中，將丙的花踩死。這裏險情是來自於避險人乙和受害人丙之外的人即甲。因此，屬於因人的原因引起的緊急避險。倘若險情不是第三人，而是由於避險人自行引起的，也不存在緊急避險的問題，此時應由「避險人」自己承擔侵權責任；例如，A 酒後高速逆向行車，突然發現對面開來一輛（B 駕駛的）載重卡車。為躲避該車，A 急打方向盤以致車輛與正常行駛的 C 的汽車發生碰撞，A 與 C 車的毀損且 A 受傷。這種情形，A 的行為顯然不屬於緊急避險，須自擔損害（受傷和車輛毀損）。並且，A 還要因為自己的過錯行為給 C 造成的損害承擔侵權賠償責任。B 正常行駛，沒有任何過錯，不承擔侵權責任。

八　自助行為

1.　概念與構成要件

　　自助行為（*Selbsthilfe*），是指權利人為了保護自己的權利，對於他人的自由或財產施以拘束、扣留或毀損的行為。[24] 中國《侵權責任法》以及其他的法律都沒有對自助行為加以規定，這種現狀不利於人民以自己的力量維護權利。不過，在司法實踐中，法院多依據法理認可自助行為的存在。[25] 由於自助行為是個人運用其力量在保護權利，為了防止社會秩序出現混亂，自助行為應滿足以下要件：

---

24. 鄭玉波（1982）。《民法總則》，再版。台北：三民書局。411 頁。
25. 青島海事法院（2001）。青海法海事初字 23 號民事判決書。

(1)　自助人是為了保護自己且依法可以強制執行的請求權（債權請求權以及物權請求權）。對於那些無需相對人進行給付的權利，如形成權、支配權，不能採取自助行為。而對於訴訟時效期間經過的請求權以及不能強制執行的請求權（如賭債），也不能採取自助行為。之所以自助人所保護的權利必須是依法可以強制執行的請求權，原因在於：自助行為實際上是私人執法，自助行為人所處的地位也與國家強制執行機關無異。法律允許自助人採取的措施基本上就是強制機關所能採取的強制執行措施。如果自助人保護的權利無法強制執行，其顯然不能採取自助行為來保護該權利。

(2)　必須時間緊迫來不及請求公力救濟。時間緊迫，是指如果不及時採取措施則其請求權無法實現或者實現上具有明顯的困難。

(3)　必須依據法定的方法進行，即採取法律允許自助人採取的措施，如暫時扣留債務人、毀損或毀滅財產、直接取回自己的財產等類似的行為。

(4)　不超過必要的限度，即自助行為不得超過排除危險所必要的程度。是否超過必要程度，應根據所犧牲的利益是否大於行為人欲實現或確保的利益加以判斷。如果大於，則自助行為超過了必要的限度。

2.　自助行為與正當防衛的區別

正當防衛和自助行為（*Selbsthilfe*）頗為相似，如它們皆可針對正在發生的侵害民事權利的行為而實施。兩者的區別在於以下幾方面：

首先，正當防衛側重的往往是消極防守，重在制止正在進行的不法侵害。自助行為基本上都是主動發起進攻，側重的是對權利的救濟。

其次，正當防衛可以是為了保護自己的人身、財產等民事權益，也可以是為了保護國家、公共利益或者他人的人身、財產和其他權利。然而，自助行為中，行為人只能是為了保護自己的權利。

再次，自助行為以時間緊迫來不及請求有關國家機關的公力救濟為必要要件，而正當防衛不以此為要件。

最後，針對已經結束的侵害行為不能採取正當防衛，否則構成「事後防衛」，[26] 屬於犯罪或侵權行為。但是，自力救濟在有些情況下可以針對已經結束的侵害行為。例如，張三私自砍伐 A 村的樹木裝車後正準備運走，結果被村民發現。為防止張三逃走，村民將其貨車輪胎扎破，扣留其貨車及張三，然後打電話報警。顯然張三侵害 A 村林木所有權的行為已經結束了，不存在正當防衛的問題，但村民仍可以採取自助行為。

九　行使權利

1.　概念

行使權利，是指民事主體依法行使其私法上的權利，如所有權、抵押權、質權、債權、訴訟權等。權利人正當行使民事權利的行為，即便客觀上給他人帶來了某種不利的影響，也不構成侵權行為。[27] 例如，依據《物權法》第 219 條第 2 款，債務人不履行到期債務或者發生當事人約定的實現質權的情形，質權人可以與出質人協議以質押財產折價，也可以就拍賣、變賣質押財產所得的價款優先受償。這就意味着，當質權人與出質人沒有就質押財產的折價達成協議時，質權人可以直接將質押財產加以拍賣或變賣，此種行為不構成對出質人所有權的侵害。

2.　濫用權利的侵權責任

如果權利人以損害他人為目的，濫用權利，就會構成侵害他人權益的侵權行為，需要承擔侵權責任。濫用權利與正當行使權利的最大區別就在於：濫用權利中，權利人不是為了維護自己的利益而行使權利，其行使權利的主要目的就是損害他人，包括「對自己所得利益極小而於他人損害甚大者，或其行使違

---

26. 參見高銘暄主編（1998）。《新編中國刑法學》（上冊）。北京：中國人民大學出版社。279 頁。
27. 海南省海口市中級人民法院（2000）。海中法民終字第 323 號民事判決書。

反經濟用途或社會目的者。」[28] 實踐中比較典型的濫用權利的情形就是濫用訴權，如屬惡意訴訟，即故意以他人受到損害為目的，無事實根據和正當理由而提起民事訴訟，致使相對人在訴訟中遭受損失的行為。[29] 權利人濫用權利造成他人損害時，應當依據《侵權責任法》第 6 條第 1 款，承擔過錯侵權責任。

十　執行職務

執行職務，即國家機關依法行使公法上的權力，如工商行政管理部門依法對違法經營的商戶做出罰款等行政行為，不構成對相對人的財產權的侵害；公安機關發佈載有犯人肖像的通緝令，不構成對其肖像權的侵害；法警依據法院的生效刑事判決書對被判處死刑的犯罪分子執行槍決，不構成對其生命權的侵害。

行使國家公權力必須依照法定的權限和程序，遵循合法原則、比例原則，否則會構成侵權行為。中國《國家賠償法》第 2 條規定：「國家機關和國家機關工作人員行使職權，有本法規定的侵犯公民、法人和其他組織合法權益的情形，造成損害的，受害人有依照本法取得國家賠償的權利。」

十一　免責條款

免責條款，是當事人之間約定的在特定情形下，免除或限制一方或雙方的未來的民事責任的協議。由於免責條款體現了私法自治，是當事人意思表示一致的產物。大部分國家的法律認為，當事人可以在合同中約定免責條款免除未來的合同責任。當然，也可以事先約定免除未來出現的非合同責任即

---

28. 台灣「最高法院」1981 年台上字第 3283 號民事判決。轉引自郭冠甫（2006）。《民法系列：侵權行為》。台北：三民書局。35 頁。

29. 參見〈專利權人濫用民事權利應承擔的責任 —— 南京中院判決一惡意訴訟導致的損害賠償案〉，《人民法院報》2007 年 7 月 16 日。

侵權責任。[30] 此外，在違約責任與侵權責任會發生競合的情況下，當事人合同中如果約定了免責條款的話，則該免責條款不僅可以免除違約責任，也可以免除侵權責任。否則，當事人約定免責條款的目的就會落空。

　　儘管法律尊重當事人的意思自由，允許其約定免責條款，但是為了公共利益、保護消費者、善良風俗等諸多考慮，對於免責條款往往有限制。中國法上也禁止當事人約定某些免責條款，依據《合同法》第 53 條，「合同中的下列免責條款無效：(1) 造成對方人身傷害的；(2) 因故意或者重大過失造成對方財產損失的」。這一規定旨在保護公民的人身權利，防止嚴重違反誠信原則的行為的出現。[31]

---

30. 有的國家如法國認為，意圖免除未來發生的侵權責任的約定是無效的。

31. 胡康生主編（1999）。《中華人民共和國合同法釋義》。北京：法律出版社。94–95 頁。

第三編　多數人侵權責任

第九章

多數人侵權責任導論

一　多數人侵權責任的涵義與體系構成

1.　多數人侵權責任的涵義

多數人侵權責任（*Haftung mehrerer Personen*），指的就是二人以上實施侵權行為時產生的侵權責任。現代社會的侵權行為中加害人為多人的情形，極為常見。這一點尤其表現在機動車損害責任、產品責任、醫療損害責任及環境污染損害責任等侵權行為中。在多數人實施侵權行為時，由於因果關係的形態表現為多因一果或多因多果，因此受害人如何證明因果關係的存在、加害人如何向受害人承擔侵權責任、加害人內部的責任分擔等問題，較之於單獨的侵權行為都顯得更為複雜。

從比較法來看，對於多數人侵權責任有三種立法模式。一是法國模式，即不設置特別的規定，而是由一般的理論加以處理；二是德國模式，即在民法典中專門規定多數人侵權責任的構成要件與法律效果；三是意大利模式，即只是規定多數人侵權責任的法律效果而不規定構成要件。[1] 中國民法採取的是德國模式，即在法律上對多數人侵權責任的構成要件與法律效果均作出了詳細規定（《侵權責任法》第 8 至 10 條）。此外，採取德國模式的還有瑞士、日本、韓國、俄羅斯、荷蘭以及中國台灣地區等。

2.　中國法上的多數人侵權責任體系

《侵權責任法》採用眾多的條文（第 8 條至 12 條）對多數人侵權責任重新作出了規範。依據《侵權責任法》之規定，多數人侵權責任體系分為以下三大類：其一，共同侵權行為，具體包括：（1）共同加害行為（第 8 條）；（2）共同危險行為（第 10 條）；（3）教唆幫助行為（第 9 條）。其二，承擔連帶責任的無意思聯絡的數人侵權（第 11 條）；其三，承擔按份責任的無意思聯絡的數人侵權（第 12 條）。

應當說，較之以往的立法和司法解釋，《侵權責任法》確立的多數人侵權責任體系（參見圖 9.1）更為科學合理。因為，它不僅依據規範目的正確地區

---

1. 〔日〕吉村良一（2013）。《日本侵權行為法（第 4 版）》（張挺譯，文元春校）。北京：中國人民大學出版社。175 頁。

圖 9.1　中國法上的的多數人侵權責任體系

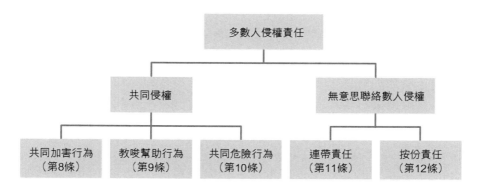

分共同侵權行為與無意思聯絡數人侵權，而且內部體系更加和諧，有利於司法實踐的正確適用。

二　多數人侵權責任中因果關係的特殊性

　　多數人侵權責任是與單獨的侵權責任相對應的概念。單獨的侵權責任，也稱單獨的侵權行為，是指由一個加害人實施的侵權行為。當單獨的一個加害人實施侵權行為造成他人損害時，侵權人應當如何承擔侵權責任，比較容易。申言之，如果法律有特別規定時（如《侵權責任法》第 41 條以下規定的產品責任適用無過錯責任的歸責原則），則按照法律的特別規定。否則，都應依據《侵權責任法》第 6 條第 1 款規定的過錯責任原則處理。

　　有些時候，雖然是多個加害人對同一受害人實施侵權行為，但他們是分別的、各自獨立的實施侵權行為，且給受害人造成不同的損害，這種情況也不屬於多數人侵權責任。因為這種情形只是多個單獨侵權責任的累積而已，仍可以分別按照單獨的侵權責任加以處理。例如，甲和乙均仇恨丙，某晚甲將丙的房子點燃，後乙路過，又將丙打傷。顯然，此種情形中甲、乙都是單獨實施侵權行為，他們給丙造成的也是不同的損害，因此他們屬於單獨的侵權行為人（*Alleintaeter*），應依據《侵權責任法》第 6 條第 1 款分別確定甲、乙的侵權責任。由此可見，多數加害人使得多數人侵權責任不同於單獨的侵

權責任，而因果關係的特殊性則將「數個單獨侵權責任的累積」排除在多數人侵權責任之外。

與單獨的侵權責任和數個單獨侵權責任的累積相比，多數人侵權責任在因果關係上的特殊之處表現為以下情形其中之一。

其一，多個加害人的侵權行為是造成損害的共同原因。當多個加害人不是分別的實施侵權行為而是共同實施侵權行為導致損害的發生，那麼基於這種「共同性」，多個加害人的行為就是損害的共同原因。這個所謂的「共同性」表現為：

(1)   主觀上的共同性，即多個加害人是基於主觀上的共同故意即意思聯絡而實施加害行為。申言之，多數加害人在實施侵害他人權益的行為中，不僅主觀上意思到彼此的存在，具有共同追求的目的，而且客觀上也為達致此目的而付出了共同的努力，他們各自承擔了有一定數量的、相互之間有一定聯繫的行為部分。

(2)   客觀上的共同性，即多個加害人雖然主觀上沒有共同的故意，分別實施侵權行為，但他們的侵權行為給受害人造成了「同一損害」。所謂「同一損害」既不是指僅給受害人造成了一個損害或造成同一性質的損害，也不意味着受害人遭受的損害是不可分割的，而是指各個分別實施侵權行為之人的行為，均與受害人遭受的損害具有責任成立的因果關係，即每一個侵權人的侵權行為都對損害的發生具有原因力。申言之，如果受害人遭受了多個損害，則各個侵權人的行為與這多個損害之間，都具有責任成立的因果關係；如果受害人僅遭受了一個損害，則每個侵權人的行為，都和這個損害具有責任成立上的因果關係。由於每個加害人的侵權行為，都與受害人遭受的損害之間具有責任成立的因果關係，所以他們的行為是損害的共同原因。

其二，多個加害人的侵權行為是造成損害的擇一原因，即多個加害人分別實施危及他人人身、財產安全的行為，但是，只有其中一人或數人的行為現實地給受害人造成了損害。然而，不能確定究竟是何人的行為現實地造成了損害後果，即無法確定具體的侵權人。由於這種情況下，損害的發生原因必定存在於這些實施危及他人人身、財產安全的行為人當中，非此即彼。如果將多個加害人的行為作為一個整體來觀察的話，可以發現他們的行為與受害人的損害之間顯然是存在因果關係的。

第十章

共同加害行為

一　概述

1.　概念

　　共同加害行為是最為典型的共同侵權行為，也稱「狹義的共同侵權行為」，是指兩人以上共同故意實施侵權行為造成他人損害，從而承擔連帶責任的多數人侵權責任的情形。例如，A、B 與 C 三人共同埋伏起來準備襲擊他們的仇人 D，當 D 到達的時候，A 將其攔住，B 上前打 D，而 C 則在一旁把風。再如，甲公司為了上市發行股票，聘請乙會計師事務所製作虛假的財務報告等上市材料，而作為甲公司上市推薦人和主承銷商的丙證券公司，明知該等上市材料中包含重大虛假信息，為謀求非法利益而與甲串通，予以審核通過。最後給投資人丁造成重大損失，甲、乙、丙構成共同加害行為。依據《侵權責任法》第 8 條，共同加害行為的各個加害人負連帶責任。這種規定不僅有利於保護受害人，而且對於遏制共同加害行為也有裨益。

2.　規範目的

　　在共同加害行為中，數個加害人之間往往存在分工，並非都是直接從事加害行為的人，所以每個加害人的行為對損害的作用方式以及作用範圍是不同的。例如，在團夥實施侵權行為時，頭目負責侵權方案的擬定，而手下又各有分工。按照肇因原則的要求，受害人想要團夥的每一個成員都向其承擔侵權責任，勢必要逐一證明每個人的行為與其權益受侵害之間存在因果關係。對此，受害人顯然是難以做到的。故此，侵權法上特別設立以「意思聯絡」（即共同故意）為構成要件的共同加害行為制度，將那些具有共同故意的數個加害人實施的行為評價為一個侵權行為，使各個加害人承擔連帶責任，從而有效的實現減輕受害人因果關係證明責任的規範目的。

　　首先，由於多個加害人在具有意思聯絡的情況下實施的侵權行為構成共同加害行為，各加害人要承擔連帶責任，所以受害人沒有必要逐一地證明每個加害人的行為與損害之間的責任成立的因果關係，[1] 而只須證明多個加害人

---

1. Staudinger/ Eberl-Borges. §830 Rn. 1.

之間具有意思聯絡（即他們知道並且願意協力導致所追求的後果），且他們中任何一人的行為與其損害存在責任成立的因果關係即可。此時，具有意思聯絡的全部加害人的行為與權益被侵害之間的責任的因果關係就已經成立，這種因果關係屬於「可能的因果關係（*mögliche Kausalität*）」。[2] 因為，意思聯絡使得數個加害人的行為被整體化評價為一個侵權行為，各個加害人雖僅承擔其中的一部分行為，但他們的行為因主觀上對共同目標的追求和客觀上的共同協力而成為了一個侵權行為。自然，該侵權行為與受害人的權益遭受損害存在因果關係。

其次，無論具有意思聯絡的多個加害人是造成了受害人一項損害，還是多項損害，受害人都無須證明每一個加害人的加害行為的原因（造成的損害的大小），亦即責任範圍的因果關係。因為意思聯絡使得加害人的行為被整體化評價為一個侵權行為，受害人的損害都是這個侵權行為所造成的，任何其行為被納入整體性評價的加害人都要就全部的損害承擔賠償責任，全體加害人之間就不超出意思聯絡而給受害人造成的全部損害承擔連帶責任。

第三，除非加害人能證明自己與其他加害人之間沒有意思聯絡，否則不能以某一損害並非自己實際造成的，或者受害人遭受的損害超出了自己的預見範圍，或者自己實際造成的損害部分很小等為由，主張減輕或免除責任。

最後，加害人之間的意思聯絡應由受害人證明之。侵權法必須平衡加害人與受害人雙方的利益，不能完全偏向一方。既然通過意思聯絡已經減輕了受害人在證明因果關係上的難度，那麼受害人就應當證明該意思聯絡之存在。如果受害人不能證明加害人之間的意思聯絡，就不能減輕其在因果關係上的證明責任。他想要每一個加害人都對其承擔責任，就必須依據肇因原則逐一證明每一個加害人的行為與其損害之間的因果關係。

---

2. Jauernig/ Teichmann. §830 Rn 3.

二　構成要件

1.　基本構成要件

1.1　須有兩個以上的加害人

共同加害行為與單獨侵權行為的一個重要區別就是，行為人的數量不同。共同加害行為中應有數個行為人，即兩人以上（《侵權責任法》第 8 條）。否則，只能成立單獨的侵權行為。至於各個行為人是否為完全民事行為能力人，在所不問。

1.2　每一個加害人的行為皆符合客觀構成要件

共同侵權行為是單獨侵權行為的擴張。只有當各個行為人的行為皆符合侵權行為的客觀構成要件時，方能成立共同加害行為。這意味着：其一，給他人權益造成了損害。其二，共同加害行為中的每一個加害人都必須實施了加害行為，該加害行為可能是作為，也可能是不作為。

由於共同加害行為以意思聯絡即主觀共同性為要件，每個加害人的行為被作為一個整體而與損害之間存在可能的因果關係。[3] 故此，並不要求受害人證明每一個加害人的行為與受害人的權益被侵害都存在因果關係。

2.　共同實施侵權行為

《侵權責任法》第 8 條規定：「兩人以上共同實施侵權行為，造成他人損害的，應當承擔連帶責任。」如何理解該條中「共同」一詞的涵義，依然存在分歧，有主客觀共同説、[4] 主觀共同説。[5] 本書認為，主客觀共同説完全沒有任何道理，在《侵權責任法》已經頒佈後，該學説沒有任何説服力。我們只要將《侵權責任法》第 8 條與第 11、12 條稍加比較即可發現：第 8 條使用的是「共

---

3. Jauernig/ Teichmann. §830 Rn 3.

4. 王勝明主編（2010）。《中華人民共和國侵權責任法解讀》。42 頁。

5. 王利明（2004）。〈共同侵權行為的概念與本質〉，《判解研究》。第 4 期。

同實施」一詞，在對損害後果的規定上也只是表述為「造成他人損害」，並未要求「造成他人同一損害」。也就是說，依據《侵權責任法》第 8 條，兩人以上共同實施侵權行為，無論是給他人造成了同一損害，還是造成了不同的損害，侵權人就這些損害都應當承擔連帶責任。可是，在《侵權責任法》第 11 條與第 12 條中，不僅使用了「分別實施」的表述，還要求「造成他人同一損害」。因此，如仍按《人身損害賠償解釋》第 3 條第 1 款的規定來理解《侵權責任法》第 8 條的「共同」，將之解釋為既包括主觀共同也包括客觀的共同，顯非妥當。「倘若立法上承認行為關聯共同的客觀共同侵權，自應以損害結果同一不可分作為其構成要件。」[6]

儘管主觀說在解釋力上稍強於主客觀說，但其將《侵權責任法》第 8 條的「共同」解釋為既包括共同故意，也包括共同過失，則是明顯錯誤的。在本書看來，《侵權責任法》第 8 條的「共同」僅指共同故意，即兩人以上「明知且意欲協力導致損害結果的發生」。[7] 申言之，數個行為人在實施侵害他人權益的過程中，應具有共同追求的目標，相互意識到彼此的存在，且客觀上為達致此目的而協力，付出了共同的努力，各自承擔了有一定數量的、相互之間有一定聯繫的行為部分（*Tatbeitrag*）。當具有意思聯絡的數人加害於他人時，即便無法查明具體造成損害之人或各加害人的加害部分，同樣構成共同加害行為。因為共同的意志產生了共同的原因，[8] 意思聯絡足以使因果關係這一構成要件得以滿足。倘若數個行為人均具有過失或部分故意、部分過失，則不構成共同加害行為，而應依據《侵權責任法》第 10 至 12 條的規定分別處理。

---

6. 奚曉明主編（2010）。《〈中華人民共和國侵權責任法〉條文理解與適用》。70 頁。

7. *BGH NJW*. 1972. 40.

8. Staudinger/ Eberl-Borges. §830, Rn. 13.

三　法律後果

1.　連帶責任的涵義與類型

連帶責任即連帶債務（*Gesamtschuld*），是指因違反連帶債務或依法律的直接規定，多名賠償義務人向賠償權利人各負全部的賠償責任；賠償權利人有權要求一名或數名賠償義務人承擔全部或者部分的賠償責任；而一名或數名賠償義務人在承擔全部賠償責任後，將免除其他義務人的賠償責任。《民法通則》第 87 條規定：「債權人或者債務人一方人數為兩人以上的，依照法律的規定或者當事人的約定，享有連帶權利的每個債權人，都有權要求債務人履行義務；負有連帶義務的每個債務人，都負有清償全部債務的義務，履行了義務的人，有權要求其他負有連帶義務的人償付他應當承擔的份額。」由此可見，依據連帶責任的產生原因是法律規定還是當事人的約定，可將之分為法定的連帶責任與約定的連帶責任。

約定的連帶責任是指依據當事人的合同約定而產生的連帶責任。例如，依據《擔保法》第 18 條之規定，連帶責任保證人與債務人承擔的連帶責任。法定連帶責任是指依據法律的明確規定而產生的連帶責任。共同加害行為中，數個侵權人承擔連帶責任源於《侵權責任法》第 8 條的規定，故此該連帶責任屬於法定的連帶責任。

2.　連帶責任中被侵權人的自由選擇權

《侵權責任法》第 13 條規定：「法律規定承擔連帶責任的，被侵權人有權請求部分或者全部連帶責任人承擔責任。」故此，作為債權人的賠償權利人有自由選擇權，其有權要求任何一個賠償義務人承擔全部的賠償責任，也有權要求賠償義務人中的一人或多人承擔全部或部分的賠償責任。儘管債權人針對連帶債務人享有選擇自由，但其不能濫用該權利損害債務人。例如，某個賠償義務人的賠償能力很弱，賠償權利人卻要求其承擔全部的賠償責任，由於這種給付請求會直接導致該賠償義務人破產，因此債權人這一行為構成權利之濫用。[9]

9.　黃立（2006）。《民法債編總論》。台北：元照出版公司。603 頁。

3. 連帶責任中的分攤與追償

連帶責任人內部應當對責任進行分攤。在大陸法系債法中，該問題被稱為「債務的分擔」，屬於連帶債務的對內效力之一。《侵權責任法》第 14 條第 1 款規定：「連帶責任人根據各自責任大小確定相應的賠償數額；難以確定責任大小的，平均承擔賠償責任。」由此可見，中國法原則上採取的是比較分攤法，例外採取了平均分攤法。首先，按照連帶責任人的「各自責任大小」來確定相應的賠償數額，所謂各自責任大小主要是指各個加害行為人對損害的原因力和過錯大小，例外的情況下法官也會考慮行為人所獲得的非法利益以及各個加害人的經濟負擔能力等特殊情況。其次，如果無法確定原因力和過錯，最後，如果無法確定各個行為人的責任份額，那麼就應當採用平均分攤的方法。

如果連帶責任人中的某人支付超出自己應當賠償的數額後，有權向其他連帶責任人追償。《民法通則》第 87 條第 2 句後段規定：「履行了義務的人，有權要求其他負有連帶義務的人償付他應當承擔的份額」。《侵權責任法》第 14 條第 2 款規定：「支付超出自己賠償數額的連帶責任人，有權向其他連帶責任人追償。」

第十一章

共同危險行為

一　概述

1.　共同危險行為的概念與規範目的

共同危險行為（*Beteiligte*），是指兩人以上實施危及他人人身、財產安全的行為，其中一人或者數人的行為實際造成他人損害，但不能確定該人是誰，故而由全體行為人承擔連帶責任的情形（《侵權責任法》第 10 條）。例如，三名未成年人曹某、傅某、吳某拿了三隻酒瓶從 15 樓窗口往下扔，第一隻酒瓶掉在地上，而第二隻酒瓶擊中了受害人兩歲的馬某之頭部，致其死亡。現無法查明第二隻酒瓶為三人中的何人所扔。法院判決，三人承擔連帶責任，各承擔三分之一的賠償責任。[1]

共同危險行為的特殊之處在於：受害人僅知道哪些人參與從事了對自己的人身財產具有危險的活動，但根本不知道具體引發損害的是參與人中的哪一個人或哪一些人。按照肇因原則，既然受害人連應對何人提出侵權賠償請求權都不知道，自然無法獲得賠償。而且，由於參與實施危險活動的人都是各自獨立從事的行為，他們相互之間並不知道、也並非意欲對損害的產生共同發揮作用，故此沒有意思聯絡，不構成共同加害行為。簡單地説，在共同危險行為中，責任成立的因果關係是不明確的，遑論責任範圍的因果關係。這裏存在的只是，參與人從事的危險活動與損害之間存在潛在的、可能的因果關係。為了消除受害人難以確定具體的加害人是誰的困難，侵權法上才特別設立了共同危險行為制度。據此，在具體加害人不明的情形下，實施了因果關係舉證責任的倒置。[2] 除非參與危險活動之人能夠證明其行為與損害之間不存在因果關係，否則他們都應當向受害人負擔連帶賠償。

---

1. 〈馬金林、張亞輝訴傅敏吉等人損害賠償案〉。上海高級人民法院編（2001）。《上海法院典型案例叢編（民事、經濟、知識產權、執行案例）》。上海：上海人民出版社。1 頁以下。

2. Hans Brox/ Wolf-Dietrich Walker (2008). *Besonderes Schuldrecht* (33. Aufl.). Munich: Verlag C. H. Beck Brox/ Walker. BS, S. 558.

2. 適用範圍

共同危險行為當然適用於以過錯責任為歸責原則的一般侵權責任，但其能否適用於產品責任、環境污染責任等以無過錯責任為歸責原則的特殊的侵權責任，值得研究。本書認為，共同危險行為通過一定條件下的因果關係推定，既未對行為人過苛，又極大地減輕了受害人在因果關係不明時的舉證責任。該制度既可以適用於一般侵權責任，也可以適用於特殊侵權責任。中國司法實踐中適用共同危險行為的案例較多，可以看出，法院將該制度廣泛地運用於一般侵權行為以及飼養動物致害責任、環境污染責任、產品責任等特殊的侵權責任當中。

二 構成要件

1. 基本構成要件

《侵權責任法》第 10 條對共同危險行為的規定，本身並非一項獨立的請求基礎，也就是說，它不是侵權責任成立規範，而只是證明責任的分配規範。因此，要成立共同危險行為除需要符合《侵權責任法》第 10 條規定的要見外，還要符合一般侵權行為或特殊侵權行為中，除責任成立因果關係之外的相應的要件，這些要件屬於共同危險行為的基本構成要件。[3]

1.1 存在損害

損害是所有侵權賠償責任必備的要件，共同危險行為也不例外。《侵權責任法》第 10 條明確要求必須「造成他人損害」。損害包括人身傷亡與財產損失。此外，《侵權責任法》該條並未要求「造成同一損害」，這與同法第 11、12 條的規定有很大不同。例如，A、B、C 三人分別從樓上往樓下扔石頭玩，一塊石頭掉下來後先砸中 D 的汽車，後又彈起來將 E 的眼睛擊傷。現不知道

---

3. Staudinger/ Ebel-Borges. §830, Rn. 36.

該石頭是樓上 A、B、C 何人所扔。該案可以適用共同危險行為，其中的損害有二：一是 D 的財產損失，一是 E 的人身傷害。

1.2　其他構成要件

共同危險行為是解決因果關係不明而設立的制度，而在一般侵權行為和特殊侵權行為中，都有可能出現因果關係不明的情形。所以，共同危險行為既適用於一般侵權行為，也適用於特殊侵權。如果是一般侵權行為，所謂其他構成要件就包括行為人的過錯，即受害人應證明每個共同危險行為人存在過錯。這種過錯通常是過失，即每個共同危險行為人是過失的分別實施了危及他人人身、財產安全的行為。當然，也可能是部分人過失、部分人故意。如果是適用無過錯責任或過錯推定責任的特殊侵權行為，則受害人無須證明共同危險行為人的過錯。當然，在適用於無過錯責任時，受害人仍應證明自己所受之損害是法律規定之危險的現實化所致。[4] 例如，甲從 A 樓下面經過，忽刮一陣大風致三樓乙的一個花盆、四樓丙的一個花盆掉下來。其中一個花盆擊中了甲，現無法查明究竟何人的花盆擊中了甲。《侵權責任法》第 85 條第 1 句規定：「建築物、構築物或者其他設施及其擱置物、懸掛物發生脫落、墜落造成他人損害，所有人、管理人或者使用人不能證明自己沒有過錯的，應當承擔侵權責任。」所以，對於乙、丙均適用過錯推定，甲無須證明兩人的過錯。

2.　不存在意思聯絡

共同危險行為中的數個參與人之間沒有意思聯絡，是共同危險行為的消極要件。在《侵權責任法》頒佈前，對於共同危險行為的主觀要件有不同的認識。本書認為，共同危險行為既可以適用於一般侵權行為，也可以適用於特殊侵權行為，所以討論共同危險行為人是共同過錯還是共同過失，毫無意義。重要的是，共同危險中的各個行為人之間沒有意思聯絡。因為在共同加

4.　Münch Komm BGB/ Wagner. §830, Rn. 36.

圖 11.1　多數人侵權案件的思考順序

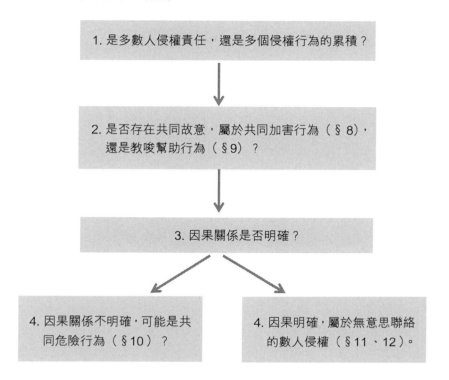

害行為與共同危險行為的適用順序上，共同危險行為從屬於共同加害行為。只有不構成共同加害行為，才能考慮能否適用共同危險行為（參見圖 11.1）。

　　如前所述，由於《人身損害賠償解釋》的起草者並未充分理解意思聯絡作為共同加害行為必備構成要件的意義，[5] 一方面希望通過擴大共同加害行為（與連帶責任）的適用範圍來保護受害人，因此該司法解釋第 3 條第 1 款不僅認為共同過失可以構成共同加害行為，還將原本可以按照連帶債務規則處理的並存的數人侵權（*Nebentaeter*）也作為共同加害行為。這就意味着，要適用共同危險行為，必須先排除三種構成共同加害行為的情形：（1）數人有共同故意即意思聯絡；（2）數人有共同過失；（3）數人沒有「共同故意、共同過

---

5. 關於意思聯絡的意義，參見程嘯（2003）。〈論意思聯絡作為共同侵權行為構成要件的意義〉，《法學家》。第 4 期。

失，但是其侵害行為直接結合發生同一損害後果」。《侵權責任法》沒有採取《人身損害賠償解釋》第 3 條的表述。該法第 8 條規定：「二人以上共同實施侵權行為，造成他人損害的，應當承擔連帶責任。」結合同法第 11 條、第 12 條，《侵權責任法》第 8 條中的「共同」，顯然僅指「共同故意」即意思聯絡，而非共同過錯。

3. 二人以上實施了危險行為

3.1 存在數個共同危險行為人

共同危險行為中必定存在數個參與實施危險行為之人，即共同危險行為人，德國法稱為「參與人（*Beteiligte*）」。依據《侵權責任法》第 10 條，「二人以上」實施的危險行為，才構成共同危險行為。需要研究的是，以下兩種情形能否適用共同危險行為。

3.1.1 只有一個可能的加害人

例如，路旁停靠的甲之 A 車的側部被經過的車輛撞壞，肇事車無法查明。可以明確的是，於損害發生的時間中，乙駕駛的 B 車曾在該路上出現。當時，乙處於醉酒狀態，超速且蛇形經過 A 車。在該案中，只能查明一個可能造成 A 車損壞的人 —— 乙，無其他可能之加害人。顯然，該情形不屬於《侵權責任法》第 10 條所謂的「二人以上實施危及他人人身、財產安全的行為」，故不適用共同危險行為。

3.1.2 受害人的損害可能是由受害人自己所致，也可能是某一特定的加害人的侵害行為所致，現無法查明真正的致害原因

例如，原告為一樓住戶，被告為二樓住戶，兩家共用一個排污管道，均經過裝修。但是，在兩家均裝修完畢半年後，因原告衛生間返水而造成原告的財產受損。經過物業清理，確定是由主排污管道被裝修異物堵塞（磚頭）造成，但是從磚頭所在位置看，兩家均有可能是磚頭堵塞管道的原因。對於哪

家裝修行為堵塞的管道，現無法查清，原被告均無法提供充足的證據證明是對方造成或者能夠證明不是自己造成。[6]

上述情形能否適用適用共同危險行為，存在不同的見解。本書認為，在中國法上，這種情形不能適用《侵權責任法》第 10 條固定的共同危險行為。首先，從文義解釋的角度來看，《侵權責任法》第 10 條中的「他人」僅指受害人，其不屬於「實施危及他人人身、財產安全的行為」的人。其次，從法律後果上說，共同危險行為的法律後果是行為人之間承擔連帶責任，而加害人與受害人顯然無法承擔連帶責任。就上述兩個案例而言，如果原告不能證明損害是因為被告的行為所致，就無法要求被告承擔賠償責任。

3.2　二人以上實施了行為

對《侵權責任法》第 10 條中「實施」一詞應作全面之理解。首先，「實施」並非意味着只有「作為」，才能共同危險行為，不作為同樣可以構成共同危險行為。例如，數人分別在河道上採砂，且均未依法回填河道中形成的窪坑，致使下雨後形成多個積水坑，受害人在某坑中洗澡溺水而亡，現無法查明導致受害人死亡的坑是何人挖掘所致。此時，該數人應作為共同危險行為人承擔責任。[7] 其次，「實施」也不意味着必須是人的行為，即便是物的行為、動物的行為，也可以構成共同危險行為。[8]

3.3　共同危險行為人的行為無需時空同一性

《侵權責任法》第 10 條並未如《人身損害賠償解釋》第 4 條那樣，使用「共同實施」的表述，而僅使用了「實施」一詞。這一變化是否意味着，共同

---

6. 本案例為北京市第二中級人民法院李倩法官提供，在此表示感謝！

7. 王鑫、劉曉燕、張順強（2009）。〈挖完砂石不回填，留下後患責難逃〉，《人民法院報》。2009 年 9 月 30 日。

8. 福建省廈門市海滄區人民法院（2010）海民初字第 2542 號民事判決書。相關評析參見郭靜、林丹（2012）。〈二狗嬉戲致人摔傷的責任承擔〉，《人民司法・案例》，第 12 期。

危險行為人的行為之間無須「時空同一性」（*oertlich und zeitlichen einheitlichen Vorgang*）？本書認為，要求共同危險行為人的行為具有時空上的同一性，並不妥當。首先，共同危險行為的規範目的就在於減輕因果關係不明時受害人的證明困難。它是對侵權法中肇因原則做出的例外規定，其歸責基礎不是肇因原則而是危險。以時空同一性作為共同危險行為之構成要件，有違規範目的。例如，在一起案件中，原告張曉剛在 2004 年 4 月 21 日晚間熄燈後因在宿舍樓內大聲喊叫，被被告魯大陸拖至 405 室踢打，後原告自行走回宿舍休息。4 月 22 日上早自習前，原告又因故被同學紀林、張騰叫到操場推搡、踢打。接連兩次被踢打後，原告均未報告老師或去醫院就診，而是自行回到教室，待上完兩節課後回膠州老家。4 月 27 日原告去醫院就診，被診斷為腦震盪。訴訟中，根據證人證言、公安派出所調查筆錄，可以確認原告張曉剛在短時間內身體受到過兩次踢打，但無法證明哪一次踢打傷及了頭部或是導致腦震盪的直接原因。[9] 顯然，此案應當適用共同危險行為。

3.4　數人的行為均具有導致他人權益遭受特定損害的危險性

共同危險行為中，之所以全部行為人要向受害人承擔賠償責任，是因為這些參與人都實施了危及他人人身、財產安全的行為。也就是說，參與人雖然分別、獨立的從事行為，並無意思聯絡，但他們都從事了「一個對受害人的權益具有危險性的行為」。[10] 共同危險行為的成立不是因為行為人主觀之共同，而在於客觀之共同，即數人參與實施了對他人人身、財產安全有共同的危險的行為。他們的行為不僅是危險的，而且具有相同的危險。由於共同危險行為要求數個行為人的危險指向的是同一客體。[11] 故此，如果數人的行為中，有的人的行為僅是對某人的財產安全有危險，有的人行為則是對該人的人身安全有危險，不構成共同危險行為。例如，兩名被告用腳揣門，致原告

---

9. 參見〈張曉剛訴青島商業職工中等專業學校等人身傷害賠償案〉。最高人民法院中國應用法學研究所編（2007）。《人民法院案例選》（總第 61 輯）。138 頁以下。
10. Staudinger/ Ebel-Borges. §830, Rn. 68.
11. 黃松有主編（2005）。《民事審判實務問答》。北京：法律出版社。129 頁。

受傷，無法查明門究竟為何人所踹開。因兩被告都從事了踹門的危險行為，故此法院認為，構成共同危險行為。[12]

在共同危險行為中，難點不在於判斷危險的同質性而是「危險」。也就是說，符合哪些特徵的行為，才能認為屬於《侵權責任法》第 10 條規定的「危及他人人身、財產安全」的行為？是否只要是對他人的人身、財產安全具有危險的行為都屬之？抑或從損害這一後果可以直接反推危險性的存在？有學者認為，「危險」就是指對他人受法律保護的民事權益的現實存在的威脅。[13] 德國《民法通說》認為，並非所有的「危險」行為都構成共同危險行為，只有那些就已經產生的損害而言具有「高度真實性（*hoher Wahrscheinlichkeit*）」或「確定的適格性」的行為，才可能構成共同危險行為。[14]

本書認為，對共同危險行為中的「危險」應作嚴格的要求。《侵權責任法》第 10 條中「危及他人人身、財產安全」應解釋為具有「高度的造成損害的可能性」的「危險」，而非一般性的「危險」。現代社會就是一個危險社會，各類損害頻發，危險叢生。每一個生活在現代社會的人都不得不承受一定的風險，這是必須承受的一般社會生活風險，不能隨意轉嫁他人。共同危險行為雖然可以消除受害人無法證明因果關係的風險，但並非在任何可能涉及多人的侵權案件中，只要存在因果關係不明的風險，皆可借助共同危險行為加以消除。有時，不僅受害人無法確知自己因何原因而受損害，而且一個謹慎行事的危險源控制者，同樣無法確知自己的行為是否造成了損害。[15] 倘一味追求對受害人的保護，對「危險」做很寬鬆的界定，就無法平衡當事人之間的利益，使受害人可以隨意轉嫁自己本應承受的社會生活一般風險，這顯然是不明智的。況且，作為肇因原則例外的共同危險行為制度，也是以每一個共同危險行為人的行為都與損害具有「可能的因果關係」為基礎的。故此，需要通過對「危險」的嚴格界定，方能達到「加害人就是這些人中的某人以及這些

12. 〈周宏川在校園內因楊強等學生的行為受傷致殘訴四川省成都市武侯區金花鎮中心小學及楊強等人人身損害賠償案〉。最高人民法院中國應用法學研究所編（2005）。《人民法院案例選（民事專輯）》。北京：人民法院出版社。66 頁。

13. 張新寶、李玲（2001）。〈共同侵權的法理探討〉，《人民法院報》。2001 年 11 月 9 日。

14. Larenz/ Canaris (1994). *Lehrbuch des Schuldrechts*, zweiter Band Besonderer Teil, 2 Halbband. S 574.

15. Gernhuber (1961). *Haftung bei alternativer Kausalität*. JZ 61, 148, 150.

人之外不存在哪怕一個可以懷疑的人」，[16] 從而滿足進行因果關係推定的基本要求。

行為危險的高度真實性應由受害人負證明責任，而法官需要在個案中加以具體的評判。例如，旅館某房間中不知何人所扔的未熄滅之煙蒂引發火災。能夠確定的是，在火災的可能發生時段內甲、乙、丙、丁四人曾出入過該房間。在該案中，不能因為甲、乙、丙、丁曾在火災可能的發生時段內出入過該房間而認定構成共同危險行為，因為出入房間的行為很難被認為是對引起火災具有高度真實性的危險行為。然而，如果將該案的事實改為：在某木工廠值班的甲、乙、丙、丁於值班期間打牌，其中甲、乙、丙三人都在此期間抽過煙，後因未熄滅的煙蒂造成火災。[17] 此時，危險的高度真實性就具備了。因為甲、乙、丙確實抽過煙，在木工廠抽煙是一個極易引發火災的行為（即危險的真實度很高）。

4.　因果關係不明

共同危險行為的規範目的在於消除因果關係不明給受害人造成的證明責任上的困難。因此，如何理解「因果關係不明（*Unaufklärbarkeit der Kausalitaet*）」，至關重要。與共同危險行為可能有關的因果關係不明的形態，大致有三種。

(1)　「原因人不明（*Urheberzweifel*）」，也稱加害人不明，是指數人分別實施的對他人權益之損害具有危險的行為中，肯定是有至少一人之行為實際造成了損害，但不能確定何人所為。

(2)　「部分不明（*Anteilszweifel*）」，即數人分別實施的對他人權益具有危險的行為，每一人之行為都足以產生共同的損害。現損害乃是由於該數人行為中的某一行為或某幾個行為所造成的，惟不能查明每一個行為造成的損害部分如何。

---

16. 〔日〕吉村良一（2013）。《日本侵權行為法》（張挺譯），第 4 版。北京：中國人民大學出版社，186 頁。

17. 參見〈周文倫訴唐雲義等損害賠償案〉。載中國高級法官培訓中心編（1997），《中國審判案例要覽（1996 年民事審判案例卷）》。北京：中國人民大學出版社。

(3)　　加害人不明，同時加害部分也不明，這是前兩種情形的混合，實踐中這種情形常常出現在環境污染損害當中。[18]

《侵權責任法》第 10 條將因果關係不明，明確地界定為「不能確定具體的侵權人」，並且規定，在「能夠確定具體侵權人的，由侵權人承擔侵權責任」。因此，在中國現行法上，只有當「加害人不明」，即擇一的因果關係形態時，方屬於共同危險行為，適用《侵權責任法》第 10 條。僅是「加害部分不明」，不適用共同危險行為。因為，此時各個加害人的責任承擔可以依據《侵權責任法》第 11 條或第 12 條處理。

三　　法律後果與免責事由

1.　　連帶責任

共同危險行為人應就被侵權人的損害承擔連帶責任（《侵權責任法》第 10 條）。一方面，被侵權人有權要求全部或部分行為人就全部或部分的損害承擔連帶賠償責任（《侵權責任法》第 13 條）；另一方面，共同危險人內部應當按照責任大小確定賠償份額，不能確定的平均承擔責任（《侵權責任法》第 14 條第 1 款）。支付超出自己賠償數額的連帶責任人，有權向其他連帶責任人追償（《侵權責任法》第 14 條第 2 款）。

2.　　免責事由與舉證責任

共同危險行為中，除了一個或多個侵權人的行為與損害之間存在真實的因果關係外，其他人的行為與損害之間存在的是「可能的因果關係」。因此，共同危險行為人有權通過證明自己的行為與損害之間，不可能存在因果關係而免責。《侵權責任法》第 10 條僅規定「能夠確定具體侵權人的，由侵權人承擔侵權責任；不能確定具體侵權人的，行為人承擔連帶責任」。由此產生的疑問是，「能夠確定具體侵權人」究竟是指，受害人能夠向法院證明具體的侵

---

18. Larenz/ Canaris (1994). *Lehrbuch des Schuldrechts*, zweiter Band Besonderer Teil, 2 Halbband. S. 576.

權人抑或法院能夠查明具體侵權人，還是指共同危險行為人需要向法院證明損害何人是具體侵權人才能免除責任？

　　本書認為，對《侵權責任法》第 10 條中「能夠確定具體侵權人」應作如下理解：首先，就受害人而言，無論是真的不能確定具體侵權人，還是能確定卻故意不確定，在所不問。因為受害人要主張適用共同危險行為，還必須證明其他的構成要件。其次，對法院來説，如果發現具體的侵權人可以確定，則應排除共同危險行為的適用，確定由該具體的侵權人承擔責任。第三，就共同危險行為人而言，其當然可以通過向法院證明損害是由其他的某個或某些共同危險人所致而免責。但實踐中，這一點往往很難做到。如果他能夠證明自己的行為與損害之間不存在因果關係，同樣也可以免責。因為共同危險行為只是推定了其加害行為與損害後果存在因果關係，該因果關係可以通過提供證據加以推翻。不允許共同危險行為人通過證明自己的行為與損害結果沒有因果關係而免責，明顯違背共同危險行為之規範目的。

第十二章

教唆幫助行為

一 概述

1. 概念與規範目的

　　教唆幫助行為，也稱「視為的共同侵權行為」，即教唆、幫助他人實施侵權行為的情形。在教唆、幫助他人實施侵權行為的案件中，教唆人和幫助人並非是直接的、具體的實施加害行為的人。受害人要證明直接實施侵害行為者的行為與損害之間的因果關係，並不太困難。但是，其要證明並未直接實施加害行為的教唆人、幫助人的行為與損害之間的原因力和原因力的大小，比較困難。畢竟，教唆人或幫助人並未直接參與實施侵權行為。

　　為消除這種困難，侵權法上規定教唆人、幫助人也被視作共同加害行為人，他們要與直接加害人一起就受害人的全部損害承擔賠償責任。此一規定使受害人無需證明教唆人、幫助人的行為與損害的因果關係，而只要證明存在教唆行為或幫助行為，即可使得教唆人或幫助人與直接侵權人一起承擔連帶責任，有利於保護受害人的合法權益。

　　《民法通則》第 130 條並未對教唆與幫助行為單獨做出規定。《民法通則意見》第 148 條規定：「教唆、幫助他人實施侵權行為的人，為共同侵權人，應當承擔連帶民事責任。教唆、幫助無民事行為能力人實施侵權行為的人，為侵權人，應當承擔民事責任。教唆、幫助限制民事行為能力人實施侵權行為的人，為共同侵權人，應當承擔主要民事責任。」《侵權責任法》第 9 條《侵權責任法》第 9 條第 1 款規定：「教唆、幫助他人實施侵權行為的，應當與行為人承擔連帶責任。」第 2 款規定：「教唆、幫助無民事行為能力人、限制民事行為能力人實施侵權行為的，應當承擔侵權責任；該無民事行為能力人、限制民事行為能力人的監護人未盡到監護責任的，應當承擔相應的責任。」這一規定與以往的規定最大的不同，就體現在對教唆、幫助無民事行為能力人、限制民事行為能力人實施侵權行為的規定之上，即第 9 條第 2 款第 2 句。

2. 類型

中國《侵權責任法》沒有區分教唆他人侵權與幫助他人侵權，而是依據被教唆人或被幫助人是否為完全民事行為能力人，將教唆幫助行為分為以下兩類：

其一，教唆、幫助完全民事行為能力人實施侵權行為的，教唆人或幫助人應與行為人承擔連帶責任（第9條第1款）。

其二，教唆、幫助限制民事行為能力人或無民事行為能力人實施侵權行為的，教唆人或幫助人應當承擔侵權責任，而該被教唆或被幫助之無民事行為能力人、限制民事行為能力人的監護人在未盡到監護責任時，應當承擔相應的責任（第9條第2款）。

二 構成要件

1. 教唆行為的構成要件

1.1 存在數個行為人

教唆行為中至少有兩個行為人：一是實施教唆行為之人，即教唆人；一是實施侵害他人權益行為之人，即行為人。教唆人可以是完全民事行為能力人，也可以是不完全民事行為能力人。如果是完全民事行為能力人，則教唆人屬於侵權人，依《侵權責任法》第9條第1款與行為人承擔連帶責任；如果是不完全民事行為能力人，則由教唆人之監護人依《侵權責任法》第32條第1款第1句與第9條第1款與行為人承擔侵權責任。

行為人也既可以是完全民事行為能力人，也可以是不完全民事行為能力人。倘為前者，則該行為人與教唆人或教唆人之監護人依《侵權責任法》第9條第1款承擔連帶責任；如果是後者，則應依《侵權責任法》第9條第2款處理。

1.2　存在加害行為且加害行為與權益被侵害之間有因果關係

所謂加害行為，是指被教唆人實施的侵害他人民事權益的行為，即「主行為」(*Haupttat*)。它是由被教唆人即行為人所實施的。如果教唆人雖進行了教唆，但被教唆人未實施侵害他人民事權益的行為，或雖侵害了他人民事權益卻未造成損害，均不構成教唆行為。這是侵權法中的教唆行為與刑法中的教唆犯的一個重要區別。在刑法中，即便被教唆之人並未實施犯罪行為，教唆之人也會構成犯罪。

1.3　存在教唆行為且教唆行為與加害行為存在因果關係

教唆行為，是指利用言詞對他人進行開導、說服，或通過刺激、利誘、慫恿等方法使該他人從事侵害他人權益之行為。教唆行為與加害行為存在因果關係，意味着，被教唆人所實施的加害行為正是教唆的內容，即教唆行為惹起了加害行為，前者是後者的原因。[1] 倘若教唆行為並未惹起加害行為，則不發生侵權責任的問題。即便被教唆人從事了某種加害行為，但該行為並非由教唆行為惹起，即該行為並不是教唆的內容或超出了教唆的內容，則行為人應單獨承擔侵權責任，教唆人不承擔侵權責任，更無需承擔連帶責任。例如，甲教唆乙入室竊取丙的筆記本電腦。乙入室後除竊取電腦外，還將丙的妻子丁姦污。此時，就丙的電腦被盜這一損害，甲應與乙被視為共同侵權行為人，承擔連帶責任。而就丁被姦污這一損害，應由乙某單獨承擔侵權賠償責任。

1.4　存在共同故意

共同故意意味着，教唆人具有教唆的故意。同時，被教唆人在明確接受了教唆人的指示後故意實施了侵害他人權益之行為。一方面，教唆人必然是故意的，過失不可能構成教唆。另一方面，被教唆人即行為人也是故意實施加害行為的。如果行為人是過失侵害了他人權益，這就說明其不知道教唆行為的存在，不構成教唆行為，行為人應單獨承擔過失的侵權責任。

1.　Jauernig/ Teichmann. §830, Rn. 6.

2. 幫助行為的構成要件

幫助行為，是指給予他人以幫助（如提供工具或者指導方法），以使該人易於實行侵權行為。幫助行為的構成要件與教唆行為大致相同，但有一個不同之處：幫助行為並不要求幫助人的行為是加害行為的原因，即只要幫助行為客觀上使加害行為易於實施即可。至於行為人是否就是因為幫助行為而實施的加害行為，無關緊要。[2] 例如，A 公司成立時，因無資金從而借用 B 公司的註冊資金登記註冊。後 A 公司被撤消，因該公司沒有實際資本，給債權人造成損害。由於 B 公司將註冊資金借給 A 公司使用的行為，客觀上使 A 公司「得以成立，並從事與之實際履行能力不相適應的交易活動，給他人造成不應有的損害後果」，[3] 因此，B 公司的行為就是幫助行為，其應承擔侵權責任。

---

2. Jauernig/ Teichmann. §830, Rn. 6.

3. 參見〈最高人民法院關於對幫助他人設立註冊資金虛假的公司應當如何承擔民事責任的請示的答覆〉（2001 年 9 月 13 日〔2001〕民二他字第 4 號）。

第十三章

無意思聯絡的數人侵權

一　概述

1.　概念與規範目的

　　無意思聯絡的數人侵權（*Nebentaeter*），是指沒有共同故意的數人，分別實施侵權行為，造成他人同一損害的情形。在多數人侵權責任中，無意思聯絡數人的類型與定位取決於如何理解共同加害行為中的「共同」。如果採取主觀意思聯絡說，則無意思聯絡的數人侵權的適用範圍會非常大。倘若對共同加害行為採取客觀關聯說，則無意思聯絡數人侵權適用的情形將很少，甚至完全不具有獨立存在的必要。中國《侵權責任法》第 8 條的共同僅限於共同故意，即意思聯絡，因此，在中國法上，無意思聯絡數人侵權的適用範圍非常廣泛。《侵權責任法》第 11 條與第 12 條在比較法率先對無意思聯絡數人侵權做出了專門的規定，開創立法之先河。在《侵權責任法》起草過程中，曾有人質疑此種規定之必要性，認為這些問題沒有必要在立法中加以規定，完全可以通過學說解決之。但是，立法者考慮到在《侵權責任法》中對無意思聯絡的數人侵權作出規定，有助於建立完善的數人侵權責任制度，因此仍然進行了規定。[1]

　　本書認為，《侵權責任法》第 11 條與第 12 條對無意思聯絡數人侵權的規定是非常有必要的。通過這兩條規定，不僅可以非常清晰地使人知道該法第 8 條規定的共同屬於主觀共同，即意思聯絡。同時，還可以有效地解決實踐中大量出現的類似案件，既保護受害人權益，又避免濫科連帶責任。

2.　《侵權責任法》第11條與第12條的性質

　　《侵權責任法》第 11、12 條均非獨立的請求權基礎。因為這兩條解決的只是侵權人的責任承擔方式以及它們內部責任的分攤問題。至於各個侵權人的侵權責任是否成立，仍應依據《侵權責任法》中的有關責任成立規範確定。申言之，如果屬於特殊侵權行為時，應先依相關的責任成立規範；沒有特別規範時，先依據《侵權責任法》第 6 條第 1 款確定侵權責任。侵權責任成立

---

1. 王勝明主編（2010）。《中華人民共和國侵權責任法解讀》。55 頁。

後，再依第 11 條或第 12 條確定責任的承擔形態。例如，張某購買了 A 公司生產的電熱水器與 B 公司生產的漏電保護器，張某的妻子李某在洗澡時觸電死亡。經查，A 公司的電熱水器存在缺陷以致漏電。B 公司的漏電保護器也存在缺陷，於漏電時無法起到保護的作用。[2] 在該案中，就李某的死亡這一損害而言，應當先確定 A 公司與 B 公司各自的侵權責任是否成立。由於該案涉及的是產品責任，應當適用《侵權責任法》第 41 條，A、B 作為產品的生產者承擔無過錯責任。考慮到無論是 A 生產的缺陷產品（電熱水器），還是 B 生產的缺陷產品（漏電保護器），皆足以導致損害的發生，故依《侵權責任法》第 11 條與第 18 條第 1 款第 1 句，A 與 B 須向受害人之近親屬承擔連帶責任。至於 A、B 內部的責任分配，依《侵權責任法》第 14 條第 1 款確定。

二　構成要件

1.　二人以上分別實施侵權行為

無意思聯絡的數人侵權意味着加害人必須是兩人以上。但是，他們並非「共同實施」侵權行為，而是「分別實施」侵權行為。所謂分別實施，就說明實施侵權行為的數人之間並無意思聯絡，即沒有共同故意。否則，就構成共同加害行為，應適用《侵權責任法》第 8 條。

2.　造成了同一損害

無意思聯絡的數人侵權與數個侵權行為的並存的重要區別就在於，前者是數人造成了同一損害，而後者是分別造成了不同的損害。問題是，究竟何為「同一損害」。本書認為，應當從各個侵權人的侵權行為與受害人損害之間的責任成立因果關係的角度上理解「同一損害」。申言之，同一損害既不是指僅給受害人造成了一個損害或造成同一性質的損害，也不意味着受害人遭受

---

2. 〈何榮訴上海聯合水暖衛生潔具公司人身損害賠償糾紛案〉。最高人民法院中國應用法學研究所編（1997）。《人民法院案例選》（1992–1996 年合訂本）。681 頁以下。

的損害是不可分割的。它是指，各個侵權人分別實施的加害行為均與受害人的權益被侵害之間存在因果關係。一方面，如果受害人僅遭受了一個損害，則每個侵權人的行為都和這個損害具有責任成立上的因果關係。例如，張某騎摩托車撞傷了李某，李某被送到 A 醫院治療，因 A 醫院的醫療過失，李某死亡。另一方面，如果受害人遭受了多個損害，則各個侵權人的行為與該多個損害之間都具有責任成立的因果關係；例如，甲駕駛的 A 車與乙駕駛的 B 車相撞，致使 A 車內的乘客丙受傷，其手上的勞力士手錶毀損。如果數人的侵權行為分別侵害了受害人的不同的權益，造成了不同的損害，則屬於數個侵權行為的並存，並非無意思聯絡的數人侵權。例如，某日，竊賊張三將房地產開發商李四寶馬車上的名畫偷走，數分鐘後對李四不滿的業主王五將李四的寶馬車燒毀。張三和王五也是分別實施了侵權行為，給王五造成了損害，且性質相同都是財產損害。但是，它們造成的並非同一損害，不屬於無意思聯絡的數人侵權。因此，張三和王五應當分別在各自行為的因果關係範圍內承擔損害賠償責任。

3. 因果關係的類型

3.1 《侵權責任法》第11條的因果關係類型

對於《侵權責任法》第 11 條中「每個人的侵權行為都足以造成全部損害」應當做如下理解：

首先，每個人的侵權行為「足以」造成全部損害意味着各個侵權行為都與損害具有相當因果關係且原因力是相同的。它們中的任何一個單獨出現的話，在法律上都與全部的損害具有相當因果關係。之所以有如此嚴格的限制條件，就是因為侵權人要承擔的是連帶責任，為了防止濫科連帶責任，必須從因果關係的角度上加以限制。否則，在各個侵權人沒有意思聯絡的情況下，僅是為了受害人的賠償更有保障而使各侵權人承擔連帶責任，理由並不充分。

其次，「足以」並不意味着於每個侵權行為都實際造成損害，實踐中，侵權行為的出現總有一個先後順序，損害結果往往在第一個侵權行為發生時就已經造成了，而後的侵權行為只是具有造成同樣的損害的可能性而已，已

經無法現實化地造成損害了。例如，第一輛車從受害人甲身上碾壓過去後，司機並未停車而是肇事後逃逸。接着，第二、三輛車也依次碾壓了受害人。第二輛車的司機也肇事逃逸，第三輛車的司機停車後報警，最後受害人甲死亡。在這個案件中受害人可能在第一次碾壓後已經死亡，而第二、三輛車碾壓的只是屍體而已；受害人可能是因為兩次或三次碾壓後形成的複合傷而死亡。實際上這都不重要，因為《侵權責任法》第 11 條要求的是「足以」並非「必然」。第一、二輛車碾壓受害人，即便受害人沒有死亡，也因碾壓而受傷，足以導致死亡的後果。況且，第一、二輛車的司機都出現了肇事逃逸行為，他們的行為更加容易導致受害人死亡。至於第三輛車儘管司機沒有逃逸而是報警，值得肯定。但是，從原因力上說，即便沒有第一、二輛車的在先碾壓行為，其單獨對受害人的碾壓也具有造成受害人死亡的足夠可能性。所以，第一、二、三輛車的司機應當承擔連帶責任，而第三輛車的司機在內部分攤的份額上應當是最小的。[3]

3.2　《侵權責任法》第12條的因果關係類型

《侵權責任法》第 12 條未要求每個人的侵權行為都足以造成全部損害。有學者認為，該條規範的是「部分因果關係型的無意思聯絡數人侵權」。部分因果關係意味着，每個侵權人的行為均不足以導致損害後果的發生，而必須相互結合才能導致損害後果的發生。[4] 本書認為，《侵權責任法》第 12 條規範了因果關係類型不屬於第 11 條的其他的全部無意思聯絡數人侵權。具體來說，這些無意思聯絡數人侵權的因果關係類型如下：

(1)　部分因果關係型的無意思聯絡數人侵權，即數人分別實施侵權行為造成他人同一損害，每個人的行為都不足以造成全部損害，並且必須這些人的行為結合起來才會造成同一損害後果。例如，A村建有一木製的亭子供人休息。村民 B 盜竊了該亭的一根木柱，不久村民 C 又盜竊了另一根木柱。少了兩根柱子的亭子搖搖欲墜，A 村卻未修理。一日，亭子倒塌砸死了路人 D。顯然，此案

---

3. 最高人民法院公佈典型案例，載《人民法院報》2014 年 07 月 25 日。

4. 王利明、周友軍、高聖平（2010）。《中國侵權責任法教程》。北京：人民法院出版社。400 頁以下。

中 A、B、C 的行為共同結合才導致了 D 的死亡。三被告應當依據《侵權責任法》第 12 條承擔按份責任。

(2) 分別實施侵權行為的數人中，一人的侵權行為足以導致全部損害的發生，而另外一人的侵權行為卻僅能造成部分的損害。例如，A、B、C 三個工廠往河裏排放污水，其中 A、B 兩個廠排放的污水量足以導致下游的養殖戶 D 養殖的水產品全部死亡，C 排放的量不會導致此種後果。因此，A、B、C 應當依據《侵權責任法》第 12 條承擔按份責任。最高人民法院《環境侵權責任解釋》第 3 條第 3 款規定：「兩個以上污染者分別實施污染行為造成同一損害，部分污染者的污染行為足以造成全部損害，部分污染者的污染行為只造成部分損害，被侵權人根據《侵權責任法》第 11 條規定請求足以造成全部損害的污染者與其他污染者就共同造成的損害部分承擔連帶責任，並對全部損害承擔責任的，人民法院應予支持。」因此，A、B 應當就他們足以造成的損害部分承擔連帶責任，但是 A、B 與 C 之間則是按份責任。

三　法律後果

《侵權責任法》區分了不同因果關係類型的無意思聯絡數人侵權，分別規定了連帶責任與按份責任。

1.　連帶責任

在無意思聯絡的數人侵權中，如果每個人的侵權行為都足以造成全部損害的，則行為人承擔連帶責任（《侵權責任法》第 11 條）。被侵權人有權請求部分或者全部連帶責任人承擔責任，而連帶責任人內部的賠償數額的分攤應當按照各自責任的大小確定。難以確定連帶責任的，則平均承擔賠償責任（《侵權責任法》第 13 條與第 14 條）。

2.　按份責任

　　在無意思聯絡的數人侵權中，只要任何一個行為人的行為不足以造成全部損害，他們就無需向被侵權人承擔連帶責任，而僅承擔按份責任。在行為人內部，能夠確定責任大小的，各自承擔相應的責任；難以確定責任大小的，則平均承擔賠償責任（《侵權責任法》第 12 條）。

第四編　特殊侵權責任

第十四章

監護人責任

一　概述

1.　概念與特徵

　　監護人責任，是指作為被監護人的無民事行為能力或限制民事行為能力之人造成他人損害時，監護人應當承擔的侵權責任。《侵權責任法》第 32 條規定：「無民事行為能力人、限制民事行為能力人造成他人損害的，由監護人承擔侵權責任。監護人盡到監護責任的，可以減輕其侵權責任。有財產的無民事行為能力人、限制民事行為能力人造成他人損害的，從本人財產中支付賠償費用。不足部分，由監護人賠償。」

　　在中國法上，監護人責任有以下兩個特徵：首先，監護人責任是特殊的侵權責任。中國法上的監護人責任適用的既非過錯責任，也非過錯推定責任，而是無過錯責任，即只要被監護人造成他人損害，無論監護人對此有無過錯，均應承擔侵權賠償責任。縱然監護人完全盡了監護義務，沒有任何過錯，也只能適當減輕責任，而不得免除責任。其次，監護人責任是替代責任。監護人責任中，實施加害行為之人是被監護人，承擔侵權責任之人是監護人。即便被監護人有自己的財產，應自行承擔侵權責任時，但如果其財產不足以支付賠償費用，監護人仍應就不足之部分承擔賠償責任。由此可見，監護人責任中行為人與責任人發生了分離，屬於所謂的替代責任。這正是《侵權責任法》將監護人責任規定於第 4 章「關於責任主體的特殊規定」的原因。

2.　歸責原則

　　《侵權責任法》第 32 條對監護人責任的規定與《民法通則》第 133 條基本相同，適用的依然是無過錯責任。需要注意的是，由於中國法上並不承認過錯能力（責任能力），因此即便與那些就監護人責任採取無過錯原則的國家相比，中國法上的監護人責任也更加嚴厲。這主要體現在：

(1)　依據《侵權責任法》第 32 條第 1 款第 2 句，即便監護人盡到了監護責任，也只是減輕而非免除責任。不僅如此，在被監護人有自己的財產但不足以支付全部的賠償費用，監護人還需要就不足的部分繼續承擔賠償責任（《侵權責任法》第 32 條第 2 款第 2 句）。

(2) 《侵權責任法》第 32 條第 2 款第 1 句規定，有財產的被監護人造成他人損害的，要從本人財產中支付賠償費用。這就是説，任何無民事行為能力人或限制民事行為能力人造成他人損害的，只要行為人有自己獨立的財產，要先從本人財產中支付賠償費用。因為這樣的規定不僅意味着不承認被監護人的識別能力，在被監護人有財產的情況下，要求被監護人為其根本沒有識別能力的加害行為負賠償責任，等同於結果責任，過於苛刻。

二　構成要件

1.　加害人是無民事行為能力人、限制民事行為能力人

無民事行為能力人有兩類：其一，未滿 10 周歲的未成年人（《民法通則》第 12 條第 2 款）；其二，不能辨認自己行為的精神病人（《民法通則》第 13 條第 1 款）。所謂「不能辨認自己行為」是指沒有判斷能力和自我保護能力，不知其行為的後果（《〈民法通則〉意見》第 5 條第 1 句）。

限制民事行為能力人有兩類：其一，已滿 10 周歲的未成年人（《民法通則》第 12 條第 1 款），但不包括「以自己的勞動收人為主要生活來源的」[1] 16 周歲以上不滿 18 周歲的公民。這是因為《民法通則》第 11 條第 2 款將其「視為」完全民事行為能力人。其二，不能完全辨認自己行為的精神病人（《民法通則》第 13 條第 2 款第 1 句）。所謂「不能完全辨認自己行為」是指對於比較複雜的事物或者比較重大的行為缺乏判斷能力和自我保護能力，並且不能預見其行為的後果（《〈民法通則〉意見》第 5 條第 2 句）。

2.　造成了他人損害

只有在無民事行為能力人或限制民事行為能力人「造成他人損害」的時候（《侵權責任法》第 32 條第 1 款第 1 句），監護人才承擔侵權責任。

---

1. 《〈民法通則〉意見》第 2 條。

首先，所謂「他人」是指監護人與被監護人之外的第三人。監護人責任保護的是監護關係外的第三人的合法權益。[2] 如果被監護人因監護人的故意或過失而遭受損害，如兒童的學習成績不理想，父母毆打或限制其人身自由，不適用監護人責任。此時，應依據《侵權責任法》第 6 條第 1 款要求該父母承擔侵權責任。[3] 此外，人民法院還可以根據有關人員或者有關單位的申請，撤銷其監護人的資格（《民法通則》第 18 條第 3 款第 3 句）。倘若被監護人實施侵權行為給監護人造成了損害，也不適用監護人責任，否則就出現監護人既是侵權人又是被侵權人的局面。

其次，所謂「損害」既包括財產損害，也包括精神損害。監護人就被監護人的侵權行為承擔的責任，主要是損害賠償責任。例如，如兒童將他人的車輛劃傷時，應當恢復原狀或金錢賠償；精神病人將他人打傷時，應當賠償受害人的財產損失（如醫療費等）以及精神損害。但是，在被監護人雖未造成損害，卻侵奪了他人之物或對他人合法權益構成妨礙時，監護人亦須負擔返還財產、排除妨礙等侵權責任。

第三，無民事行為能力人或限制民事行為能力人的加害行為，與受害人的損害之間須存在因果關係。對此，被侵權人負舉證責任。被監護人的侵害行為可以是直接導致他人損害，如兒童玩火致他人房屋被毀；也可以是間接造成他人損害，例如兒童違章穿越馬路，汽車司機為避免撞上該兒童以致遭受損害。[4]

---

2. Staudinger/ Eberl-Borges. §832, Rn. 47.

3. 另參見《民法通則》第 18 條第 3 款第 1、2 句；《未成年人保護法》第 10 條第 2 句。

4. Staudinger/ Eberl-Borges. §832, Rn. 48.

三　法律後果

1.　責任主體

1.1　監護人的範圍

　　監護人責任中的責任主體是「監護人」。《民法通則》只規定了法定監護，未承認意定監護。依據《民法通則》第 16 條，未成年人的法定監護人及順序分別為：首先，未成年人的父母是第一位的法定監護人；其次，如果未成年人的父母已經死亡或者沒有監護能力的，由下列人員中有監護能力的人擔任監護人：（1）祖父母、外祖父母；（2）兄、姐；（3）關係密切的其他親屬、朋友願意承擔監護責任，經未成年人的父、母的所在單位或者未成年人住所地的居民委員會、村民委員會同意的。再次，如果沒有前兩類監護人，由未成年人的父、母的所在單位或者未成年人住所地的居民委員會、村民委員會或者民政部門擔任監護人。依據《民法通則》第 17 條，無民事行為能力或限制民事行為能力的精神病人，由下列人員擔任監護人：（1）配偶；（2）父母；（3）成年子女；（4）其他近親屬；（5）關係密切的其他親屬、朋友願意承擔監護責任，經精神病人的所在單位或者住所地的居民委員會同意的。如果沒有這些監護人的，則由精神病人的所在單位或者住所地的居民委員會、村民委員會或者民政部門擔任監護人。

　　在中國法上，學校、幼兒園或者其他教育機構不是未成年人的監護人，它們只是對未成年人負有教育、管理職責。如果監護人想將監護職責部分或全部的委託給學校，須與學校有明確的約定。沒有明確的約定，不能推定學校接受監護人的委託，對到校學習的未成年學生承擔起部分或全部監護職責。[5]無民事行為能力人或限制民事行為能力人在幼兒園、學校或者其他教育機構學習、生活期間從事侵權行為造成他人損害的，應由從事加害人之監護人承擔監護人責任。教育機構只有在未盡教育、管理職責時，方承擔責任（《侵權責任法》第 38、39 條）。司法實踐還認為，在精神病院治療的精神病人，雖然沒有行為能力或者屬於限制行為能力人，精神病院也不是其監護人。精神

---

5. 參見〈吳凱訴朱超、曙光學校人身損害賠償糾紛案〉，《中華人民共和國最高人民法院公報》。2006 年第 12 期。

病人造成他人損害的，只有當精神病院有過錯時，才能責令其適當給予賠償（《〈民法通則〉意見》第 160 條）。

1.2   監護職責的產生

監護的類型不同，監護職責的產生時間也不同。就法定監護而言，監護人的職責依法產生。在指定監護的情形中，監護人被有權機關指定後即負有監護職責。至於委託監護，自委託協議生效時起，被委託者負有監護的職責。因此，只要某人是監護人且具有監護能力，就應履行監護職責。此外，如果某人採取欺詐的手段使被監護人的法定監護人誤以為被監護人已經結婚，監護權應由其配偶行使的情況下，對於被監護人侵害他人權益的後果，應由該欺詐之人承擔主要責任，而被監護人的法定監護人在行使監護權的過程中有過錯的，應當承擔部分民事責任。[6]

1.3   監護人不明確、數個監護人時的責任主體

《〈民法通則〉意見》第 159 條規定：「被監護人造成他人損害的，有明確的監護人時，由監護人承擔民事責任；監護人不明確的，由順序在前的有監護能力的人承擔民事責任。」如果同一順序有數個監護人的，司法實踐的處理方法是，由與無民事行為能力人、限制民事行為能力人共同生活的監護人承擔民事責任，倘若共同生活的監護人為數人，則承擔連帶責任。《〈民法通則〉意見》第 158 條規定，夫妻離婚後，未成年子女侵害他人權益的，同該子女共同生活的一方應當承擔民事責任；如果獨立承擔民事責任確有困難的，可以責令未與該子女共同生活的一方共同承擔民事責任。[7] 對這一做法，本書難以苟同。因為《民法通則》第 133 條以及《侵權責任法》第 32 條並不以監護人與被監護人共同生活或實際履行監護職責為確定監護人責任主體的

---

6. 最高人民法院民一庭（2011）。〈被誘使脫離監護的限制民事行為能力人侵權，如何確定民事責任〉。奚曉明主編。《民事審判指導與參考（總第 45 輯）》。北京：法律出版社。122 頁。

7. 參見《山東高級人民法院關於審理人身損害賠償案件若干問題的意見》第 45 條，以及《江蘇省高級人民法院關於審理人身損害賠償案件若干具體問題的意見》第 35 條。

要件，所以被監護人有數個監護人時，即便某個監護人並沒有與被監護人共同生活、未實際履行監護責任，也應就被監護人的侵權行為承擔責任。

1.4 監護人將監護職責部分或全部委託給他人

監護人將監護職責部分或者全部委託給他人的，被監護人致人損害的，因監護人的職責只是暫時委託給他人，所以監護人仍應承擔責任。受託人有過錯時，應與監護人負連帶責任（《〈民法通則〉意見》第 22 條）。監護人與受託人之間可以通過約定來排除監護人的責任。

2. 責任的承擔

2.1 監護人與被監護人不承擔連帶責任

在中國的監護人責任制度中，監護人與被監護人不承擔連帶責任。《侵權責任法》與《民法通則》依據被監護人有無自己的財產，將責任的承擔分成了兩種情形。首先，監護人應當就被監護人給他人造成的損害承擔賠償責任。如果是多個無民事行為能力人或限制民事行為能力人共同造成他人損害的，他們各自的監護人應依據《侵權責任法》第 32 條以及第 8 條以下的規定，向被侵權人承擔共同侵權責任。

其次，如果被監護人有自己的財產時，應先從被監護人本人的財產中支付賠償費用，不足的部分由監護人賠償。原來《民法通則》第 133 條第 2 款第 2 句規定的是「適當賠償」，但是，《侵權責任法》第 32 條第 2 款第 2 句刪除了「適當」一詞。這就是説，被監護人有自己的財產又不足以支付全部的賠償費用時，監護人應就不足之部分承擔全部而非部分的賠償責任。《侵權責任法》的這一修改是合理的。因為，既然在被監護人沒有自己的財產，監護人應就受害人的損害承擔全部賠償責任，那麼當被監護人有自己的財產卻不足支付全部賠償費用時，監護人更應當就所有的不足部分給予賠償。

2.2　單位作為監護人的也應承擔侵權責任

以前，依據《民法通則》第 133 條第 2 款第 2 句，單位擔任監護人的，無需就被監護人的加害行為承擔侵權賠償責任。[8] 但是，《侵權責任法》第 32 條第 2 款刪除了這一規定。依據《侵權責任法》，即便單位作為監護人也要就被監護人實施的加害行為承擔責任。這一改變的理由是為了「促使單位監護人盡職履行監護職責，防止其怠於行使監護職責，放任被監護人侵權行為的發生，保證被侵權人受到的損害得到賠償。」[9]

3.　責任的減輕

3.1　監護人盡到了監護責任

無民事行為能力人、限制民事行為能力人造成他人損害時，如果監護人盡到了監護責任，可以減輕其侵權責任（《侵權責任法》第 32 條第 1 款第 2 句）。「是否盡了監護責任，與監護人過去如何盡心盡力沒有關係，法律上只考慮在被監護人造成他人損害行為發生時監護人是否盡了監護責任。」[10] 由於監護人責任是無過錯責任，不少法官認為，只要被監護人造成了他人損害，就表明了監護人沒有盡到監護責任，具有過錯。[11] 這種認識的直接後果就是，法院判決認定監護人盡到了監護責任的情形很少見。只有極個別的判決認為，由於學校實行的是封閉式管理，監護人履行監護職責受到了限制，因此可以認定監護人盡到了監護責任，減輕其責任。[12]

---

8. 〈最高人民法院民事審判庭關於單位擔任監護人是否承擔賠償責任的電話答覆〉（1989 年 8 月 30 日（89）法民字第 23 號）指出：「關於《民法通則》第 133 條第 2 款『但單位擔任監護人的除外』如何理解的請示，經研究並與人大法工委民法室聯繫了解，其立法原意是單位不承擔賠償責任。」
9. 王勝明主編（2010）。《中華人民共和國侵權責任法釋義》。162 頁。
10. 楊洪達（2003）。《侵權損害賠償案例評析》。358 頁。
11. 同上註。357 頁。
12. 參見〈權賜訴趙璽人身損害賠償糾紛案〉，甘肅省張掖市甘州區人民法院（2007）甘民初字第 71 號民事判決書。

3.2 被侵權人具有過錯

實踐中，監護人責任的減輕主要不是因為監護人盡到了監護責任，而是由於法院認為被侵權人對於損害的發生也有過錯。[13]《侵權責任法》第 26 條規定，如果被侵權人對損害的發生也有過錯的，可以減輕侵權人的責任。

4. 程序法問題

被侵權人提起侵權訴訟時，究竟將被監護人列為被告，還是將監護人列為被告，抑或以兩者為共同被告？對此，《民事訴訟法解釋》第 67 條規定：「無民事行為能力人、限制民事行為能力人造成他人損害的，無民事行為能力人、限制民事行為能力人和其監護人為共同被告。」

---

13. 參見〈馬旭訴李穎、梁淦侵權損害賠償糾紛案〉，《中華人民共和國最高人民法院公報》。1996 年第 1 期。

第十五章

用人者責任

一 概述

1. 用人者責任的概念與特徵

1.1 概念

　　用人者責任，又稱「僱主責任（employer's liability）」、「輔助人責任（*Gehilfenhaftung*）」、「使用人責任」、「用人單位責任」或「使用者責任」。在侵權法上，用人者責任有廣、狹義之分（參見圖 15.1）。[1] 狹義的用人者責任，僅指被使用者因執行工作任務或提供勞務造成他人損害時，用人者應承擔的侵權責任。此種用人者責任，既包括民法上的用人者責任，也包括國家賠償責任。前者如，甲在為 A 公司運輸貨物時，將行人乙撞死。A 公司為甲承擔的就是民法上的用人者責任；後者如，某公安局警察張某為報復情敵李某，故意誣陷李某嫖娼，將之行政拘留。中國《侵權責任法》第 34 條、第 35 條第 1 句以及最高人民法院《人身損害賠償解釋》第 9 條、第 13 條就是對民法上用人者責任的規定。國家賠償責任則由《國家賠償法》等法律以及最高人民法院頒佈的《關於適用〈中華人民共和國國家賠償法〉若干問題的解釋（一）》、《關於人民法院賠償委員會審理國家賠償案件適用精神損害賠償若干問題的意見》等司法解釋加以規定。

　　廣義的用人者責任除包括狹義的用人者責任外，還包括被使用者因執行工作任務或提供勞務而遭受損害時用人者承擔的責任，即中國《侵權責任法》第 35 條第 2 句、《人身損害賠償解釋》第 11 條第 1、2 款、第 14 條規定的責任。例如，2001 年 3 月，張某受被告王某的僱傭，為其開車，每月報酬為 400 元。同年 4 月 16 日晚，張某在駕駛出租車時，遭到犯罪分子的搶劫並被殺害。由於受害人是在從事受僱工作過程中遭受殺害的。因此，作為僱主的被告應承擔賠償責任。[2]

---

1. Markesinis & Deakin. *Tort Law*. 520.

2. 〈張甜甜等訴王磊因張甜甜之父張桂明在受僱開車過程中被害請求損害賠償案〉。最高人民法院中國應用法學研究所編（2005）。《人民法院案例選》（總第 51 輯）。246 頁以下。

圖 15.1　用人者責任的類型

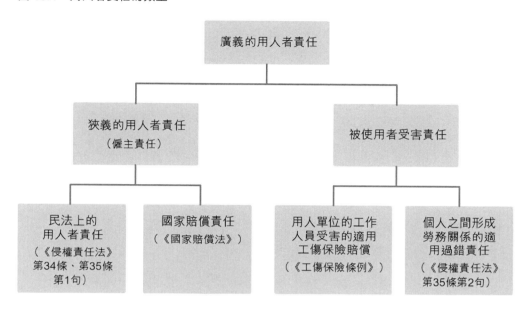

1.2　特徵

民法上狹義的用人者責任有以下兩個特徵：首先，適用的是無過錯責任。無論是用人單位的工作人員因執行工作任務造成他人損害，還是提供勞務的一方因勞務造成他人損害，即便用人單位、接受勞務的一方沒有過錯，也應承擔侵權責任（《侵權責任法》第 34 條、第 35 條）。

其次，狹義的用人者責任屬於替代責任、為他人行為的責任，即行為人與責任人分離。在用人者責任中，從事加害行為的是被使用者（工作人員或提供勞務的一方），承擔侵權責任的卻是用人者（用人單位或接受勞務的一方），行為主體與責任主體發生了分離，屬於為他人行為之責任。正因如此，《侵權責任法》才在第 4 章「關於責任主體的特殊規定」中規定用人者責任。

2.　用人者責任的類型

《侵權責任法》依據用人者是單位還是個人，將用人者責任分成了兩類（參見圖 15.2）：其一，用人單位責任（第 34 條）。該類責任又進一步分為：

圖 15.2　《侵權責任法》中狹義的用人者責任的類型

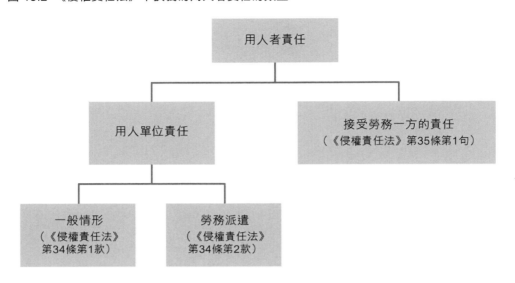

一般的用人單位責任（第 34 條第 1 款）、勞務派遣中用工單位與勞務派遣單位的責任（第 34 條第 2 款）。其二，接收勞務一方的責任（第 35 條第 1 句）。

之所以要區分用人單位責任與接收勞務一方的責任，理由在於：隨着近年來中國經濟的發展，個人之間形成勞務的情形愈來愈多，如保姆、家庭教師、鐘點工等。起草《侵權責任法》時，「有的地方、法院和專家提出，現實生活中因僱保姆、家庭裝修等在個人之間形成勞務關係的較多，提供勞務一方造成他人損害或者自己受到傷害的，由誰承擔責任，草案對此應當作出規定」。[3] 全國人民代表大會法律委員會經研究後，建議在《侵權責任法》草案（第三次審議稿）》中增加關於個人之間形成勞務關係時侵權責任的規定（即正式頒佈的《侵權責任法》的第 35 條）。

---

3. 〈全國人民代表大會法律委員會關於《中華人民共和國侵權責任法（草案）》修改情況的彙報〉（2009 年 10 月 27 日十一屆全國人大常委會第十一次會議）。

3.   用人者責任的歸責原則

在《侵權責任法》頒行前，《人身損害賠償解釋》採取的就是無過錯責任。該解釋第 9 條第 1 款第 1 句明確規定：「僱員在從事僱傭活動中致人損害的，僱主應當承擔賠償責任。」《侵權責任法》繼續採用了無過錯責任的規定（第 34 條、第 35 條第 1 句），這是非常合理與必要的。

首先，更有利於保護受害人，符合現代侵權法保護弱者、補償損害的理念。在比較法上，確有一些國家對用人者責任適用的過錯推定，如德國、瑞士、日本等。但是，因過錯推定對受害人非常不利，故而，這些國家法院在實踐中只能通過不斷減少僱主的免責事由或縮小抗辯事由的範圍，來消除這一弊端，結果使得法律條文上的過錯推定責任，實際中已演變為無過錯責任。[4]

其次，對用人者責任採取過錯推定責任，令僱主就其過錯負責，表面上似乎符合過錯責任原則的基本精神表面，但就現代社會中的大公司、大企業而言，這種規定實屬具文。因為大公司、大企業的規模大、管理層級眾多，企業的所有者不可能對最底層員工的盡到所謂的選任監督義務。要求他們在未盡到此種不能實現的選任監督義務時負責，明顯不合實際。況且，在採取過錯推定的情況下，僱主要證明自己盡到選任監督的注意義務，勢必在案件中爭執自己已對僱員之品德、個性、教育、能力以及有無犯罪或侵權行為前科等進行了審查，這樣就把僱員的這些隱私暴露於公眾面前。僱主為了免責，也不願僱用那些有犯罪或侵權行為前科之人，由此就會引發就業中的諸多歧視。[5] 因此，從社會觀點考慮，也不應採取過錯推定責任。

最後，僱主責任採取無過失責任，不會對僱主造成過重的經濟負擔，因為僱主可以通過責任保險制度以及產品、服務的定價將因此增加的成本加以社會化分散。[6] 而且，採取無過失責任可迫使僱主不斷改進科學技術及管理水

---

4. 〔荷〕J・施皮爾主編（2009）。《侵權法的統一：對他人造成的損害的責任》（梅夏英、高聖平譯）。北京：法律出版社。401 頁；〔日〕圓谷峻（2008）《判例形成的日本新侵權行為法》（趙莉譯）。北京：法律出版社。303 頁。

5. 王澤鑒（2009）。〈僱用人無過失侵權責任的建立〉，《民法學說與判例研究》（第一冊）。北京：北京大學出版社。33 頁。

6. Guido Calabresi (1961). "Some Thoughts on Risk Distribution and the Law of Torts," *The Yale Law Journal*. Vol. 70, 503–504.

平，盡力避免僱員致害他人；此外，對於投保了僱主責任保險的僱主而言，保險人可以通過保費費率的浮動，間接迫使其加強對僱員的選任、培訓與監督，由此形成一個避免僱員致害的良好激勵機制。

二　用人者責任的構成要件

1.　加害行為人是用人單位的工作人員、提供勞務的個人

1.1　用人單位的工作人員

1.1.1　用人單位

《侵權責任法》第 34 條的「用人單位」涵義很廣。它是指除個人之外的一切組織。換句話說，只要不是自然人，就是《侵權責任法》第 34 條意義上的用人單位。至於有無法人資格和單位的所有制如何，在所不問。工作人員究竟是該組織的勞動者，還是正式在編的公務員抑或參照《公務員法》管理的工作人員，僅是工作人員與該組織之間的法律關係，也無須考慮。

依據有無法人資格，用人單位可分為兩類：（1）具有法人資格的用人單位，包括機關法人（如立法機關、行政機關、司法機關、軍事機關等）、事業單位法人、社會團體法人、企業法人。（2）不具有法人資格的用人單位，包括合夥企業（如普通合夥企業、有限責任合夥等）、法人的分支機關（如分公司）、合夥律師事務所、個人律師事務所、合夥會計師事務所、個人獨資企業、個體工商戶等。

1.1.2　工作人員

工作人員，是指被納入了用人單位的組織之內、服從用人單位的指示並受其管理控制的自然人。用人單位的工作人員包括以下兩類：

其一，與用人單位存在勞動關係的工作人員。此類工作人員已被納入到用人單位的組織體內，要服從用人單位的指示和命令（《勞動法》第 3 條第 1 款、《勞動合同法》第 3 條第 2 款）。「勞動關係」，是指勞動者與用人單位在

實現勞動過程中建立的社會關係。[7] 用人單位與其工作人員之間的勞動關係可以是長期的，也可以是短期的；可以是有償的，也可以是無償的。只要勞動者與用人單位之間實際存在一方提供勞動、一方實際用工的關係，就建立了勞動關係，該勞動者即屬於用人單位的工作人員（《勞動合同法》第 7 條第 1 句）。至於他們之間是否依據《勞動合同法》訂立了書面的勞動合同，無關緊要。

其二，公務員及參照《公務員法》管理的工作人員。當用人單位是國家機關法人時，其工作人員如屬於「依法履行公職、納入國家行政編制、由國家財政負擔工資福利的工作人員」，就屬於公務員（《公務員法》第 2 條）。此外，在法律、法規授權的具有公共事務管理職能的事業單位中，除工勤人員以外的工作人員，經批准參照《公務員法》進行管理（《公務員法》第 106 條）。公務員應當按照規定的權限和程序認真履行職責，努力提高工作效率；應當忠於職守，勤勉盡責，服從和執行上級依法作出的決定和命令，不得拒絕執行上級依法作出的決定和命令。

1.2　個人之間形成勞務關係

1.2.1　「個人之間形成勞務關係」的涵義

個人之間形成勞務關係，是指自然人與自然人之間形成了勞務法律關係。在該法律關係中，一方為勞務提供者，另一方為勞務接受者。民法上涉及到勞務之提供與接受的合同類型很多，依其內容可大致分為：單純勞務提供型合同，如僱傭合同；事務處理型合同，如委託合同、居間合同、行紀合同、倉儲合同等；完成工作型合同，如承攬合同、旅遊合同、運輸合同、出版合同等。[8] 用人者責任的理論基礎之一就在於用人者的控制力。故此，只有單純勞務提供型合同形成的法律關係才是《侵權責任法》第 35 條第 1 句規定的「個人之間的勞務關係」。因為在僱傭合同等單純提供勞務型合同中，債務人所負擔的是手段性債務而非結果性債務。手段性債務如何履行應由合同決定，債權人（接受勞務的一方）有權要求債務人（提供勞務的一方）按照合同

---

7. 信春鷹主編（2007）。《中華人民共和國勞動合同法釋義》。北京：法律出版社。25 頁。

8. 劉春堂（2003）。《民法債編各論（上）》。台北：作者自刊。3 頁。

的約定，在規定的時間、地點按照規定的方式提供勞務。接受勞務者對提供勞務者具有很強的控制力，符合用人者責任的要求。

至於事務處理型合同與完成工作型合同，雖然個人之間也會形成勞務的授受關係，但他們之間並沒有形成支配與從屬、命令與服從的關係。因此，如果提供勞務的一方造成他人損害，原則上由該人自行承擔責任，只有接受勞務之一方存在定作、選任或指示過失時，才需要承擔責任，此即《人身損害賠償解釋》第 10 條規定的定作人責任。

1.2.2　個人之間形成的勞務關係可以是有償的或無償的

個人之間形成勞務關係可以是有償的，也可以是無償的。有償的情形，如家庭聘請保姆、家庭教師等。至於個人之間形成無償的勞務關係，最常見的就是所謂的「義務幫工」或「無償幫工」。這種幫工行為在屬於熟人社會的中國農村最為常見。在中國農村尤其是聚族而居的南方農村，本村村民無論是婚喪嫁娶，還是建房修屋，都是由同村村民前來幫工。被幫工者一般以煙酒茶飯款待之，並不會付給工資。《侵權責任法》第 35 條第 1 句沒有區分勞務關係的有償無償，只要個人之間形成了勞務關係，接受勞務的一方都應就提供勞務一方因勞務給他人造成的損害承擔侵權責任。[9]

1.2.3　《侵權責任法》第34條第1款與第35條第1句的關係

《侵權責任法》第 34 條第 1 款與第 35 條第 1 句之所以分開規定，就是因為前者是用人單位與其工作人員形成的勞動法律關係，後者是個人之間形成的勞務法律關係。這兩類法律關係存在以下差別，需要特別注意：首先，適用的法律不同。在個人之間形成的勞務關係中，由於雙方當事人的經濟地位是平等的，法律無需對一方提供更多的保護。他們適用的是《民法通則》、《合同法》等民事法律。但是，在用人單位與其工作人員的關係中，雙方經濟地位存在很大的差異，工作人員通常處於弱勢地位。為了更好地保護勞動者的合

9.　本書認為，《侵權責任法》施行後，《人身損害賠償解釋》第 13 條應予廢止。不同意見參見奚曉明主編（2010）。《《中華人民共和國侵權責任法》條文理解與適用》。北京：人民法院出版社。261–262 頁。

法權益，勞動關係由專門的法律如《勞動法》、《勞動合同法》等加以調整，這些法律中有很多保護勞動者的特殊規定。

其次，是否必須參加不同社會保險。接受勞務的個人無須承擔提供勞務的個人的社會保險，而用人單位必須為其工作人員提供社會保險。

第三，爭議的解決程序不同。個人之間形成勞務關係的，如果發生糾紛，可以直接向法院提起民事訴訟。用人單位與勞動者發生勞動糾紛的，應先由勞動爭議仲裁委員會仲裁，不服仲裁裁決的方能提起訴訟（《勞動爭議調解仲裁法》第 5 條）。

1.3　勞務派遣關係

1.3.1　勞務派遣的涵義

勞務派遣，也稱「人力派遣」或「勞動派遣」，是指勞務派遣單位與接受勞務派遣的單位簽訂勞務協議，由前者將其工作人員派往後者，令其服從後者的指揮並在該單位監督下提供勞動的情形。勞務派遣具有符合社會專業化分工、降低成本等優點，加之其能有效規避《勞動合同法》第 14 條對無固定期限合同的規定，因此近年來在中國勞務市場上大行其道。為了防止勞務派遣被濫用，損害勞動者的合法權益，2012 年 12 月 28 日第 11 屆全國人民代表大會常務委員會第 30 次會議通過的《關於修改〈中華人民共和國勞動合同法〉的決定》對《勞動合同法》中勞務派遣的規定進行了修改，即做了更為嚴格的限制。修訂後的《勞動合同法》第 66 條規定：「勞動合同用工是中國的企業基本用工形式。勞務派遣用工是補充形式，只能在臨時性、輔助性或者替代性的工作崗位上實施。前款規定的臨時性工作崗位是指存續時間不超過六個月的崗位；輔助性工作崗位是指為主營業務崗位提供服務的非主營業務崗位；替代性工作崗位是指用工單位的勞動者因脫產學習、休假等原因無法工作的一定期間內，可以由其他勞動者替代工作的崗位。用工單位應當嚴格控制勞務派遣用工數量，不得超過其用工總量的一定比例，具體比例由國務院勞動行政部門規定。」

依據《勞動合同法》，勞務派遣應符合以下規定：首先，勞務派遣單位必須是依法設立的組織（第 57 條）。其次，被派遣的工作人員與勞務派遣單位，應訂立兩年以上的固定期限勞動合同，該合同必須載明被派遣勞動者的用工

圖 16.3 勞務派遣中的法律關係示意圖

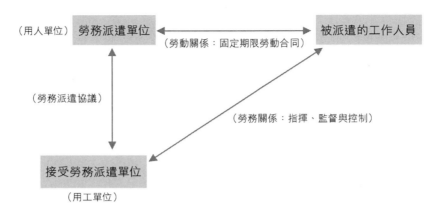

單位以及派遣期限、工作崗位等情況（第 58 條）。第三，勞務派遣單位應與接受以勞務派遣形式用工的單位訂立勞務派遣協議。該協議須約定派遣崗位和人員數量、派遣期限、勞動報酬和社會保險費的數額與支付方式以及違反協議的責任（第 59 條第 1 款）。最後，勞務派遣單位應當將勞務派遣協議的內容告知被派遣勞動者（第 60 條第 1 款）。

1.3.2　原則上接收勞務派遣的單位承擔侵權責任

勞務派遣關係中存在三方主體，即勞務派遣單位、被派遣的工作人員及接受勞務派遣的單位。其中，勞務派遣單位與被派遣的工作人員之間存在的是勞動關係，它是被派遣工作人員的「用人單位」（《勞動合同法》第 58 條第 1 款）。勞務派遣單位與接受勞務派遣的單位存在勞務派遣協議。依據該協議，被派遣的工作人員為接受勞務派遣的單位提供勞務，兩者存在的是勞務關係，接受勞務派遣的單位是被派遣工作人員的「用工單位」（《勞動合同法》第 59 條第 1 款）。勞務派遣期間，真正能夠對被派遣的工作人員加以指示、管理和監督的不是作為用人單位的勞務派遣單位，而是作為用工單位的接受勞務派遣的單位。故此，當被派遣的工作人員因執行工作任務造成他人損害時，應由接受勞務派遣的用工單位承擔侵權責任。《侵權責任法》第 34 條第 2 款第 1 句規定：「勞務派遣期間，被派遣的工作人員因執行工作任務造成他人損害的，由接受勞務派遣的用工單位承擔侵權責任。」

1.3.3 勞務派遣單位有過錯時承擔補充責任

《侵權責任法》第 35 條第 2 款第 2 句規定:「勞務派遣單位有過錯的,承擔相應的補充責任。」所謂「有過錯」是指,勞務派遣單位違反勞務派遣協議,派遣了不符合要求的工作人員到用工單位,以致該工作人員因工作任務而給他人造成損害。「相應的補充責任」則意味着:首先,應由接受勞務派遣的單位即用工單位承擔全部的賠償責任。如果接受勞務派遣的單位已經承擔了全部的賠償責任,則勞務派遣單位無需再向被侵權人承擔賠償責任。但是,由於勞務派遣單位很可能違反了勞務派遣協議,所以接受勞務派遣的單位有權依據合同法的規定,追究勞務派遣單位的違約責任。其次,如果因為經濟實力等原因,接受勞務派遣的單位無法向被侵權人承擔賠償責任或無力承擔全部賠償責任的,則應根據勞務派遣單位的過錯程度、原因力等因素,令其就接受勞務派遣的單位無法承擔的那一部分承擔一定的賠償責任。此時,因勞務派遣單位已向被侵權人承擔了侵權責任,所以接受勞務派遣的單位不能再依勞務派遣協議要求勞務派遣單位承擔違約責任。例如,A 保安公司隱瞞保安甲患有精神病的事實並將其派往 T 大學擔任校園保安。一日,甲在執勤時突發精神病,將學生乙打傷。依據《侵權責任法》第 34 條第 2 款第 1 句,接受勞務派遣的用工單位 T 大學應就甲打傷乙的行為承擔侵權責任,但由於 A 保安公司在錄用甲時沒有進行體檢,未能發現甲有精神病,故其也存在過錯。依據《侵權責任法》第 34 條第 2 款第 2 句,作為勞務派遣單位的 A 保安公司應承擔「相應的補充責任」。

2. 工作人員、提供勞務一方的行為構成侵權行為

用人者責任屬於替代責任,即用人者為被使用者的侵權行為承擔責任。因此,只有當被使用者的行為符合侵權行為的構成要件,產生侵權責任時,才會進一步發生用人者責任的問題。因此,工作人員或提供勞務的一方的行為應當構成侵權行為。現代社會中使用他人為自己從事活動的情形非常普遍,尤其是法人、其他組織,故此,用人者責任的適用範圍非常廣泛,既包括一般侵權行為領域,也包括醫療損害責任、機動車交通事故責任、環境污染責任、產品責任、高度危險責任等特殊侵權行為領域。工作人員或提供勞務的一方的加害行為是否構成侵權行為,應依據該加害行為究竟是一般侵權

還是特殊侵權而定。在侵權訴訟中，作為原告的受害人或其近親屬負有證明工作人員或提供勞務的一方的行為構成侵權行為的舉證責任。

3. 執行工作任務或提供勞務

3.1 概述

《侵權責任法》第 34 條第 1 款和第 35 條第 1 句要求，用人單位的工作人員或提供勞務方給他人造成的損害，須「因」執行工作任務和勞務所致。此「因」字即表明：用人單位工作人員或提供勞務的一方給他人造成的損害是與「執行工作任務」或「勞務」有因果關係的。也正因如此，才需要讓用人單位或接受勞務一方承擔責任。否則，適用用人者責任就是非常不公正的。如果損害是發生在執行工作任務或勞務過程中，但是卻與執行工作任務或提供勞務的行為沒有因果關係，也不屬於因執行工作任務或因勞務造成的損害，不發生用人者責任的問題。例如，某單位的負責人甲出差到外地，在 A 賓館住宿，離開時忘記關水龍頭，致水池中的水大量溢出，給 A 賓館造成了財產損失。儘管甲出差在外的行為是執行工作任務，但是，忘記關水龍頭而造成賓館的損害卻與執行工作任務之間沒有因果關聯性。[10]

在用人者責任的構成要件中，最複雜也最富爭議的就是，如何判斷損害是否因執行工作任務或勞務所致。這是因為，對該要件的判斷直接關涉到侵權中兩項最基本的價值 —— 行為自由與權益保護 —— 的關係如何協調的問題。如果採取過於寬鬆的判斷標準，就會出使得用人者承擔過重的責任，為其根本無法控制的被使用者的行為負責，不利於維護用人者的合理行為自由。倘若判斷標準過於嚴格，又會使用人者藉此任意推脫責任，無法有效的保護被侵權人的合法權益。鑒於實踐中的情形非常複雜，學說上有不同的觀點，法律上無法給出一個統一、明確的判斷標準，通常是由法院通過判例完善和發展出具體的判斷標準。

---

10. 〈最高人民法院經濟審判庭關於壽光縣東都賓館訴栖霞縣物資局、物資開發公司損害賠償糾紛一案的覆函〉（1992 年 5 月 5 日法經〔1992〕70 號）認為：「該損害賠償案件雖然是棲霞縣物資局長、物資公司經理兩人在因公出差過程中發生的。但在賓館房間忘記關閉水龍頭的行為與執行職務沒有必然聯繫，不屬職務行為。」

中國司法實務和民法學界主流觀點都認為應當採取客觀說，因為此說更有利於保護受害人，符合比較法上的發展趨勢。[11] 最高人民法院頒佈的《人身損害賠償解釋》明確採取了客觀說。該解釋第 9 條第 2 款規定：「前款所稱『從事僱傭活動』，是指從事僱主授權或者指示範圍內的生產經營活動或者其他勞務活動。僱員的行為超出授權範圍，但其表現形式是履行職務或者與履行職務有內在聯繫的，應當認定為『從事僱傭活動』。」依據該規定可知，中國司法實務上判斷執行工作任務的標準為：首先，要看該活動是否為僱主授權或指示的活動。如果是，當然屬於執行工作任務。反之，則轉入第二層次的判斷，即看該活動的表現形式是否為履行職務或者與履行職務有內在聯繫。

3.2　執行工作任務或提供勞務的類型化判斷

儘管中國司法實務和主流學說都採取客觀說來判斷執行工作任務或提供勞務，但是，實踐中的情形非常複雜，因此有必要做類型的研究，以明確個案中具體的操作標準。依據工作人員或提供勞務的一方所從事的活動是否在用人單位或接受勞務的一方的授權或指示範圍之內，可將「執行工作任務」與「勞務」的情形分為以下兩類。

3.2.1　授權或指示範圍內的活動

如果工作人員或提供勞務方是在用人單位或接受勞務方的授權、指示範圍內從事行為，無論該行為是生產經營活動還是其他活動，是法律行為還是非法律行為，只要給他人造成損害，都屬於「因執行工作任務」或「因勞務」造成損害的情形，用人單位或接受勞務方當然要承擔侵權責任，對此實踐中幾無異議。例如，A 運輸公司的工人按照公司的要求運送貨物，途中發生交通事故，造成他人死亡；保安按照 B 廠負責人的要求用暴力驅趕在 B 廠門前抗議該廠污染環境的人群，打傷數人。這些都屬於執行工作任務，應由用人單位承擔責任。

---

11. 王利明（2011）。《侵權責任法研究（下卷）》。北京：中國人民大學出版社。99 頁以下。

3.2.2　超出授權或指示範圍的活動

在工作人員或提供勞務者的活動是否屬於執行工作任務或提供勞務時，爭議最大的就是此類超出授權或指示範圍的活動。具體來說，這一類活動可分為兩類：

第一，雖有授權或指示，但怠於執行工作任務或提供勞務，或者雖然執行工作任務或提供勞務，可是其內容或方式違反指示或命令的。前者如，T大學游泳館的救生員不認真觀察巡視，而是玩手機、發微信，以致於游泳者甲在水中突發癲癇時因無人救援而溺水死亡。後者中內容違反授權或指示的如：公交公司的售票員與司機擅自交換工作崗位，售票員開車時發生交通事故致行人死亡；方式違反指示或命令的如：超市讓保安防止有人偷竊商品，某保安發現有人偷東西後，未按照規定程序處理，而是衝上去對竊賊拳打腳踢，將其打傷。

第二，沒有授權或指示，而是利用了執行工作任務或提供勞務的便利而從事的活動。例如，某快遞公司的快遞員甲，在分揀快遞時竊取客戶乙郵寄的包裹中的手機。再如，酒店的保安盜開住店旅客停放的轎車而發生交通事故，造成他人損害。

實踐中，工作人員或提供勞務者超出授權或指示從事的活動，多為具有故意或重大過失的行為。該行為是否屬於執行工作任務或提供勞務，應按照《人身損害損害賠償解釋》第 9 條第 2 款第 2 句確定的客觀說加以判斷，即只有當該等行為與執行工作任務或勞務具有內在聯繫，或其表現形式為履行職務時，用人單位或接受勞務者才應承擔責任。本書認為，在理解表現形式為履行職務或與履行職務有內在聯繫時，應綜合參考以下因素：

(1)　加害行為是否屬於用人單位，或接受勞務一方能夠預見並採取相應措施避免的風險。如果是，則該行為屬於執行工作任務或提供勞務的行為，否則就不屬於。例如，機場運送的旅客行李中肯定有各種珍貴物品，為保護旅客財產安全，機場就應當採取相應的管理措施防止運輸工人中有人借機私拆旅客行李並盜竊之。再如，出租車經營者應當預見並控制司機違反交通規則超速或醉酒駕車造成乘客或他人損害的風險；但是其通常很難預見並控制司機與他人鬥毆或因貪圖乘客的財物而殺害乘客的風險。由此可

見，那些因為職務本身而產生的侵權的可能和危險，屬於用人單位或接受勞務者應當預見的風險，並且他們還需要預先採取措施加以避免，將由此產生的成本作為經營成本加以分散。如果可能或危險是與加害行為人個人因素息息相關的，即換做其他人從事該職務則一般不會產生的危險，不屬於用人單位或接受勞務者應當預見的。由此造成他人損害的行為也不屬於執行工作任務或提供勞務的行為，不發生用人者責任的問題。

(2) 加害行為的目的。加害人雖然沒有得到授權或指示，但是，其所從事的行為是為了用人單位或者接受勞務一方的利益，通常也會被認定為該行為與執行工作任務或勞務具有內在聯繫，用人單位或接受勞務的一方應當承擔侵權責任。

(3) 其他與執行工作任務或提供勞務內在聯繫的事實，如加害人是在工作的時間或工作的場所內從事的活動。

三 用人者責任的法律後果

1. 用人者單獨承擔責任

《人身損害賠償解釋》沒有一概認定僱主與僱員承擔連帶賠償責任，其第9條第1款第1、2句只是規定原則上僱主單獨承擔賠償責任，而僱員只有在故意或者重大過失致人損害的情況下，才與僱主承擔連帶賠償責任。《侵權責任法》第34條與第35條第1句，更是明文規定由用人者單獨承擔侵權責任。但與司法解釋不同的是，其並未規定用人者與被使用者之間是否承擔，以及在何種條件下承擔連帶責任。

2. 用人者的追償權

《人身損害賠償解釋》第9條第1款規定：「僱員在從事僱傭活動中致人損害的，僱主應當承擔賠償責任；僱員因故意或者重大過失致人損害的，應當

與僱主承擔連帶賠償責任。僱主承擔連帶賠償責任的,可以向僱員追償。」[12]這就意味着只有當僱員是因故意或重大過失致人損害,僱主享有針對僱員的追償權。該規定與荷蘭、比利時的立法相似,值得贊同。可是,《侵權責任法》第 34 條與第 35 條卻未規定僱主的追償權。[13] 本書認為,《侵權責任法》沒有規定僱主的追償權並非就意味着否定了僱主的追償權。首先,中國的一些法律對特定類型的用人者責任中用人者的追償權有明確的規定,如《國家賠償法》第 16 條第 1 款、第 31 條第 1 款以及《律師法》第 54 條、《公證法》第 43 條等。即便在法律沒有特殊規定的時候,應當適用《人身損害賠償解釋》第 9 條第 1 款的規定。其次,承認僱主對故意或重大過失的僱員享有追償權,既可以有效地確保僱員在執行工作任務時更加勤勉謹慎,以免損害僱主的權益,同時,也有助於保護受害人的權益。因為並非所有的時候僱主都比僱員富有。如果在任何時候都只能僱主承擔責任,僱主不能向僱員追償,就會出現受害人從僱主處得不到賠償,也無法要求僱員承擔責任的弊端。[14]

四　工作人員或提供勞務一方自身受害之賠償責任

1.　概述

　　工作人員或提供勞務方在執行工作任務或提供勞務的過程中,既可能給他人造成損害,也可能使自己遭受損害。前一種情形是狹義的用人者責任規範問題,後一種情形被包含在廣義的用人者責任當中。核心的問題是工傷保險賠償與用人單位侵權責任如何協調的問題。對此,爭議很大,實踐中做法也不相同。《侵權責任法》頒佈前,《人身損害賠償解釋》就這一問題做出了

---

12. 有的法院認為,在道路交通事故中所謂僱員具有「重大過失」,是指僱員「被追究刑事責任、行政拘留、吊銷駕駛證以及被認定負全部責任」。參見〈李鐵茂訴秦偉紅僱主損害賠償糾紛案〉,河南省陝縣人民法院(2010)陝民初字第 100 號民事判決書。

13. 《侵權責任法》未規定用人者追償權的詳細理由,參見王勝明主編(2010)。《中華人民共和國侵權責任法解讀》。162 頁以下。

14. 實踐中發生過此類案例。參見〈僱主被判令承擔賠償責任但無能力賠償,是否有權向第三人行使追償權〉,《人民司法·應用》。2012 年第 7 期。

如下規定：（1）凡是依法應參加工傷保險統籌的用人單位的勞動者在工作中遭受人身傷害的，只能適用《工傷保險條例》的規定處理，不能要求用人單位承擔民事賠償任（第12條第1款）。（2）如果用人單位的勞動者在執行工作任務時遭受了第三人的侵權行為，則該勞動者或其近親屬不僅可以獲得工傷保險給付，還有權要求第三人承擔民事賠償責任，兩者能夠並存（第12條第2款）。（3）如果僱主與僱員之間的關係並非勞動關係，依法不需要參加工傷保險統籌的，則僱主對僱員在從事僱傭活動中遭受的人身損害應當承擔侵權責任，適用的是無過錯責任原則（第11條第1款第1句）。（4）倘若僱員的人身損害是僱傭關係外的第三人所致，受害人可以請求第三人承擔賠償責任，也可以請求僱主承擔賠償責任（第11條第1款第2句）。[15] 僱主承擔賠償責任後，可以向第三人追償（第11條第1款第3句）。

在起草《侵權責任法》時，許多人期待該法能徹底、全面的解決工作人員或提供勞務方因執行工作任務或勞務自身受到損害時，究竟是適用侵權賠償責任還是工傷保險的問題。但令人遺憾的是，《侵權責任法》對這個問題並沒有做出規定。不僅如此，與《人身損害賠償解釋》相比，該法還在某些方面出現了倒退。首先，《侵權責任法》第34條完全迴避了用人單位的工作人員因執行工作任務自己受到損害的賠償問題。其次，該法第35條第2句將《人身損害賠償解釋》確立的對提供勞務方非常有利的無過錯責任改為過錯責任，即根據提供勞務一方與接收勞務一方各自的過錯承擔相應的責任。

2. 用人單位的工作人員因執行工作任務自身遭受損害

2.1 工作人員因執行工作任務遭受其他工作人員的侵害

受害人與加害人皆為用人單位的工作人員且損害因執行工作任務所致時，就會出現工傷保險與用人單位責任並存的問題。一方面，作為用人單位工作人員的加害人因執行工作任務而損害他人的，依《侵權責任法》第34條第1款，用人單位應承擔侵權責任；另一方面，由於受害人也是用人單位的工作人員，且其是在從事工作任務的過程中遭受人身損害的，所以該損害多構成工傷。

---

15. 參見關麗（2005）。〈第三人侵權造成僱員人身損害的僱主責任〉。最高人民法院民事審判第一庭編。《中國民事審判前沿》。第1集。北京：法律出版社。111頁。

依據《工傷保險條例》的規定，受害人或其近親屬可以獲得工傷賠償。對於這個問題，由於《侵權責任法》沒有規定，本書認為，此種情形下僅適用工傷保險，受害人不得要求用人單位承擔侵權責任。如果當事人以損害賠償案由起訴要求用人單位賠償的，應裁定不予受理；已經受理的，應裁定駁回起訴。

2.2　工作人員因執行工作任務遭受第三人的侵害

此處的「第三人」，是指用人單位及其工作人員之外的人。實踐中，工作人員因執行工作任務遭受第三人侵害的典型情形就是交通事故。例如，甲受 A 單位指派前往 B 單位洽談生意，路上被乙駕駛的機動車撞傷。甲是 A 單位的工作人員且因執行工作任務發生交通事故，屬於工傷；而乙駕駛機動車造成甲的損害，構成侵權行為，應承擔侵權責任。由此就產生了工傷保險與第三人侵權責任能否並存，以及如何並存的問題。對此，《人身損害賠償解釋》第 12 條第 2 款規定：「因用人單位以外的第三人侵權造成勞動者人身損害，賠償權利人請求第三人承擔民事賠償責任的，人民法院應予支持。」

2.3　因用人單位的原因致使工作人員在執行工作任務中遭受損害

如果工作人員執行工作任務時所受之損害並非其他工作人員或第三人所致，而是用人單位所致，例如，工人在使用機器時手臂被切斷、到惡性瘧疾流行的地方當翻譯感染瘧疾而死亡等，[16] 受害人獲得工傷保險賠償後，能否要求用人單位承擔侵權責任？有人認為，《侵權責任法》第 34 條之所以沒有規定用人單位工作人員自身遭受損害時用人單位的賠償責任問題，就是因為用人單位依法必須參加工傷保險統籌，為職工繳納工傷保險費。工作人員因用人單位的原因遭受損害的屬於工傷，自然應適用工傷保險而非侵權責任。[17] 筆者認為，這種觀點是比較合理的。因為原則上工傷保險取代了用人單位的侵權責任，受害人只能獲得工傷保險賠償。其體理由前已述及。

---

16. 參見馬彩雲、田雅娟（2012）。〈僱員在從事僱傭活動中因病死亡時僱主責任的確定 —— 馮某某、鞠某某訴北京某建材有限公司勞務合同糾紛案相關法律問題分析〉。北京市高級人民法院。《審判前沿：新類型案件審判實務（總第 37 集）》。106–109 頁。
17. 王勝明主編（2010）。《中華人民共和國侵權責任法解讀》。167 頁以下。

3. 提供勞務的一方因勞務自身遭受損害的賠償

3.1 規範目的與歸責原則

提供勞務的一方因勞務而自身遭受損害的情形，是指在形成勞務關係的自然人之間，提供勞務方因勞務而給自己造成損害，該損害可能是第三人侵權所致，也可能是受害人自身的或者接受勞務方的原因所致。由於個人之間形成的勞務關係不屬於依法應當參加工傷保險統籌的情形，無法適用《工傷保險條例》，受害人不能享受工傷保險待遇。為解決由此產生的賠償責任問題，《侵權責任法》第 35 條第 2 句做出了專門的規定。依據該句，勞務提供方因勞務遭受損害時，應當適用過錯責任原則，即「根據雙方各自的過錯承擔相應的責任。」從現有的文獻來看，《侵權責任法》作此規定的理由在於：首先，既然個人之間提供勞務的關係不屬於依法必須參加工傷保險的情形，不適用《工傷保險條例》，就意味着無法通過保險機制來分散風險。如果要求接受勞務的一方無過錯也承擔責任，過於苛刻，有失公允。其次，實踐中，因勞務遭受損害的情形比較複雜，只有區分不同的情況，根據雙方的過錯來處理，才比較合理公平，符合現實。[18]

3.2 接受勞務一方的過錯之類型

3.2.1 不具備相應的資質或安全生產條件

儘管依據《安全生產法》、《建築法》等法律，從事建設工程等生產經營活動的民事主體應當是具有相應的安全生產條件和資格的單位。但是，在目前中國的建築市場上，違法轉包或層層分包以致實際上完全是由個人承包工程的情形屢見不鮮。個人不具有相應的資質和安全生產條件，僱用他人從事建設工程等生產經營活動的，在法律上就應當認為接受勞務一方是有過錯的。對此，《人身損害賠償解釋》第 11 條第 2 款還規定了連帶責任，即「僱員在從事僱傭活動中因安全生產事故遭受人身損害，發包人、分包人知道或者

---

18. 王勝明主編（2010）。《中華人民共和國侵權責任法釋義》。177–178 頁。

應當知道接受發包或者分包業務的僱主沒有相應資質或者安全生產條件的，應當與僱主承擔連帶賠償責任。」

3.2.2　未盡到對勞務活動的監督、指導、管理和控制的義務

勞務活動往往具有一定的危險性，接受勞務的一方於提供勞務一方從事勞務活動時，應盡到充分的監督、指導和管理之義務。否則，應認為接受勞務的一方具有過錯，應當承擔責任。

3.2.3　未提供相應的生產設備或採取相應的安全保護措施

接受勞務的一方應當為提供勞務的一方提供相應的生產設施，並採取充分的安全保護措施，以免提供勞務者遭受損害。如果接受勞務之一方不提供相應的生產設施或未採取安全保護措施，或者提供的生產設施、設備有缺陷，以致提供勞務者遭受損害的，接受勞務的一方具有過錯，應承擔責任。

3.3　責任的減輕或免除

在提供勞務一方因勞務遭受損害時，接受勞務的一方存在過錯的，應承擔賠償責任。但是，如果提供勞務的一方自己也有過錯的，就應比較雙方各自過錯的程度，相應的減輕接受勞務一方的賠償責任。由於《侵權責任法》並未特別規定受害人的重大過失可以免除行為人的侵權責任，因此即便在接受勞務方僅具輕微過失，而提供勞務方具有重大過失時，也不應免除接受勞務方的賠償責任。

如果提供勞務方與接受勞務方對於損害的發生都沒有過錯，司法實踐中一般適用是公平責任予以處理，根據實際情況，由雙方分擔損失。

3.4　提供勞務方因勞務遭受第三人侵害的賠償

提供勞務方從事勞務活動中遭受第三人侵害之時，受害人當然有權依據《侵權責任法》第 6 條第 1 款或相關規定，要求該第三人承擔侵權責任。如果接受勞務的一方對該損害之發生也有過錯，受害人還有權要求接受勞務方承擔侵權責任。

第十六章

網絡服務提供者的侵權責任

一　概述

1.　《侵權責任法》第36條的規範目的

1.1　第36條第1款是宣示性條款

《侵權責任法》第 36 條第 1 款規定：「網絡用戶、網絡服務提供者利用網絡侵害他人民事權益的，應當承擔侵權責任。」該款是對網絡用戶、網絡服務提供者單獨侵權責任的規範。其中，「網絡用戶」是指任何使用互聯網的民事主體，包括自然人、法人和其他組織。所謂「網絡服務提供者」，既包括網絡內容服務提供者，也包括網絡技術服務提供者。[1]

由於網絡用戶和網絡服務提供者利用網絡侵害他人民事權益的行為是否構成侵權責任及如何承擔侵權責任等問題，並無特殊的地方，完全可以依據《侵權責任法》中一般侵權責任的規定及《著作權法》等相關法律司法解釋解決，所以《侵權責任法》第 36 條第 1 款僅是一種宣示性的規定。[2]

1.2　第36條第2、3款規範了網絡技術服務提供者的侵權責任

《侵權責任法》第 36 條第 2、3 款中的網絡服務提供者是指「網絡技術服務提供者」，不包括「網絡內容服務提供者」。這是因為，就網絡內容服務提供者而言，如果其發佈的信息或提供的內容侵害了他人民事權益，其就是侵權人。不可能因為事後採取了「刪除、屏蔽、斷開鏈接等必要措施」，就能夠免除責任。[3] 但是，對於網絡技術服務提供者來說，其只是提供網絡技術方面的服務，原則上無須就他人利用其提供的網絡服務而從事的侵權行為負責。但是，如果網絡技術服務提供者知道網絡用戶利用該網絡技術服務從事侵害他人民事權益的行為，卻不採取相應的阻止措施時，此時該網絡技術服務提供者也應承擔責任。

---

1. 王勝明主編（2010）。《中華人民共和國侵權責任法解讀》，180 頁。

2. 同上註。

3. 奚曉明主編（2010）。《〈中華人民共和國侵權責任法〉條文理解與適用》。264 頁。

就網絡技術服務提供者的侵權責任問題，《侵權責任法》做了如下規定：首先，第 36 條第 2 款通過借鑒《信息網絡傳播權保護條例》的規定，為網絡技術服務提供者全面確立了「通知與移除規則」(也稱「通知—取下規則」)。其次，依據第 36 條第 3 款，如果網絡技術服務提供者知道有人利用其提供的網絡技術服務從事侵權行為時，也應採取必要的措施加以阻止，否則，就要與該侵權人承擔連帶責任。

2.　網絡侵權責任的類型

2.1　單獨責任

網絡侵權責任中的單獨責任，是指網絡用戶或者網絡服務提供者利用網絡單獨從事侵害他人民事權益的行為時，依法應獨自承擔的侵權責任。首先，網絡用戶利用網絡單獨從事侵權行為的情形種類眾多，如在網絡上發表侵害他人名譽權的言論；將涉及他人隱私的視頻、音頻資料上傳到網絡上；未經同意將他人享有著作權的電影、歌曲和書籍供人下載；利用網絡黑客技術竊取他人賬戶的資金等。

網絡服務提供者單獨實施侵害他人民事權益的行為也很常見，例如，未經著作權人同意在線播放或供人下載他人享有著作權的電影、電視、音樂、書籍等作品；隨意發表侵害他人名譽權的報道、刊登侵害他人隱私的照片等。

既然網絡服務提供者直接從事了侵害他人民事權益的侵權行為，因此，它不可能以被侵權人沒有對其進行通知作為抗辯事由，即當然不適用《侵權責任法》第 36 條第 2 款規定的「通知與移除規則」。例如，在「羅永浩與迅程公司侵犯網絡著作權糾紛案」中，法院指出：被告迅程公司並未為「維加斯賭場」(原告羅永浩的口述作品——作者註) 提供存儲空間或搜索、鏈接服務的網絡服務提供者，而是該作品的直接使用和網絡傳播者，其關於羅永浩未向其發出通知的辯稱不能成為免責事由。[4]

受害人針對網絡服務提供者從事的侵權行為提起訴訟時，應證明給其民事權益施加侵害的行為來自於該網絡服務者。司法實踐中認定被告是否屬於

---

4. 北京市海澱區人民法院（2006）海民初字第 26336 號民事判決書。

網絡服務提供者，主要考慮兩個因素：其一，相應主管部門出具的網站備案登記信息，例如，侵權網頁上顯示的網站名稱或對應的域名屬於被告所有或者該網頁的 IP 地址歸屬於被告。其二，網站上的相應標示，通常包括「聯繫我們」欄目或相應聯繫方式及網頁中的其他顯著標示。如果被告的「網頁上沒有顯示任何對應的域名或者網站名稱等信息可以表明該網頁屬於第三方所有，該網頁的 IP 地址亦不能證明該網頁另屬其他主體所有」，那麼從受害人和及其他社會公眾的角度，就可以認為播放侵權作品的網頁至少從表面上屬於被告。此時，被告應當舉證證明網頁不屬於自己，否則就應當認為其屬於網絡服務提供者。

2.2　連帶責任

網絡侵權責任中的連帶責任類型很多。除了因符合《侵權責任法》第 8 條以及第 11 條而生的連帶責任，《侵權責任法》第 36 條第 2、3 款還就網絡服務提供者與直接從事侵權行為的網絡用戶的連帶責任做出了以下規定。

如果網絡用戶利用網絡從事侵權行為，網絡技術服務提供者接到被侵權人的通知後未及時採取必要措施的，須對損害的擴大部分與該網絡用戶承擔連帶責任（《侵權責任法》第 36 條第 3 款）。是否採取了必要措施，應由網絡技術服務提供者負舉證責任。

3.　網絡服務提供者的類型與侵權責任

3.1　網絡服務提供者的類型

3.1.1　網絡技術服務提供者與網絡內容服務提供者

網絡服務提供者，分為網絡技術服務提供者與網絡內容服務提供者。網絡技術服務提供者提供的只是技術性服務，即按照用戶的指令在用戶指定的兩點或多點之間，通過信息網絡就該用戶提供或修改的內容自動提供網絡接入、信息傳輸、存儲空間、信息搜索、鏈接等技術服務。它主要作用在於為信息交流提供技術支持。網絡技術服務提供者對信息的傳送、信息的內容以及信息的接受並不進行主動的組織、篩選和審查。網絡技術服務提供者提供

的技術服務主要包括：接入與傳輸服務（如中國移動的寬帶傳輸等）、存儲服務（如 YouTube、優酷）、搜索與鏈接服務（如 Google、百度）、即時通信服務（如各種網站的論壇、騰訊的 QQ、中國移動的飛信）等。[5]

網絡內容服務提供者是通過網絡技術而直接向網絡用戶提供各種信息服務的自然人、法人等民事主體。各種信息經是由網絡內容服務提供者的組織、篩選、審查，然後提供給用戶的。各種新聞網站、學術網站、在線播放影音作品的網站等，基本上都屬於網絡內容服務提供者。例如，中國民商法律網（www.civillaw.com.cn）就是網絡內容服務提供者，其網站上刊登的各種文章都是經過網站編輯組織、篩選、審查後發表的，網站管理者對信息內容具有控制權，並非任何人可以直接在該網站上發表文章或言論。

3.1.2　區分標準

同一民事主體既可以是網絡技術服務的提供者，也可是網絡內容的服務者。例如，許多大型門戶網站如新浪網、搜狐網等，既是網絡技術服務提供者，又是網絡內容服務提供者。由於被告究竟是網絡內容服務提供者還是網絡技術服務提供者，直接影響了網絡侵權責任的構成要件；因此在網絡侵權糾紛中，先要對作為被告的網絡服務提供者提供的究竟是何種網絡服務行為加以判斷；而最主要的判斷標準就是：被告是否對信息內容進行了管理與控制。也就是說，即便表面上網絡服務提供者提供的是一種技術服務，但如果其對信息內容進行了組織、編輯、篩選等管理活動，或雖未管理、實際上卻享有管理權，則被告在爭議涉及的案件中屬於內容服務提供者而非技術服務提供者。「根據提供網絡服務內容的不同，網絡服務提供者可以分為連線（亦稱鏈接）服務的網絡服務提供者和提供內容服務的網絡服務提供者：前者是僅提供連線、接入等物理基礎設施服務的網絡服務提供者（ISP）；後者指提供大量各類作品、新聞信息內容等的網絡服務提供者（ICP）。因兩類服務提供者對網絡信息進行編輯控制的能力有所不同，故其承擔的法律責任亦不同。」「提供連線服務的網絡服務提供者，因其對網絡信息不具備編輯控制能力，故

---

5. 有學者認為，《侵權責任法》規範的網絡服務提供者不應當包括接入服務提供者。參見張新寶、任鴻雁（2010）。〈互聯網上的侵權責任：《侵權責任法》第 36 條解讀〉，《中國人民大學學報》。第 4 期。

對網絡中上載或傳播的具體信息內容並不知曉，對網絡信息的合法性沒有監控義務，因此對他人在網絡上實施的侵權行為沒有主觀過錯，則依法不承擔法律責任，侵權的法律責任應由行為人本人承擔。提供內容服務的網絡服務提供者，由於對網絡信息具有一定的編輯控制能力，參與實施網絡侵權，或在明知侵權發生或者著作權人提出警告後不履行移除義務等，主觀上具有過錯，應依法承擔法律責任。」[6]

此外，有些法院甚至認為，在鏈接網站的經營者沒有充分的證據證明被鏈接的網頁屬於第三方所有；或經營、提供的存儲空間服務的網站未明確標示：信息存儲空間為服務對象所提供、且侵權的內容係用戶上傳，此時，就可認定該網站的經營者是直接的內容提供者。[7]例如，在一起案件中，被告辯稱自己只是BBS服務的提供者，而不屬內容服務商。但法院認為，雖然「在《惑之年》相關頁面中，確有可供網絡用戶對該文章及相關章節發表評論的電子白板，此是舞風十雨提供信息發佈條件服務的BBS。但根據該網站『投稿說明』、『投稿方法』和在註冊過程中需用戶接受的關於網絡知識產權規定內容以及一審法院的勘驗過程可知：用戶並不能徑行在上述欄目發佈文章，而是需要向該網站『投稿』，由該網站欄目編輯對稿件內容進行審核並決定是否發佈。包含《惑之年》的『現代文學』等47個欄目的文章編輯和分類工作，是由舞風十雨網站進行的，而非用戶直接自行上傳生成；舞風十雨的上述行為不屬於提供BBS服務，其已實際提供了網絡信息內容服務，成為《惑之年》的網絡登載及傳播者」。[8]

3.2 網絡技術服務提供者與內容服務提供者的侵權責任之區別

3.2.1 注意義務不同

無論是著作權、商標權等知識產權，還是名譽權、隱私權等人身權，均屬絕對權。絕對權意味着權利人之外的一切人都負有尊重該權利、不得侵害

---

6. 海南省高級人民法院（2006）瓊民二終字第29號民事判決書。

7. 參見《浙江省高級人民法院民三庭關於審理網絡著作權侵權糾紛案件的若干解答意見》第14條。

8. 〈北京舞風十雨廣告有限責任公司與母碧芳侵犯信息網絡傳播權糾紛案〉，北京市第一中級人民法院（2005）一中民終字第10231號民事判決書。

或妨害該權利的義務。網絡內容服務提供者直接提供向用戶提供內容服務，發佈信息或傳播作品。他們在從事網絡內容服務提供之活動時，負有不得侵害他人絕對權的高度注意義務。然而，網絡技術服務提供者只是為網絡用戶提供技術服務，該服務本身不構成對他人絕對權的侵害，只會被他人用來實施侵權行為。所以，網絡技術服務提供者只是在知道侵權行為存在的情況下或者在接到被侵權人的通知後，才負有採取必要措施避免損害的發生或防止損害的擴大的注意義務。

通常，人們要避免自己侵害他人民事權益，比較容易做到。而要阻止他人的侵權，相對較難。就網絡內容服務提供者而言，其直接向用戶提供內容服務，享有組織、編輯、篩選等管理權限，故此負有高度的注意義務，以免因自己的行為而侵害他人之民事權益。如果沒有盡到該義務，就認為存在過錯，應當承擔侵權責任（《侵權責任法》第 6 條第 1 款）。網絡技術服務提供者並未直接從事侵權行為，它負有的只是避免他人從事侵權行為的注意義務。面對海量的網絡信息，要求網絡技術服務提供者逐一審核網絡上的每一條信息、每一項交易是否存在侵害他人民事權利的可能，顯然是無法做到的。因此，網絡技術服務提供者所負有的注意義務，應當在個案中結合各種因素綜合判斷。

3.2.2　免責事由不同

網絡內容服務提供者僅具有《侵權責任法》第 3 章規定的免責事由。但是，對於網絡技術服務提供者來說，除該章之免責事由外，其還享有《侵權責任法》第 36 條第 2 款規定的免責事由。申言之，在網絡用戶利用網絡服務實施侵權行為時，如果被侵權人通知了網絡服務提供者採取刪除、屏蔽、斷開鏈接等必要措施，網絡服務提供者在接到通知後及時採取了必要措施的，無須承擔責任。[9]

---

9. 《信息網絡傳播權保護條例》第 20 條至第 23 條，還對侵害信息網絡傳播權的免責事由做出了詳細的規定。

3.3　歸責原則

儘管互聯網技術是高科技，網絡侵權行為也有不同於普通侵權行為的一些特點。但是，無論在歸責原則、構成要件還是在責任主體上，網絡侵權責任與一般侵權責任並無太大不同。換言之，網絡侵權責任適用的仍然是《侵權責任法》第 6 條第 1 款確立的過錯責任原則，無論網絡用戶還是網絡服務提供者，只有因過錯侵害他人民事權益的，才應承擔侵權責任。

二　構成要件

1.　網絡用戶須承擔侵權責任

網絡技術服務提供者與網絡用戶承擔連帶責任的前提在於，網絡用戶的行為構成侵權行為，應承擔侵權責任。例如，對於鏈接而言，被鏈接內容構成侵權是認定鏈接服務提供者是否構成侵權的前提。[10] 如果連網絡用戶的行為都不構成侵權行為，不用承擔侵權責任，自然網絡技術服務者更不用承擔侵權責任。網絡用戶的行為構成侵權行為與否，應依《侵權責任法》、《民法通則》等法律判斷之。倘原告依據《侵權責任法》第 36 條第 2 款或第 3 款要求網絡技術服務提供者承擔連帶責任，則其應證明網絡用戶利用了網絡技術服務提供者的網絡服務且從事了侵權行為。首先，原告要證明存在網絡用戶侵害其合法民事權益的事實，例如侵害了自己的著作權、隱私權或名譽權等。由於證明網絡侵權行為存在的證據為電子證據，具有易修改性、易消逝性的特點，故當事人多通過公證保全的方式來對網絡侵權的電子證據加以收集、固定、存儲和描述。[11] 其次，原告要證明該網絡用戶利用了被告的提供的網絡服務，如利用鏈接服務、搜索服務、存儲空間服務等。

10.〈華納唱片有限公司與世紀悅博公司侵犯網絡著作權糾紛案〉，北京市高級人民法院（2004）高民終字第 1303 號民事判決書。

11. 參見〈新傳公司與土豆公司侵犯網路著作權糾紛案〉，上海市高級人民法院（2008）滬高民三（知）終字第 62 號民事判決書。

2. 網絡技術服務提供者具有過錯

2.1 違反通知與移除規則的要求

2.1.1 通知與移除規則的涵義

依據《侵權責任法》第 36 條第 2 款，只有在被侵權人通知網絡服務提供者，要求其採取刪除、屏蔽、斷開鏈接等必要措施，而網絡技術服務提供者接到該通知後置若罔聞，未及時採取必要措施的，該提供者才需要就被侵權人損害擴大的部分與從事侵權行為的網絡用戶承擔連帶責任。《侵權責任法》該款是中國的法律首次對「通知與移除規則」（notice and take down）的規定。[12] 此前，最早確立該規則的是 2000 年最高人民法院頒佈的《關於審理涉及計算機網絡著作權糾紛案件適用法律若干問題的解釋》（第 7 條以下），後來國務院頒佈的《信息網絡傳播權保護條例》也有更詳細的規定。

通知與移除規則是指，任何認為自己的民事權益受到侵害之人，有權向網絡技術服務提供者發出了其網絡服務涉嫌侵權的通知。網絡技術服務提供者在收到該通知後採取刪除、屏蔽或斷開鏈接等必要的措施移除涉及侵權的信息，同時將該通知轉達給被指控侵權的服務對象。如果被服務對象認為沒有侵權，網絡技術服務提供者應當採取措施恢復該信息。只要履行上述程序，如果被指控的信息確實構成侵權的，應當由網絡用戶承擔賠償責任，網絡技術服務提供者不承擔侵權賠償責任；如果被指控的信息不構成侵權的，應當由發出錯誤通知的人向被服務對象承擔違約賠償責任，網絡技術服務提供者不承擔責任（《信息網絡傳播權保護條例》第 24 條）。由此可見，通知與移除規則為網絡技術服務提供者建立了一個「避風港」，使其免受來自指控他人侵權之人、網絡服務對象的兩頭夾擊，因此該也被形象地稱為「避風港規則」。

---

12. 王勝明主編（2010）。《中華人民共和國侵權責任法解讀》。183 頁。也有學者稱為「提示規則」或「通知規則」，參見楊立新（2010）。《〈中華人民共和國侵權責任法〉精解》。166 頁；王利明、周友軍、高聖平（2010）。《中國侵權責任法教程》。440 頁。

2.1.2　通知的具體要求

《侵權責任法》第 36 條沒有就被侵權人應以何種形式向網絡服務提供者發出通知做出規定。對此，《利用信息網絡侵害人身權益糾紛規定》在參考《信息網絡傳播權保護條例》的基礎上，做出了詳細規定。依據該規定第 5 條，被侵權人應當以「書面形式或者網絡服務提供者公示的方式」向網絡服務提供者發出的通知，並且該通知還需要包含下列內容的，人民法院才會認定有效：

(1)　　通知人的姓名（名稱）和聯繫方式；

(2)　　要求採取必要措施的網絡地址或者足以準確定位侵權內容的相關信息；

(3)　　通知人要求刪除相關信息的理由。書面形式包括信件、電報、電子郵件、傳真等。所謂「網絡服務提供者公示的方式」是指，網絡服務提供者預先告知網絡用戶，在發現有人利用網絡服務實施侵權行為時，應當如何通知網絡服務提供者。可選擇的方式無非就是書面和口頭兩種方式。

2.1.3　網絡技術服務提供者違反通知與移除規則的，視為存在過錯

依據《侵權責任法》第 36 條第 2 款，如果網絡技術服務提供者在接受了被侵權人的通知後，沒有按照通知與移除規則的要求，採取必要措施（如刪除、屏蔽、斷開鏈接等）並將該通知轉達給被指控的服務對象，就認為網絡技術服務提供者存在過錯。當法院認定，確實存在網絡用戶利用其提供的網絡用戶從事侵權行為，且因網絡技術服務提供者的過錯導致了損害結果擴大，則網絡技術服務提供者應與從事侵權行為的網絡用戶，應就該擴大之損害向被侵權人負連帶責任。例如。在「ABA 集團香港有限公司訴北京 ABCD 達達信息技術有限公司」案中，原告 ABA 集團香港有限公司通知被告 ABCD 達達公司，稱其在雅虎中國網站上提供的各種形式音樂搜索服務得到的涉案歌曲錄音製品均為侵權，要求被告予以刪除。但是，被告僅將原告提供了具體 URL 地址的幾個搜索鏈接予以刪除，而沒有刪除與涉案歌曲錄音製品有關的其他搜索鏈接。因此法院認為，被告怠於盡到注意義務，放任涉案侵權結果

的發生的狀態時顯而易見的。因此，應當認定被告主觀上具有過錯，應當承擔侵權責任。[13]

2.2　知道他人利用其網絡服務侵害他人民事權益而未採取必要措施

2.2.1　《侵權責任法》第36條第3款與第2款的關係

《民法通說》認為，《侵權責任法》第 36 條第 3 款與第 2 款是並列關係，而非遞進的關係，更不是包含關係。如果被侵權人有證據證明網絡服務提供者知道網絡用戶利用網絡服務從事了侵權行為，那麼無須通知即可依據第 36 條第 3 款，要求網絡服務提供者與從事侵權的網絡用戶負連帶責任。而第 36 條第 2 款只是在被侵權人無法證明網絡服務提供者「知道」時，才發揮作用。[14]簡單地說，第 2 款適用於網絡服務提供者「不知道」網絡用戶利用其網絡服務從事侵權行為的情形，第 3 款適用於網絡服務提供者「知道」網絡用戶利用網絡服務從事侵權行為的情形。[15]

2.2.2　「知道」的涵義與判斷標準

(1)　「知道」的涵義

網絡服務提供者是「明知」還是「知道」網絡用戶利用網絡服務從事侵權行為之時，才承擔連帶責任？對此，曾有很大的爭論。根據全國人大常委會法工委有關人士撰寫的釋義書，第 36 條第 3 款包括了知道和應當知道，這是因為「其一，要求被侵權人證明網絡服務提供者具有『明知』的主觀狀態，難度太大，可能使得網絡服務提供者逃脫責任，這顯然不符合制定這條規定的本意。其二，雖然網絡上的信息是海量的，侵權信息混雜其中，難以逐一辨別，但有些侵權信息是可以通過技術措施進行控制的，某些領域的過濾技

---

13. 北京市高級人民法院編（2008）。《審判前沿：新類型案件審判實務》（2008 年第 2 集）。

14. 王勝明主編（2010）。《中華人民共和國侵權責任法解讀》。187–188 頁；王利明主編（2010）。《中華人民共和國侵權責任法釋義》。161 頁；楊立新（2010）。《〈中華人民共和國侵權責任法〉精解》。168 頁。

15. 張洪建、徐銀波（2010）。《侵權責任法法條精義與案例指導》。北京：法律出版社。124 頁。

術已經比較成熟，而且運用這種技術不會給網絡服務提供者在經濟上造成過重的負擔，目前很多網站正在以技術措施加人工審查的方式對網絡用戶上傳的信息進行過濾，取得了很好的效果。其三，網絡上的某些侵權事實已為社會大眾所共知，如盜版音樂、盜版影視作品、明顯具有惡意攻擊意圖的文章廣泛傳播，但很多網絡服務提供者卻視而不見，甚至以此獲得高額利潤；長此以往，不利於淨化網絡環境，也不利於培育行業道德規範，更不利於網絡行業的正常發展。其四，要求網絡服務提供者在過錯而不僅在故意的情形下承擔侵權責任，符合其他國家和地區的發展趨勢以及國際慣例，並沒有給中國網絡服務提供者加以過重的義務。」[16] 然而，有些學者認為，《侵權責任法》第 36 條第 3 款中的「知道」不包括應當知道。因為世界各國普遍對網絡服務採取的是「技術中立」之態度，不要求網絡服務提供者對其網絡傳輸的內容負有「審查義務」。既然如此，網絡服務提供者就沒有審查其傳輸內容的「注意義務」，也就不存在「應知」而未知的問題。[17]

(2) 判斷標準

「明知」是指，網絡技術服務提供者明確地知道網絡用戶利用其網絡服務從事侵權行為。「應知」是指，雖然網絡技術服務提供者事實上確實不知道網絡侵權行為的存在，但從法律的規定和案件的事實來看，其應當知道該行為的存在。在中國司法實踐中，判斷網絡技術服務提供者主觀上是否知道，一般要考慮以下因素：

其一，提供的網絡技術服務類型。技術服務不同，技術服務提供者對網絡用戶侵權行為的預見能力和避免能力也有所不同，判斷知道與否的標準自然也有差異。例如，在認定提供接入傳輸服務、搜索引擎服務以及 BBS 服務等技術服務提供者是否知道網絡侵權行為時，標準通常比較嚴格。例如，搜索引擎服務的提供者對於搜索內容的合法性基本上不具有預見性、識別性和控制性。因為搜索引擎服務的特點在於，它可以根據用戶的請求，搜索遍於整個互聯網空間中沒有被禁止鏈接的任何網絡終點。只要被鏈接網站沒有採

---

16. 王勝明主編（2010）。《中華人民共和國侵權責任法解讀》。185 頁。

17. 楊明（2010）。〈《侵權責任法》第 36 條釋義及其展開〉，《華東政法大學學報》。第 3 期。

取相應的技術保護措施，就意味着對該網站可以互聯互通、信息共享。[18] 所以，司法實踐中，被侵權人只有證明搜索引擎服務提供者明知網絡侵權行為的存在，法院才會認定網絡服務提供者承擔侵權責任。然而，對於提供鏈接服務、存儲服務的服務提供者來說，判斷的標準就相對比較寬鬆，很容易認定網絡服務提供者知道侵權行為的存在。

其二，常識和公知的事實。網絡技術服務提供者對於有些網絡用戶利用網絡服務從事的侵權行為，從常理的角度上完全可以認識到。此時，應認為網絡技術服務提供者主觀上為明知或應知。例如，對於一部當下正在全國各大影院上映的熱門影片，有人非法將之上傳至專業的視頻共享網站，導致大量的人進行下載。對此，很難說網站是不知道。

其三，網絡用戶侵權時間的長短。就網絡技術服務提供者而言，如果只要有網絡用戶利用其網絡服務從事侵權行為，就認定知道或應當知道，顯然不合理。可是，如果網絡用戶持續地利用該網絡服務從事侵權行為，則網絡技術服務提供者就無法宣稱其不知道或不應知道。

其四，網絡技術服務提供者的規模大小。司法實踐中，有些法院對於那些大型的門戶網站，如新浪網、搜狐網等，往往會提出更高的注意義務的要求。

《利用信息網絡侵害人身權益糾紛規定》第 9 條對司法實踐中用來判斷網絡服務提供者是否知道時的考量因素做了一個系統的歸納，包括以下幾項因素：

(1) 網絡服務提供者是否以人工或者自動方式對侵權網絡信息以推薦、排名、選擇、編輯、整理、修改等方式作出處理；

(2) 網絡服務提供者應當具備的管理信息的能力，以及所提供服務的性質、方式及其引發侵權的可能性大小；

(3) 該網絡信息侵害人身權益的類型及明顯程度；

(4) 該網絡信息的社會影響程度或者一定時間內的瀏覽量；

(5) 網絡服務提供者採取預防侵權措施的技術可能性及其是否採取了相應的合理措施；

---

18. 參見〈浙江泛亞公司與百度在線公司、百度網訊公司侵犯網絡著作權糾紛案〉。程永順主編（2010）。《網絡著作權判例》。北京：知識產權出版社。240 頁以下。

(6)　網絡服務提供者是否針對同一網絡用戶的重複侵權行為或者同一侵權信息，採取了相應的合理措施；

(7)　與本案相關的其他因素。

(3)　沒有採取必要的措施

如果網絡服務提供者知道網絡用戶利用其網絡服務從事侵害他人民事權益的行為，則無需被侵權人通知，該網絡服務提供者就應採取屏蔽、斷開鏈接、刪除等必要的措施。如果沒有這樣做，其應與該網絡用戶向被侵權人承擔連帶責任。反之，如果網絡服務提供者知道了網絡用戶利用其網絡服務侵害他人民事權益，且採取了必要的措施，就無需承擔侵權責任。

三　　法律後果

1.　　就損害擴大部分承擔連帶責任

依據《侵權責任法》第 36 條第 2 款，網絡技術服務提供者只需要就「損害的擴大部分」與從事侵權的網絡用戶承擔連帶賠償責任。申言之，利用網絡服務侵害他人民事權益的網絡用戶，其作為直接的侵權人，當然要被侵權人的全部損害承擔侵權賠償責任。網絡技術服務提供者只需要就擴大的那部分損害負責。這樣一來，在損害的擴大部分之上，網絡技術服務提供者與侵權的網絡用戶之間就形成了連帶責任。所謂「損害擴大的部分」是指網絡服務提供者接到通知後，未在合理時間內採取必要之措施而導致的損害被擴大的那部分。

2.　　就全部損害承擔連帶責任

網絡服務提供者明知或應當知道網絡用戶利用其網絡服務從事侵權行為，而未採取必要的措施的，網絡服務提供者應與網絡用戶承擔連帶責任（《侵權責任法》第 36 條第 3 款）。該連帶責任的範圍究竟是被侵權人的全部損害，還是僅限於網絡服務提供者知道或應當知道之後的損害，有不同的意

見。一種意見認為，依據《侵權責任法》第 36 條第 3 款，網絡服務提供者應與侵權的網絡用戶就受害人的全部損害承擔連帶賠償，該損害不僅包括知道之前的，也包括知道之後。[19] 另一種觀點認為，該連帶責任僅適用於知道之後的損害，之前的損害仍應由網絡用戶單獨承擔侵權責任。[20] 本書贊同後一種觀點。因為如果網絡服務提供者根本不知道或者不應當知道網絡侵權行為的存在，要求其對知道之前的那部分損害也負賠償責任，顯非合理。

3. 損害的確定

在網絡侵權中，受害人應當證明自己遭受的損害（財產損失和精神損害）。但是，在相當多的情況下，受害人要想證明這一點並不容易。因此，法律上允許受害人通過證明侵權人的所獲的利益或違法所得來作為賠償的標準（《侵權責任法》第 20 條）。如果既不能證明實際損失，也無法證明侵權人的獲益，通常法院就在法定的賠償額限度內確定具體的賠償金。例如，《利用信息網絡侵害人身權益糾紛規定》第 18 條第 2 款規定：「被侵權人因人身權益受侵害造成的財產損失或者侵權人因此獲得的利益無法確定的，人民法院可以根據具體案情在五十萬以下的範圍內確定賠償數額。」

---

19. 楊立新（2010）。《〈中華人民共和國侵權責任法〉精解》。168 頁。
20. 王勝明主編（2010）。《中華人民共和國侵權責任法解讀》。187 頁。

第十七章

違反安全保障義務的侵權責任

一 概述

1. 安全保障義務的涵義

安全保障義務，是指賓館、商場、銀行、車站、娛樂場所等公共場所的管理人或者群眾性活動的組織者負有的保障他人之人身安全、財產安全的注意義務。如果安全保障義務人未盡到該義務，應承擔侵權責任或相應的補充責任。在中國法上，最早確立「安全保障義務」的是《人身損害賠償解釋》第6條。《侵權責任法》第37條在借鑒司法解釋規定的基礎上，首次於法律上明確了安全保障義務。[21] 此後，《消費者權益保護法》第18條第2款也規定：「賓館、商場、餐館、銀行、機場、車站、港口、影劇院等經營場所的經營者，應當對消費者盡到安全保障義務。」安全保障義務有以下特徵：

1.1 安全保障義務旨在保護他人的人身安全與財產安全

在《人身損害賠償解釋》第6條中，安全保障義務僅限於對他人的人身安全的保護，並不包括財產安全。《侵權責任法》第37條第1款規定，只要安全保障義務人沒有盡到安全保障義務，造成他人損害的，就應當承擔侵權責任。顯然此款中的「損害」包括財產損失和精神損害。因此，《侵權責任法》中安全保障義務的保護範圍更廣，既包括他人的人身安全，也保護財產安全。也就是說，安全保障義務人違反了安全保障義務的，無論是造成他人人身傷亡還是財產損害，均應承擔責任。

1.2 負擔安全保障義務的主體是特定的主體

安全保障義務並非一般性的「注意義務」（duty of care）。一般性的注意義務的有無是用來判斷過失侵權行為（negligence）中行為人有無過失的標準，適用於任何民事主體。然而，安全保障義務則僅適用於特定主體，即「賓館、商場、銀行、車站、娛樂場所等公共場所的管理人或者群眾性活動的組織者」。只有這兩類主體才負有安全保障義務，其他的主體不負有此等義務。

---

21. 王勝明主編（2010）。《中華人民共和國侵權責任法解讀》。190頁。

1.3 違反安全保障義務產生的是侵權責任

無論是安全保障義務人違反安全保障義務，還是第三人從事侵權行為造成他人損害而安全保障義務人沒有盡到安全保障義務，安全保障義務人承擔的都是侵權責任而非合同責任。當然，如果安全保障義務人與受害人之間存在某種合同關係的話，會發生違約責任與侵權責任的競合。受害人有權選擇行使違約損害賠償請求權或侵權損害賠償請求權。

2. 安全保障義務的功能

2.1 維護公共安全

安全保障義務的主體之所以被限定為公共場所的管理人或者群眾性活動的組織者，一個重要的原因就是，安全保障義務旨在維護的是公共安全。一方面，賓館、商場、銀行、車站、娛樂場所等公共場所，供不特定之人進出和活動，人流密集。另一方面，遊園會、博覽會、招聘會、運動會等群眾性活動，參與人數也極為眾多。兩者均涉及到不特定多數人之人身與財產安全，故此法律上有必要使得公共場所的管理人與群眾性活動的組織負有相應的安全保障義務。惟其如此，方能有效的維護公眾安全與社會秩序。

2.2 對不作為侵權的判斷

不作為侵權中，被告承擔侵權責任的要件之一為負有作為之義務。長期以來，作為義務的來源被限制在法律的規定、合同的約定和行為人在先危險行為這幾類，不適應社會發展的需要。通過創設安全保障義務，不僅極大地擴張了作為義務的來源，而且在很大程度上解決了第三人直接從事侵權行為時，安全保障義務人的不作為與受害人的損害之間因果關係判斷問題。例如，在「吳成禮等五人訴官渡建行、五華保安公司人身損害賠償糾紛案」中，受害人在銀行櫃枱取錢時，突遭犯罪分子的持槍搶劫而被害身亡。受害人的親屬起訴銀行，法院認為，銀行負有及時發現和制止不法侵害，保護儲戶人

身安全的作為義務。由於銀行未盡到該積極作為之義務，故而要承擔相應的民事責任。[22]

3.　安全保障義務的類型

安全保障義務分類兩類：一類是義務人負有的不因自己的行為而直接損害他人的安全保障義務；另一類是義務人負有的防止或制止第三人對他人實施侵權行為的安全保障義務。依據安全保障義務的這兩種類型，《侵權責任法》將違反安全保障義務的侵權責任也分為兩類：其一，義務人因自身違反安全保障義務的行為造成他人損害時的侵權責任（《侵權責任法》第 37 條第 1 款）；其二，第三人造成他人損害但義務人未盡到安全保障義務時的侵權責任（《侵權責任法》第 37 條第 2 款）。這兩類侵權責任的區別有以下幾點：

3.1　加害行為人不同

義務人自己違反安全保障義務造成他人損害的，安全保障義務人就是加害行為人，應當承擔侵權責任。這方面的案例如，客人在餐館用餐時因地面濕滑而摔倒致顱腦重度損傷；游泳者游泳結束後，經過消毒池時，因池內防滑腳墊敷設不當而摔跤受傷；因飯店的消防通道設施的瑕疵導致客人不幸摔傷致死；酒店未在其海灘浴場設救生員，導致住客在游泳時溺水身亡；酒店地面有冰，致來酒店開會的人摔傷；商場貨架上的熱水瓶掉下來燙傷隨母親購物的兒童；糧站內設的專用消防池看管人員擅自離崗且防護欄過低，致兒童在消防池邊玩耍時不慎滑落消防池內被淹死；乘客在地鐵站下樓梯時防滑地毯絆倒摔傷等。

在義務人違反防止或制止第三人對他人實施侵權行為的安全保障義務時，直接對受害人從事侵權行為的是安全保障義務人與受害人之外的第三人，且該第三人也並非是安全保障義務人的被監護人或工作人員。安全保障義務人雖然並非是直接侵權人，但因為其未盡到應盡的防止或制止損害的作

22.《中華人民共和國最高人民法院公報》，2004 年第 12 期。

為義務而需要承擔侵權責任。這方面的案例如，因賓館安全問題而致使旅客在賓館住宿期間被他人殺害；乘客在汽車上遭受竊賊的傷害而司乘人員不聞不問；在商場購物時被暴徒毆打而商場保安置之不理；因小區物業管理部門疏於管理、安全設施被毀，導致業主在家中被犯罪分子以檢修煤氣管道為名進入家中實施搶劫並被殺害等。

3.2　安全保障義務的內容與要求不同

3.2.1　義務的內容不同

安全保障義務人負有的不因自己的行為而直接損害他人的安全保障義務，其主要內容就是：義務人應遵守法律規定和約定，盡到謹慎注意之義務，確保不因自己的行為或管理、控制下的物品及人員給他人造成損害。例如，公園要確保自己的遊樂設備是安全的，不會導致遊客的人身傷亡或財產損失；燈會的組織者要通過安排治安人員、設置疏散通道，防止發生踩踏事件等。但是，義務人負有的防止或制止第三人對他人實施侵權行為的安全保障義務，其內容卻是：義務人應盡到一定的注意義務，在合理的限度範圍內降低第三人對他人實施侵權行為的風險或在侵權行為發生時減少給受害人造成的損害。例如，賓館應當通過安裝攝像頭、警示公告等措施，以減少第三人在賓館內對住客實施侵權行為的風險；再如，餐館發現有人在餐廳內毆打顧客時，應讓保安上前制止或及時撥打報警電話等。

3.2.2　義務的要求不同

義務人負有的不因自己的行為而直接損害他人的安全保障義務，是對義務人直接提出的要求，而一個人避免因自己的作為或不作為而直接給他人造成損害，是比較容易做到的。因此，此類安全保障義務人對義務人的要求就比較高，一旦發生損害，也很容易認定義務人違反義務而應當承擔侵權責任。但是，義務人要防止或制止第三人對他人進行侵權，這種安全保障義務就比較難以盡到。畢竟法律不能要求安全保障義務人為他人的人身或財產安全而奮不顧身，這是道德的要求而不應是法律的要求。所以，法律上只是要求安全保障義務人在第三人實施侵權時，在合理限度範圍內採取相應的行

為，在一定程度上降低損害發生的幾率或損害的程度。即便最後完全沒有起到作用，也不能據此就認為安全保障義務人要承擔責任。

3.3　承擔的侵權責任不同

正是由於安全保障義務有兩種不同的類型，故此違反不同類型的安全保障義務的侵權責任也不相同。首先，依據第 37 條第 1 款，公共場所的管理人或者群眾性活動的組織者未盡到安全保障義務，造成他人損害的，應當承擔侵權責任。此時，安全保障義務人是為自己的侵權行為而承擔責任。如果安全保障義務人違反安全保障義務造成他人損害的行為適用無過錯責任，則不適用《侵權責任法》第 37 條第 1 款。例如，安全保障義務人的工作人員因執行工作任務造成他人損害屬於用人者責任，應適用《侵權責任法》第 34 條第 1 款；安全保障義務人的建築物倒塌造成他人死傷的，也屬於無過錯責任，適用《侵權責任法》第 86 條。但是，在《侵權責任法》第 37 條第 2 款中，儘管安全保障義務人承擔的也是過錯責任，可是，從事侵權行為的第三人行為而言，其從事的侵權行為有可能是一般侵權行為，適用過錯責任；也有可能是特殊的侵權行為，適用無過錯責任的特殊侵權行為。前者如，犯罪分子進入賓館搶劫並殺害客人；後者如，某人攜帶烈性犬進入賓館咬傷住客。

其次，依據《侵權責任法》第 37 條第 1 款，安全保障義務人的責任是為自己行為的責任，安全保障義務人是第一位的責任人。而第 37 條第 2 款中，直接從事侵權行為的是第三人，不是安全保障義務人。所以，第一位的責任人是第三人，安全保障義務人承擔的只是補充責任。

二　構成要件

1.　公共場所的管理人或群眾性活動的組織者

負擔安全保障義務之人並非任何民事主體，而是特定的主體，即「賓館、商場、銀行、車站、娛樂場所等公共場所的管理人或者群眾性活動的組織者」。

1.1　公共場所的管理人

公共場所是供不特定人出入、通行、活動的場所，[23] 除《侵權責任法》第 37 條第 1 款明確列舉的幾類典型的公共場所 ——「賓館、商場、銀行、車站、娛樂場所」外，公共場所還包括以下地點或場所：餐館、茶館、公共浴室、體育場館、展覽館、博物館、圖書館、動物園、公園、遊樂園、集貿市場、客運碼頭、候船廳、航站樓；郵政局、通訊公司、銀行、證券公司、醫院、大學等企業事業單位及政府機關的營業場所和其他向公眾開放的場所；運送旅客的交通工具（汽車、火車、飛機、輪船等）的內部空間等。如果受害人未經同意擅自進入並非公共場所的建築物或其他空間，由此遭受損害的，則根據案件具體情形，被告或不承擔責任或減輕責任。[24]

公共場所的管理人，是指對公共場所具有管理權和控制力的自然人、法人或其他組織。何人為管理人，判斷標準並非單純的所有權關係，而是要看是否對公共場所有實際的管理權和控制力。例如，甲公司將 A 樓的一至三樓出租給乙公司經營超市，約定由乙公司自行管理這三層的全部空間，包括公共通道。雖然 A 樓的所有人是甲公司，但是在一至三樓這部分的管理人只是乙公司。如果甲公司只是將一至三樓出租給乙公司，但沒有約定公共通道由何人管理，則甲公司作為所有權人仍然是公共通道的管理人，負有相應的安全保障義務。

1.2　群眾性活動的組織者

群眾性活動並非一個法律術語，它是指為社會公眾舉辦或向不特定社會公眾開放的文化活動、經濟活動和其他社會活動，如體育比賽、運動會（奧運會、亞運會等）、遊園會、燈會、廟會、煙火表演、人才招聘會、紀念會、博覽會、展銷會、演唱會等。群眾性活動既可能是大型的，也可能是規模較小

---

23. 參見〈屈建渝訴有色金屬公司人身損害賠償糾紛案〉。最高人民法院中國應用法學研究所編（2006）。《人民法院案例選》（總第 57 輯）。143 頁以下。

24. 參見王東（2010）。〈安全保障義務範疇研究 —— 王某訴北京新華聯恒業房地產開發有限公司、北京北苑星華綜合市場有限公司一般人身損害賠償案法律問題研究〉。北京市高級人民法院，《審判前沿：新類型案件審判實務（總第 27 集）》。37–41 頁。

的。《大型群眾性活動安全管理條例》第 2 條第 1 款規定，大型群眾性活動是指法人或者其他組織面向社會公眾舉辦的每場次預計參加人數達到 1,000 人以上的下列活動：體育比賽活動；演唱會、音樂會等文藝演出活動；展覽、展銷等活動；遊園、燈會、廟會、花會、焰火晚會等活動；人才招聘會、現場開獎的彩票銷售等活動。

是否屬於群眾性活動，簡單地以人數多少為標準是不妥當的，還應考慮該活動是否面向社會公眾即不特定的人。因此，雖參與人數較多，但並不面向社會公眾的活動，也可能並不屬於群眾性活動，例如幾十位大家庭的親友聚會等。反之，參與人數雖然不多，但面向社會公眾的活動也屬於群眾性活動。例如，自助遊愛好者甲網上發帖徵集前往某地自助遊愛好者參加，結果有十人報名參加。甲屬於群眾性活動的組織者，應負有一定程度的安全保障義務。[25] 具體來說，群眾性活動的組織者就是指負責具體組織實施群眾性活動的單位或個人。例如，2010 年中國上海舉辦的世界博覽會就屬群眾性活動，該活動的具體組織者就是上海世博會務協調局。

如果某一群眾性活動是在某公共場所內舉辦的，如在公園內舉辦書市，既有書市這一群眾性活動的組織者，又有公園這一公共場所的管理人，兩者均為安全保障義務人，各負其責。倘若受害人是由於組織者沒有安排足夠的人手維護購書秩序以致出現踩踏事件而受傷的，書市的組織者未盡到安全保障義務，應承擔侵權責任。如果是由於公園欄桿存在缺陷，導致受害人在購書時跌入湖中，則公園的管理者未盡到安全保障義務，應當承擔侵權責任。

2.　未盡到安全保障義務

不同的案件中，安全保障義務的內容也不相同。安全保障義務人只有在未盡到安全保障義務，確切的說，在具有過錯的情況下，才需要承擔侵權責任。判斷義務人是否盡到安全保障義務，應根據個案的具體情況，綜合考慮以下因素後得出結論。

---

25. 參見〈自駕遊出車禍造成傷亡，法院判決組織者存在過錯部分擔責〉，《人民法院報》。2006 年 12 月 6 日。

2.1　法律法規的上有無明確的義務要求

現代社會，政府管制對公共生活的方方面面都加以規制。中國也不例外。在許多法律、法規和規章中，對公共場所的管理人、群眾性活動的組織者有明確的保護他人人身、財產安全的要求。例如，《消防法》第 20 條規定：「舉辦大型群眾性活動，承辦人應當依法向公安機關申請安全許可，制定滅火和應急疏散預案並組織演練，明確消防安全責任分工，確定消防安全管理人員，保持消防設施和消防器材配置齊全、完好有效，保證疏散通道、安全出口、疏散指示標誌、應急照明和消防車通道符合消防技術標準和管理規定。」

2.2　危險程度的大小

愈是危險程度的群眾性活動或容易出現安全事故的公共場所，法律上對於管理人和組織者的要求就愈高。例如，就群眾性活動而言，舉辦奧林匹克運動會和舉辦清華大學的教職工運動會，對組織者的要求完全不同。前者對於安保的要求極高，而後者就很低。這是因為奧林匹克運動會參加人員眾多，組織安排稍有不當即可能出現嚴重的安全問題。同時，由於奧林匹克運動會備受世界矚目，所以也更容易遭受恐怖分子的襲擊，需要加強安保工作。同樣，人流密集的公共場所與人跡罕至的公共場所，對於管理人的要求也不同。試想，作為每天人流量十幾萬的故宮而言，其管理人要盡到的安全保障義務人自然要高於每天就只有十幾二十個人的縣城的小博物館。

2.3　對危及他人人身、財產安全的行為的預防與控制能力的程度

判斷從事經營活動或者其他社會活動的自然人、法人、其他組織是否應當承擔及承擔何種限度內的安全保障義務時，要考慮義務人預防、控制損害的能力。愈來能預見、愈能避免的危險，安全保障義務人當然愈應當注意避免，加以控制，否則就存在過錯。

2.4　安全保障義務人是否獲益

對於從事經營活動或其他可從中獲益的社會活動的民事主體，認定其有無安全保障義務時，須從寬把握。而對於無償從事社會活動的人，應盡量少

認定其負有安全保障義務，即便認定負有安全保障義務，那麼對其合理限度也要從嚴掌握。這是基於收益與風險相一致的原則。[26]

3.　他人遭受了損害

3.1　必須是「他人」遭受了損害

如果遭受損害的人是公共場所的管理人或群眾性活動組織者的工作人員，且該損害是因執行工作任務或勞務所致，顯然不適用《侵權責任法》第 37 條，而應適用《工傷保險條例》或《侵權責任法》第 35 條第 2 句。因此，「他人」是指安全保障義務人及其工作人員之外的人，這些人可能與安全保障義務人有某種合同關係，如住宿合同、儲蓄合同、買賣合同等；也可能曾經有合同關係但已消滅，如在飯店吃完飯並結賬後正準備離開的顧客；甚或完全沒有任何合同關係，如到賓館拜訪朋友的人。

3.2　未盡安全保障義務的行為與他人之損害存在因果關係

無論受害人是因安全保障義務人的行為直接遭受侵害，還是因第三人的侵權行為遭受損害，該損害都必須與安全保障義務人未盡安全保障義務的行為間存在因果關係。如果即便安全保障義務人盡到了該義務，他人仍不免遭受損害的，安全保障義務人不應承擔侵權責任。例如，在一起案件中，由於被告餐飲公司消防通道進門後東側 40 公分處直接懸空且無照明設備，對他人的人身安全構成嚴重的威脅，導致用餐的顧客不幸摔傷死亡。顧客死亡這一損害後果顯然是與餐飲公司沒有盡到相應的安全保障義務具有因果關係的，餐飲公司應當承擔侵權責任。[27]

---

26. 張新寶、唐青林（2003）。〈經營者對服務場所的安全保障義務〉，《法學研究》。第 4 期。
27. 參見〈喻建華等訴張生記公司等人身損害賠償案〉，北京市朝陽區人民法院（2003）朝民初字第 18330 號民事判決書。

三　法律後果

1.　責任主體

　　公共場所的管理人或者群眾性活動的組織者自身違反安全保障義務給他人造成損害，他們自然要承擔侵權責任。不過，當損害是因第三人的侵權行為所致時，第三人屬於直接的侵權人，是第一位的侵權責任承擔者。管理人或組織者只有在未盡到安全保障義務的時候，才承擔相應的補充責任（《侵權責任法》第 37 條第 2 款）。

1.1　第三人的行為的涵義

　　第三人從事侵權行為造成他人損害時，第三人當然要承擔侵權責任。該第三人的行為可能是一般侵權行為，可能是特殊侵權行為。第三人的侵權行為既有故意的侵權行為，也有過失的侵權行為。前者如，為報復社會之犯罪分子，持刀到校園砍殺無辜學生，而校方沒有盡到安全保障義務，致使多名學生傷亡；後者如，車站沒有維持好秩序，導致乘客上車時突然發生擁擠，受害人不知道被誰給擠倒摔傷。

1.2　相應的補充責任的涵義

　　所謂「相應的補充責任」有兩層涵義。首先，是補充責任而非連帶責任或按份責任。補充責任就意味着安全保障義務人享有類似一般保證人的先訴抗辯權，即應當由從事侵權行為的第三人就受害人的損害承擔侵權責任。如果該人已經全部承擔了侵權責任，管理人或組織者無須承擔侵權責任。只有第三人下落不明或者無力承擔全部的侵權責任時，安全保障義務人才負補充責任，即第二位的賠償責任。這主要是考慮到：畢竟直接實施侵權行為的是第三人，而非管理人或組織者，就算管理人或組織者沒有盡到安全保障義務，與第三人的侵權行為也是兩個獨立的法律關係，不應加以混淆。「安全保障義務人並非直接的侵權人，其違反安全保障義務的行為只是造成事故發生

的一個條件而非原因。」[28] 將安全保障義務人的責任確定為補充責任，更為公平合理。

其次，即便第三人不能承擔全部的侵權責任，管理人或組織者也並非就受害人未能從第三人處獲得賠償的那一部分全部予以賠償，而僅承擔「相應」的責任。因為，如果一旦實施侵權行為的第三人下落不明、無法確認或沒有賠償能力，管理人或組織者就必須承擔無限制的補充責任，實際上就等於安全保障義務人替代了第三人承擔了全部的賠償責任。這是不合理的，法律規定的「補充責任」也就沒有任何意義了。[29] 至於如何判斷補充責任「相應與否」，有人認為，這裏主要就是考慮管理人或組織者未盡安全保障義務的程度即過錯程度。[30] 本書認為，在確定安全保障義務承擔多少補充責任時，除需要考慮管理人或組織者的過錯程度外，還應考慮原因力、管理人或組織者的經濟狀況、被侵權人的經濟狀況等多種因素，公平合理的確定安全保障義務人究竟承擔何種範圍的補充責任。

2.　追償權的有無

如果管理人或組織者是因未盡安全保障義務而直接致人損害，因無其他侵權人，故此不存在安全保障義務人向他人追償的問題（除非是用人者責任的情形）。但是，在第三人造成他人損害，管理人或組織者未盡安全保障義務時，管理人或組織者在承擔了相應的補充責任後，就會發生一個能否對第三人進行追償的問題。對此，《人身損害賠償解釋》第 6 條第 2 款第 3 句曾規定：「安全保障義務人承擔責任後，可以向第三人追償。」但是，《侵權責任法》沒有明確規定安全保障義務人的追償權。

---

28. 〈梁悦光、莫雪連與蔡俊傑、蔡素芬人身損害賠償糾紛案〉，廣東省佛山市中級人民法院（2005）佛中法民一終字第 230 號民事判決書。
29. 〈地方和中央有關部門對侵權責任法草案的意見（二）〉。載全國人大常委會法制工作委員會民法室編（2010），《侵權責任法立法背景與觀點全集》。70 頁。
30. 王勝明主編（2010）。《中華人民共和國侵權責任法釋義》。204 頁。

第十八章

教育機構的侵權責任

一　概述

1.　教育機構侵權責任的涵義

1.1　教育機構侵權責任的概念與特徵

　　教育機構的侵權責任，是指無民事行為能力人和限制民事行為能力人在幼兒園、學校和其他教育機構學習、生活期間遭受人身傷害時，教育機構因未盡到應有的教育、管理職責而承擔的侵權責任。具體來説，教育機構的侵權責任有以下兩項特徵：

1.1.1　教育機構侵權責任，僅是就無民事行為能力人或限制民事行為能力人在校或在園期間遭受的人身損害承擔的侵權賠償責任

　　在《侵權責任法》中，教育機構侵權責任並非是指教育機構就學生在校、在園期間遭受的一切損害而承擔的民事責任。首先，受害人僅限於無民事行為能力人或限制民事行為能力人。至於完全民事行為能力人，即便是在教育機構學習、生活期間遭受損害，也不適用《侵權責任法》關於教育機構侵權責任的規定（即第 38 條至第 40 條），而應適用《侵權責任法》特殊侵權或一般侵權的規定。例如，19 歲的大學生甲在 T 大學的游泳館上游泳課，教師乙疏於管理，致甲在水中突發癲癇而未被及時發現，最終甲溺水身亡。乙的行為構成侵權行為，因其為 T 大學的教師，是在執行工作任務時給他人造成的損害。故此，T 大學應依據《侵權責任法》第 34 條第 1 款的規定承擔侵權責任。

　　其次，受害人遭受的損害是人身損害，即無民事行為能力人、限制民事行為能力人在校或在園學習、生活期間，其生命、身體、健康等人身權益遭受了損害（如死亡、殘疾），才適用《侵權責任法》第 38 條以下的規定。

1.1.2　教育機構是因為沒有盡到教育、管理職責而承擔的侵權賠償責任，屬於過錯責任或過錯推定責任

　　教育機構的侵權責任不是無過錯責任，而是過錯責任或過錯推定責任。理由有二：其一，在中國法上，教育機構不是在校或在園生活與學習的未成

年學生的監護人。其二，未成年人的天性好動，喜歡玩耍，但其對行為的性質和後果又往往缺乏認識，加之中國地域廣闊，教育經費投入不足，各地學校幼兒園的教育管理水平以及硬件差別很大。如果對於教育機構侵權責任採取無過錯責任，在沒有配套制度的情況下（如相應的責任保險甚至賠償基金），教育機構很難承擔此種賠償責任。甚至會出現，教育機構為了避免承擔責任，盡量減少那些對於孩子的健康成長雖然有益且必要、但風險太大的活動，如不再組織春遊、秋遊，盡量減少有風險的體育活動等。[1] 長此以往，對於未成年人的健康發展也是非常不利的。

1.2　教育機構的侵權責任與監護人責任

在教育機構學習、生活期間，一個無民事行為能力人或限制民事行為能力人造成另一個無民事行為能力人或限制民事行為能力人損害時，涉及到監護人責任與教育機構侵權責任如何適用的問題。一方面，加害人的監護人應當承擔適用無過錯責任的監護人責任。儘管被監護人是在脫離監護人控制之下而給他人造成損害的，但是在中國法上，充其量也只是減輕監護人的侵權責任而已，不能免除（《侵權責任法》第 32 條第 1 款）；另一方面，如果教育機構對此未盡到教育、管理的職責，也會發生教育機構的侵權責任（《侵權責任法》第 38 條或第 39 條）。

當受害人同時將加害人和教育機構作為共同被告提起訴訟時，兩者之間承擔按份責任（《侵權責任法》第 12 條）。通常，法院會要求教育機構承擔更大比例的責任，加害人的監護人承擔相對較少的責任，法院還往往不適當地令受害人自行承擔一定比例的責任。

---

1. 從目前的情況來看，已經有相當數量的中小學在減少有風險的體育活動，教育部在 2015 年 4 月 30 日發佈的《學校體育運動風險防控暫行辦法》中不得不明確規定「教育行政部門和學校不得以減少體育活動的做法規避體育運動風險」。（第 4 條第 2 款）

2. 教育機構侵權責任的歸責原則

2.1 教育機構直接侵權時的侵權責任及歸責原則

教育機構直接侵權的責任，是指由於教育機構沒有盡到教育、管理職責而造成在校、在園學習生活的無民事行為能力人或限制民事行為能力人的損害時，教育機構應承擔的侵權責任。例如，因學校採取的預防措施不足，使小學生在學校組織的勞動技術課時被燙傷；[2] 因上課的老師疏於監管且校門無人把守，致小學生 A 於上課期間跑去魚塘玩水溺水身亡。[3] 學前班學生甲和乙在上戶外活動課時用樹枝打鬧，任課教師沒有及時發現並制止，致使乙的眼睛被扎傷。[4] 這些案件中，教育機構都沒有盡到教育、管理的職責，應當承擔侵權責任。

教育機構直接侵權時的歸責原則為過錯責任。但是，在區分受害人是無民事行為能力人還是限制民事行為能力人的基礎上，《侵權責任法》對教育機構關於過錯的舉證責任作了不同的規定。當受害人是限制民事行為能力人時，教育機構侵權責任是一般的過錯責任。受害人必須證明學校或其他教育機構存在過錯即未盡教育、管理職責後，才能要求教育機構承擔侵權責任（第39條）。倘若受害人是無民事行為能力人，則採取的是過錯推定責任，即只要學生在校學習、生活期間遭受了損害，就推定教育機構沒有盡到教育、管理職責，存在過錯，應承擔侵權責任。教育機構只有在證明自己盡到了教育、管理職責後，才能不承擔責任（第38條）。

2.2 第三人侵權時教育機構的侵權責任及歸責原則

第三人侵權時教育機構的侵權責任，是指幼兒園、學校或者其他教育機構以外的人員造成無民事行為能力人或限制民事行為能力人損害的，教育機

---

2. 〈麥嘉雯與佛山市順德區西山小學一般人身損害賠償糾紛上訴案〉，廣東省佛山市中級人民法院（2006）佛中法民一終字第 563 號民事判決書。

3. 〈海南省定安縣新竹鎮陸地小學與丘啟東等人身損害賠償糾紛上訴案〉，海南省海南中級人民法院（2006）海南民二終字第 281 號民事判決書。

4. 〈莊煒傑訴陳佳琪等戶外活動課期間被同伴刺傷左眼致殘賠償案〉，福建省泉州市中級人民法院（2003）泉民終字第 1219 號民事判決書。

構因未盡到管理職責而應承擔的相應的補充責任。《侵權責任法》第 40 條規定的就是此類教育機構的侵權責任。

所謂「幼兒園、學校或者其他教育機構以外的人員」，不包括以下兩類人員：其一，教育機構的工作人員，如教師、職工等；其二，在教育機構學習、生活的無民事行為能力人和限制民事行為能力人。實踐中，較為常見的第三人侵權時教育機構承擔相應補充責任的情形是，犯罪分子為報復社會而進入幼兒園、學校內行凶，殘殺兒童或學生，而學校沒有採取任何措施保護孩子們的情形。事實上，在第三人實施侵權時，教育機構承擔的義務，在很大程度上類似於《侵權責任法》第 37 條的公共場所的管理人或群眾性活動的組織者預防或制止第三人侵權的安全保障義務。

二　構成要件

1.　受害人為無民事行為能力人或限制民事行為能力人

無民事行為能力人和限制民事行為能力人既包括未成年人，也包括因精神健康狀況而不能或不能完全辨認自己行為的成年的精神病人。《人身損害賠償解釋》第 7 條僅規定了在幼兒園、學校等教育機構學習、生活的未成年人遭受人身損害的，教育機構未盡職責範圍內的相關義務時應承擔的侵權責任。一般來說，「未成年人」這一概念可以包含絕大多數在學校等教育機構學習、生活的無民事行為能力人或限制民事行為能力人，但卻無法涵蓋那些因精神健康狀況而仍屬於不完全民事行為能力人的成年人。這些人在教育機構接受特殊教育或職業教育時，教育機構也應當盡到教育、管理職責。故此，《侵權責任法》第 38 條以下沒有使用「未成年人」的表述，而是統一採取了「無民事行為能力人和限制民事行為能力人」的稱謂。

2. 在教育機構學習、生活期間受到了人身損害

2.1 教育機構的涵義

《侵權責任法》第 38 條以下明確列舉的「幼兒園、學校」是最主要的教育機構。幼兒園是指，對三周歲以上學齡前幼兒實施保育和教育的機構，幼兒園的適齡幼兒為三至六周歲（或七周歲）的孩子。依實施的教育階段的不同，學校分為小學、中學和大學。除幼兒園、學校之外，教育機構尚包括各種專修（進修）學院、培訓（補習）學校、培訓（補習）中心等。教育機構既可以是政府、事業單位、社會團體設立的，也可以是企業、個人設立的；既可以是進行普通教育的，也可以是對殘疾人實施特殊教育的，還包括依據《未成年人保護法》設立的一些專門學校。[5]

2.2 在教育機構學習、生活期間遭受人身損害

《教育法》、《義務教育法》、《民辦教育法》等法律規定的教育機構的教育、管理職責，並非無時不在的，無處不在的。它只限於學生「在教育機構學習、生活期間」。該期間以外的時間，自然要由監護人負擔教育、管理、保護等職責。所謂「在教育機構學習、生活期間」，即正常的教學教育活動期間，是指按照學校、幼兒園及其他教育機構的教學計劃，屬於教學、課間休息、學生自習的時間。此外，只要是屬於學校等教育機構安排的教育教學活動，是否在教育機構的場所內進行，無關緊要。也就是說，學校組織學生春遊、安排民樂團的成員外出表演等，由於學校仍然盡到教育和管理的職責，因此當然也是教育機構學習、生活期間。

不過，學生上學進入校園以前及放學離開校園以後的時間，原則上不屬於在教育機構學習、生活期間。[6] 如果學校違反規定擅自提前放學或者其他非法原因使學生被迫離開學校，使學生處於無人教育和管理的狀態，以致遭受了人身損害，學校仍應承擔責任。

---

5. 不同意見，參見奚曉明主編（2010）。《〈中華人民共和國侵權責任法〉條文理解與適用》。276 頁。

6. 參見《安徽省高級人民法院審理人身損害賠償案件若干問題的指導意見》第 19 條。

3. 教育機構未盡到教育、管理的職責

3.1 教育機構的教育、管理職責

教育機構之所以承擔侵權責任，是因為其具有過錯，所謂過錯就是「未盡到教育、管理職責」。教育、管理職責實際上就是指教育機構負有的對在教育期間學習、生活的無民事行為能力人、限制民事行為能力人，進行教育、管理和保護的義務。違反了該職責，教育機構就有過錯，應當承擔侵權責任。中國法律、行政法規以及規章對於學校、幼兒園或者其他教育機構的教育、管理、保護義務作出了詳細的規定。歸納起來，法律、法規和規章上確定的教育機構的教育和管理職責的主要內容如下：

(1) 確保園舍、校舍、場地、其他公共設施之安全的義務。為了保護未成年人在校、在園期間的人身安全，法律明確要求教育機構必須確保其園舍、校舍、場地、其他公共設施符合規定的標準，並要求教育機構在發現存有不安全因素時及時採取措施加以消除。

(2) 提供符合安全標準的藥品、食品、飲用水及教育教學和生活用具的義務。

(3) 尊重和愛護未成年人，不得進行任何虐待、歧視、體罰和變相體罰、侮辱人格等損害未成年人身心健康的行為。

(4) 建立完善的安全保衛、消防、設施設備管理等安全管理與安全教育制度。發現存在管理混亂，重大安全隱患等問題時及時採取相應的措施。

(5) 組織學生參加教育教學或校外活動時，對學生進行安全教育並採取安全管理措施的義務。

(6) 明知或者應知未成年人有特異體質或特定疾病，不宜參加某種教育教學活動時，採取必要的防範措施。

(7) 確保教師或者其他工作人員符合法律、法規，以及規章的生理與心理健康的義務。

(8) 未成年人在校或在園期間突發疾病或受到傷害時，教育機構應及時採取救治措施。

3.2　判斷教育機構過錯的參考因素

中國幅員遼闊，各地區經濟社會發展很不平衡，各級各類學校、幼兒園的條件也存在很大差別。法院應根據案件的具體情況，依據受害人的年齡、損害發生的時間，直接加害人是誰，教育機構的種類與管理模式，收費高低等因素，對教育機構是否盡到教育、管理職責進行全面的考量。例如，幼兒園的教育、管理職責重於小學，小學要重於中學；寄宿制學校的教育、管理職責重於非寄宿制學校；體育課、實驗課、郊遊等具有一定危險性的活動中的教育、管理職責重於語文、數學等課堂教學時的教育管理職責；學生在課堂上出現打鬧時，教師的管理職責重於課間學生打鬧時教師的管理職責等。此外，損害事故是否曾經發生過，對教育機構的教育、管理職責也會發生重要影響。如果導致損失的損害事件此前已經發生，而學校卻仍未採取措施，致使同一性質的損害事件再次發生，就應當認為學校沒有盡到管理的職責。

三　法律後果

1.　校園事故責任的承擔

教育機構未盡到教育、管理職責，致使無民事行為能力人和限制民事行為能力人在教育機構學習、生活期間遭受人身損害的，應當承擔侵權責任（《侵權責任法》第 38 條、第 39 條）。如果無民事行為能力人或者限制民事行為能力人在教育機構學習、生活期間，受到來自教育機構以外的人員的侵害，遭受人身損害的，則應由該直接從事侵權行為之人作為第一位責任人，承擔侵權責任。教育機構只是在未盡到管理職責時，才承擔「相應的補充責任」（《侵權責任法》第 40 條）。法律作此規定的目的就是為了避免教育機構承擔過重的責任。畢竟，直接從事侵權行為的是第三人，而非教育機構。

所謂「補充」責任意味着：首先，教育機構不是第一位的責任人，而是第二位責任。受害人不能從第三人與教育機構中選一的，必須先由第三人作為第一位的責任人承擔責任。教育機構享有類似一般保證人的先訴抗辯權。之所以如此，是因為學校只是造成損害的間接原因，第三人的加害行為才是直接原因。其次，補充責任意味着只有在根本無法找到第三人來承擔責任或

者第三人沒有能力承擔責任的情況下適用。如果找到了第三人，第三人也依法承擔了責任，也不存在適用補充責任的問題。最後，教育機構承擔的不是全部的補充責任，而是相應的補充責任，即依據過錯的程度及原因力的大小承擔相適應的補充責任。

2. 免責事由

教育機構的侵權責任仍是過錯責任，故其可通過證明自己沒有過錯免除責任。此外，如果存在不可抗力等法定的免責事由時，教育機構也可以免責。《學生傷害事故處理辦法》對教育機構可能的免責事由作出了一個列舉。該辦法第 12 條規定：「因下列情形之一造成的學生傷害事故，學校已履行了相應職責，行為並無不當的，無法律責任：(1) 地震、雷擊、颱風、洪水等不可抵抗的自然因素造成的；（2）來自學校外部的突發性、偶發性侵害造成的；（3）學生有特異體質、特定疾病或者異常心理狀態，學校不知道或者難於知道的；（4）學生自殺、自傷的；（5）在對抗性或者具有風險性的體育競賽活動中發生意外傷害的；（6）其他意外因素造成的。」需要注意的是，依據上述規定，即便因為這六類原因使學生遭受了人身傷害，學校也只能是在證明自己「已履行了相應職責，行為並無不當」時，才可以免除責任。否則，教育機構依然要承擔侵權責任。

第十九章

產品責任

一　概述

1.　產品責任的涵義

產品責任（product liability），是指缺陷產品造成他人損害時，該缺陷產品的生產者、銷售者應當承擔的侵權責任。產品責任是一種侵權責任，不以是否存在合同關係為前提。無論受害人與產品的生產者或銷售者之間是否存在買賣合同或其他合同關係，均可以提起產品責任之訴。產品責任也是一種特殊的侵權責任，適用的是無過錯責任而非過錯責任原則。

2.　產品責任的歸責原則

2.1　生產者承擔的是無過錯責任

中國法上對於生產者就缺陷產品致人損害承擔的是無過錯責任。《侵權責任法》第 41 條規定：「因產品存在缺陷造成他人損害的，生產者應當承擔侵權責任。」《產品質量法》第 41 條第 1 款規定：「因產品存在缺陷造成人身、缺陷產品以外的其他財產（以下簡稱他人財產）損害的，生產者應當承擔賠償責任。」

2.2　銷售者承擔的是無過錯責任

《侵權責任法》第 42 條第 1 款規定：「因銷售者的過錯使產品存在缺陷，造成他人損害的，銷售者應當承擔侵權責任。」《產品質量法》第 42 條第 1 款規定：「由於銷售者的過錯使產品存在缺陷，造成人身、他人財產損害的，銷售者應當承擔賠償責任。」由此可見，無論是生產者還是銷售者，它們向被侵權人負擔的都是無過錯責任。銷售者有無過錯只是在生產者與銷售者之間的追償關係上具有意義。這樣做對於維護消費者的合法權益，更為有利。

二　構成要件

1.　產品

1.1　概念與特徵

產品，是指經過加工、製作，用於銷售的產品（《產品質量法》第 2 條 2 款）。它具有以下特徵：

1.1.1　產品責任中的產品限於動產，不包括不動產

《侵權責任法》第 11 章對不動產致害責任有專門的規範，《產品質量法》第 2 條第 3 款第 1 句也規定：「建設工程不適用本法規定」。故此，產品責任中的產品僅指動產，不包括不動產。因建築物、構築物、林木等不動產造成他人損害的，分別適用《侵權責任法》第 85 條以下之規定。

1.1.2　產品是經過加工、製作的動產

任何改變物質原有的物理狀態、化學性質，從而使其品質有所變化的活動，均屬於加工、製作活動。至於被改變的物質究竟是人工產品還是天然產品、原材料還是毛坯或半成品、其加工方法是工業方法還是手工方法、是在工廠內進行的加工還是在家庭作坊內進行的加工等，均在所不問。

1.1.3　產品是用於銷售即投入流通的動產

應當將「用於銷售」理解為「投入流通」，即生產者將產品合法地交付給他人使用，至於此等交付是基於有償的還是無償的法律關係，在所不問。[1] 如果生產者並未將產品投入流通，即便該產品存在缺陷造成他人損害，亦不承擔賠償責任。例如，A 公司研發的一款新型智能手機，正處於試驗階段。某日公司研究人員攜帶該手機前往外地進行測試，不慎將其遺失。甲拾得該手機後，沒有將之交還失主，而是自行使用。手機電池在充電過程中發生爆炸，致甲的妻子乙受傷。對此，A 公司無需承擔產品責任。

---

1. 此點從《產品質量法》第 41 條第 2 款關於產品生產者的免責事由之一「未將產品投入流通」即可看出。

1.2　特殊的產品

1.2.1　食品

　　食品，是指各種供人食用或者飲用的成品和原料，以及按照傳統既是食品又是中藥材的物品，但是不包括以治療為目的的物品（《食品安全法》第150條第1款）。食品當然屬產品。因食品存在缺陷給他人造成的損害的侵權責任也是產品責任。由於食品直接進入人體，與廣大人民群眾的生命健康息息相關。近年來，中國各種有毒、有害食品充斥市場，嚴重威脅和損害了公眾的生命健康。為保證食品安全，維護公眾之身體健康和生命安全，中國特別頒佈了《食品安全法》，用以規範食品的生產和經營活動並加強管理。

1.2.2　藥品、消毒藥劑、醫療器械

　　藥品，是指用於預防、治療、診斷人的疾病，有目的地調節人的生理機能並規定有適應症或者功能主治、用法和用量的物質，包括中藥材、中藥飲片、中成藥、化學原料藥及其製劑、抗生素、生化藥品、放射性藥品、血清、疫苗、血液製品和診斷藥品等（《藥品管理法》第102條第2款）。消毒藥劑，是指用於消毒、滅菌或洗滌消毒的製劑（《消毒管理辦法》第32條第5項）。醫療器械，是指單獨或者組合使用於人體的儀器、設備、器具、材料或者其他物品，包括所需要的軟件；其用於人體體表及體內的作用不是用藥理學、免疫學或者代謝的手段獲得，但是可能有這些手段參與並起一定的輔助作用；其使用旨在達到下列預期目的：（1）對疾病的預防、診斷、治療、監護、緩解；（2）對損傷或者殘疾的診斷、治療、監護、緩解、補償；（3）對解剖或者生理過程的研究、替代、調節；（4）妊娠控制（《醫療器械監督管理條例》第3條）。

　　藥品、消毒藥劑和醫療器械皆屬於產品。由於這些產品直接作用於人體，它們安全與否、有效與否，直接關涉人民群眾的生命健康，中國專門頒佈了《藥品管理法》、《傳染病防治法》、《醫療器械監督管理條例》、《消毒管理辦法》等法律、法規和規章，對藥品、消毒藥劑和醫療器械的生產、經營、銷售等活動加以嚴格管理。

　　因藥品、消毒藥劑和醫療器械存在缺陷，造成他人損害的，生產者和有過錯的銷售者應當承擔侵權責任。然而，因這些產品一般都是在診療活動加

以使用，因此《侵權責任法》在第 7 章「醫療損害責任」中特別規定，因藥品、消毒藥劑、醫療器械的缺陷造成患者損害的，患者可以向生產者請求賠償，也可以向醫療機構請求賠償。患者向醫療機構請求賠償的，醫療機構賠償後，有權向負有責任的生產者追償（第 59 條）。

1.2.3　血液

血液，是指全血、血液成分和特殊血液成分（《血站管理辦法》第 65 條第 1 款）。僅是存在於人體內的血液，顯然不會給他人造成損害。一旦血液與人體分離，進入他人體內，才可能造成損害。血液從採集到最終進入患者體內的過程涉及到諸多主體，如獻血者、血站、醫療機構。為了確保血液採集與使用過程中的安全，維護廣大人民群眾的生命與健康，中國頒佈了《獻血法》、《血站管理辦法》、《血液質量管理規範》等諸多法律、法規及規章。

當血液不合格，如攜帶各種病毒、被污染或變質等，給他人造成損害時，獻血者除非明知其血液有問題而故意隱瞞（如愛滋病患者故意獻血給他人），否則無需承擔責任。需要承擔責任的是血站與醫療機構。這裏的問題是，血液是否屬於產品？血站、醫療機構由是否血液的生產者、銷售者？[2]《侵權責任法》第 59 條規定，因輸入不合格的血液造成患者損害的，患者可以向血液提供機構請求賠償，也可以向醫療機構請求賠償。患者向醫療機構請求賠償的，醫療機構賠償後，有權向血液提供機構追償。換言之，作為血液提供者的血站和使用者的醫療機構，均應就血液不合格給患者造成的損害承擔無過錯責任。

從《侵權責任法》第 59 條的規定來看，受害人可以單獨起訴醫院或血站，或者將兩者作為共同被告提起訴訟。如果是由於血站的原因導致血液被污染或攜帶病毒，則醫療機構在承擔賠償責任後，可以向血站進行追償。[3] 不過，在司法實踐中，法院一般都要求患者將血液提供機構及醫療機構作為共同被告，如果患者一方僅起訴血液提供機構或者僅起訴醫療機構的，則法院

---

2. 相關爭論，參見王勝明（2010）主編。《中華人民共和國侵權責任法解讀》。287 頁以下。
3. 王勝明主編（2010）。《中華人民共和國侵權責任法解讀》。291 頁。

可以依血液提供機構或醫療機構的申請追加未被起訴的另一方為案件的當事人。必要時，法院甚至會依職權主動追加當事人。

1.2.4　農產品

農產品是指，來源於農業的初級產品，即在農業活動中獲得的植物、動物、微生物及其產品（《農產品質量安全法》第 2 條第 1 款）。[4] 依據《農產品質量安全法》第 54 條第 1 款，「生產、銷售本法第 33 條所列農產品，給消費者造成損害的，依法承擔賠償責任」。同條第 2 款規定：「農產品批發市場中銷售的農產品有前款規定情形的，消費者可以向農產品批發市場要求賠償；屬於生產者、銷售者責任的，農產品批發市場有權追償。消費者也可以直接向農產品生產者、銷售者要求賠償。」

從上述規定可以看出，農產品也屬於產品，農產品致害責任適用的也是無過錯責任。只要農產品的生產者、銷售者或批發市場，生產、出售不符合法律規定的農產品造成消費者損害的，就應承擔侵權責任。

1.3　不適用產品責任的物品

1.3.1　動物

動物也是物，屬於動產。但是，一方面，動物並非是人們加工製造的動產，不屬於產品；另一方面，動物致害責任本身就是一種特殊的侵權責任，法律對之已有專門的規範（《侵權責任法》第 10 章），故而，動物致害責任不同於產品責任。

1.3.2　軍工產品

軍工產品是指武器裝備、彈藥及其配套產品，包括專用原材料、元器件等（《軍工產品質量管理條例》第 2 條第 2 款、第 65 條）。軍工產品屬於禁止流通物品，不能任意進入市場流通。況且，軍工產品的研製、開發、生產、

---

4. 〈關於《中華人民共和國農產品質量安全法（草案）》的說明〉，2005 年 10 月 22 日第十屆全國人民代表大會常務委員會第十八次會議。

使用等過程涉及到國家秘密與國防安全。因此，軍工產品不能完全適用《產品質量法》的規定。《產品質量法》第 72 條第 1 款規定：「軍工產品質量監督管理辦法，由國務院、中央軍事委員會另行制定。」[5]

1.3.3　核設施、核產品

核設施的運營與核產品的生產、使用，屬於高度危險作業，其造成他人的人身傷亡或財產損害，適用《侵權責任法》第 9 章的「高度危險責任」。因此，核設施、核產品造成的損害不屬於產品責任的規範範疇。《產品質量法》第 72 條第 2 款也規定：「因核設施、核產品造成損害的賠償責任，法律、行政法規另有規定的，依照其規定。」

1.3.4　電力

電力並非指存在於自然界的能源，而是指人類製造或生產、控制、輸送和在商業中推銷的一種能源。從這個意義上說，電力當然也屬於加工製造並用於銷售的產品。電力的缺陷，指的是電力的電壓不符合國家規定的供電質量標準和約定安全供電的情形。儘管有些國家電力也屬於產品，適用產品責任。但是，在中國法上，電力不屬於產品，不適用產品責任。理由在於：首先，如果因供電企業的設備出現故障，導致電壓發生變化而給用戶造成損害，由於受害人與供電企業存在供用電合同，所以供電企業的供電不符合標準造成損害的情形構成違約責任（《合同法》第 179 條；《電力法》第 28 條、第 59 條第 2 款、第 60 條）。其次，在與供電企業沒有合同關係的第三人因觸電而遭受損害的，由於並不存在缺陷問題，所以也不適用產品責任。此時，需要看電壓是高壓還是低壓。倘若是高壓電，就屬於高度危險責任（《侵權責任法》第 73 條）；如果是低壓電，則適用過錯責任（《侵權責任法》第 6 條第 1 款）。

---

5. 如《軍工產品質量管理條例》、《軍工產品質量監督管理暫行規定》等。

1.3.5　人體器官

　　器官與人體分離後，原則上屬於物，即動產。人體器官只有在從捐獻者體內摘除，移植入患者體內，才可能造成損害。人體器官移植，是指摘取人體器官捐獻人具有特定功能的心臟、肺臟、肝臟、腎臟或者胰腺等器官的全部或者部分，將其植入接受人身體以代替其病損器官的過程。在人體器官移植造成患者損害的情形中，捐獻者原則上無需承擔責任。因為：捐獻者通常不知道其捐獻的器官是否有疾病，或者因其他原因給接受器官移植的患者造成損害。況且，中國法律禁止任何組織或者個人以任何形式買賣人體器官（《人體器官移植條例》第 3 條）。活體器官的接受人也僅限於活體器官捐獻人的配偶、直系血親或者三代以內旁系血親，或者有證據證明與活體器官捐獻人存在因幫扶等形成親情關係的人員（《人體器官移植條例》第 10 條）。因此，在人體器官造成患者損害時候，可能的責任人是進行人體器官移植的醫療機構，即醫療機構違反法律的規定，沒有對人體器官捐獻人進行醫學檢查或者未採取措施，導致接受人因人體器官移植手術感染疾病，從而遭受損害時，醫療機構應當就其醫療過失行為承擔責任（《人體器官移植條例》第 27 條第 2、4 款）。此時，顯然屬於醫療損害責任，而非產品責任。

1.3.6　廢品

　　廢品是指那些經過使用但被拋棄的物品，或因使用而損壞或喪失原有使用價值的物品。如報廢汽車、廢舊家電等。這些物品或已退出流通，須依法定程序處理。如報廢的汽車，或已不具備原有的使用價值，只能另作他用。廢品已非《產品質量法》所規定的產品，故此因廢品而遭受損害的受害人，不得通過產品責任之訴獲得賠償，而可以通過其他的特殊侵權類型或一般侵權得到賠償。[6]

6.　李揚（2008）。〈廢品致人損害的侵權責任研究 —— 王某訴金某產品侵權糾紛案法律問題探討〉。北京市高級人民法院，《審判前沿：新類型案件審判實務（總第 19 集）》。91 頁以下。

圖 19.1　民法上的物與產品責任中產品的關係

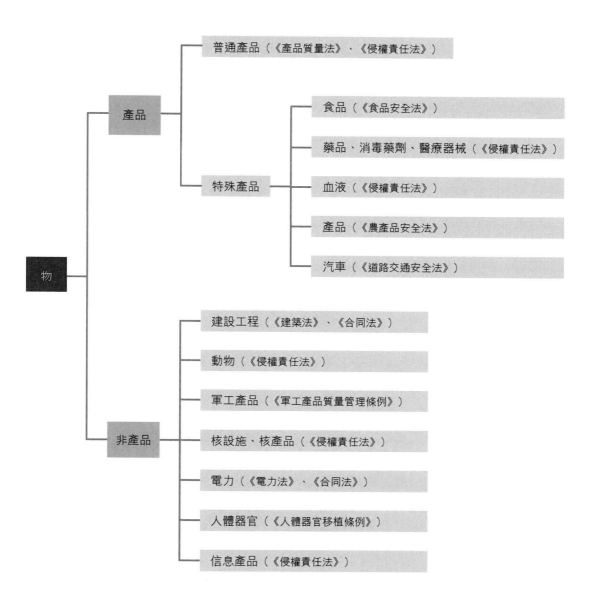

1.3.7　信息產品

所謂信息產品主要是指書籍、地圖、軟件程序等產品。這些產品中的信息如果出現錯誤，是不是缺陷？其給他人造成損害的，可否適用產品責任？例如，醫學教科書上對用藥量的印刷錯誤，導致醫生據此給患者進行了錯誤的治療，從而造成損害；化學教科書上將兩種化學元素的比例標錯，結果學校的學生按此做實驗時發生了爆炸；飛機上的導航軟件出現程序錯誤，致使飛機墜毀等。中國曾有法院的判決將軟件認定為產品，適用產品責任。在該案中，受害人因殺毒軟件的生產者、銷售者未告知、警示該殺毒軟件對內存有很高的需要，從而遭受損害。受害人向法院起訴，要求被告承擔產品責任。法院認為：「林皓公司和北信源公司分別作為該軟件的銷售者和開發者，不僅對該軟件的質量應負瑕疵擔保責任，而且對該軟件的缺陷所致消費者的財產損失應負連帶賠償責任。」[7]

2.　缺陷

2.1　缺陷的概念與判斷過程

只有當產品存在缺陷，且因該缺陷造成他人損害時，才發生產品責任。何為缺陷（defect/ *Fehler*），至關重要。《產品質量法》第 46 條為「缺陷」下了一個定義——「本法所稱缺陷，是指產品存在危及人身、他人財產安全的不合理的危險；產品有保障人體健康和人身、財產安全的國家標準、行業標準的，是指不符合該標準。」從該定義可以看出：產品有無缺陷的判斷標準為：是否存在危及人身、他人財產安全的不合理的危險。具體來說，判斷的順序為（參見圖 19.2）：

(1)　當產品有保障人體健康和人身、財產安全的國家標準、行業標準時，倘若被訴產品的質量不符合該標準，就當然被認為存在缺陷。

(2)　即便產品符合保障人體健康和人身、財產安全的國家標準、行業標準，是合格的產品，也只能初步表明該產品沒有缺陷，並不就

7.〈北京北信源自動化技術有限公司、上海林皓網絡技術有限公司訴金信證券有限責任公司東陽吳寧西路證券營業部產品責任糾紛抗訴案〉。最高人民檢察院民事行政檢察廳編（2005）。《人民檢察院民事行政抗訴案例選》（第 8 集）。北京：法律出版社。

圖 19.2　產品缺陷的判斷層次

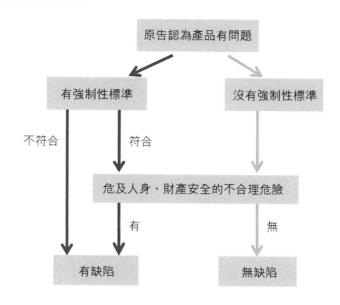

等於該產品是沒有缺陷的產品。如果受害人能夠證明產品存在危
及人身、財產安全的不合理危險，則仍應認定其存在缺陷。

(3)　倘若案件發生之時，被訴產品尚不存在保障人體健康和人身、財
產安全的國家標準、行業標準，那麼應當考察該產品是否存在危
及人身、他人財產安全的不合理的危險，以之作為判斷有無缺陷
之標準。如果有，則存在缺陷；反之，不存在缺陷。

2.2　缺陷的具體判斷

2.2.1　不符合保障人體健康和人身、財產安全的國家標準、行業標準

依據中國《標準化法》第 6 條第 1 款，對需要在全國範圍內統一的技術
要求，應當制定國家標準。國家標準由國務院標準化行政主管部門制定。對
沒有國家標準而又需要在全國某個行業範圍內統一的技術要求，可以制定行
業標準。行業標準由國務院有關行政主管部門制定，並報國務院標準化行政
主管部門備案，在公佈國家標準之後，該項行業標準即行廢止。國家標準是

指對於需要在全國範圍內統一的技術要求所制定的標準。行業標準是對沒有國家標準而又需要在全國某個行業範圍內統一的技術要求所制定的標準。

國家標準、行業標準可以分為強制標準和推薦性標準。其中，保障人體健康，人身、財產安全的標準和法律、行政法規規定強制執行的標準，是強制標準。[8] 其他標準是推薦性標準（《標準化法》第 7 條第 1 款）。國家標準的代號由大寫漢語拼音字母構成。強制性國家標準的代號為「GB」，推薦性國家標準的代號為「GB/T」。國家標準的編號由國家標準的代號、國家標準發佈的順序號和國家標準發佈的年號（即發佈年份的後兩位數字）構成。（《國家標準管理辦法》第 4 條）。行業標準代號由國務院標準化行政主管部門規定，行業標準的編號由行業標準代號、標準順序號及年號組成（《行業標準管理辦法》第 16 條）。

綜上可知，《產品質量法》第 46 條第 2 句中規定的「保障人體健康和人身、財產安全的國家標準、行業標準」屬於強制性標準。生產者生產的產品必須執行這一標準，否則就應認定產品存在缺陷。

2.2.2　存在危及人身、他人財產安全的不合理危險

(1)　區分合理危險與不合理危險的理由

無論產品是否符合國家標準、行業標準中的強制標準，在最終確定其有無缺陷時，均應考察該產品是否存在危及人身、他人財產安全的不合理的危險。由於任何產品都不可能百分之百的安全，或多或少都有這樣或那樣的危險。可其中，有些是合理的危險，有些是不合理的危險。而只有在產品具有的不合理危險時，法律上才認為其存在缺陷。

(2)　不合理的危險之判斷

任何產品都不是百分之百安全的。一方面，對於那些產品投入流通時因科學技術水平所限尚不能發現的危險，生產者也好，銷售者也罷，均無能為力。這些危險與生產者、銷售者無關，不屬於不合理的危險。故此，《產品質

---

8. 2014 年全年國家標準化管理委員會共發佈 1,530 項國家標準，共備案行業標準 4,381 項，地方標準 3,541 項。http://china.cnr.cn/NewsFeeds/20150330/t20150330_518176198.shtml

量法》第 41 條第 2 款第 3 項規定，如果「將產品投入流通時的科學技術水平尚不能發現缺陷的」，生產者不承擔賠償責任。另一方面，如果產品原本是安全的，只是因為進行了不合理的使用而產生了危險，即便因此發生了損害，也是使用者咎由自取，與生產者、銷售者無關，不能認為產品具有不合理的危險。所以，《產品質量法》第 41 條第 2 款第 3 項規定，如果產品投入流通時，引起損害的缺陷尚不存在的，生產者無需承擔賠償責任。

由此可見，不合理的危險並非是指產品一切可能的危險，它僅指在對產品進行合理使用的過程中出現的危及使用者人身安全、財產安全的危險。消費者在合理使用產品時，會產生一種對產品安全性的合理期待。也就是說，只要是對產品進行合理的使用，則消費者會認為該產品具有「合理期待的安全性」。如果在合理使用的情況下，產品卻對人身、財產造成了損害，那就說明：要麼產品的質量是不合格，即其製造或設計上有問題；要麼該危險雖然是合理使用產品的必然產物，但因生產者、銷售者未進行充分的說明與警示，即存在警示上的缺陷。總之，無論何種情形，都屬於產品之缺陷，可歸責於生產者、銷售者，它們應當承擔侵權責任。

2.3　缺陷的類型

2.3.1　分類的意義

依據引發產品缺陷的原因不同，可以將缺陷分為設計缺陷（*Konstruktionsfehler*）、製造缺陷（*Fabrikationsfehler*）與警示缺陷（*Instruktionsfehler*）。作此區分的意義在於：首先，是否進行產品的召回上不同。對於存在設計缺陷、製造缺陷的產品，因其引起人身傷害、財產損失的危險非常大，而在「大生產、大消費」的現代社會此等危險尤其的大。故此，對存在這兩類缺陷的產品非由生產者採取修理、更換、收回等方式不可，否則，難以保障公眾的人身、財產安全。有鑒於此，法律上確立了產品生產者的跟蹤觀察義務，並對這兩類缺陷產品實施召回制度，以便切實地消除危險，維護使用者和公共的人身、財產安全。然而，就存在警示缺陷的產品，只要及時地進行相應的警示即可消除此等缺陷，故而無需採取召回的方式。《侵權責任法》第 46 條規定：「產品投入流通後發現存在缺陷的，生產者、銷售者應當及時採取警示、召回等補救措施。未及時採取補救措施或者補救措

施不力造成損害的,應當承擔侵權責任。」該條中採取「警示」的補救措施主要就是針對警示缺陷,而「召回」這一補救措施主要是針對設計缺陷和製造缺陷。

其次,判斷產品缺陷的難易程度不同。產品有無設計缺陷或製造缺陷,普通人難以判斷,非由具有專門科學知識的專家進行鑒定不可。但是,警示缺陷有無的認定,在一些情形下,憑藉常識即可判斷,並不需要專門的知識或進行鑒定。

2.3.2　製造缺陷

製造缺陷,是指因產品使用的原材料、零部件等存在缺陷或者因加工、裝配等製造上的原因,導致產品違反了國家標準、行業標準中的強制性標準或者存在危及人身、他人財產安全的不合理危險。例如,在一起案件中,受害人因被告的啤酒瓶爆炸而遭受損害。法院認為:「根據啤酒行業的強制性規定,啤酒瓶必須使用 B 瓶,但被告生產的山城牌啤酒銷往水口的有使用了非 B 瓶」的情形,因此該產品存在製造缺陷。生產者應當就啤酒瓶爆炸所造成的損害承擔賠償責任。[9]

2.3.3　設計缺陷

產品的設計缺陷,是指產品因其設計上存在的欠缺而帶來的危及他人人身、財產安全的不合理危險。判斷產品是否具有設計缺陷,應考慮以下幾點:首先,國家標準、行業標準中的強制性標準對產品設計的要求,系爭產品是否符合該要求;其次,沒有關於設計的強制標準時,產品的生產者能否合理預見產品造成人身損害、財產損害的危險,並有能力通過改變設計加以減少或者避免。

---

9. 〈張錫惠與重啤(集團)綦江啤酒有限責任公司產品責任糾紛案〉,四川省古藺縣人民法院(2001)古藺民初字第 85 號民事判決書。

2.3.4 警示缺陷

警示缺陷，也稱指示缺陷、説明缺陷或告知缺陷等，是指因產品的標識、標註、使用説明中未全面、妥當的説明或警告，而使產品違反了國家標準、行業標準中的強制性標準或者存在危及人身、他人財產安全的不合理危險。存在警示缺陷的前提是產品的生產者或銷售者負有警示的義務。倘無該義務，不存在警示缺陷。警示義務並非對任何可能危險的警示。因為要求生產者警告某一產品可能具有但尚未發現的危險，無異於沒有提出任何警告。[10] 依據中國法律，產品的生產者、銷售者負有以下警示義務：

(1) 對於產品的性能、結構及安裝、使用、維護方法應當予以警示

現代工業社會的產品，其性能、結構、安裝或使用方法往往非常複雜，使用者因專業知識有限，無法自行進行正確的安裝、使用或者維護。所以，法律要求生產者必須在產品的標識、標誌，以及安裝、使用説明書等隨同產品交付給使用者等的資料中，對產品的性能、結構以及安裝、使用、維護方法進行準確、充分、詳盡的説明（《產品質量法》第 27 條第 1 款第 3、4 項）。[11] 例如，《產品標識標註規定》第 17 條要求：「性能、結構及使用方法複雜、不易安裝使用的產品，應當根據該產品的國家標準、行業標準、地方標準的規定，有詳細的安裝、維護及使用説明。」當法律法規明確規定了產品的生產者或銷售者負有警示義務，而生產者或銷售者未盡該義務時，則該產品存在警示缺陷。由此造成他人損害的，產品的生產者、銷售者應當承擔侵權賠償責任。

(2) 如果產品的安裝、使用或維護不當，可能會發生危及人身、財產的危險時，應當予以警示

《產品質量法》第 27 條第 1 款第 5 項規定：「使用不當，容易造成產品本身損壞或者可能危及人身、財產安全的產品，應當有警示標誌或者中文警示説明。」《產品標識標註規定》第 16 條第 1 句規定：「使用不當，容易造成產

---

10. 〔英〕埃利斯代爾・克拉克（1992）。《產品責任》（黃列等譯）。北京：社會科學文獻出版社。89 頁。

11. 產品的標識標註是指，用於識別產品及其質量、數量、特徵、特性和使用方法所做的各種表示的統稱，產品標識可以用文字、符號、數字、圖案以及其他説明物等表示（《產品標識標註規定》第 2 條）。

品本身損壞或者可能危及人體健康和人身、財產安全的產品，應當有警示標誌或者中文警示說明。」

(3) 如果產品屬於危險物品或在儲存、運輸、保管中有特殊要求的，應當予以警示

《產品質量法》第 28 條規定：「易碎、易燃、易爆、有毒、有腐蝕性、有放射性等危險物品以及儲運中不能倒置和其他有特殊要求的產品，其包裝質量必須符合相應要求，依照國家有關規定作出警示標誌或者中文警示說明，標明儲運注意事項。」《產品標識標註規定》第 16 條第 2 句規定：「劇毒、放射性、危險、易碎、怕壓、需要防潮、不能倒置以及有其他特殊要求的產品，其包裝應當符合法律、法規、合同規定的要求，應當標註警示標誌或者中文警示說明，標明儲運注意事項。」

2.4 產品缺陷的證明

2.4.1 被侵權人的舉證責任

產品缺陷的舉證責任究竟由被侵權人負擔，還是由產品的生產者或銷售者負擔，直接關係到產品責任訴訟的結果，非常重要。對此問題，司法實踐有不同的認識。本書認為，由於法律並未對產品缺陷的舉證責任作出特別規定，因此主張產品存在缺陷的原告負有證明該缺陷的證明責任。但是，考慮到產品責任的受害人欠缺產品的相關專業技術知識，不了解產品生產、銷售的具體情況，對受害人證明產品缺陷的責任不應提出過高的要求。受害人只要提供證據（如具有相應資質的產品鑒定機構鑒定報告等）證明涉案產品確切存在問題，即可初步認定產品存在缺陷。此時，當由作為被告的生產者、銷售者提供證據反證產品不存在缺陷。也就是說，被告對於產品沒有缺陷的證明程度高於原告對產品存在缺陷的證明程度。被告不僅要證明訴爭產品符合國家標準、行業標準，還要證明根本不存在危及人身、他人財產安全的不合理的危險。

2.4.2　產品缺陷的鑒定

　　現代社會的工業產品結構和技術原理複雜，對於沒有專業知識的消費者而言，顯然沒有足夠的知識與技術條件來證明產品存在缺陷，而需要專業機構和人員提供幫助。美國法上是通過專家證言來證明產品的缺陷，《聯邦證據規則》的規則第 702 條規定，專家證言只有建立在充分的事實和數據的基礎上，才是可信的原則和方法的結果，才是被允許的。[12] 在中國，對於產品缺陷、尤其是設計缺陷和製造缺陷的證明，需要進行專門的鑒定。目前，中國實踐中，對產品是否存在缺陷的鑒定機構有兩類：其一，產品質量技術鑒定機構。所謂產品質量鑒定，是指省級以上質量技術監督部門指定的鑒定組織單位，根據申請人的委託要求，組織專家對有質量爭議的產品進行調查、分析、判定，出具質量鑒定報告的過程。其二，司法鑒定機構。司法鑒定是指在訴訟活動中，鑒定人運用科學技術或者專門知識對訴訟涉及的專門性問題進行鑒別和判斷，並提供鑒定意見的活動。在產品責任訴訟中，一旦有了鑒定機構的鑒定結論後，法院不懂技術問題，不會對鑒定結論的內容進行審查，而主要是對鑒定機構的資質、鑒定結論的法律依據，以及雙方當事人對待鑒定結果是否存在異議等幾個方面加以審查。[13]

2.5　對產品缺陷的補救措施

2.5.1　生產者、銷售者對產品安全的持續關注義務

　　產品的缺陷在投入流通之前就已發現的，無論是生產者還是銷售者，都不應繼續將產品投入流通。然而，「人非聖賢，孰能無過」。有時，出於各種複雜的原因（如生產者的工藝水平、投入流通時的科學技術水平等），生產者、銷售者可能在產品投入流通時沒有發現產品存在缺陷，其主觀上並不知道缺陷的存在。此時，法律會通過規定一些免責事由，排除生產者、銷售者的侵權責任。但是，為更好提高產品的安全性、維護消費者的合法

12.　〔美〕戴維・G・歐文（2012）。《產品責任法》（董春華譯）。北京：中國政法大學出版社。129 頁以下。

13.　崔寧（2013）。《汽車產品責任糾紛中缺陷的鑒定與證明》。清華大學法學院本科生畢業論文。該文對中國現行汽車缺陷鑒定中存在的問題進行了詳細的實證研究和分析，頗具參考價值！

權益，法律上仍給生產者、銷售者施加了對產品安全的持續性「關注義務」（*Beobachtungspflicht*）。也就是說，即便產品在投入流通時沒有發現缺陷，但投入流通後發現了，生產者、銷售者也不能撒手不管，而是負有採取補救措施的積極作為義務。如果它們沒有履行該義務，就要承擔侵權責任。

就生產者、銷售者的持續關注義務，《侵權責任法》第 46 條規定：「產品投入流通發現存在缺陷的，生產者、銷售者應當及時採取警示、召回等補救措施。未及時採取補救措施或者補救措施不力造成損害的，應當承擔侵權責任。」

2.5.2　採取警示、召回等補救措施

警示是針對產品存在某種危險或就產品應有的正確使用方法而給予的說明、提示。召回，是指通過採取撤回、退貨、更換、修理、銷毀等方式，以預防、控制和消除產品的缺陷，避免因該缺陷給他人造成損害。也就是說，「產品召回制度通過召回本身防止損害的發生與擴大，並不以現實損害為前提」。[14]

生產者、銷售者在產品投入流通後，發現了產品的缺陷，如果拒不採取補救措施或者採取補救措施不力，造成損害的，應當承擔侵權責任（《侵權責任法》第 46 條第 2 句）。至於產品的銷售者因產品被召回而遭受的損害，應當依據銷售者與生產者之間的合同關係加以解決。

3.　　因果關係

3.1　　舉證責任

在產品責任中，只有受害人的損害是因產品缺陷所致，即受害人的人身或財產損害，是因產品危及人身、財產安全的不合理危險之現實化所致時，生產者、銷售者才需要承擔侵權責任。因此，被侵權人應當證明所受損害與缺陷產品之間存在因果關係。由於確認產品的缺陷與損害之間的因果關係比

---

14. 〈捷跑電子科技有限公司訴青島海信進出口有限公司國際貨物買賣合同糾紛案〉。《中華人民共和國最高人民法院公報》，2013 年第 11 期。

較困難，因此，對於被侵權人而言，只要其能夠初步證明損害與缺陷產品之間存在因果關係即可。也就是說，並不是要求被侵權人確切地證明損害就是缺陷產品所致，只要證明與缺陷產品存在關聯性即可。例如，《食品藥品糾紛規定》第 5 條第 2 款規定：「消費者舉證證明因食用食品或者使用藥品受到損害，初步證明損害與食用食品或者使用藥品存在因果關係，並請求食品、藥品的生產者、銷售者承擔侵權責任的，人民法院應予支持，但食品、藥品的生產者、銷售者能證明損害不是因為產品不符合質量標準造成的除外。」

3.2　因果關係的推定

缺陷與損害因果關係的認定往往借助推定的方法，即只要確認了產品存在缺陷，且能夠排除其他造成損害的原因，即使不能確切地證明缺陷與損害之間存在因果關係，也可以推定該因果關係之存在。生產者、銷售者必須舉證，來推翻此種對因果關係之推定，方能免責。[15]

三　責任主體

1.　生產者

缺陷產品造成他人損害時，生產者是首當其衝的責任人。所謂生產者就是生產產品的自然人、法人等民事主體，包括產品的設計者、製造者、生產商及任何將自己置於生產者地位的人。例如，超市委託他人生產產品後，將自己作為產品的生產商在產品標識上加以註明，則該超市屬於產品的生產者。

1.1　舉證責任

原告應當證明被告就是產品的生產者。一般來說，原告可以提供購物發票、收據、產品相關標誌標識等來證明此點。依據《產品質量法》第 27 條第

---

15. 參見〈張錫惠與重啤（集團）綦江啤酒有限責任公司啤酒瓶爆炸致人身損害賠償案〉，四川省古藺縣人民法院（2001）古藺民初字第 85 號民事判決書。

1 款第 2 項，產品或者其包裝上的標識必須真實，並有中文標明的產品名稱、生產廠廠名和廠址。因此，根據產品標識上標明的生產廠名確定產品的生產者是有道理的。如果原告不能證明產品是被告生產或銷售的，或者被告證明了系爭產品並非自己生產而是假冒偽劣產品，原告針對被告的侵權賠償請求權就無法成立。

1.2　幾種特殊情形中生產者的確定

1.2.1　存在缺陷的只是產品的一個部件或者原材料時生產者的確定

當產品的缺陷只是發生在組成該產品的多個部件中的一個，而該部件乃是其他人生產時，此時受害人可以選擇要求整個產品的生產者承擔責任，也可以要求存在缺陷的部件的生產者承擔責任。例如，A 公司生產的電視機發生爆炸，經鑒定引起爆炸的原因在於該電視機的顯像管存在設計缺陷，而這一顯像管是由 B 公司生產的。受害人既可以要求 A 公司承擔責任，也可以要求 B 公司承擔責任。當受害人僅起訴 A 公司時，其不得以造成損害的缺陷產品是由 B 公司生產的為由進行抗辯。

1.2.2　將商標授權他人使用時，商標所有人也屬於生產者

經濟生活中，一些商標所有人與他人簽訂協議，授權他人在生產的產品上使用某種商標。此時，如因產品之缺陷造成他人遭受損害時，受害人既可以起訴產品的製造者，也可以起訴商標的所有人，因為兩者皆為產品的生產者。對此，《最高人民法院關於產品侵權案件的受害人能否以產品的商標所有人為被告提起民事訴訟的批覆》有明文規定：「任何將自己的姓名、名稱、商標或者可資識別的其他標識體現在產品上，表示其為產品製造者的企業或個人，均屬於《中華人民共和國民法通則》第 122 條規定的『產品製造者』和《中華人民共和國產品質量法》規定的『生產者』。本案中美國通用汽車公司為事故車的商標所有人，根據受害人的起訴和本案的實際情況，本案以通用汽車公司、通用汽車海外公司、通用汽車巴西公司為被告並無不當。」

1.2.3　產品的進口商應視為產品的生產者

當缺陷產品是由國外進口時，產品的進口商也應當作為產品的生產者。這主要是為了更好地保護受害人，使之能夠依據國內法獲得救濟。

1.2.4　銷售者不能指明生產者或供貨者時應視為生產者

《侵權責任法》第 42 條第 2 款以及《產品質量法》第 42 條第 2 款規定，銷售者不能指明缺陷產品的生產者、也不能指明缺陷產品的供貨者的，銷售者應當承擔侵權責任。

2.　銷售者

產品的銷售者，包括所有將產品投入流通領域的非產品生產者的民事主體，如批發商、零售商、以提供產品為目的而履行勞務合同的人、提供產品以換取任何非金錢代價的人（如商品的獎券）、提供產品以履行法定義務的人、提供產品作為獎品或捐贈的人等。此外，在兩種情形下，並非實際銷售者的特定主體被視為銷售者，先行向消費者賠償，然後對銷售者進行追償：

(1)　使用他人營業執照的違法經營者提供商品或者服務，損害消費者合法權益的，消費者可以向其要求賠償，也可以向營業執照的持有人要求賠償（《消費者權益保護法》第 42 條）。

(2)　消費者在展銷會、租賃櫃枱購買商品或者接受服務，其合法權益受到損害的，可以向銷售者或者服務者要求賠償。展銷會結束或者櫃枱租賃期滿後，也可以向展銷會的舉辦者、櫃枱的出租者要求賠償。展銷會的舉辦者、櫃枱的出租者賠償後，有權向銷售者或者服務者追償（《消費者權益保護法》第 43 條）。

3. 生產者與銷售者之間的關係

3.1 生產者與銷售者之間是不真正連帶關係

依據《侵權責任法》第 43 條第 1 款、《產品質量法》第 43 條第 1 句,因產品存在缺陷造成損害的,被侵權人可以向產品的生產者請求賠償,也可以向產品的銷售者請求賠償。

3.2 生產者與銷售者之間的追償

依據《侵權責任法》第 43 條第 2、3 款、《產品質量法》第 43 條第 2、3 句,當產品的缺陷是由於生產者造成的,銷售者對缺陷的產生並無過錯,那麼在銷售者承擔賠償責任後,有權對生產者進行追償。如果是因銷售者的過錯使產品存在缺陷的,則生產者賠償後,有權向銷售者追償。銷售者的過錯導致產品存在缺陷的情形如,銷售者沒有將產品中應有的配件出售給消費者導致產品存在缺陷;銷售者因保管上的欠缺使得產品損壞或變質等。《食品安全法》第 148 條第 1 款甚至明確規定:「消費者因不符合食品安全標準的食品受到損害的,可以向經營者要求賠償損失,也可以向生產者要求賠償損失。接到消費者賠償要求的生產經營者,應當實行首負責任制,先行賠付,不得推諉;屬於生產者責任的,經營者賠償後有權向生產者追償;屬於經營者責任的,生產者賠償後有權向經營者追償。」

4. 產品的運輸者、倉儲者等第三人

產品的運輸者、倉儲者等第三人承擔的不是產品責任,它們只是與產品的生產者或銷售者之間存在合同關係。即便產品的缺陷是由於運輸者、倉儲者等第三人的過錯所致,受害人也不能直接要求它們承擔侵權責任,而只能要求產品的生產者或銷售者賠償。生產者或銷售者賠償後,有權向運輸者、倉儲者等第三人追償(《侵權責任法》第 44 條、《民法通則》第 122 條)。在產品責任訴訟中,可以將運輸者和倉儲者列為第三人(《〈民法通則〉意見》第 153 條)。

5. 網絡交易平台

現代社會是網絡信息社會，網絡購物在現代社會極為普遍。2014 年，中國的網絡購物市場交易規模達到了 2.8 萬億。[16] 如果民事主體自己開辦網站來銷售產品，則其依舊是產品的生產者或銷售者。但是，還有一種普遍存在的情形，即產品的生產者或銷售者與消費者是通過第三方開設的網絡交易平台，來進行產品的買賣或服務的提供。在這種交易形態中，存在三方主體：作為賣方的產品的生產者或銷售者、作為賣方的消費者，以及網絡交易平台的經營者。所謂網絡交易平台，就是一個第三方的交易安全保障平台，其主要作用是為了保障交易雙方在網上進行交易的安全，解決合同履行以及違約責任等問題。交易雙方可以將線下談好的交易，搬到網上通過第三方的交易平台在網上進行交易；也可以直接在交易平台上找到自己所需要的產品，從而進行交易。最典型的網絡交易平台如天貓、京東、亞馬遜中國等。網絡交易平台的類型很多，包括 B2C、B2B、C2C 等。[17]

為了更好地保護消費者合法權益，強化網絡交易平台經營者的責任，中國《消費者權益保護法》第 44 條規定：「消費者通過網絡交易平台購買商品或者接受服務，其合法權益受到損害的，可以向銷售者或者服務者要求賠償。網絡交易平台提供者不能提供銷售者或者服務者的真實名稱、地址和有效聯繫方式的，消費者也可以向網絡交易平台提供者要求賠償；網絡交易平台提供者作出更有利於消費者的承諾的，應當履行承諾。網絡交易平台提供者賠償後，有權向銷售者或者服務者追償。網絡交易平台提供者明知或者應知銷售者或者服務者利用其平台侵害消費者合法權益，未採取必要措施的，依法與該銷售者或者服務者承擔連帶責任。」《食品藥品糾紛規定》第 9 條規定：「消費者通過網絡交易平台購買食品、藥品遭受損害，網絡交易平台提供者不能提供食品、藥品的生產者或者銷售者的真實名稱、地址與有效聯繫方式，消費者請求網絡交易平台提供者承擔責任的，人民法院應予支持。網絡交易平台提供者承擔賠償責任後，向生產者或者銷售者行使追償權的，人民法院應予支持。網絡交易平台

---

16. http://report.iresearch.cn/html/20150201/245909.shtml

17. 百度百科「網絡交易平台」詞條，http://baike.baidu.com/link?url=stU1HXv505j1_9RiLjbjZsUW1GnTkTtm_LB82K7iX5UzehE35fy-5hGc1exSD_Z0FaACxLjPGdhwRcGb4OK。

提供者知道或者應當知道食品、藥品的生產者、銷售者利用其平台侵害消費者合法權益，未採取必要措施，給消費者造成損害，消費者要求其與生產者、銷售者承擔連帶責任的，人民法院應予支持。」

四　　免責事由與責任承擔方式

1.　　免責事由

1.1　　具體類型

《產品質量法》第 41 條第 2 款為產品的生產者規定了以下三類免責事由：

1.1.1　　未將產品投入流通

「未將產品投入流通」是指產品進入到流通領域並非基於生產者的意志和意願。[18] 產品責任屬於危險責任，只有在產品的生產者是基於自由意志將產品投入流通時，其才開啟了一種危險狀態，負有保證產品的安全，即產品不具有危及他人人身、財產安全的不合理危險的義務。當生產者投入流通的產品存在缺陷，那麼依據自己責任原則，就可以將產品缺陷及其所造成的損害歸責於生產者。反之，如果產品是在違背生產者意志和意願的情況下，被投入了流通的。由於生產者並不存在侵權法上意義上的「行為」，即便因該產品的缺陷造成了他人損害，生產者也無需負責。這一免責事由不僅可以適用於產品的生產者，也同樣適用於產品的銷售者。

1.1.2　　產品投入流通時，引起損害的缺陷尚不存在

「產品投入流通時，引起損害的缺陷尚不存在」，是指產品在脫離生產者的佔有時，並不存在缺陷。該缺陷可能是在運輸、倉儲、銷售等流通環節形成的，也可能是由於受害人自身對產品的不正當使用所形成的。但是，依據《侵權責任法》第 43 條第 3 款與第 44 條，即便流通環節中形成的缺陷，生產

---

18. Staudinger/ Oechsler. *ProdHaftG*. §1, Rn. 41.

者也要先承擔責任，然後再向銷售者、運輸者、倉儲者等進行追償。故此，就「產品投入流通時，引起損害的缺陷尚不存在」應予以狹義的理解，即當生產者可以證明缺陷是由於受害人自身的原因所造成的時，其方能免責。

1.1.3 將產品投入流通時的科學技術水平尚不能發現缺陷的存在

此即所謂開發風險抗辯。如果生產者能夠證明將產品投入流通時的科學技術水平尚不能發現缺陷的存在，則該產品即便存在危及人身、財產安全的危險，也不屬於不合理的危險，產品沒有缺陷。生產者就該產品造成的損害也無需承擔責任。所謂「產品投入流通時的科學技術水平」意味着：一方面，應當以「產品投入流通時」這一時間點上的科學技術水平作為判斷標準，而非投入流通後被提升的科學技術水平作為標準；另一方面，科學技術水平既不是指生產者自身所掌握的科學技術，也不是當時世界上最先進的科學技術水平，而是中國社會整體具有的科學技術水平。[19]

1.2 證明責任

是否存在《產品質量法》第 41 條第 2 款的免責事由，應當由生產者負舉證責任。《民事訴訟證據規定》第 4 條第 1 款第 6 項明確規定：「因缺陷產品致人損害的侵權訴訟，由產品的生產者就法律規定的免責事由承擔舉證責任。」這不屬於舉證責任的倒置，而是生產者本來就應當負擔的證明責任。

2. 責任承擔方式

2.1 侵權賠償責任

因產品存在的缺陷造成他人損害的，生產者、銷售者應當承擔賠償責任（《侵權責任法》第 41 條以下、《產品質量法》第 41 條以下）。如果缺陷的產品造成了產品的購買者、使用者人身傷亡時，侵害人應當賠償醫療費、治療期間的護理費、因誤工減少的收入等費用；造成殘疾的，還應當支付殘疾者

---

19. 卞耀武主編（2000）。《中華人民共和國產品質量法釋義》。北京：法律出版社。93 頁。

生活自助具費、生活補助費、殘疾賠償金等費用；造成受害人死亡的，並應當支付喪葬費、死亡賠償金等費用（《侵權責任法》第 16 條、《產品質量法》第 44 條第 1 款、《消費者權益保護法》第 41 條與第 42 條）。如果缺陷產品造成了他人財產損失時，侵權人應當恢復原狀或者折價賠償。受害人因此遭受其他重大損失的，侵害人應當賠償損失（《產品質量法》第 44 條第 2 款）。

2.2　排除妨礙、消除危險

如果產品雖存在缺陷，危及他人人身、財產安全，但尚未造成實際損害，此時為了保護民事主體的人身權益、財產權益，《侵權責任法》第 45 條提供了預防性的保護措施，即被侵權人有權請求生產者、銷售者承擔排除妨礙、消除危險等侵權責任。

2.3　懲罰性賠償

懲罰性賠償責任的主要目的，在於對侵權人進行懲罰、遏制，從而彌補補償性損害賠償責任在威懾與遏制功能上的不足。正是由於懲罰性賠償的是要對侵權人進行懲罰，因此其具體的賠償數額不是依據被侵權人的實際損失而定，而是依據加害人或者其他賠償義務人主觀上的可非難程度、不法獲利數額、賠償能力等因素加以確定。《侵權責任法》第 47 條規定：「明知產品存在缺陷仍然生產、銷售，造成他人死亡或者健康嚴重損害的，被侵權人有權請求相應的懲罰性賠償。」由於懲罰性賠償中的具體計算標準如何，非常複雜，因此交由法官判斷結合具體案件確定賠償數額更為合適，故此《侵權責任法》該條並未規定如何確定懲罰性賠償的具體數額。《侵權責任法》該條可以看做是產品責任中懲罰性賠償的一般條款，今後單行法可以依據該條之規定，在各類產品責任中相應的確定懲罰性賠償。

第二十章

機動車交通事故責任

一　概述

1.　機動車交通事故責任的涵義

交通事故，可分為道路交通事故、水路交通事故、航空事故、鐵路事故等。其中，道路交通事故是指車輛在道路上因過錯或者意外造成的人身傷亡或者財產損失的事件（《道路交通安全法》第 119 條第 5 項）。車輛分為機動車與非機動車。因此，道路交通事故也可分為機動車交通事故與非機動車交通事故（參見圖 20.1）。中國《侵權責任法》第 6 章以機動車交通事故責任為名稱，就表明其並不規範非機動車道路交通事故。此等事故因無特別規範之必要，故而由《侵權責任法》第 6 條第 1 款的過錯責任原則調整即可。例如，張三騎自動車逆行，將行人李四撞傷。這就是一般侵權行為，張三要為其因過錯而給李四造成的損害負賠償責任。

所謂機動車交通事故，是指機動車在道路上造成他人人身傷亡與財產損害的事件。因機動車發生交通事故會產生刑事責任、行政責任和民事責任（侵權責任、違約責任等），《侵權責任法》第 6 章第 1 款規範的顯然是機動車交通事故責任中的侵權責任；即因機動車交通事故造成他人損害時，機動車的所有人、使用人等民事主體應當承擔的侵權責任。例如，A 酒後駕車且闖紅燈，將通過人行橫道的 B 與騎自行的 C 撞傷，另外還將停在路邊的 D 的一輛機動車撞壞。這些都屬於機動車交通事故。A 應當承擔的侵權責任，就是機動車交通事故責任。

《道路交通安全法》是規範道路交通事故責任的專門法律。鑒於該法對機動車交通事故侵權責任的歸責原則、構成要件與免責事由等作了一些規定，故《侵權責任法》第 48 條規定：「機動車發生交通事故造成損害的，依照《道路交通安全法》的有關規定承擔賠償責任。」但是，由於《道路交通安全法》對機動車交通事故責任的主體未作明確的規定，實踐中存在巨大的爭議，所以《侵權責任法》雖第 6 章〈機動車交通事故責任〉中，主要規定的就是機動車損害賠償責任的主體問題（第 49 條至第 52 條）。由此可見，《侵權責任法》第 6 章並非是對機動車交通事故責任的全面規定，而只是拾遺補缺型的規定。

圖 20.1　交通事故的類型

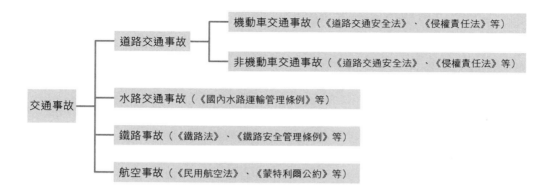

圖 20.2　1999–2012 年中國道路交通事故死亡人數變化趨勢圖[1]

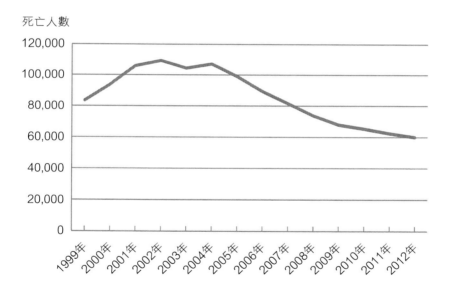

---

1. 根據中國國家統計局的《中國統計年鑑》（1999 年卷至 2013 年卷）中的數據整理而成。

2. 機動車交通事故責任的歸責原則

2.1 機動車之間發生交通事故的，適用過錯責任原則

依據《道路交通安全法》第 76 條第 1 款第 1 項，機動車之間發生交通事故造成人身傷亡、財產損失的，應當先由保險公司在機動車第三者責任強制保險責任限額範圍內予以賠償；不足的部分，由有過錯的一方承擔賠償責任；雙方都有過錯的，按照各自過錯的比例分擔責任。因此，在機動車之間發生交通事故時，就第三者責任強制保險賠償限額範圍外的損失之賠償，適用的是過錯責任。之所以，在機動車之間採取過錯責任，「主要是考慮到機動車駕駛人之間屬於平等的主體，不存在強弱的區別，並負有相同的義務。也符合世界各國處理這類事故的慣例和中國目前處理交通事故的實踐」。[2]

2.2 機動車與非機動車駕駛人、行人之間發生交通事故的，適用無過錯責任

依據《道路交通安全法》第 76 條第 1 款第 2 項，[3] 機動車發生交通事故造成了非機動車駕駛人、行人的人身傷亡、財產損失的，就保險公司在機動車第三者責任強制保險責任限額範圍內予以賠償後的不足的部分，應由機動車一方承擔賠償責任。如果有證據證明非機動車駕駛人、行人有過錯的，可以根據過錯程度適當減輕機動車一方的賠償責任。但是，即便非機動車駕駛人、行人有過錯，而機動車一方沒有過錯，機動車一方也要承擔賠償責任，只是該賠償責任最高不超過 10%。此外，《道路交通安全法》第 76 條第 2 款規定：「交通事故的損失是由非機動車駕駛人、行人故意碰撞機動車造成的，機動車一方不承擔賠償責任。」由此可見，當機動車造成非機動車駕駛人、行人損害時，機動車一方應當承擔的是無過錯責任，而非過錯責任或過錯推定責任。

---

2. 郎勝主編（2004）。《中華人民共和國道路交通安全法釋義》。北京：法律出版社。171 頁。

3. 該條於 2007 年 12 月 29 日被十屆全人常委會第 31 次會議通過的《全國人民代表大會常務委員會關於修改〈中華人民共和國道路交通安全法〉的決定》所修訂。

2.3 機動車內的乘客遭受損害時的歸責原則

　　無論是機動車與機動車之間發生交通事故，還是機動車與非機動車駕駛人或行人發生交通事故，都可能涉及一個機動車內的乘客遭受損害如何賠償的問題。依據機動車的乘客與機動車一方有無客運合同，可以將該問題分為以下兩種情形加以解決。

2.3.1 乘客與機動車一方存在客運合同

　　當乘客與機動車一方存在客運合同時，如乘坐出租車等，在所乘坐的機動車發生交通事故時。首先，受害人可以依據《合同法》第 302 條的規定，要求機動車一方承擔違反客運合同的違約責任（但不能要求精神損害賠償）。此外，由於存在違約責任與侵權責任的競合，受害的乘客也可以針對機動車一方提起侵權損害賠償之訴。其次，如果乘客所乘坐的機動車是與其他機動車發生碰撞，此時受害乘客也可以依據過錯責任要求有過錯的機動車一方承擔侵權責任。例如，A 乘坐 B 長途汽車公司的汽車旅行，途中 B 公司的車與 C 駕駛的機動車發生碰撞，導致 A 受傷。無論該事故是完全因 C 的過錯所致，還是 B、C 均有過錯抑或純粹是 B 的過錯。A 當然都可以以違反客運合同為由，依據《合同法》第 302 條起訴 B 公司，要求其承擔財產損害賠償責任。因為合同具有相對性，《合同法》第 121 條也明確規定：「當事人一方因第三人的原因造成違約的，應當向對方承擔違約責任。當事人一方和第三人之間

圖 20.3　乘客與機動車一方存在合同關係的情形

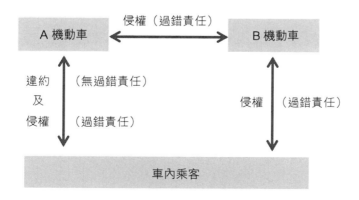

的糾紛，依照法律規定或者按照約定解決。」因此，即便完全是由於第三人的過錯造成交通事故的，作為客運合同的一方當事人的 B 公司也應當向對方當事人 A 承擔賠償責任。除非其能夠證明 A 的傷亡是其自身健康原因所致或者是 A 故意、重大過失所致。當然，在 B 公司對損害的發生完全沒有過錯或只是具有部分過錯，其向 A 承擔賠償責任後，可以就超過自己份額的部分向 C 追償。當該起事故是由於 C 的過錯導致的，那麼 A 也可以只是針對 C 提起侵權之訴，要求 C 承擔侵權賠償責任。

2.3.2　乘客與機動車一方沒有客運合同

如果乘客與機動車一方沒有客運合同關係，而是無償搭乘（好意同乘）。此時乘客可以依據過錯責任要求所乘坐的機動車一方承擔責任，但是在機動車駕駛人沒有故意或者重大過失的情況下可以適當減輕賠償責任。如果乘客乘坐的 A 機動車是與 B 機動車相撞發生交通事故的，如果 B 機動車存在過錯的，則 A 車內的乘客可以依據過錯責任原則要求 B 機動車承擔賠償責任。當然，A 車內的乘客也可以將 A 機動車一方與 B 機動車一方作為共同被告提起訴訟（類似的必要共同訴訟）。

圖 20.4　乘客與機動車一方沒有客運合同的情形

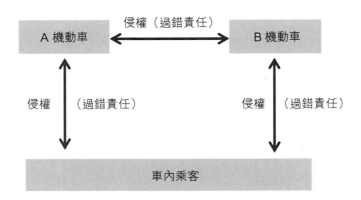

330　侵權責任法

二　構成要件

1.　造成了他人損害

首先，機動車造成了他人損害。所謂「他人」既包括行人、非機動車駕駛人以及其他機動車上的人員，也包括本機動車上的人員。

其次，無論是機動車之間發生交通事故，還是機動車與非機動車駕駛人、行人發生交通事故，只有造成了損害，才可能產生侵權賠償責任。損害包括人身傷亡與財產損失。其中，人身傷亡引發的損害既包括財產損害，也包括精神損害。[4]

2.　機動車處於運行中

2.1　機動車的涵義

機動車，是指以動力裝置驅動或者牽引，上道路行駛的供人員乘用或者用於運送物品以及進行工程專項作業的輪式車輛（《道路交通安全法》第 119 條第 3 項）。「動力裝置」是指以機械、電力等動力為車輛驅動或者牽引的主要動力來源，不包括以人力或畜力為驅動力的情形。「上道路行駛」是指能夠驅車上路，有實際交通運行意義的車輛，從而區別於那些不能上道路行駛或者作為觀賞、收藏、實驗意義的車輛。「輪式車輛」主要是指以車輪作為運行形式的車輛，以區別於那些以履帶或氣墊運行形式的車輛。[5] 具體來說，適用《侵權責任法》、《道路交通安全法》規定的機動車交通事故責任的機動車為：各種汽車、電車、電瓶車、摩托車、拖拉機以及輪式專用機械車。

2.2　處於運行中

機動車交通事故必須是機動車「在道路上」給他人造成了損害。道路，是指公路、城市道路和雖在單位管轄範圍但允許社會機動車通行的地方，包

---

4. 〈最高人民法院關於財保六安市分公司與李福國等道路交通事故人身損害賠償糾紛請示的覆函〉（〔2008〕民一他字第 25 號覆函）。

5. 郎勝主編（2004）。《中華人民共和國道路交通安全法釋義》。266 頁。

括廣場、公共停車場等用於公眾通行的場所（《道路交通安全法》第 119 條第 1 項）。公路，是指經公路主管部門驗收認定的城間、城鄉間、鄉間能行駛汽車的公共道路，包括公路的路基、路面、橋梁、涵洞、隧道（《公路管理條例》第 39 條第 1 款）。城市道路，是指城市供車輛、行人通行的，具備一定技術條件的道路、橋梁及其附屬設施（《城市道路管理條例》第 2 條）。

所謂「機動車在道路上」實質上就是要求機動車被作為交通運輸工具「投入到運行中」（*bei dem Betrieb*）。因為機動車只有投入到運行中，才會對周圍環境中的人身、財產權益造成危險。而這種危險現實化的最主要方式就是機動車在運動中，因其自身的重量、速度、慣性，而對其他機動車、車上人員、非機動車駕駛人、行人造成損害，如撞擊、碾壓等。機動車的運行不僅包括機動車處於運動狀態的各種情形，如起動、行駛、轉彎和倒車等，也包括機動車雖未運動但仍處於道路交通當中的各種情形，例如，為了等候紅燈而暫時熄火、臨時停靠在路邊施劃的停車位上。

3.　損害是因機動車的運行所致

受害人的損害必須是由於機動車的運行所致。也就是説，因機動車運行所形成的危險現實化而造成了他人損害。至於損害的發生是否因機動車之間、機動車與非機動車或行人之間是否發生物理上的接觸所致，在所不問。[6]

如果受害人的損害雖然與機動車相關，但卻並非是因機動車的運行所致，而是因其他原因所致，也不屬機動車交通事故責任。例如，A 的機動車停放在路邊的停車位上，因該車發生自燃，將相鄰的 B 的機動車燒毀。B 可以依據產品責任，要求 A 車的生產者承擔賠償責任；也可以依據過錯責任原則，要求 A 承擔賠償責任。

如果受害人的損害是由於機動車的運行和第三人的侵權行為結合所致，則應當依據不同的情形分別處理。首先，就機動車之間發生交通事故而言，如果加害的機動車一方並無過錯，第三人應就受害人的損害承擔侵權責任。如果加害機動車的一方也有過錯的，其應與第三人承擔按份責任（《侵權責任法》第 12 條）。例如，A 駕車正常行駛 C 高速公路公司管理的高速公路上，

---

6. Deutsch/ Ahrens (2009), *Deliktsrecht*, S. 170.

突然前方路面上出現一塊大石頭。為躲避該石頭，A 的汽車與 B 的汽車相撞，A 與 B 受傷，兩車損壞。如果 A 沒有過錯，A、B 的損害皆應由 C 公司承擔。如果 A 在躲避過程中，存在過錯，那麼就 B 的損害，A 與 C 應當承擔按份責任。A 就自身的損害也可以要求 C 承擔賠償責任，但是由於其自身具有過錯，C 可以減輕賠償責任。其次，就機動車與非機動車駕駛人、行人之間的損害而言，由於適用的是無過錯責任，因此受害人可以要求機動車一方承擔賠償責任，也可以要求第三人承擔賠償責任。如果機動車一方沒有過錯，其承擔賠償責任後，可以向第三人追償。機動車一方也有過錯的，其與第三人應當按照各自過錯的大小分擔責任。

4. 機動車之間發生交通事故時，行為人應具有過錯

依據《道路交通安全法》第 76 條第 1 款第 1 項，機動車之間發生交通事故適用過錯責任原則。因此，只有加害人對於損害的發生具有過錯時，才承擔賠償責任。機動車之間發生的交通事故中，無論是加害人過失的認定，還是受害人過失的認定，採取的都是客觀標準。即依據加害人、受害人是否違反道路交通安全法律、法規以及相關規則，判斷各自有無過失以及過失的大小。從中國司法實踐來看，法院主要是以公安機關道路交通管理部門的交通事故責任認定書，作為確定發生交通事故的機動車雙方有無過錯，以及各自過錯大小的主要依據。也就是說，公安機關交通管理部門出具的交通事故認定書，是法院處理交通事故損害賠償案件的重要證據之一。任何一方當事人對於該認定書有異議的，應當提供相反的證據或理由，而公安機關不承擔舉證責任。[7] 關於公安機關作出的交通事故認定書需要注意以下幾點：

(1) 公安機關交通管理部門作出的交通事故責任認定行為，不屬於具體行政行為。當事人倘若只是對交通事故責任認定不服的，雖可向上一級公安機關申請重新認定（《道路交通安全法實施條例》第 22 條第 1 款），但不能向人民法院提起行政訴訟。如果當事人對基於該認定做出的行政處罰不服的，則可以提起行政訴訟。

---

7. 賀小榮（2005）。〈對交通事故形成原因的舉證責任應由誰來承擔的問題〉。最高人民法院民事審判第一庭，《中國民事審判前沿》2005 年第 2 集。北京：法律出版社。56 頁。

(2) 交通事故認定書中交通事故責任的認定，主要是依據《道路交通安全法》、《道路交通安全法實施條例》等法律、行政法規。交通事故責任認定中的分析，不同於民事審判中對侵權案件的分析判斷。後者需要適用的是全部民事法規，而且，認定交通事故責任的歸責原則與民事訴訟中侵權案件的歸責原則不完全相同。在舉證責任負擔、責任人的範圍等方面，交通事故責任認定也與民事訴訟存在不同之處。因此，司法實踐的主流觀點認為，交通事故認定書不能作為民事侵權損害賠償責任分配的唯一依據。行為人在侵權行為中的過錯程度，應當結合案情，全面分析全部證據，根據民事訴訟的歸責原則進行綜合認定。儘管如此，中國仍有相當多的法院完全按照交通事故責任認定，來確定機動車交通事故責任是否成立，以及當事人各自責任的大小。這種做法顯然是錯誤的。

(3) 在有些機動車交通事故損害賠償糾紛中，當事人在發生交通事故時均未報警，因此公安機關沒有做出道路交通事故責任認定書。此時，人民法院不能因為公安機關沒有做出交通事故責任認定書，就不處理侵權賠償糾紛。人民法院需要通過當事人的提出的證據等查明事實，進而確定各方當事人的責任。

三 責任主體

1. 機動車一方的涵義

1.1 如何理解《道路交通安全法》第76條中的「機動車一方」

《交通安全法》第 76 條是關於機動車交通事故責任最為重要的法律規範，但是該條並未明確界定機動車交通事故的責任主體，只使用了「機動車一方」的含糊表述。就「機動車一方」的理解，本書認為，《道路交通安全法》第 76 條中作為機動車交通事故責任主體的「機動車一方」，應當理解為機動車的

「保有人」（Halter），[8] 即對機動車的運行享有支配權，並享受機動車運行所產生的利益之人。

1.2　保有人的判斷標準

　　就機動車保有人的含義而言，各國法雖稍有差異，大體上仍然相同，主要是從危險責任的法理（即前述的風險開啟理論、風險控制與分散理論，以及報償理論）出發加以來界定。中國《道路交通安全法》等法律法規中沒有使用「機動車保有人」的概念，但是人民法院的審判實踐卻在實質上採取了上述判斷機動車保有人的標準。例如，在《關於被盜機動車肇事後由誰承擔損害賠償責任問題的批覆》（法釋〔1999〕13 號）中，最高人民法院認為：「使用盜竊的機動車輛肇事，造成被害人物質損失的，肇事人應當依法承擔損害賠償責任，被盜機動車輛的所有人不承擔損害賠償責任。」作此規定的主要理由在於「對於車輛所有人來說，車輛被盜已是一大損失，對於已經脫離其有效控制的車輛發生的交通肇事行為，再由其承擔損害賠償責任，有失法律的公允」。[9] 再如，最高人民法院民事審判第一庭做出的《關於連環購車未辦理過戶手續，原車主是否對機動車發生交通事故致人損害承擔責任的覆函》，則最為明確的採用了運行支配與運行利益的判斷標準。該覆函指出：「連環購車未辦理過戶手續，因車輛已交付，原車主既不能支配該車的營運，也不能從該車的營運中獲得利益，故原車主不應對機動車發生交通事故致人損害承擔責任。」由此可知，中國司法實踐對機動車保有人的判斷標準，也明確採取了運行支配說與運行利益說。

　　綜上所述，本書認為，在判斷民事主體是否為機動車保有人時應當綜合採取以下兩個標準：1、運行支配，即可以在事實上支配管領機動車之運行的地位；2、運行利益，即為是指因機動車運行而生的利益。某人是否屬於機動

---

8. 詳見程嘯（2006）。〈機動車損害賠償責任主體研究〉，《法學研究》，第 4 期。

9. 孫軍工（2003）。〈解讀《關於被盜機動車肇事後由誰承擔損害賠償責任問題的批覆》〉，《解讀最高人民法院司法解釋・民事卷（1997－2002）》。北京：人民法院出版社。39 頁。

車的保有人，要從其是否可以支配機動車的運行並享受運行的利益這兩個方面加以判明。[10]

2. 機動車一方的認定

2.1 機動車的所有人原則上就是機動車一方

通常，機動車的所有權的歸屬，是運行支配與運行利益的重要指示器。中國實行機動車登記制度，機動車經公安機關交通管理部門登記後，方可上道路行駛。任何個人或單位在購買機動車之後，都應當依據法律的規定辦理機動車所有權註冊登記或轉移登記。因此，判斷某人是否為機動車的所有權人，可以依據機動車在機動車管理機關的登記。機動車管理機關包括：公安機關交通管理部門（《機動車登記規定》第 2 條）、農業機械主管部門（《拖拉機登記規定》第 2 條）、中國人民解放軍和中國人民武裝警察部隊的有關部門（《道路交通安全法》第 120 條）。

機動車的所有權人駕駛機動車，造成非機動車駕駛人或者行人損害時，其作為機動車的保有人應承擔侵權責任。機動車的所有權人有數個（共同共有或者按份共有）時，責任主體應為該數個所有人，他們就受害人的損害承擔連帶責任，除非法律另有規定，或者第三人知道共有人不具有連帶債權債務關係（《物權法》第 102 條第 1 句）。

2.2 掛靠的情況下，掛靠人與被掛靠人承擔連帶責任

掛靠（也稱「掛戶」）是中國社會經濟中的一個獨特現象。改革開放之初步，由於國家在法律、政策上存在很多對私營經濟、個體經濟參與某些領域的經濟活動的歧視性限制規定甚至禁止性規定，因此一些個體工商戶、個人合夥、私營企業，為了能夠進入特定的行業從事活動，便與某些國有企業或集體企業簽訂掛靠合同，依託在該企業之外，以該企業的名義從事生產經營活動。所謂機動車的掛靠主要是指，為了滿足法律甚或地方政府對車輛運

---

10. 楊永清（2004）。〈解讀《關於連環購車未辦理過戶手續原車主是否對機動車交通事故致人損害承擔責任的覆函》〉，載《解讀最高人民法院請示與答覆》。北京：人民法院出版社。119 頁以下。

輸經營管理上的需要，個人將自己出資購買的機動車掛靠於某個具有運輸經營權的公司，向該公司繳納或不繳納一定的管理費用，由該公司為掛靠車主代辦各種相應的法律手續。實踐中對於掛靠人發生交通事故時候，被掛靠單位是否需要承擔責任以及如何承擔責任，也存在很大的爭議，司法實踐中的做法也不一致。對此，《道路交通事故損害賠償解釋》第 3 條規定：「以掛靠形式從事道路運輸經營活動的機動車發生交通事故造成損害，屬於該機動車一方責任，當事人請求由掛靠人和被掛靠人承擔連帶責任的，人民法院應予支持。」

2.3　轉讓機動車所有權而未辦理所有權轉移登記的，受讓人為機動車一方

在中國實踐中，機動車所有權發生轉移時，出於怕麻煩、節省費用、以物抵債多種原因，可能產生當事人並未辦理機動車所有權轉移登記的情形。這就產生了機動車管理機關登記的所有人與實際的所有人不一致的問題。一旦機動車造成他人損害時，應由何人承擔責任，就會發生很大的爭議。[11]《侵權責任法》第 50 條規定：「當事人之間已經以買賣等方式轉讓並交付機動車但未辦理所有權轉移登記，發生交通事故後屬於該機動車一方責任的，由保險公司在機動車強制保險責任限額範圍內予以賠償。不足部分，由受讓人承擔賠償責任。」最高人民法院頒佈的《道路交通事故損害賠償解釋》第 4 條更是明文規定：「被多次轉讓但未辦理轉移登記的機動車發生交通事故造成損害，屬於該機動車一方責任，當事人請求由最後一次轉讓並交付的受讓人承擔賠償責任的，人民法院應予支持。」

2.4　分期付款購買機動車的買受人為機動車一方

分期付款買賣是一種特殊的買賣形式，是買受人將其應付的總價款按照一定期限分批向出賣人支付的買賣。由於分期付款買賣中，出賣人須先交付標的物品，買受人於受領標的物品後分若干次付款，出賣人有收不到價款的

---

11. 參見程嘯（2006）。〈機動車損害賠償責任主體研究〉，《法學研究》。第 4 期。

風險。因此，交易實踐中，當事人在分期付款買賣中往往做出所有權保留的特約，即買受人雖先佔有、使用標的物品，但在雙方當事人約定的條件（通常是價款的一部或全部清償）成就前，出賣人仍保留標的物品所有權。只有條件成就後，所有權才轉移給買受人。（《合同法》第 134 條）

　　機動車的分期付款買賣中，由於買受人在沒有履行支付價款或者其他義務之前，機動車的所有權仍屬於出賣人。因此，公安機關登記的車主人以及機動車行駛證上記載的車主都是出賣人。如果買受人在為自己的利益而駕駛機動車發生交通事故致人損害時，就發生一個究竟是由買受人承擔責任，還是由出賣人與買受人承擔連帶賠償責任的問題。由於所有權保留只是起到擔保的功能，而機動車的運行支配和運行利益實際上仍歸於買受人，故此發生交通事故時，應由買受人承擔責任。對此，《最高人民法院關於購買人使用分期付款購買的車輛從事運輸因交通事故造成他人財產損失保留車輛所有權的出賣方不應承擔民事責任的批覆》規定：「採取分期付款方式購車，出賣方在購買方付清全部車款前保留車輛所有權的，購買方以自己名義與他人訂立貨物運輸合同並使用該車運輸時，因交通事故造成他人財產損失的，出賣方不承擔民事責任。」

2.5　因租賃、借用等使得機動車所有權與使用權分離的，使用人是機動車一方

　　租賃機動車，是指在約定時間內機動車租賃經營人將租賃機動車交付承租人使用，收取租賃費用，不提供駕駛勞務的經營方式（《汽車租賃業管理暫行規定》第 2 條）。被租賃的汽車是指除公共汽車、出租汽車客運以外的各類客車、貨車、特種汽車和其他機動車輛（《汽車租賃業管理暫行規定》第 3 條）。[12] 借用機動車，是指當事人約定一方以機動車無償借給他方使用，他方在使用完畢之後返還該機動車的行為。借用機動車的情形一般發生在熟人、朋友之間。在租賃、借用機動車的情況下，借用人和承租人駕駛機動車的時候，如果發生交通事故造成他人損害，如何處理？對此，《侵權責任法》第 49

---

12. 《合同法》第 246 條規定：「承租人佔有租賃物期間，租賃物造成第三人的人身傷害或者財產損害的，出租人不承擔責任。」因此，在機動車融資租賃時，承租人應就機動車致他人之損害承擔賠償責任。

條規定：「因租賃、借用等情形機動車所有人與使用人不是同一人時，發生交通事故後屬於該機動車一方責任的，由保險公司在機動車強制保險責任限額範圍內予以賠償。不足部分，由機動車使用人承擔賠償責任；機動車所有人對損害的發生有過錯的，承擔相應的賠償責任。」也就是說，原則上承租人、借用人這些使用人才是機動車一方，應承擔賠償責任。機動車的所有人只是在有過錯時，才承擔與其過錯相應的賠償責任。對於什麼情況下才能認定機動車的所有人對損害的發生有過錯，《道路交通事故損害賠償解釋》第 1 條做出了規定：「機動車發生交通事故造成損害，機動車所有人或者管理人有下列情形之一，人民法院應當認定其對損害的發生有過錯，並適用《侵權責任法》第四十九條的規定確定其相應的賠償責任：(1) 知道或者應當知道機動車存在缺陷，且該缺陷是交通事故發生原因之一的；（2）知道或者應當知道駕駛人無駕駛資格或者未取得相應駕駛資格的；（3）知道或者應當知道駕駛人因飲酒、服用國家管制的精神藥品或者麻醉藥品，或者患有妨礙安全駕駛機動車的疾病等依法不能駕駛機動車的；（4）其他應當認定機動車所有人或者管理人有過錯的。」

2.6　借用他人身份證購買機動車的，實際的所有人為機動車一方

在中國以往和目前的實踐中，一些地方為了限制機動車數量的增長，對於購買機動車有身份上的要求，如必須是有本地戶口、身份證的居民。這就使得一些非本地居民在本地購買機動車，借用身份證，將機動車登記在他人名下。以往，一些法院認為，在借用身份證供他人購車時，如果發生交通事故，出借身份證者違法出借身份證，存在過錯，因此應與機動車的實際所有人承擔連帶責任。[13] 筆者認為，依據《侵權責任法》第 50 條的立法精神，出借身份證之人只是名義上的機動車所有人，無法控制機動車並享有利益，所以不應承擔賠償責任，更不應與機動車的實際所有人承擔連帶責任。正確的做法是，由實際使用與控制機動車的人即借用他人身份證購車之人承擔侵權責任。

---

13. 參見〈黃德勤訴朱祖其、梁細銘道路交通事故損害賠償糾紛案〉，廣東省佛山市中級人民法院（2003）佛中法民一終字第 1186 號民事判決書。

2.7   盜搶機動車時，盜搶者為機動車一方

　　機動車被盜竊、搶劫或搶奪時，機動車的所有人或其他有權佔有人已經喪失了對機動車的支配與控制，自然不應再作為機動車的保有人承擔機動車交通事故責任。對此，不存在爭議。《最高人民法院關於被盜機動車輛肇事後由誰承擔損害賠償責任問題的批覆》也規定：「使用盜竊的機動車輛肇事，造成被害人物質損失的，肇事人應當依法承擔損害賠償責任，被盜機動車輛的所有人不承擔損害賠償責任。」《侵權責任法》第 52 條更是明確規定：「盜竊、搶劫或者搶奪的機動車發生交通事故造成損害的，由盜竊人、搶劫人或者搶奪人承擔賠償責任。保險公司在機動車強制保險責任限額範圍內墊付搶救費用的，有權向交通事故責任人追償。」

2.8   未經允許駕駛他人機動車的，駕駛人應當承擔責任。機動車所有人或者管理人有過錯的，承擔相應的責任

　　未經允許駕駛他人機動車，是指沒有獲得機動車的所有人或管理人的同意而駕駛他人的機動車，主要發生在以下情形：其一，親人朋友等存在特定關係的人之間，尤其子女偷開父母的機動車為典型。其二，沒有特定關係的人，偷開機動車，如陳某停車後沒有熄匙，就去小店買煙，結果被該車蔣某偷開走了，將行人撞傷；再如，修車廠的師父偷開客戶的高級轎車，代為泊車者不按照規定將車駛入停車場偷着開出去兜風等。未經允許駕駛他人機動車的行為雖然也屬於侵權行為，但不能簡單地等同於盜搶機動車，兩者最大的區別就在於是否有非法佔有機動車的意思。偷開機動車者並沒有非法佔有機動車的意思，《侵權責任法》對於未經允許駕駛他人機動車的情形沒有規定，《道路交通事故損害賠償解釋》第 2 條規定：「未經允許駕駛他人機動車發生交通事故造成損害，當事人依照《侵權責任法》第 49 條的規定請求由機動車駕駛人承擔賠償責任的，人民法院應予支持。機動車所有人或者管理人有過錯的，承擔相應的賠償責任，但具有《侵權責任法》第 52 條規定情形的除外。」

2.9 轉讓拼裝或已達到報廢標準的機動車時，轉讓人與受讓人負連帶責任

拼裝的機動車，是指沒有製造、組裝機動車許可證的企業或個人，擅自非法製造、拼湊、組裝的機動車。拼裝的機動車因沒有整車出廠合格證明或進口機動車的進口憑證，因此達不到機動車的國家安全技術標準。如果這樣的機動車上道路行駛，勢必對公眾的人身安全和財產安全構成嚴重的威脅。故此，《道路交通安全法》第 16 條第 1 項明確禁止任何單位或者個人拼裝機動車。已達到報廢標準的機動車，是指按照國家強制報廢標準應當報廢的機動車。這種機動車已經行駛達到了一定的年限和里程，其安全系數已經不符合要求。如果仍在道路上行駛，也會嚴重威脅公眾的人身和財產安全。

為了防止拼裝的或已達到報廢標準的機動車被投入到道路交通當中，危害公眾人身與財產安全，《侵權責任法》第 51 條特別規定：「以買賣等方式轉讓拼裝或者已達到報廢標準的機動車，發生交通事故造成損害的，由轉讓人和受讓人承擔連帶責任。」之所以令轉讓人和受讓人承擔連帶責任，是因為兩者往往非常清楚他們在轉讓拼裝或已達到報廢標準的機動車中，具有共同的故意。既然如此，當該拼裝或已達到報廢標準的機動車發生交通事故造成他人損害時，他們就是共同侵權人，要承擔連帶責任（《侵權責任法》第 8 條）。此外，《道路交通事故損害賠償解釋》第 6 條還規定：「拼裝車、已達到報廢標準的機動車或者依法禁止行駛的其他機動車被多次轉讓，並發生交通事故造成損害，當事人請求由所有的轉讓人和受讓人承擔連帶責任的，人民法院應予支持。」當然，也不排除出現這種可能，即因出賣人之欺詐，買受人並不知道購買的是拼裝或報廢的機動車。如果發生交通事故，只要買受人能夠證明其因欺詐而不知悉所購機動車為拼裝或報廢的機動車，應當可以免除責任。

2.10 套牌機動車的，由套牌車的所有人或管理人承擔責任

所謂套牌機動車，是指懸掛與他人機動車牌照的號碼相同的偽造號牌的機動車。套牌行為是嚴重的違法行為，一方面屬於偽造車牌的違法行為，逃避法律監管，使受害人無法找到真正的加害人；另一方面還往往侵害了機動車號牌被套牌的人的合法權益，使他人可能被追究行政處罰責任。故此，《道

路交通事故損害賠償解釋》第 5 條規定：「套牌機動車發生交通事故造成損害，屬於該機動車一方責任，當事人請求由套牌機動車的所有人或者管理人承擔賠償責任的，人民法院應予支持；被套牌機動車所有人或者管理人同意套牌的，應當與套牌機動車的所有人或者管理人承擔連帶責任。」[14] 一般來說，被套牌機動車的所有人或管理人是不知道自己的車牌被他人套用的，更不會同意他人套牌自己的機動車。但是，在有些情況下，確實也會存在「被套牌機動車所有人或者管理人同意套牌的」事情，這主要是指，基於私人的友誼將自己的車票無償借給他人使用或者有償同意他人套牌。對於這種情況，則應當承擔連帶責任。

2.11 駕校學員在駕駛培訓中發生事故的，駕校承擔責任

接受駕駛培訓的人員在培訓中駕駛機動車發生交通事故的，屬於該機動車一方責任時，《道路交通安全法》第 20 條第 2 款第 3 句規定：「學員在學習駕駛中有道路交通安全違法行為或者造成交通事故的，由教練員承擔責任。」由於教練員是駕駛培訓機構的工作人員，依據《侵權責任法》第 34 條第 1 款：「用人單位的工作人員因執行工作任務造成他人損害的，由用人單位承擔侵權責任。」因此，該責任應由駕駛培訓機構承擔。正因如此，《道路交通事故損害賠償解釋》第 7 條規定：「接受機動車駕駛培訓的人員，在培訓活動中駕駛機動車發生交通事故造成損害，屬於該機動車一方責任，當事人請求駕駛培訓單位承擔賠償責任的，人民法院應予支持。」

2.12 試乘發生事故的，由提供試乘服務者承擔責任

試乘是機動車銷售商為了推銷產品而提供的一種服務，雖然是免費的，但根本目的在於推銷產品，所以不能等同於一般的社會生活中的免費搭車，不能僅因為無償而減輕責任或限制責任的成立。《道路交通事故損害賠償解釋》第 8 條規定：「機動車試乘過程中發生交通事故造成試乘人損害，當事

---

14. 典型案例，參見最高人民法院第 19 號指導性案例「趙春明等訴煙台市福山區汽車運輸公司衛德平等機動車交通事故責任糾紛案」。

人請求提供試乘服務者承擔賠償責任的，人民法院應予支持。試乘人有過錯的，應當減輕提供試乘服務者的賠償責任。」至於試乘中造成車外人員傷害或其他機動車損害的，當然應當按照《道路交通安全法》第 76 條的規定，由機動車一方承擔責任。需要注意的是，試駕不同於試乘。試駕人造成他人損害的，應當依據《侵權責任法》第 49 條處理，即由駕駛人承擔責任，提供試駕服務的一方有過錯的，應當承擔相應的賠償責任。

四　　減責與免責事由

1.　　減責事由

1.1　　受害人過錯

機動車之間發生交通事故適用的是過錯責任原則，因此如果被侵權人對損害的發生有過錯的，當然可以減輕侵權人的責任（《侵權責任法》第 26 條）。至於機動車與非機動車駕駛人、行人發生交通事故時，按說適用的是無過錯責任原則，只有當受害人（即非機動車駕駛人、行人）有重大過失時，才能減輕機動車一方的責任。可是，令人奇怪的是，《道路交通安全法》第 76 條第 1 款第 2 項第 2 句卻規定：「有證據證明非機動車駕駛人、行人有過錯的，根據過錯程度適當減輕機動車一方的賠償責任」。[15] 本書認為，考慮到機動車造成非機動車駕駛人、行人損害的賠償責任是無過錯責任，因此要將《道路交通安全法》上述規定中的的「過錯」限縮解釋為「重大過失」。[16]

1.2　　好意同乘

好意同乘，是指日常生活中基於友情或好意一方讓另一方無償搭乘機動車的情形，是一種情誼行為。情誼行為不以產生受法律拘束的意思表示為目

---

15. 該句原規定為：「有證據證明非機動車駕駛人、行人違反道路交通安全法律、法規，機動車駕駛人已經採取必要處置措施的，減輕機動車一方的責任。」

16. 相同觀點參見李明義（2010）。〈交通事故損害賠償案件審判實務研究〉，《法律適用》。第 7 期。

的，故其通常可以排除合同法上的給付義務以及違約責任。[17] 例如，某日，張三對同事李四説，下午請客去吃海鮮，李四欣然接受，為此中午飯都沒有吃。結果，到了下午，張三有急事走了，沒有兌現承諾。顯然，張三答應請客的行為屬於情誼行為，因為張三並不會認為自己的承諾會產生法律上的義務，李四也不應認為自己和張三之間形成了契約，張三不請客就要承擔違約責任。因此，儘管張三沒有兌現請客的承諾，而李四饑腸轆轆，他們之間也不會發生合同法的上給付義務與違約責任（當然，張三的行為毫無疑問在社會交往禮儀層面上是應受譴責的行為）。然而，情誼行為並不能完全排除侵權責任，即便是在情誼行為的進行中，乙方也負有對另一方人身、財產的保護義務。可是，由於是情誼行為，故此不能等同於一般的社會生活行為。對行為人的要求不能太高，否則對於人們合理的行為自由和社會的和諧沒有好處。因此，在好意同乘的情況下，當搭乘者遭受損害時，只要提供搭乘者沒有故意或重大過失，應適當減輕提供搭乘者的賠償責任。這也是中國目前司法實踐中普遍認可的一種做法。

1.3 減輕的比例

1.3.1 機動車之間發生交通事故的，按照各自過錯的比例分擔。

對於機動車之間發生的交通事故，被侵權人也有過錯的，根據《道路交通安全法》第 76 條第 1 款第 1 項的規定，應「按照各自過錯的比例分擔責任」。如果只是原告遭受損害，被告沒有遭受損害，或者被告雖遭受損害未提起反訴，則就原告的損失，應當按照原被告雙方過錯的比例，確定被告賠償的數額與原告自行負擔的數額。倘若原被告皆遭受了損害，且被告針對原告提出了反訴，就應當將該起交通事故造成的總損失加以確定，然後根據雙方的過錯比例，分別確定各自負擔的部分。就機動車雙方各自過錯的比例如何確定，目前，法院的做法主要是以公安機關交通管理部門的交通事故責任為依據。

---

17. Haimo Schack/ Hans-Peter Ackmann (2011). *Das Bürgerliche Recht in 100 Leitentscheidungen*. Tübingen: Mohr Siebeck. S. 81ff.

1.3.2 機動車與非機動車駕駛人、行人之間發生交通事故的，可根據非機動車駕駛人、行人的過錯程度適當減輕機動車一方的賠償責任。

《道路交通安全法》第 76 條第 1 款第 2 項規定：「機動車與非機動車駕駛人、行人之間發生交通事故，非機動車駕駛人、行人沒有過錯的，由機動車一方承擔賠償責任；有證據證明非機動車駕駛人、行人有過錯的，根據過錯程度適當減輕機動車一方的賠償責任；機動車一方沒有過錯的，承擔不超過 10% 的賠償責任。」

2. 免責事由

2.1 受害人故意

《侵權責任法》第 27 條規定：「損害是因受害人故意造成的，行為人不承擔責任。」《道路交通安全法》第 76 條第 2 款：「交通事故的損失是由非機動車駕駛人、行人故意碰撞機動車造成的，機動車一方不承擔賠償責任。」所謂「受害人故意碰撞機動車造成交通事故損失」的情形包括：其一，受害人的自殺與自殘行為；其二，受害人雖非自殺或自殘，但是其為了其他目的而故意主動的去碰撞機動車，即現實中所謂的「碰瓷」行為。被告應就受害人故意碰撞機動車負舉證責任。例如，甲從過街天橋上下縱身躍下，掉在主路上，剛好乙駕駛的汽車開到，刹車不及將甲撞死。後發現甲口袋中的遺書，證明死者是因抑鬱症而自殺身亡，乙可以無需承擔賠償責任。

2.2 不可抗力

不可抗力是指不能預見、不能避免並不能克服的客觀情況（《民法通則》第 153 條）。從比較法上來看，對於不可抗力能否作為機動車損害賠償責任的免責事由有不同的規定。一種做法認為，不可抗力也不能免除賠償責任，如法國；另外一種做法認為，不可抗力可以作為免責事由，如德國、日本。在中國，《民法通則》第 107 條規定：「因不可抗力不能履行合同或者造成他人損害的，不承擔民事責任，法律另有規定的除外。」《侵權責任法》第 29 條

規定：「因不可抗力造成他人損害的，不承擔責任。法律另有規定的，依照其規定。」由於《道路交通安全法》並未規定不可抗力能夠免責，因此，在機動車交通事故責任中，不可抗力也屬於免責事由。

五　強制責任保險與救助基金

1.　機動車交通事故責任強制保險

1.1　概念與特徵

機動車交通事故責任強制保險，是指由保險公司對被保險機動車發生道路交通事故造成本車人員、被保險人以外的受害人的人身傷亡、財產損失，在責任限額內予以賠償的強制性責任保險（《機動車交通事故責任強制保險條例》第 3 條）。作為強制保險的機動車交通事故責任強制保險，其宗旨在於保障機動車交通事故中受害的第三人，使第三人能夠及時獲得補償。因此，該責任保險不同於商業性的機動車第三者責任險。

機動車交通事故責任強制保險具有以下幾項特徵：首先，強制性，主要體現在保險合同訂立上的強制性、最低投保金額的強制性、合同條款的強制性、保險費率的強制性，以及保險合同撤銷、解除上的強制性。其次，公益性。強制責任保險是為了保障第三人在遭受損害後能夠及時獲得救濟，具有很強的公益性，與任意責任保險的私益性有很大的區別。再次，為第三人利益性，例如賦予受害人直接針對保險人的保險金給付請求權、[18] 加害人的故意損害也納入強制責任保險的範圍、保險人針對被保險人的抗辯權不得向第三人行使，以及保險標的轉讓時無須經過保險人同意保險合同也繼續有效等。

---

18. 受害人有權直接請求保險公司給付交強險賠償金，保險公司不得以已向被保險人理賠為由對抗受害人的交強險賠償請求權。參見最高人民法院民一庭（2011）〈保險公司能否以已向被保險人理賠為由對抗受害人的交強險賠償請求權〉。奚曉明主編，《民事審判指導與參考（總第 42 集）》。北京：法律出版社。159–162 頁。

1.2 機動車交通事故責任強制保險中受害人的範圍

受害人是侵權行為法上的用語，在機動車交通事故責任強制保險中稱為「第三人」、「第三方」或「受害的第三人」。《機動車交通事故責任強制保險條例》第 3 條規定，有權獲得機動車交通事故責任強制保險賠償金的受害人不包括以下兩類人員：

1.2.1 被保險人

被保險人是指投保人及其允許的合法駕駛人（《機動車交通事故責任強制保險條例》第 42 條第 2 項）。而投保人是指與保險公司訂立機動車交通事故責任強制保險合同，並按照合同負有支付保險費義務的機動車的所有人、管理人（《機動車交通事故責任強制保險條例》第 42 條第 1 項）。之所以將被保險人排除在機動車交通事故責任強制保險的受害人範圍之外，主要是出於防範道德風險、降低制度成本等考慮。

1.2.2 本車人員

本車人員是指發生機動車交通事故時除駕駛人以外的被保險機動車上承載的人員。是否屬於本車人員應以保險車輛發生道路交通事故時，該人員置身於何處（車內還是車外）為標準。如果事故發生時，該人處於車外，無論導致該人處於車外的原因如何，是主動離開抑或因發生車禍被甩出車外，均不屬於本車人員，有權獲得強制責任保險的賠償。[19]

1.3 機動車交通事故責任強制保險的責任限額

依據《機動車交通事故責任強制保險條例》第 23 條，機動車交通事故責任強制保險在全國範圍內實行統一的責任限額。責任限額分為死亡傷殘賠償限額、醫療費用賠償限額、財產損失賠償限額，以及被保險人在道路交通事

---

19. 參見〈鄭克寶訴徐偉良、中國人民財產保險股份有限公司長興支公司道路交通事故人身損害賠償糾紛案〉，《中華人民共和國最高人民法院公報》。2008 年第 7 期。

表 20.1　中國現行機動車交通事故責任強制保險責任限額

有無責任 ＼ 分項賠償	死亡傷殘賠償限額	醫療費用賠償限額	財產損失賠償限額
被保險機動車在交通事故中有責任的賠償限額	110,000 元人民幣	10,000 元人民幣	2,000 元人民幣
被保險機動車在交通事故中無責任的賠償限額	11,000 元人民幣	1,000 元人民幣	100 元人民幣

故中無責任的賠償限額。機動車交通事故責任強制保險責任限額由保監會會同國務院公安部門、國務院衛生主管部門、國務院農業主管部門規定。

為使機動車交通事故強制保險賠償金的分配與人身傷亡、財產損失的風險程度、保障水平相匹配，中國機動車交通事故責任強制保險的限額還採取了所謂的分項限額，即依據損害的類型分為以下四類，在每一類中規定責任限額。

(1)　死亡傷殘賠償限額，即每次事故造成受害人死亡、受傷或殘疾時，用於支付醫療費用（含搶救費用）之外的費用開支的最高賠償金額，這部分賠償項目大致包括：誤工費、護理費、交通費、住宿費、住院伙食補助費、營養費、殘疾賠償金、死亡賠償金、喪葬費、精神撫慰金等。

(2)　醫療費用賠償限額，即每次事故造成受害人傷亡時候，用於醫療費用包括搶救費用的開支的最高限額，如掛號費、診斷費、醫藥費、檢查費、住院費等。

(3)　財產損失賠償限額，即每次事故對受害人的財產權益造成的損害的最高賠償金額。

(4)　無責任的賠償限額，是指被保險人在機動車交通事故中沒有過錯的情況下，保險人對於受害人的人身傷亡和財產損失所承擔的最高賠償限額。

機動車交通事故責任強制保險的賠償範圍既包括受害人的財產損失，也包括受害人因人身傷亡遭受的財產損害和精神損害。

1.4　保險人免除保險賠償責任的問題

1.4.1　受害人故意

受害人故意造成損害的發生是所有的侵權行為中加害人的免責事由。機動車交通事故是因受害人故意所致時，機動車一方無須承擔賠償責任。機動車交通事故責任強制保險的保險人亦無需承擔保險金的給付責任（《機動車強制保險條例》第 21 條第 2 款）。

1.4.2　被保險人的原因

《機動車強制保險條例》第 22 條規定：「有下列情形之一的，保險公司在機動車交通事故責任強制保險責任限額範圍內墊付搶救費用，並有權向致害人追償：(1) 駕駛人未取得駕駛資格或者醉酒的；（2）被保險機動車被盜搶期間肇事的；（3）被保險人故意製造道路交通事故的。有前款所列情形之一，發生道路交通事故的，造成受害人的財產損失，保險公司不承擔賠償責任。」實踐中，對該規定的理解有非常大的分歧，即除了財產損失外，保險公司是否應當在強制保險責任限額內，就受害人的人身傷亡的財產損害（如死亡賠償金、殘疾賠償金等）和精神損害承擔賠償責任？對此，《道路交通事故損害賠償解釋》第 18 條第 1 款規定：「有下列情形之一導致第三人人身損害，當事人請求保險公司在交強險責任限額範圍內予以賠償，人民法院應予支持：(1) 駕駛人未取得駕駛資格或者未取得相應駕駛資格的；（2）醉酒、服用國家管制的精神藥品或者麻醉藥品後駕駛機動車發生交通事故的；（3）駕駛人故意製造交通事故的。」此外，考慮到目前交強險還不是一種完全的社會保險，需要考慮保險公司的運營成本和費率，故此，該司法解釋第 18 條第 2 款還明確賦予了保險公司以追償權，即「保險公司在賠償範圍內向侵權人主張追償權的，人民法院應予支持。追償權的訴訟時效期間自保險公司實際賠償之日起計算」。[20]

20.　保險公司是從被保險人處取得追償權，不是從受害人處取得追償權。參見奚曉明主編（2012）。《最高人民法院關於道路交通損害賠償司法解釋理解與適用》。北京：人民法院出版社。239–240 頁。

1.5　交強險與商業險的適用關係

　　實踐中，不少機動車所有人，除依法投保機動車交通事故責任強制保險（簡稱交強險）外，還會主動投保機動車第三者責任商業保險（簡稱商業三者險）。在發生機動車道路交通事故之後，如何適用交強險和商業險是司法實踐中爭議很大的問題。有鑒於此，《道路交通事故損害賠償解釋》做出了詳細的規定。依據該解釋第 16 條第 1 款，同時投保交強險和商業三者險的機動車發生交通事故造成損害，當事人同時起訴侵權人和保險公司的，人民法院應當按照下列規則確定賠償責任：（1）先由承保交強險的保險公司在責任限額範圍內予以賠償；（2）不足部分，由承保商業三者險的保險公司根據保險合同予以賠償；（3）仍有不足的，依照《道路交通安全法》和《侵權責任法》的相關規定由侵權人予以賠償。此外，考慮到實踐中保險公司往往在商業三者險中約定不承擔精神損害賠償責任，為了解決交強險賠償不足的問題，更好地保護受害人，《道路交通事故損害賠償解釋》第 16 條第 2 款還規定，被侵權人或者其近親屬請求承保交強險的保險公司優先賠償精神損害的，人民法院應予支持。也就是說，可以先從交強險中支付精神損害賠償，然後依次由交強險和商業三者險支付物質損害賠償。

2.　道路交通事故救助基金

2.1　意義

　　雖然法律對機動車造成非機動車駕駛人或者行人損害時採取了無過錯責任原則，又實行了機動車強制責任保險制度，但交通事故的受害人的保障仍可能不足。例如，某些機動車車主違反法律規定未投保強制責任保險，結果發生交通事故後，既沒有保險給付，責任人又無賠償能力。再如，機動車肇事後駕駛人逃逸，無法查明加害人或肇事車輛。為更好的維護機動車交通事故受害人的合法權益，《道路交通安全法》第 17 條規定：「國家實行機動車第三者責任強制保險制度，設立道路交通事故社會救助基金。具體辦法由國務院規定。」第 75 條規定：「醫療機構對交通事故中的受傷人員應當及時搶救，不得因搶救費用未及時支付而拖延救治。肇事車輛參加機動車第三者責任強制保險的，由保險公司在責任限額範圍內支付搶救費用；搶救費用超過

責任限額的，未參加機動車第三者責任強制保險或者肇事後逃逸的，由道路交通事故社會救助基金先行墊付部分或者全部搶救費用，道路交通事故社會救助基金管理機構有權向交通事故責任人追償。」《機動車強制保險條例》第 24 條規定：「國家設立道路交通事故社會救助基金（以下簡稱救助基金）。有下列情形之一時，道路交通事故中受害人人身傷亡的喪葬費用、部分或者全部搶救費用，由救助基金先行墊付，救助基金管理機構有權向道路交通事故責任人追償：(1) 搶救費用超過機動車交通事故責任強制保險責任限額的；(2) 肇事機動車未參加機動車交通事故責任強制保險的；(3) 機動車肇事後逃逸的。」《道路交通事故社會救助基金管理試行辦法》第 2 條第 2 款規定：「本辦法所稱道路交通事故社會救助基金（以下簡稱救助基金），是指依法籌集用於墊付機動車道路交通事故中受害人人身傷亡的喪葬費用、部分或者全部搶救費用的社會專項基金。」由此可見，道路交通事故救助基金的主要目的在於，解決沒有投保第三者強制保險的機動車致人損害，以及肇事者逃逸又無法查明等情況下如何保護受害人的問題。

2.2　道路交通事故社會救助基金的給付

依據《道路交通安全法》第 75 條以及《機動車強制保險條例》第 24 條，在符合法定情形下，救助基金先行墊付的只是受害人的人身傷亡的搶救費用或者喪葬費用。《道路交通事故社會救助基金管理試行辦法》第 12 條規定：「有下列情形之一時，救助基金墊付道路交通事故中受害人人身傷亡的喪葬費用、部分或者全部搶救費用：(1) 搶救費用超過交強險責任限額的；(2) 肇事機動車未參加交強險的；(3) 機動車肇事後逃逸的。依法應當由救助基金墊付受害人喪葬費用、部分或者全部搶救費用的，由道路交通事故發生地的救助基金管理機構及時墊付。救助基金一般墊付受害人自接受搶救之時起 72 小時內的搶救費用，特殊情況下超過 72 小時的搶救費用由醫療機構書面說明理由。具體應當按照機動車道路交通事故發生地物價部門核定的收費標準核算。」

除上述費用之外，無論是人身傷亡方面的還是財產損失方面的費用，都不能由救助基金給付。因為法律設計道路交通事故救助基金的主要目的，就是通過先行墊付搶救費用以便使得受害人及時得到搶救，挽救其生命，或者

在受害人死亡時通過先行墊付喪葬費用使死者得以安息。此外，社會救助基金是為了避免無辜的受害人無法得到任何補償情況下的最終救濟措施，而非賠償受害人損害的責任制度，因此不能為受害人的其他損害支付費用。

第二十一章

醫療損害責任

一 概述

1. 醫療損害責任的涵義

1.1 醫療損害責任的概念與類型

醫療損害責任的概念有廣、狹義之分。狹義的醫療損害責任，僅指醫療機構及其醫務人員在診療活動中過失侵害患者生命權、身體權、健康權的侵權責任（《侵權責任法》第 54 至 58 條及第 60 條）。狹義的醫療損害責任屬於專家責任。一方面，造成損害的主體是醫療機構及其醫務人員這些具有專業性知識的機構和人員；另一方面，損害是在提供專業性服務（即診療活動）中造成的。正是由於造成損害者是專家，損害又是發生在專業活動中，因此醫療損害者責任在過錯、因果關係的判斷上都有特殊之處，需要法律特別的規範。

除狹義的醫療損害責任外，廣義的醫療損害責任尚包括：（1）藥品、醫療器械的缺陷給患者造成損害時，醫療機構的侵權責任（《侵權責任法》第 59 條）；（2）醫療機構及其醫務人員在診療過程中侵害患者的生命權、健康權與

圖 21.1 《侵權責任法》中的醫療損害責任體系

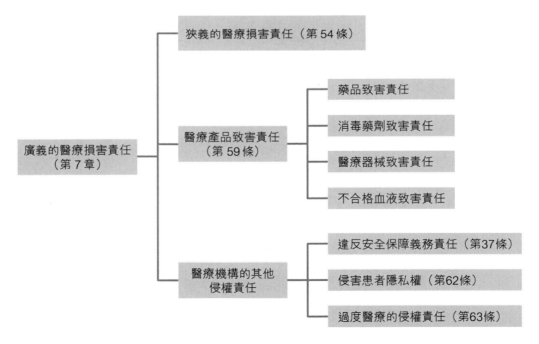

圖 21.2　2010-2014 年廣州法院受理醫療糾紛案件趨勢 [1]

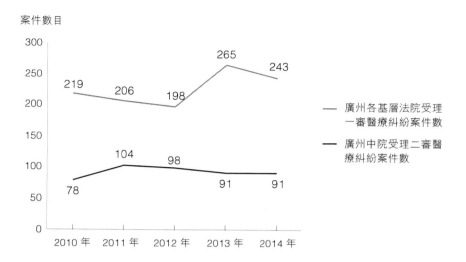

案件數目

表 21.1　2010-2014 年廣州市中級人民法院二審法院判決醫療機構承擔責任的情況 [2]

年度	2010	2011	2012	2013	2014	合計
判決結案數	31	64	65	61	49	270
判決醫方承擔的案件數目	18	41	34	47	33	173
比例	58.06%	64.06%	52.31%	77.05%	67.35%	64.07%
判決醫方承擔 50% 及以上的責任的案件數目	4	17	10	19	14	64
比例	12.9%	26.56%	15.38%	31.15%	28.57%	23.70%
判決醫方承擔低於 50% 的責任的案件數目	14	24	24	28	19	109
比例	45.16%	37.50%	36.92%	45.90%	38.78%	40.37%
判決醫方無責任案件數目	13	23	31	14	16	97
比例	41.94%	35.94%	47.69%	22.95%	32.65%	35.93%

1.　廣州市中級人民法院。《廣州醫療糾紛訴訟情況白皮書（2010–2014 年）》。2015 年 5 月 21 日。
2.　同上註。

圖 21.3　2006–2010 年北京法院醫療損害賠償案件的收結案情況 [3]

案件數目

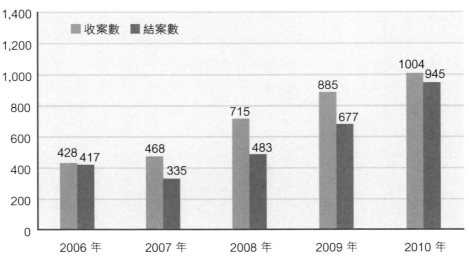

圖 21.4　2006–2010 年江蘇全省法院醫療損害賠償案件的收結案情況 [4]

案件數目

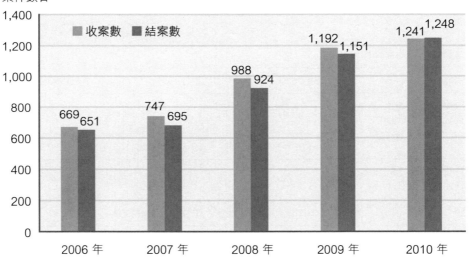

---

3. 該統計數據來源於相關的內部研究報告，同時參考了北京市高級人民法院課題組（2012）。〈新形勢下醫療損害賠償糾紛案件的審理情況、問題與對策〉。北京市高級人民法院，《審判前沿：新類型案件審判實務（總第 37 集）》。北京：法律出版社。166 頁。

4. 該統計數據來源於江蘇省高級人民法院（2011）。《江蘇法院民事審判工作藍皮書（2006–2010 年）》。

身體權之外的其他權利時，應當承擔的侵權責任，如侵害患者隱私權的責任（《侵權責任法》第 62 條）。這兩類責任都不是專家責任。前者屬產品責任，對此《侵權責任法》第 5 章《產品質量法》、《藥品管理法》等法律已有專門的規範，無需在醫療損害責任中再做規定。後者雖然與診療活動有關，但並非是因為醫療機構及其醫務人員提供的專業性服務所致。它與普通民事主體侵害他人隱私的情形沒有區別，完全可以適用《侵權責任法》總則中的有關規定。故此，本章討論的只是狹義的醫療損害責任。

1.2　幾類特殊的醫療損害責任糾紛

1.2.1　錯誤出生

錯誤出生（wrongful birth），也稱不法出生或不當出生，是指因醫療過失而導致存在生理缺陷、不應出生的嬰兒出生。由此引起的損害賠償糾紛也屬於醫療損害責任糾紛。但是，錯誤出生的損害賠償糾紛與一般醫療損害責任糾紛不同之處在於：

首先，請求權主體不同。一般醫療損害責任糾紛中，原告是因醫療機構的醫療過失而導致生命權或健康權被侵害的受害人或者在受害人死亡的情況下，是其近親屬。錯誤出生的損害賠償糾紛的主體是父母而非出生的嬰兒。並且嬰兒的生理缺陷也是先天形成的而非醫療過失造成的。嬰兒可以針對醫療機構提出的是錯誤生命（wrongful life）損害賠償之訴，即存在先天缺陷的嬰兒出生後針對存在醫療過失的醫療機構提出的賠償撫養費、醫療費和精神損害賠償的訴訟。不過，這種損害賠償請求權應當被否定，因為父母提出的錯誤出生之訴已經包含了照顧缺陷子女的費用等，況且嬰兒的缺陷是先天形成而非醫療過失所致。出生本身也不也應被視為損害。[5] 中國司法實踐也否定了嬰兒的錯誤生命損害賠償請求權。中國司法實務和理論界認為，之所以錯誤出生中的原告是父母而非嬰兒，是因為錯誤出生侵害了父母的優生優育權或自由選擇生育的權利。[6]

---

5. 詳見王澤鑒（2015）。《侵權行為法》。台北：作者自刊。198 頁。

6. 丁春豔（2007）。〈「錯誤出生」案件之損害賠償責任研究〉，《中外法學》。第 6 期；張紅（2011）。〈錯誤出生的損害賠償責任〉，《法學家》。第 6 期。

其次，損害賠償的範圍不同。一般醫療損害責任訴訟中，如果醫療機構因醫療過失給患者造成了損害，需要承擔侵害人身權的財產損害賠償責任和精神損害賠償責任。前者既包括了醫療費、護理費、交通費等所受損害，也包括誤工費、殘疾賠償金、被扶養人生活費、死亡賠償金等所失利益。而在錯誤出生損害賠償訴訟中，涉及到的賠償項目主要就是兩項，一是撫養費，一是精神損害。對於缺陷嬰兒父母提出的撫養費的請求是否支持的問題，比較法上存在很大的爭論。有些國家採取肯定的態度，如德國、法國、意大利、丹麥等國家肯定缺陷嬰兒父母的撫養費用請求權，而英國、比利時、西班牙和台灣地區都否定此種請求權。中國法院多否定撫養費請求權而肯定精神損害賠償請求權。

1.2.2　醫療美容

　　醫療美容，是指運用手術、藥物、醫療器械以及其他具有創傷性或者侵入性的醫學技術方法對人的容貌和人體各部位形態進行的修復與再塑（《醫療美容服務管理辦法》第 2 條第 1 款）。醫療美容活動是由美容醫療機構，或者開設醫療美容科室的醫療機構來開展的，這一不同於普通的非醫療美容。由於醫療美容活動也屬於醫療活動，故此，當美容醫療機構或者開設醫療美容科室的醫療機構實施醫療美容活動時，因過失給他人造成損害的，發生醫療損害責任，適用《侵權責任法》第 7 章的規定。如果是非醫療機構實施的美容活動，由此給他人造成損害的，不屬於醫療損害責任，應當適用的是《侵權責任法》第 6 條第 1 款。

1.2.3　計劃生育

　　被用來控制人口增長的計劃生育是中國的一項基本國策。要進行計劃生育，往往要實施避孕節育手術。《人口和計劃生育法》第 21 條第 1 款：「實行計劃生育的育齡夫妻免費享受國家規定的基本項目的計劃生育技術服務。」雖然是免費享受計劃生育技術服務，但因此遭受損害的，接受服務者仍然有權要求提供計劃生育技術服務的醫療機構承擔損害賠償責任。由此產生的損害賠償糾紛也屬於醫療損害責任糾紛。

1.2.4 預防接種

因預防接種活動而遭受人身損害的，受害人提起損害賠償之訴也屬於醫療損害責任糾紛。此類損害糾紛的具體情形包括：其一，因為預防接種的疫苗不合格而造成人身損害；其二，因預防接種過程中存在過失而造成人身損害，如醫療衛生人員在實施接種前，沒有告知受種者或者其監護人所接種疫苗的品種、作用、禁忌、不良反應以及注意事項，詢問受種者的健康狀況，以及是否有接種禁忌等情況。

但是，由於預防接種異常反應而造成的損害，不屬於醫療損害責任糾紛，法院一般是裁定駁回起訴。因此，此類損害要按照《疫苗流通和預防接種管理條例》的有關規定處理。依據該條，所謂預防接種異常反應，是指合格的疫苗在實施規範接種過程中或者實施規範接種後造成受種者機體組織器官、功能損害，相關各方均無過錯的藥品不良反應（第40條）。但是，下列情形不屬於預防接種異常反應：（1）因疫苗本身特性引起的接種後一般反應；（2）因疫苗質量不合格給受種者造成的損害；（3）因接種單位違反預防接種工作規範、免疫程序、疫苗使用指導原則、接種方案，給受種者造成的損害；（4）受種者在接種時正處於某種疾病的潛伏期或者前驅期，接種後偶合發病；（5）受種者有疫苗說明書規定的接種禁忌，在接種前受種者或者其監護人未如實提供受種者的健康狀況和接種禁忌等情況，接種後受種者原有疾病急性復發或者病情加重；（6）因心理因素發生的個體或者群體的心因性反應。

在預防接種異常反應爭議發生後，接種單位或者受種方可以請求接種單位所在地的縣級人民政府衛生主管部門處理。因預防接種導致受種者死亡、嚴重殘疾或者群體性疑似預防接種異常反應，接種單位或者受種方請求縣級人民政府衛生主管部門處理的，接到處理請求的衛生主管部門應當採取必要的應急處置措施，及時向本級人民政府報告，並移送上一級人民政府衛生主管部門處理。對於因預防接種異常反應造成受種者死亡、嚴重殘疾或者器官組織損傷的，應當給予一次性補償。因接種第一類疫苗引起預防接種異常反應需要對受種者予以補償的，補償費用由省、自治區、直轄市人民政府財政部門在預防接種工作經費中安排。因接種第二類疫苗引起預防接種異常反應需要對受種者予以補償的，補償費用由相關的疫苗生產企業承擔。

1.3　醫療損害責任的性質

因醫療機構的醫療過失而遭受損害的，因患者與醫療機構存在合同關係，所以構成違約責任與侵權責任的競合。患者可以針對醫療機構提起違約之訴，訴由是「醫療服務合同糾紛」，也可以提起侵權之訴，訴由是「醫療損害責任糾紛」，包含侵害患者知情同意權責任糾紛和醫療產品責任糾紛。具體選擇何種訴由，行使哪一種損害賠償請求權，由患者決定。

2.　醫療損害責任的歸責原則

中國法律對於醫療損害責任歷來適用的都是過錯責任原則。但是，如何證明醫療機構的過失以及醫療行為與患者損害的因果關係，《侵權責任法》與《民事證據規定》有不同的規定。後者第 4 條第 1 款第 8 項規定：「因醫療行為引起的侵權訴訟，由醫療機構就醫療行為與損害結果之間不存在因果關係及不存在醫療過錯承擔舉證責任。」起草《侵權責任法》時，就是否保留司法解釋的這一做法，存在爭議。一種觀點認為，應當繼續保留司法解釋的規定。另一種觀點則主張取消。基於以下理由，立法者採取了後一種觀點：首先，在醫療損害責任中一律採取過錯推定，並不一定就有利於患者，它會導致醫療機構採取保守醫療，不利於醫學科學的發展。至於患者在發生糾紛時與醫療機構信息不對稱的問題，可以通過信息公開的方式加以解決。[7] 其次，造成醫療損害的原因較為複雜，不少情況下由醫療機構承擔證明責任也是困難的。至於因果關係證明規則可以由民事訴訟法的證據制度解決，《侵權責任法》可以不作規定。[8]

故此，《侵權責任法》雖然專章規定醫療損害責任，但適用的仍然是一般的過錯責任原則。原則上，受害人就醫療機構的過失、醫療行為與損害之間的因果關係負有舉證責任，除非法律另有規定，如《侵權責任法》第 58 條。

---

7. 王勝明主編（2010）。《中華人民共和國侵權責任法解讀》。272 頁。

8. 〈全國人民代表大會法律委員會關於《中華人民共和國侵權責任法（草案）》修改情況的彙報〉，2009 年 10 月 27 日十一屆全國人大常委會第十一次會議。

二　構成要件

1.　加害人為醫療機構及其醫務人員

　　醫療機構，是指依照《醫療機構管理條例》的規定，取得《醫療機構執業許可證》從事醫療活動的機構（《醫療事故處理條例》第 60 條第 1 款），包括從事疾病診斷、治療活動的醫院、衛生院、療養院、門診部、診所、衛生所（室）以及急救站等（《醫療機構管理條例》第 2 條）。醫務人員，是指經過考核和衛生行政機關批准或承認，取得相應資格的各級各類衛生技術人員（如執業醫師、執業助理醫師、護士等），以及從事醫療管理、後勤服務等人員。[9]

　　之所以醫療損害責任的加害人必須是醫療機構及其醫務人員，原因在於：醫療活動是一種專業性、技術性、風險性都很強的活動，涉及到人民群眾的生命健康。現代國家對於醫療活動莫不嚴加管理，不允許隨意從事醫療活動。在中國，《執業醫師法》、《醫療機構管理條例》、《護士管理辦法》等法律、法規與規章，對從事醫療活動的醫療機構及醫務人員的主體資格也有非常嚴格的限制。如果那些法律不允許從事醫療活動的機構或者個人，從事了醫療活動，就構成了非法行醫。而非法行醫造成患者損害的侵權責任屬於一般侵權責任，不屬於醫療損害責任，只要依據過錯責任原則處理即可。[10] 此外，非法行醫還會產生行政責任與刑事責任。一方面，無論患者有無損害，非法行醫者也要承擔相應的行政責任。另一方面，非法行醫情節嚴重（如造成患者人身輕傷）的，還將構成非法行醫罪。因此，只有那些醫療機構和義務人從事診療活動造成患者損害時，才屬於醫療損害責任，受到《侵權責任法》第 7 章的規範。

9.　參見 1988 年 5 月 10 日衛生部頒佈《關於〈醫療事故處理辦法〉若干問題的説明》。

10.《醫療事故處理條例》第 61 條規定：「非法行醫，造成患者人身損害，不屬醫療事故，觸犯刑律的，依法追究刑事責任；有關賠償，由受害人直接向人民法院提起訴訟。」

圖 21.5　2008–2012 年全國醫療機構的數量 [11]

醫療衛生機構數量（個）

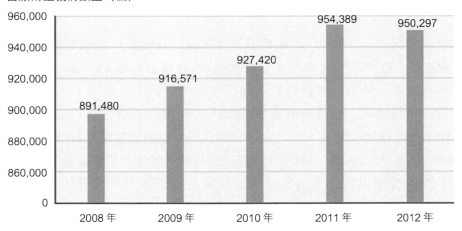

圖 21.6 2008–2012 年全國衛生機構人員數量 [12]

全國衛生機構人員（萬人）

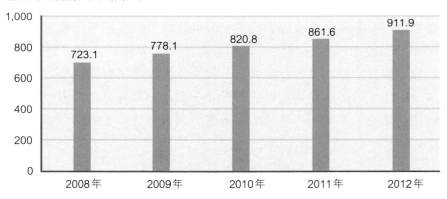

---

11. 數據來源於國家衛生和計劃生育委員會統計信息中心 2008、2009、2010、2011、2012 年《我國衛生事業發展統計公報》，見中華人民共和國國家衛生和計劃生育委員會網站 http://www.nhfpc.gov.cn/。

12. 數據來源同上。

2. 在診療活動中受到損害

2.1 診療活動的涵義

患者只有在診療活動中受到損害，才會發生醫療損害責任（《侵權責任法》第 54 條）。患者在醫療機構受到的損害，並不等於患者在診療活動中受到的損害。例如，患者在醫院大廳排隊掛號時，由於地板濕滑而摔傷。此時，醫療機構應依《侵權責任法》第 37 條第 1 款承擔違反安全保障義務的侵權責任，而非醫療損害責任。

何為「診療活動」，《侵權責任法》未予明確。在目前中國的法律法規中，只有《醫療機構管理條例實施細則》對此做出了界定。依據該細則第 88 條第 1 款，診療活動是指，通過各種檢查，使用藥物、器械及手術等方法，對疾病作出判斷和消除疾病、緩解病情、減輕痛苦、改善功能、延長生命、幫助患者恢復健康的活動。事實上，判斷醫療機構及其醫務人員的活動是否屬於診療活動，關鍵是看該活動是否要運用醫療機構及其醫務人員的專業知識與技能。如果要，就屬診療活動；不要，就不屬於。故此，可將診療活動界定為：醫療機構及其醫務人員借助醫學知識、專業技術、儀器設備及藥物等手段，為患者提供的緊急救治、檢查、診斷、治療、護理、保健、醫療美容，以及為此服務的後勤和管理等維護患者生命、健康所必須的活動的總和。

2.2 患者遭受了損害

診療活動是以維護患者的生命、身體和健康為目的。因此，在診療活動中，醫療機構及其醫務人員因過失而侵害的，並非患者的任何民事權益，而僅限於生命權、身體權和健康權。如果醫療機構及其醫務人員借診療活動之機侵害的，是患者的財產權益和其他人身權益，則不屬於醫療損害責任。例如，醫院違反規定對患者實施不必要的檢查以牟取非法利益；通過價格欺詐出售高價藥品給患者；醫務人員利用工作之便竊取病人的財物等，皆不屬於醫療損害責任，而是構成合同責任或其他類型的侵權責任。

2.3 診療活動與患者的損害之間存在因果關係

患者的損害必須是因診療活動所致。申言之，醫療機構及其醫務人員存在過錯的診療活動造成了患者的損害。如果患者的損害不是發生在診療活動中，或與診療活動不存在因果關係，醫療機構無須承擔侵權責任。例如，患者不聽從醫生的勸告，拒絕配合治療，由此遭受的損害與診療活動沒有因果關係，依據《侵權責任法》第 60 條第 1 款第 1 項，醫療機構不承擔侵權責任。

3. 醫療機構及其醫務人員存在過錯

3.1 概述

3.1.1 醫療過錯僅指醫療過失

醫療損害責任屬於過錯責任，加害人主觀上應具有過錯，即《侵權責任法》第 54 條所謂的「醫療機構及其醫務人員有過錯」。首先，醫療過錯僅指醫療過失，而不包括故意的情形。如果醫療機構及其醫務人員在診療活動中故意給患者造成損害，在民法上構成一般的侵權責任，而非醫療損害責任。其次，由於醫務人員是醫療機構的工作人員，其從事的診療活動屬於執行工作任務，因此醫療機構有無過錯，在所不問。只要其醫務人員是因執行工作任務即診療活動導致患者損害的，依據《侵權責任法》第 34 條，醫療機構作為用人單位應承擔無過錯責任。

3.1.2 醫療過失的判斷標準

醫療損害責任屬於過錯責任，受害人應當證明醫療機構及其醫務人員存在醫療過失。由於診療活動本身是具有很強的專業性、結果不確定性的複雜活動，因此既不能夠完全由專業知識不足的患者來證明醫療機構及其醫務人員的過錯，也不能對醫療機構全部實行過錯推定。為了既能夠有效的維護患者的合法權益，「又不過度加重醫療機構的賠償責任，導致消極性防禦醫療的出現和阻礙醫療科學技術的進一步發展，使廣大患者的整體利益受損」，[13]《侵

---

13. 北京市高級人民法院（2008）高終字第 321 號民事判決書，載北京市高級人民法院（2010）。《審判前沿：新類型案件審判實務（總第 25 集）》。197 頁。

權責任法》規定了以下三種判斷醫療過失的方法。

其一，是否違反說明及取得同意之義務。《侵權責任法》第 55 條第 1 款要求，醫務人員在診療活動中負有向患者說明病情和醫療措施的義務。如果需要實施手術、特殊檢查、特殊治療的，醫務人員不僅應當及時向患者或其近親屬說明醫療風險、替代醫療方案等情況，還要取得患者或其近親屬的書面同意。醫務人員沒有履行該義務，當然具有過失；造成了患者損害，就應承擔責任（同條第 2 款）。

其二，是否違反診療義務。《侵權責任法》第 57 條要求，醫務人員在診療活動中應當盡到與當時的醫療水平相應的診療義務，如果沒有盡到，給患者造成損害的，醫療機構應當承擔賠償責任。

其三，在三種情形下進行過失的推定。《侵權責任法》第 58 條規定，患者遭受損害而醫療機構存在以下三種情形之一時，法院可以推定醫療機構具有過錯：（1）違反法律、行政法規、規章以及其他有關診療規範的規定；（2）隱匿或者拒絕提供與糾紛有關的病歷資料；（3）偽造、篡改或者銷毀病歷資料。

3.2   說明及取得同意之義務

《侵權責任法》第 55 條規定：「醫務人員在診療活動中應當向患者說明病情和醫療措施。需要實施手術、特殊檢查、特殊治療的，醫務人員應當及時向患者說明醫療風險、替代醫療方案等情況，並取得其書面同意；不宜向患者說明的，應當向患者的近親屬說明，並取得其書面同意。醫務人員未盡到前款義務，造成患者損害的，醫療機構應當承擔賠償責任。」此外，在《精神衛生法》第 43 條、《執業醫師法》第 26 條、《醫療機構管理條例》第 33 條、《醫療事故處理條例》第 11 條、《醫療機構管理條例實施細則》第 62 條等法律、法規與規章中，對醫療機構和醫務人員的說明並取得同意之義務也都有規定。

3.2.1   適用範圍

作為專家的醫務人員在診療活動中，具有很強的自主性與獨立性，其要運用專業知識進行獨立的判斷。因此，如果任何診療活動都必須向患者或其

近親屬說明並取得同意，診療活動將無法及時有效的進行。這對患者來說，顯然也是不利的。故《侵權責任法》第 55 條第 1 款第 1 句雖然一般性地確定了醫務人員負有「向患者說明病情和醫療措施」的義務，但是，就需要取得患者或其近親屬同意的情形，則限制在「需要實施手術、特殊檢查、特殊治療」之時（同款第 2 句）。

所謂「特殊檢查、特殊治療」，是指具有下列情形之一的診斷、治療活動：（1）有一定危險性，可能產生不良後果的檢查和治療；（2）由於患者體質特殊或者病情危篤，可能對患者產生不良後果和危險的檢查和治療；（3）臨床試驗性檢查和治療；（4）收費可能對患者造成較大經濟負擔的檢查和治療（《醫療機構管理條例實施細則》第 88 條第 3 款）。

3.2.2　例外的情形

現實生活中，經常發生這樣的現象：交通事故等侵權行為的受害人已是生命垂危，本人已無法表達意志，又無法聯繫或查明其近親屬。此時，倘不及時採取相應的醫療措施，患者可能立即死亡或遭受嚴重的傷害。為了維護患者的生命、健康，《侵權責任法》第 56 條規定：「因搶救生命垂危的患者等緊急情況，不能取得患者或者其近親屬意見的，經醫療機構負責人或者授權的負責人批准，可以立即實施相應的醫療措施。」

3.2.3　義務履行的方法

首先，原則上，無論是否實施手術、特殊檢查、特殊治療，醫務人員都應當向患者履行說明及取得同意之義務。但是，在「不宜向患者說明」的時候，應當向患者的近親屬說明並取得其書面同意。「不宜向患者說明」的情形，是指如果向患者說明，會給其增加心理負擔，帶來消極影響，不利於患者治療和康復的情形。

其次，由於患者或其近親屬通常都不是醫學領域的專業人士，因此醫務人員在履行說明義務時，應當以通俗易懂的語言，全面地說明患者的病情、可供選擇的治療措施、各種治療措施的利弊等。實踐中，許多醫療機構雖然形式上似乎履行了說明及其同意的義務，但是履行的方式往往不適當。例如，沒有將治療措施的全部風險加以說明、隱瞞一些重要的信息、使用含

混的詞語等，這種情況下，如果患者遭受損害，醫療機構仍然應當承擔賠償責任。

第三，醫務人員應當取得患者或者其近親屬的書面同意。這主要是出於保存證據的考慮，避免將來發生糾紛時，醫患雙方產生對是否履行了說明及取得同意義務產生爭執。

3.2.4 法律效力

如果醫務人員依照法律規定履行了告知說明義務，並取得了患者或其近親屬的同意，即便診療活動客觀上確實給患者造成了損害，但只要醫療機構及其醫務人員不存在其他過失，就無需承擔侵權責任。[14] 反之，如果醫務人員沒有履行告知說明義務，給患者造成損害的，即便該損害是屬於診療活動必然的或可預見的風險，醫務人員仍然存在過錯，依據《侵權責任法》第55條，醫療機構應當承擔侵權責任。如果醫療機構僅是沒有履行告知說明義務，侵害了患者的知情同意權，卻沒有給患者造成損害，原則上患者既不能要求財產損害賠償，也不能要求精神損害賠償。但是，醫療機構在不履行告知說明義務而對患者實施手術、特殊檢查、特殊治療的除外。此種情形下，即便沒有給患者造成人身損害，醫療機構也應當承擔相應的精神賠償責任，或返還相應的治療、檢查或手術的費用。

3.3 與當時的醫療水平相應的診療義務

3.3.1 涵義

《侵權責任法》第57條規定：「醫務人員在診療活動中未盡到與當時的醫療水平相應的診療義務，造成患者損害的，醫療機構應當承擔賠償責任。」診療義務是指，醫務人員在對患者進行診療活動中應當負有的義務。「與當時的醫療水平相應的診療義務」中的「當時」，是指針對患者從事診療活動之時，而非醫療賠償訴訟提出之時。因為醫學科學是在不斷發展進步的，醫務人員的專業知識水平也是隨着時代的發展而不斷提高的。如果以事後的醫學水平

---

14. 《中華人民共和國最高人民法院公報》。2004 年第 2 期。

來對從事診療活動時的醫務人員提出要求，顯然不合理。因此，「當時的醫療水平」是指，從事診療活動之時一個合格的醫務人員應具有的醫療水平。

3.3.2 具體判斷標準

(1) 法定義務

現代社會中，許多診療義務已由法律、行政法規、規章以及其他有關診療規範中做出了明確的規定。因此，在判斷醫務人員是否盡到與當時的醫療水平相應的診療義務時，應當考慮訴爭的診療活動進行時，相關法律、法規和診療規範中的具體規定。如果違反了該規定，就應當認為存在醫療過失。例如，依據衛生部頒佈的《胃癌診療規範（2010 年版）》，胃鏡檢查是確診胃癌的必須檢查手段。如果醫務人員在沒有進行胃鏡檢查的情況下，就確定患者患有胃癌，進行了胃癌切除手術，顯然具有醫療過失。

(2) 合理注意義務

任何國家的法律、法規和診療規範都不可能將醫務人員在從事診療活動中應當盡到的全部義務加以列舉。況且，即便盡到了法定的義務，也不意味着醫務人員就沒有過失。因此，在判斷醫務人員是否盡到與當時的醫療水平相應的診療義務時，還應以醫務人員是否盡到善良管理人的注意作為判斷標準。所謂善良管理人的注意，也稱「合理注意義務」。其具體內容為：

其一，在通常情形下，同一醫療活動領域中一位合格的從業人員在同樣的情形下應有的謹慎、技能與能力。如果行為人的行為已達到了這一標準，則認為盡到了勤勉謹慎義務；如果沒有達到，則屬於違反義務的行為。

其二，如果某一醫療活動領域的從業人員從事的是其所不熟悉的醫療領域的診療活動，則其應當具備一個普通的醫務人員應具備的注意。換言之，即便是醫務人員屬於內科醫生，對外科、腦科等其他醫學專業的知識具有局限性，但也不能否定其作為一個普通醫生應當具有的基本注意義務。[15]

---

15. 〈宋小妹等與南京腦科醫院等醫療賠償糾紛上訴案〉，江蘇省南京市中級人民法院（2007）寧民一終字第 741 號民事判決書。

3.4　醫療過失推定

依據《侵權責任法》第 58 條，在以下三種情形中，如果患者因診療活動遭受損害時，醫療機構將被推定為具有過錯，被侵權人無須證明醫療機構的過錯：（1）違反法律、行政法規、規章以及其他有關診療規範的規定；（2）隱匿或者拒絕提供與糾紛有關的病歷資料；（3）偽造、篡改或者銷毀病歷資料。」

3.5　醫療過失的鑒定

「由於醫療行為的專業性，對於醫療行為有否過錯、醫療行為與損害後果之間有無因果關係，除非醫療機構予以確認，否則司法必須借助於專業人員的鑒定 —— 這一事實判斷，予以界定。這不僅可以避免司法擅斷，更是對醫學作為一門經驗科學、醫療行為具有高度風險性的深刻認同。」[16] 中國司法實踐中，主要是通過醫療鑒定（也稱醫療損害鑒定）來解決此類問題。

醫療鑒定包括醫療事故技術鑒定與醫療過錯鑒定。這兩類鑒定的最大區別就在於鑒定主體不同。依據《醫療事故處理條例》之規定，醫療事故技術鑒定必須由負責組織醫療事故技術鑒定工作的醫學會組織專家鑒定組進行。而醫療過錯鑒定，法院可以委託醫學會鑒定，也可以委託具有相應資質的司法鑒定機構進行。[17] 此外，如果「醫療事故技術鑒定中涉及的有關問題，如屍檢、傷殘鑒定等，屬於法醫類鑒定範圍。對此類鑒定事項，在進行醫療事故技術鑒定時，由已列入鑒定人名冊的法醫參加鑒定為宜」。[18]

無論是醫療事故技術鑒定，還是醫療過錯鑒定，法院都應當對醫療鑒定書進行相應的審查，包括程序上是否合法，內容上是否符合規範，鑒定結論是否明確，鑒定結論是否符合法律、法規和醫學規範等。

---

16. 〈郝豪傑與廣東省人民醫院醫療事故損害賠償糾紛上訴案〉，廣東省廣州市中級人民法院民事判決書（2009）穗中法民一終字第 2501 號。

17. 依據《全國人民代表大會常務委員會關於司法鑒定管理問題的決定》、《人民法院對外委託司法鑒定管理規定》等，法院根據當事人的申請或依職權委託司法鑒定機構進行的鑒定。參見《最高人民法院關於適用〈中華人民共和國《侵權責任法》〉若干問題的通知》（法發〔2010〕23 號）第 3 條。

18. 《全國人大法工委關於對法醫類鑒定與醫療事故技術鑒定關係問題的意見》（法工委覆字〔2005〕29 號）。

表 21.2 2010–2014 年廣州法院醫療糾紛案件鑒定情況 [19]

年度	判決結案數目	一審鑒定				二審鑒定	
		有鑒定的案件數目	鑒定率	有多次鑒定的案件數目	多次鑒定率	二審中有鑒定的案件數目	二審鑒定率
2010	31	21	67.74%	7	22.58%	5	16.13%
2011	64	55	85.94%	16	25.00%	1	1.56%
2012	65	56	86.15%	19	29.23%	0	0.00%
2013	61	54	88.52%	22	36.07%	0	0.00%
2014	49	41	83.67%	11	22.45%	0	0.00%
合計	270	227	84.07%	75	27.78%	6	2.22%

三　法律後果

1.　責任主體

在醫療損害責任中，儘管實際從事診療活動，進而給患者造成損害的是醫務人員，但由於醫務人員是因執行工作任務而造成他人損害的，所以醫療機構作為用人單位，應當承擔侵權責任（《侵權責任法》第 34 條第 1 款）。醫師經過所在醫療機構的批准而受其他醫療機構之邀請外出會診，如果因診療活動中的過失造成患者損害的，則應由邀請該醫生的醫療機構承擔侵權責任。

2.　免責事由

除《侵權責任法》第 2 章規定的免責事由之外，《侵權責任法》第 60 條第 1 款還特別規定了醫療機構不承擔賠償責任的三種情形：其一，患者或者其近親屬不配合醫療機構進行符合診療規範的診療；其二，搶救生命垂危的患者等緊急情況下，已經盡到合理診療義務；其三，限於當時的醫療水平難以診療。

---

19. 廣州市中級人民法院（2015）。《廣州醫療糾紛訴訟情況白皮書（2010–2014 年）》。2015 年 5 月 21 日。

第二十二章

環境污染責任

一　概述

1.　環境污染責任的概念與特徵

環境污染責任，是指因污染環境造成他人損害時，污染者應當承擔的侵權責任。在中國，除《侵權責任法》專章規定環境污染責任外，還有許多法律對環境污染責任有明確的規定，如《民法通則》、《環境保護法》、《海洋環境保護法》、《水污染防治法》、《大氣污染防治法》、《固體廢物污染環境防治法》、《環境噪聲污染防治法》、《放射性污染防治法》等。

作為一種特殊的侵權責任，環境污染責任的特殊之處表現在以下三點。首先，以無過錯責任為歸責原則。環境污染責任適用的是無過錯責任。污染者只要污染環境造成損害，無論有無過錯，均應承擔侵權責任（《侵權責任法》第 65 條）。其次，實行因果關係的推定，即只要因污染環境發生糾紛，就推定污染行為與損害之間存在因果關係，污染者負有證明不存在因果關係的舉證責任（《侵權責任法》第 66 條）。第三，污染者與第三人負不真正連帶責任。即便環境污染是因第三人的過錯所致，污染者也不能因此免除侵權責任，而應當與第三人一起向受害人負不真正連帶責任（《侵權責任法》第 68 條）。

2.　歸責原則

在中國，環境污染責任適用的是無過錯責任。無論污染者有無過錯，只要其從事了污染環境之行為，造成他人損害的，就應當承擔侵權責任。對此，《侵權責任法》第 65 條有明文之規定：「因污染環境造成損害的，污染者應當承擔侵權責任。」《環境侵權責任解釋》第 1 條第 1 款第 1 句規定：「因污染環境造成損害，不論污染者有無過錯，污染者應當承擔侵權責任。」

二　構成要件

1.　污染環境的行為

1.1　類型

污染環境的行為有以下類型。

1.1.1　大氣污染

即向大氣中排放污染物，污染大氣的行為，包括：燃煤產生的大氣污染、機動車船排放污染以及廢氣、塵和惡臭污染。

1.1.2　水污染

即水體因某種物質的介入，而導致其化學、物理、生物或者放射性等方面特性的改變，從而影響水的有效利用，危害人體健康或者破壞生態環境，造成水質惡化的現象。

1.1.3　環境噪聲污染

即因環境噪聲超過國家規定的環境噪聲排放標準，並干擾他人正常生活、工作和學習。環境噪聲，是指在工業生產、建築施工、交通運輸和社會生活中所產生的干擾周圍生活環境的聲音，包括：（1）交通運輸噪聲，即機動車輛、鐵路機車、機動船舶、航空器等交通運輸工具在運行時所產生的干擾周圍生活環境的聲音。（2）社會生活噪聲，即人為活動所產生的除工業噪聲、建築施工噪聲和交通運輸噪聲之外的干擾周圍生活環境的聲音。

1.1.4　固體廢物污染

固體廢物是指在生產、生活和其他活動中產生的喪失原有利用價值或者雖未喪失利用價值但被拋棄或者放棄的固態、半固態和置於容器中的氣態的物品、物質，以及法律、行政法規規定納入固體廢物管理的物品、物質。

1.1.5　海洋環境污染

即直接或者間接地把物質或者能量引入海洋環境，產生損害海洋生物資源、危害人體健康、妨害漁業和海上其他合法活動、損害海水使用素質和減損環境質量等損害（《海洋環境保護法》第 95 條第 1 項）。海洋包括中華人民共和國內水、領海、毗連區、專屬經濟區、大陸架，以及中華人民共和國管轄的其他海域。

1.1.6　放射性污染

即由於人類活動造成物料、人體、場所、環境介質表面或者內部出現超過國家標準的放射性物質或者射線。

1.2　判斷標準

1.2.1　違反國家規定排放污染物的，即構成污染環境之行為

為保護環境，中國法律明確要求民事主體在排放污染物時，不得超過國家或地方規定的標準。例如，《環境保護法》第 16 條規定：「國務院環境保護主管部門根據國家環境質量標準和國家經濟、技術條件，制定國家污染物排放標準。省、自治區、直轄市人民政府對國家污染物排放標準中未作規定的項目，可以制定地方污染物排放標準；對國家污染物排放標準中已作規定的項目，可以制定嚴於國家污染物排放標準的地方污染物排放標準。地方污染物排放標準應當報國務院環境保護主管部門備案。」到目前為止，中國已經頒佈了八百餘項國家環境保護標準，以及三十餘項環境保護地方標準。任何民事主體違反國家標準或地方標準排放污染物的行為，當然構成污染環境之行為。實踐中，就污染者的排污行為是否超過國家標準或地方標準，通常需要由有關機構如環境監測部門出具的檢測報告加以證明。

1.2.2　雖符合排污標準但造成了損害的，也構成污染環境之行為

行為人排放的污染物即便符合國家標準或地方標準，如果因該污染行為給受害人造成損害的，行為人也應承擔侵權責任。《侵權責任法》第 65 條規定，只要因污染環境造成損害的，污染者就應當承擔侵權責任。排污符合國

家標準或地方標準，不能作為污染者減輕或者免除責任的理由。[1]《環境侵權責任解釋》第 1 條第 1 款第 2 句更是明文規定：「污染者以排污符合國家或者地方污染物排放標準為由主張不承擔責任的，人民法院不予支持。」

2. 造成他人損害

環境污染行為只有給他人造成了損害，才可能產生侵權賠償責任。因中國法律上未限制環境污染給他人造成的損害的類型，因此所謂損害既包括人身傷亡（如造成他人患病），也包括對財產權造成的損害（如因河流污染導致養殖戶的魚苗死亡）。就財產損失而言，既包括直接損害，也包括間接損失。此外，被污染者因清除污染而支出的費用也應當給予賠償。

3. 存在因果關係

3.1 因果關係的推定

在中國，環境污染責任實行的是因果關係推定，受害者無需證明污染環境的行為與其損害之間的因果關係，而由污染者就其行為與損害之間不存在因果關係負舉證責任（《侵權責任法》第 66 條）。之所以採取因果關係推定，主要是考慮到，環境污染侵權行為具有長期性、潛伏性、持續性、廣泛性的特點，且其造成損害的過程非常複雜，中間往往要經歷一系列中間環節才能最終造成損害。通常，只有借助現代科學知識並利用相應的科學儀器，才能確認環境污染行為與損害之間的因果關係。有時，即便在現有科學技術的條件下，可能尚無法認定某些環境污染中的因果關係。如果要求受害人必須確切地證明環境污染行為與損害的因果關係，顯然是強人所難。為了減輕環境侵權中受害人的舉證負擔，更加迅速地救濟受害人，中國法上採取了因果關係推定的規則。[2]

---

1. 王勝明主編（2010）。《中華人民共和國侵權責任法解讀》。326 頁。
2. 同上註。335 頁。

3.2　舉證責任

　　環境污染責任中適用因果關係推定，並不意味着被侵權人就不負擔任何舉證責任。在環境侵權糾紛訴訟中，被侵權人至少應提出初步的或蓋然性的證據，據以建立被告的環境污染行為與自己所受損害之間的初步聯繫。《環境侵權責任解釋》第 6 條規定：「被侵權人根據《侵權責任法》第 65 條規定請求賠償的，應當提供證明以下事實的證據材料：(1) 污染者排放了污染物；(2) 被侵權人的損害；(3) 污染者排放的污染物或者其次生污染物與損害之間具有關聯性。」

　　只要被侵權人完成了上述對環境污染與損害之間的因果關係的初步的證明責任，就實行因果關係的推定，由環境污染者來證明自己的污染行為與被侵權人的損害之間沒有因果關係。《環境侵權責任解釋》第 7 條規定：「污染者舉證證明下列情形之一的，人民法院應當認定其污染行為與損害之間不存在因果關係：(1) 排放的污染物沒有造成該損害可能的；(2) 排放的可造成該損害的污染物未到達該損害發生地的；(3) 該損害於排放污染物之前已發生的；(4) 其他可以認定污染行為與損害之間不存在因果關係的情形。」

3.3　證據

　　環境污染侵權糾紛的因果關係的證明涉及到專門的科學知識。對於環境污染行為與損害之間有無因果關係，需要專門的鑒定、檢驗。一方面，在環境污染事故發生後，相關的環境保護監管部門會進行相應的調查、檢驗、檢測、評估。這些部門或者其委託的機構出具的環境污染事件調查報告、檢驗報告、檢測報告、評估報告或者監測數據等，對於認識案件事實非常重要。另一方面，人民法院也可以委託具備相關資格的司法鑒定機構出具鑒定意見，或者由國務院環境保護主管部門推薦的機構出具檢驗報告、檢測報告、評估報告或者監測數據。必要時，當事人也可以聘請專家提供專家證言。對於上述證據，《環境侵權責任解釋》第 8 至 10 條均在一定程度上予以認可。這對於保護環境侵權的受害人是非常必要的。

4. 免責與減責事由

4.1 免責事由

環境污染責任的免責事由只有兩項：不可抗力與受害人故意。對此，中國法律有明確的規定。例如，《水污染防治法》第85條第2、3款規定：「由於不可抗力造成水污染損害的，排污方不承擔賠償責任；法律另有規定的除外。水污染損害是由受害人故意造成的，排污方不承擔賠償責任。水污染損害是由受害人重大過失造成的，可以減輕排污方的賠償責任。」不過，實踐中，真正由於不可抗力或受害人故意導致的環境污染很少見。

至於因第三人過錯而導致環境污染，進而造成損害的，污染者是否免責的問題，《侵權責任法》頒佈前，法律上曾有不同的規定。有的法律規定可以免責，如《海洋環境保護法》第92條規定：「完全屬於下列情形之一，經過及時採取合理措施，仍然不能避免對海洋環境造成污染損害的，造成污染損害的有關責任者免予承擔責任：（1）戰爭；（2）不可抗拒的自然災害；（3）負責燈塔或者其他助航設備的主管部門，在執行職責時的疏忽，或者其他過失行為。」有的法律也不允許免責，如《水污染防治法》第85條第4款規定：「水污染損害是由第三人造成的，排污方承擔賠償責任後，有權向第三人追償。」

《侵權責任法》第68條規定：「因第三人的過錯污染環境造成損害的，被侵權人可以向污染者請求賠償，也可以向第三人請求賠償。污染者賠償後，有權向第三人追償。」依據「同一效力位階的法律，新法優於舊法」的原則，今後應當以《侵權責任法》第68條為準，即第三人過錯污染環境造成損害的，污染者均不能免責，其承擔賠償責任後可以向第三人追償。在訴訟程序上，被侵權人可以單獨起訴環境污染者，也可以單獨起訴第三人，還可以將環境污染者與第三人作為共同被告提起訴訟。當被侵權人請求第三人承擔賠償責任的，人民法院應當根據第三人的過錯程度確定其相應賠償責任（《環境侵權責任解釋》第5條）。污染者不得以第三人的過錯污染環境造成損害為由，主張不承擔責任或者減輕責任。

4.2　減責事由

既然環境污染責任屬於無過錯責任，那麼只有在受害人對損害的發生或擴大具有重大過失時，方能減輕侵權人的賠償責任。例如，《水污染防治法》第 85 條第 3 款第 2 句規定：「水污染損害是由受害人重大過失造成的，可以減輕排污方的賠償責任。」

4.3　舉證責任

依據《侵權責任法》第 66 條、《水污染防治法》第 87 條、《固體廢物污染環境防治法》第 86 條、《民事訴訟證據規定》第 4 條第 1 款第 4 項，污染者應證明存在減輕責任或免除責任的事由。

三　多人環境污染中的因果關係與責任承擔

1.　引言

環境污染中，單獨侵權行為固然常有，多人實施污染行為造成他人損害的情形亦不鮮見。這是因為：一方面，環境污染多與工業生產有關，而工業生產要在資源集中等便於獲得生產要素的區域，如有色金屬開採公司要位於有色金屬礦藏豐富的地方，化工、造紙、核電等需要大量用水的企業則多建於湖泊江河之畔。如此一來，就很容易出現多家生產者同時污染環境的情形，如排放污水、釋放廢氣、傾倒廢渣等。另一方面，環境本身具有一定的容量，大氣、水、土地、動植物等都有承受污染物的一個最高限值。只有當特定時空裏的污染物超過了生態系統能夠承受的限度時，才會發生環境污染或生態破壞，造成他人損害。而多人實施環境污染行為顯然更容易突破環境容量，造成損害。

在多人環境污染損害賠償糾紛中，因果關係的判斷，複雜而重要。首先，多人侵權責任的特殊之處就在於因果關係呈現複數形態，即多人分別實施侵權行為給他人造成同一損害。此等「多因一果」的形態較之於單獨侵權為中「一因一果」或「一因多果」的形態，顯然更複雜。此外，複數因果關係本

身又有不同的類型，如何科學地加以區分並判斷之，也不容易。其次，在損害賠償法上，不同形態的複數因果關係經常決定了數個侵權人的責任承擔方式，即究竟是向受害人承擔按份責任，還是連帶責任。例如，在數個侵權人實施的加害行為只有相互結合才能造成受害人同一損害之時，這些侵權人只需按照各自的份額向受害人承擔賠償責任（《侵權責任法》第 12 條）。而倘若每個侵權人的行為都足以造成同一損害後果，則該數個侵權人就要向受害人承擔連帶賠償責任（《侵權責任法》第 11 條）。按份責任還是連帶責任，無論對加害人還是對受害人，都十分重要。

2.　多人環境污染損害中複數因果關係的形態

依據各環境污染行為是否足以導致同一損害，可將多人環境污染損害中的複數因果關係分為以下四種形態。

2.1　共同的因果關係

共同的因果關係（*Gemeinsame Kausalitäten*），也稱「結合的因果關係」或「部分的因果關係」，[3] 是指多個污染者分別實施了環境污染行為，給他人造成了同一損害。其中任何一個環境污染行為單獨發生均不足以造成部分或全部的損害，但這些污染行為相互結合後，造成了受害人的全部損害。在結合的因果關係中，任何一個污染行為都不是充分的原因，同一損害後果是多個污染行為共同作用所致。[4] 依據單獨的行為能否給受害人造成損害，又可以將共同的因果關係分為兩類：[5] 一是，數個行為結合共同造成了損害，即數個行為人的行為單獨發生的話，都不可能造成環境污染，損害他人權益，但兩個行為結合後導致了受害人的同一損害。例如，A 船與 B 船在航行中因均有過失而碰撞。B 船碰撞後船體破裂，船上所載的重油泄漏，污染了 C 游泳場管理

---

3. 王澤鑒（2009）。《侵權行為》。189 頁。

4. Erwin Deutsch (1996). *Allgemeines Haftungsrecht* (2 Aufl.). Köln: Carl Heymanns. Rn. 151.

5. 程嘯（2008）。《侵權行為法總論》。北京：中國人民大學出版社。269–270 頁。

的水域及海岸帶污染。[6] 顯然，A 船或 B 船的航行本身不是環境污染行為，兩者單獨發生均不會造成他人損害。二是，數個行為互相結合加強了損害，[7] 即單獨的每一個行為就是環境污染行為，會給他人造成一定的損害，但不足以造成全部的損害，這些行為結合後才能造成全部損害。例如，甲廠與乙廠都往河中排放污水，甲排放了三個單位，乙排放了四個單位。任何一個廠排放的污水量都會使部分丙公司養殖的魚苗死亡，但不會使丙公司的魚苗全部死亡。由於兩個廠同時排污，導致水中污染物總量極大的超標，丙公司的魚苗全部死亡。

2.2　競合的因果關係

競合的因果關係（*konkurrierender Kausalität*），是指多個污染者分別實施了污染環境的行為，給他人造成同一損害，但即便其中任何一個環境污染行為單獨發生，也足以造成同一損害。這幾個環境污染行為之所以一起發生，造成損害，完全是偶然的。例如，A 廠與 B 廠不約而同往河裏偷排污水，且任何一個廠排放的污水都足以導致 C 的魚苗死亡。儘管從科學的角度上說，多個污染源同時排放的物質之間，因化學性質的不同，會存在相抵、累加、累進、互補等各種可能性，但在侵權法上只需要考慮這些污染源結合後是否造成了同一損害，以及單獨污染源排放的物質是否足以造成同一損害即可。

2.3　累積的因果關係

累積的因果關係（*konkurrierender Kausalität*），是指數人分別實施環境污染行為，給他人造成同一損害。這些環境污染行為中的一個或部分單獨發生，也足以造成全部的損害後果。例如，A 廠與 B 廠均為造紙廠，A 廠為國營大廠，規模巨大，年產 500 萬噸。B 廠是私營小廠，年產一萬噸。A 廠超標排放污水 1,000 個單位，而 B 廠超標排放一個單位的污水，結果導致了下游

---

6. 參見〈菱角咀海濱游泳場訴東海海運有限公司與中國船舶燃料供應福建有限公司的船舶碰撞造成船載油料泄漏海域污染損害賠償案〉。最高人民法院中國應用法學研究所編（2000），《人民法院案例選》（總第 32 輯）。305 頁以下。

7. Erwin Deutsch (1996). *Allgemeines Haftungsrecht* (2 Aufl.). Rn. 153.

養殖戶 C 的魚苗死亡。在這個案件中，A 廠單獨排放的污水就足以導致全部損害了，而 B 廠排放的污水只能造成 C 的一小部分損害。

2.4　擇一的因果關係

擇一的因果關係（*Alternative Kausalitäten*），是指數人從事了危害他人財產、人身安全的環境污染行為，其中一人或數人的行為實際造成了他人的損害，但無法確定究竟是哪一個或哪幾個污染行為造成了該損害。例如，甲廠與乙廠分別向空氣中排放有毒氣體 A、有毒氣體 B，丙因空氣污染患病。但無法確定究竟是有毒氣體 A 還是 B 導致了丙的疾病。顯然，擇一的因果關係本質上並不是因果關係的問題，而只是一個證明的問題。[8]

3.　多人環境污染損害的責任歸屬與承擔方式

3.1　共同的因果關係、競合的因果關係與累積的因果關係的多人環境污染損害的責任歸屬與承擔方式

從理論上說，區分複數因果關係的具體形態，從而相應地適用《侵權責任法》第 11 條或第 12 條，並不複雜。在證明責任法上，如果受害人要主張適用《侵權責任法》第 11 條，其需要證明每個侵權人的行為都足以造成全部損害。如不能證明，就應適用《侵權責任法》第 12 條。對此，《環境侵權責任解釋》第 3 條第 2 款規定：「兩個以上污染者分別實施污染行為造成同一損害，每一個污染者的污染行為都不足以造成全部損害，被侵權人根據《侵權責任法》第 12 條規定請求污染者承擔責任的，人民法院應予支持。」

3.2　擇一的因果關係的多人環境污染損害的責任歸屬與承擔方式

擇一因果關係的多數人環境侵權，是指兩人以上實施危及他人人身、財產安全的環境污染行為，但只是其中一人或者數人的污染行為實際造成他人

---

8. Erwin Deutsch (1995). *Unerlaubte Handlungen, Schadensersatz und Schmerzensgeld* (3 Aufl.). Köln: Carl Heymanns. Rn. 61.

損害，可是卻無法確定具體的侵權人，故由全部的環境污染行為人承擔連帶責任。儘管從理論上可以設想擇一因果關係的多數人環境侵權的例子，但在中國現行法中卻不大可能存在擇一因果關係的多數人環境侵權。[9]

---

9. 筆者查詢了《北大法寶——中國法律檢索系統》（http://law.chinalawinfo.com/）中的案例數據庫，尚未檢索到適用《侵權責任法》第 10 條的多人環境污染侵權案件。

第二十三章

高度危險責任

一　概述

1.　高度危險責任的概念與類型

1.1　高度危險責任的概念

　　高度危險責任，也稱高度危險作業責任，是指因從事高度危險作業造成他人損害時，應當承擔的侵權責任。《民法通則》對高度危險責任就有專門的一般性規範。該法第 123 條規定：「從事高空、高壓、易燃、易爆、劇毒、放射性、高速運輸工具等對周圍環境有高度危險的作業造成他人損害的，應當承擔民事責任；如果能夠證明損害是由受害人故意造成的，不承擔民事責任。」通說認為，《民法通則》本條規定的是危險責任，即無過錯責任。

　　《侵權責任法》專章（第 9 章）採用了九個條文對高度危險責任做了更加詳盡的規定。首先，第 69 條是對高度危險作業責任的一般性規定。該條不僅明確了高度危險責任適用的是危險責任即無過錯責任，還為「司法實踐處理法律未明確規範的高度危險行為提供了一個指導性原則」。[1] 其次，在第 70 條至第 73 條則逐一規定了各種具體的高度危險責任的類型，如民用核設施致害責任、民用航空器致害責任等。最後，《侵權責任法》第 74 條至第 77 條就高度危險責任的侵權主體及賠償責任限額問題做了規定。

1.2　高度危險責任的一般條款

　　《侵權責任法》第 69 條被認為是關於高度危險責任的一般條款，它為司法實踐處理法律未明確規範的高度危險行為提供了一個指導性原則，[2] 具有兜底性功能，將那些法律沒有規定的高度危險作業也涵蓋進來。[3] 因此，受到不少學者的讚揚。本書認為，雖然《侵權責任法》第 69 條屬於高度危險責任的一般條款，但該條只是為將來單行立法確立新的高度危險責任類型提供了基

---

1. 王勝明主編（2010）。《中華人民共和國侵權責任法解讀》。347 頁。
2. 同上註。
3. 王利明（2011）。《侵權責任法研究》（下）。538 頁以下。

本的法律依據。它並非意味着，法官可據此任意決定定哪些行為屬於高度危險責任，進而適用無過錯責任原則。

1.3 高度危險責任的具體類型

1.3.1 高度危險物致害責任

高度危險物致害責任，是指因某種設施或某種物品具有造成他人損害的高度危險性，從而使該設施、物品的所有人、經營者、管理人、佔有人等承擔的無過錯責任。《侵權責任法》中的高度危險物責任包括：民用核設施致害責任（《侵權責任法》第 70 條）；民用航空器事故責任（《侵權責任法》第 71 條）；易燃、易爆、劇毒、放射性等高度危險物致害責任（《侵權責任法》第 72 條、《民法通則》第 123 條）。

1.3.2 高度危險活動致害責任

高度危險活動致害責任，是指因某種活動具有造成他人損害的高度危險性，而使從事該活動的民事主體承擔的無過錯責任，《侵權責任法》第 73 條是對此類責任的規定。

1.3.3 高度危險區域致害責任

《侵權責任法》第 76 條是對高度危險區域管理人責任的規定。例如，因高速公路管理部門 A 的疏忽，沒有將破損的高速公路護欄修復，致使未成年人 B 跑進高速公路玩耍，被 C 駕駛的機動車撞死。此案中，高速公路顯然是高度危險活動區域，而 A 是該區域的管理人。因其沒有盡到及時修復破損護欄的義務，致使 B 遭受損害，因此需要承擔侵權責任。[4]《道路交通事故損害賠償解釋》第 9 條第 2 款也明文規定：「依法不得進入高速公路的車輛、行人，進入高速公路發生交通事故造成自身損害，當事人請求高速公路管理者承擔賠償責任的，適用《侵權責任法》第 76 條的規定。」

---

4. 參見〈朱新偉、楊彥麗訴夏海周、永安財產保險股份有限公司平頂山中心支公司、河南中原高速公路股份有限公司機動車交通事故責任糾紛案〉，平頂山市寶豐縣人民法院（2013）寶民初字第 989 號民事判決書。

2. 高度危險責任的構成要件

2.1 從事了高度危險作業

高度危險作業，是指「對周圍環境有高度危險的作業」。首先，「作業」的含義十分廣泛，既包括佔有與管理對周圍環境造成高度危險的物品，也包括從事對周圍環境具有高度危險的各種活動，還包括對高度危險場所或區域的管控。現代科學技術的發展不僅創造出了自然環境中原本並不存在的各種高度危險的物品（如核材料、劇毒物質、爆炸物品等），還產生了各種高度危險的活動，如地下挖掘活動、高速軌道運輸工具的運營等。其次，「周圍環境」應當理解為在危險活動、危險物品附近或進入危險區域，而可能因此遭受損害的一切民事主體的人身權益與財產權益。第三，「高度危險」如前所述，是指作業具有造成他人損害的很高的概率或者可能性，即便從事作業者盡到高度的注意義務亦難以完全避免損害之發生。

2.2 因高度危險作業造成他人損害

高度危險作業責任中的「他人」，是指從事高度危險作業的民事主體之外的人，而該人之損害是由高度危險作業所致。也就是說：受害人的損害是因高度危險作業本身所具有的危險性之現實化所造成的。從事高度危險作業的人，並非對於該作業造成的所有損害，都必須承擔無過錯責任。需要承擔無過錯責任的損害，僅限於危險現實化而引發的損害。雖然高度危險作業給他人造成了損害，但損害卻並非因該作業之高度危險顯示所致，那麼，就應當適用《侵權責任法》的其他相關規定。例如，A 公司的倉庫儲存了一大批炸藥。如果因炸藥爆炸，導致相鄰房屋居住者的人身傷亡、財產損失的，應當適用《侵權責任法》第 72 條的規定，屬於無過錯責任。但如果是該倉庫的牆體倒塌，將路人壓傷，那麼就屬於物件損害責任，雖然也屬於無過錯責任，但應當適用的是《侵權責任法》第 86 條。

3. 高度危險責任的責任主體

3.1 不同的責任類型有不同的責任主體

《侵權責任法》就高度危險責任中的責任主體作出了明確的規定。高度危險責任的類型不同，責任的主體也不相同。首先，就高度危險物責任而言，責任主體原則上依據物權關係確定，包括高度危險物的所有人、管理人、使用人、非法佔有人等。其次，就高度危險活動責任而言，責任主體是該活動的經營者，包括民用核設施的經營者，民用航空器的經營者，高空、高壓、地下挖掘活動或者高速軌道運輸工具的經營者。再次，如果是高度危險區域致害責任，責任主體就是該區域的管理人。

3.2 高度危險物致害責任中的多個責任主體的關係

高度危險物造成他人損害時，涉及到多個主體，如所有人、管理人、佔有人、使用人、非法佔有人等，這些主體之間應當依據下列規定，承擔高度危險責任：

(1) 就高度危險物致害責任而言，如果是在佔有或使用過程中造成他人損害的，則佔有過程中造成損害的，由佔有人承擔責任；使用過程中造成損害的，由使用人承擔責任（《侵權責任法》第72條）。該高度危險物的所有人不承擔責任，所有人、佔有人或使用人之間也不發生連帶責任。當然，如果是所有人使用高度危險物的過程中造成他人損害的，則所有人承擔責任。

(2) 如果是遺失、拋棄高度危險物造成他人損害時，原則上由所有人承擔侵權責任；如果所有人將高度危險物交由他人管理的，則由管理人承擔侵權責任；當所有人有過錯的，其與管理人承擔連帶責任（《侵權責任法》第74條）。

(3) 如果非法佔有高度危險物造成他人損害的，由非法佔有人承擔侵權責任。如果所有人、管理人不能證明對防止他人非法佔有盡到高度注意義務的，則與非法佔有人承擔連帶責任（《侵權責任法》第75條）。

4.　高度危險責任的免責事由

4.1　受害人故意

《侵權責任法》第 70 條至第 73 條以及《民法通則》第 123 條第 2 句均明確規定，受害人故意是高度危險責任的免責事由。受害人故意，是指明知將因其行為而遭受損害卻追求或者放任此種損害後果的發生。自殺行為是最典型的受害人故意。如果被告能夠證明損害是由受害人故意造成的，就可以免除侵權責任。

4.2　不可抗力

《侵權責任法》第 72 條與第 73 條規定，在高度危險物造成他人損害以及從事高空、高壓、地下挖掘活動或者使用高速軌道運輸工具造成他人損害時，不可抗力屬於免責事由。至於其他類型的高度危險責任，如民用核設施發生核事故造成他人損害（第 70 條）、民用航空器造成他人損害（第 71 條），《侵權責任法》並未規定不可抗力為免責事由。產生這一差別的原因在於：首先，立法者認為，在民用核設施發生核事故造成損害時，將免責事由限制在受害人故意與戰爭等行為能更好地保護受害人，同時這也與國際上的通行做法相符；[5] 不可抗力不可免除責任。其次，在民用航空器造成損害的情形中，即便是《民用航空法》也沒有規定不可抗力可以免責，自然，《侵權責任法》也不應將不可抗力作為民用航空致害責任的免責事由。

4.3　戰爭等情形

依據《侵權責任法》第 70 條，在民用核設施發生核事故造成他人損害時，如果損害是因為戰爭等情形造成的，民用核設施的經營者不承擔責任。戰爭等情形，是指武裝衝突、敵對行動、暴亂等。[6]《國務院關於核事故損害賠

---

5. 王勝明主編（2010）。《中華人民共和國侵權責任法解讀》。353–354 頁。

6. 參見 1986 年 3 月 29 日〈國務院關於處理第三方核責任問題給核工業部、國家核安全局、國務院核電領導小組的批覆〉。

償責任問題的批覆》（國函〔2007〕64 號）第 6 條規定：「對直接由於武裝衝突、敵對行動、戰爭或者暴亂所引起的核事故造成的核事故損害，營運者不承擔賠償責任。」

二　民用核設施致害責任

1.　民用核設施致害責任的概念

由於核設施一旦發生核事故，將導致嚴重的損害後果。因此，法律既要對民用核設施的運營與核技術的利用進行嚴格規範與管理，也要規定在出現核損害事故時被侵權人將如何獲得救濟與補償。為此，中國先後頒佈了《放射性污染防治法》、《核電廠核事故應急管理條例》、《民用核設施安全監督管理條例》、《核出口管制條例》、《核電廠放射性廢物管理安全規定》、《民用核燃料循環設施安全規定》等法律、法規與規章，對於核設施的運營與核技術的利用進行了嚴格的規範與管理。然而，令人遺憾的是，迄今為止，中國尚無專門的《原子能法》對於核能的利用以及核事故的民事賠償責任作出規定。目前對核事故的賠償責任、賠償限額，免責事由、強制責任保險等問題，只有《國務院關於核事故損害賠償責任問題的批覆》有一些規定。[7] 正因如此，《侵權責任法》第 70 條特別就民用核設施發生核事故的賠償責任做出了規定。

民用核設施致害責任，是指在民用核設施的運營過程中出現核泄漏等核事故而給他人造成損害時，核設施的經營者應當承擔的侵權責任。民用核設施包括：核動力廠（核電廠、核熱電廠、核供汽供熱廠等）和其他反應堆（研究堆、實驗堆、臨界裝置等）；核燃料生產、加工、貯存和後處理設施；放射性廢物的處理和處置設施；其他需要嚴格監督管理的核設施（《放射性污染防治法》第 62 條第 2 項、《民用核設施安全監督管理條例》第 2 條）。

---

7. 2007 年 6 月 30 日國函〔2007〕64 號。

2.　歸責原則、構成要件與責任主體

2.1　民用核設施致害責任的歸責原則

民用核設施的運營對周圍環境具有高度危險性，屬於高度危險作業。故此，民用核設施發生核事故造成損害時，應當適用無過錯責任。並且，此種無過錯責任較之一般的無過錯責任應當更為嚴格。依據《侵權責任法》第 70 條，民用核設施致害責任適用的也是非常嚴格的無過錯責任。即便是不可抗力造成的核事故，也不能免除核設施經營者的責任。[8]

2.2　民用核設施致害責任的構成要件

2.2.1　民用核設施發生核事故

民用核設施發生核事故，是指核設施內的核燃料、放射性產物、廢料或運入運出核設施的核材料所發生的放射性、毒害性、爆炸性或其他危害性事故或一系列事故（《民用核設施安全監督管理條例》第 24 條第 5 項）。

2.2.2　造成他人損害

受害人因核事故而遭受了損害。該損害既包括人身傷亡，也包括財產損失。《國務院關於核事故損害賠償責任問題的批覆》第 2 條規定：「營運者應當對核事故造成的人身傷亡、財產損失或者環境受到的損害承擔賠償責任。營運者以外的其他人不承擔賠償責任。」

2.3　責任主體

民用核設施致害責任的責任主體是核設施的經營者，即「中華人民共和國境內，依法取得法人資格，營運核電站、民用研究堆、民用工程實驗反應堆的單位或者從事民用核燃料生產、運輸和乏燃料貯存、運輸、後處理且擁有核設施的單位」（《國務院關於核事故損害賠償責任問題的批覆》第 1 條）。

---

8. 王勝明主編（2010）。《中華人民共和國侵權責任法解讀》。353–354 頁。

3. 賠償保障機制與最高賠償限額

《國務院關於核事故損害賠償責任問題的批覆》第 8 條規定：「營運者應當做出適當的財務保證安排，以確保發生核事故損害時能夠及時、有效的履行核事故損害賠償責任。在核電站運行之前或者乏燃料貯存、運輸、後處理之前，營運者必須購買足以履行其責任限額的保險。」此外，批覆的第 7 條第 1 款第 3 句與第 2 款還規定：「核事故損害的應賠總額超過規定的最高賠償額的，國家提供最高限額為八億元人民幣的財政補償。對非常核事故造成的核事故損害賠償，需要國家增加財政補償金額的由國務院評估後決定。」但是，目前中國尚無關於財務保證安排與責任保險的具體規定。

3.1 最高賠償限額

核設施的經營者承擔的是無過錯責任。為避免其因無過錯責任而承擔過重的賠償責任造成嚴重的負擔，法律上要有最高賠償額的規定。《國務院關於核事故損害賠償責任問題的批覆》第 7 條第 1 款第 1、2 句規定：「核電站的營運者和乏燃料貯存、運輸、後處理的營運者，對一次核事故所造成的核事故損害的最高賠償額為三億元人民幣；其他營運者對一次核事故所造成的核事故損害的最高賠償額為一億元人民幣。」

三 民用航空器致害責任

1. 概念與類型

1.1 概念

民用航空器致害責任，是指因民用航空器運營而給他人造成損害時，該民用航空器的經營者應承擔的侵權責任。民用航空器，是指除用於執行軍

事、海關、警察飛行任務外的航空器（《民用航空法》第 5 條）。[9] 航空器是指大氣層中靠空氣反作用力做支撐的任何器械。[10]

1.2　類型

1.2.1　民用航空器對運輸的旅客、貨物造成損害時的侵權責任

　　民用航空器在運輸旅客、貨物的過程中，對所運載的旅客、貨物造成損害時，經營者應當承擔侵權責任（《侵權責任法》第 71 條）。《民用航空法》第 124 條第 1 句規定：「因發生在民用航空器上或者在旅客上、下民用航空器過程中的事件，造成旅客人身傷亡的，承運人應當承擔責任。」第 125 條規定：「因發生在民用航空器上或者在旅客上、下民用航空器過程中的事件，造成旅客隨身攜帶物品毀滅、遺失或者損壞的，承運人應當承擔責任。因發生在航空運輸期間的事件，造成旅客的託運行李毀滅、遺失或者損壞的，承運人應當承擔責任。」

　　由於旅客或貨物的託運人與民用航空器的經營者之間還存在運輸合同關係，因此受害人既可以要求經營者承擔侵權責任，也可以要求其承擔違約責任（《合同法》第 302 條、第 303 條、第 311 條）。由於中國《合同法》原則上以無過錯責任作為違約責任的歸責原則，故此受害人針對民用航空器的經營者，無論是提起違約之訴還是侵權之訴，於歸責原則上並無差別，區別僅在於違約責任中不能要求精神損害賠償。[11]

1.2.2　民用航空器對地面第三人造成損害時的侵權責任

　　飛行中的民用航空器或從飛行中的民用航空器上落下的人或者物品，造成地面、水面上的民事主體人身傷亡或財產損害的，民用航空器的經營人依

---

9. 如果是用於執行軍事、海關、警察飛行任務的航空器造成地面或水面上的第三人損害時，產生的是國家賠償責任。

10. 參見 1944 年制訂、1947 年生效的《國際民用航空公約》（通稱「芝加哥公約」）。中國於 1974 年加入該公約。

11. 〈陸紅訴美國聯合航空公司國際航空旅客運輸損害賠償糾紛案〉，《中華人民共和國最高人民法院公報》，2002 年第 4 期。

法應當承擔侵權責任（《民用航空法》第 157 條第 1 款）。「飛行中」是指，自民用航空器為實際起飛而使用動力時起，至着陸衝程終了時止；就輕於空氣的民用航空器而言，飛行中是指自其離開地面時起，至其重新着地時止（《民用航空法》第 157 條第 2 款）。依據造成地面第三人損害的民用航空器的國籍不同，可以將此類侵權分為以下兩種情形：

(1) 國內的民用航空器在本國境內造成地面第三人的損害

凡是具有中華人民共和國國籍的民用航空器，在中國境內造成地（水）面上的第三人損害的，均應適用《侵權責任法》與《民用航空法》的規定。《民用航空法》第 157 條第 1 款規定：「因飛行中的民用航空器或者從飛行中的民用航空器上落下的人或者物品，造成地面（包括水面，下同）上的人身傷亡或者財產損害的，受害人有權獲得賠償；但是，所受損害並非造成損害的事故的直接後果，或者所受損害僅是民用航空器依照國家有關的空中交通規則在空中通過造成的，受害人無權要求賠償。」

(2) 外國的民用航空器在本國境內造成地面第三人的損害

如果不具有中國國籍的民用航空器，在中國境內對地（水）上第三人造成損害的，該侵權行為應適用何種法律，取決於中國有關涉外民事關係法律適用順序的法律規定如何。《涉外民事關係法律適用法》第 44 條規定：「侵權責任，適用侵權行為地法律，但當事人有共同經常居所地的，適用共同經常居所地法律。侵權行為發生後，當事人協議選擇適用法律的，按照其協議。」《民法通則》第 142 條第 2 款規定：「中華人民共和國締結或者參加的國際條約同中華人民共和國的民事法律有不同規定的，適用國際條約的規定，但中華人民共和國聲明保留的條款除外。」

目前，世界上唯一生效的關於航空器對地（水）面第三人責任的賠償的公約就是 1952 年的《羅馬公約》。該公約第 1 條第 1 款規定：「在地（水）面上蒙受損害的任何人，只需證明該損害是由飛行中航空器或者從航空器上掉下來任何人或物體造成的，就有權獲得本公約規定的賠償。」顯然該公約採取的是危險責任原則，受害人只需要證明兩點即可要求航空器的經營者承擔賠償責任：其一，遭受了損害；其二，該損害是由於飛行中的航空器或者從航

空器上掉下來的任何人或者物體造成的。[12] 但是，由於 1952 年的《羅馬公約》規定了賠償責任的限額，加之該公約處理的又是一種極少發生的事件，不存在難以克服的法律衝突和管轄衝突。因此，目前加入該公約的國家很少。美國、加拿大以及許多歐洲發達國家都一直沒有加入該公約，中國亦未加入。[13] 故此，外國航空器在中國境內造成地（水）面上第三人損害的事件時，也應適用中國的法律，即《侵權責任法》與《民用航空法》。[14]

2. 構成要件

2.1 因民用航空器所致

因民用航空器所致包括以下幾種情形：

(1) 旅客的人身傷亡，必須是發生在民用航空器上或者在旅客上、下民用航空器過程中的事件所造成的。

(2) 旅客隨身攜帶的行李的毀損，必須是因發生在民用航空器上或者在旅客上、下民用航空器過程中的事件所致。

(3) 託運的行李或貨物的毀損，必須是發生在航空運輸期間的事件所致。「航空運輸期間」，是指在機場內、民用航空器上或者機場外降落的任何地點，託運行李、貨物處於承運人掌管之下的全部期間（《民用航空法》第 125 條第 5 款）。該期間不包括機場外的任何陸路運輸、海上運輸、內河運輸過程；但是，此種陸路運輸、海上運輸、內河運輸是為了履行航空運輸合同而裝載、交付或者轉運，在沒有相反證據的情況下，所發生的損失視為在航空運輸期間發生的損失（《民用航空法》第 125 條第 6 款）。

(4) 地面第三人的損害，必須是因飛行中的民用航空器或者從飛行中的民用航空器上落下的人或者物品所造成的（《民用航空法》第 157 條第 1 款第 1 句）。如果地面第三人所受之損害並非造成損害

---

12. 趙維田（2000）。《國際航空法》。北京：社會科學文獻出版社。377 頁以下。

13. 同上註，387 頁。

14. 上海市第一中級人民法院（2002）滬一中民一（民）初字第 182 號民事判決書。

的事故的直接後果，或者所受損害僅是民用航空器依照國家有關的空中交通規則在空中通過造成的，受害人無權要求賠償（《民用航空法》第 157 條第 1 款第 2 句）。例如，因飛機墜落到湖裏，引發大量的人群旁觀，結果踩毀了原告的農田。對此，民用航空器的經營者不承擔賠償責任。

2.2　受害人遭受了損害

受害人的損害既包括人身權益遭受的損害，如生命權、身體權、健康權等被侵害，也包括財產權益遭受的損害，如行李的丟失、貨物的毀損、地面房屋被毀等。

3.　責任主體

3.1　公共航空運輸的承運人

民用航空器致害責任的主體為民用航空器的經營者（《侵權責任法》第 71 條）。民用航空器造成旅客或運輸的貨物損害時，經營者就是公共航空運輸的承運人，包括締約承運人與實際承運人。前者應當對航空運輸合同約定的全部運輸負責，後者僅對其履行的運輸負責（《民用航空法》第 138 條）。締約承運人，是指以本人名義與旅客或者託運人，或者與旅客或者託運人的代理人，訂立航空運輸合同的人（《民用航空法》第 137 條第 1 款）。實際承運人，是指根據締約承運人的授權，履行全部或者部分運輸的人，而且只要沒有相反的證明，就認為存在此種授權（《民用航空法》第 137 條第 2 款）。

3.2　民用航空器的經營人、所有人

民用航空器造成地面第三人的損害時，民用航空器的經營者應當承擔侵權責任（《侵權責任法》第 71 條）。此時，民用航空器的經營者，是指損害發生時使用民用航空器的人（《民用航空法》第 158 條第 2 款第 1 句）。如果民用航空器的使用權已經直接或者間接地授予他人，而本人保留對該民用航空器的航行控制權的，本人仍被視為經營人（《民用航空法》第 158 條第 2 款第

2 句）。至於經營人的受僱人、代理人在受僱、代理過程中使用民用航空器，無論是否在其受僱、代理範圍內行事，均視為經營人使用民用航空器（《民用航空法》第 158 條第 3 款）。

此外，民用航空器登記的所有人應當被視為經營人，並承擔經營人的責任；除非在判定其責任的訴訟中，所有人證明經營人是他人，並在法律程序許可的範圍內採取適當措施使該人成為訴訟當事人之一（《民用航空法》第 158 條第 4 款）。如果某人未經對民用航空器有航行控制權的人同意而使用該民用航空器，並對地面第三人造成損害的，有航行控制權的人除證明本人已經適當注意防止此種使用外，應當與該非法使用人承擔連帶責任（《民用航空法》第 159 條）。

4.   減輕與免除責任的事由

4.1   免責事由

4.1.1   受害人故意

依據《侵權責任法》第 71 條，如果民用航空器的經營者能夠證明損害是因受害人故意造成的，不承擔責任。《民用航空法》第 161 條第 1 款第 1 句也規定：「依照本章規定應當承擔責任的人證明損害是完全由於受害人或者其受僱人、代理人的過錯造成的，免除其賠償責任。」

4.1.2   旅客本人的健康狀況所致

《民用航空法》第 124 條第 2 句規定：「旅客的人身傷亡完全是由於旅客本人的健康狀況造成的，承運人不承擔責任。」

4.1.3   行李、貨物自身原因所致

依據《民用航空法》第 125 條第 2 至 4 款，旅客隨身攜帶物品或者託運行李的毀滅、遺失或者損壞完全是由於行李本身的自然屬性、質量或者缺陷造成的，承運人不承擔責任。行李，包括託運行李和旅客隨身攜帶的物品，

因發生在航空運輸期間的事件，造成貨物毀滅、遺失或者損壞的，承運人應當承擔責任；但是，承運人證明貨物的毀滅、遺失或者損壞完全是由於下列原因之一造成的，不承擔責任：（1）貨物本身的自然屬性、質量或者缺陷；（2）承運人或者其受僱人、代理人以外的人包裝貨物的，貨物包裝不良；（3）政府有關部門實施的與貨物入境、出境或者過境有關的行為。

4.1.4　戰爭或武裝衝突

依據《民用航空法》第 125 條以及第 160 條，如果損害是武裝衝突或者騷亂的直接後果，則免除經營者的侵權責任。

4.1.5　被有關國家機關剝奪民用航空器的使用權

《民用航空法》第 160 條第 2 款規定：「依照本章規定應當承擔責任的人對民用航空器的使用權業經國家機關依法剝奪的，不承擔責任。」例如，政府徵用某公司的民航飛機運載武裝人員，該飛機墜毀造成了地面第三人的損害。此時，應由國家承擔國家賠償責任，民航公司免除責任。

4.2　減責事由

《民用航空法》第 161 條第 1 款第 2 句規定：「應當承擔責任的人證明損害是部分由於受害人或者其受僱人、代理人的過錯造成的，相應減輕其賠償責任。但是，損害是由於受害人的受僱人、代理人的過錯造成時，受害人證明其受僱人、代理人的行為超出其所授權的範圍的，不免除或者不減輕應當承擔責任的人的賠償責任。」

5.　賠償範圍

關於民用航空器致害責任的賠償範圍，《民用航空法》未作具體的規定。此時應當適用《侵權責任法》、《民法通則》以及《人身損害賠償解釋》等法律和司法解釋的規定。

6. 最高賠償限額

6.1 對旅客和運輸貨物的最高賠償限額

依據《國內航空運輸承運人賠償責任限額規定》第 2、3 條，在中華人民共和國國內航空運輸中造成損害的，國內航空運輸承運人應當在下列規定的賠償責任限額內按照實際損害承擔賠償責任，但是《民用航空法》另有規定的除外：（1）對每名旅客的賠償責任限額為人民幣 40 萬元；（2）對每名旅客隨身攜帶物品的賠償責任限額為人民幣 3,000 元；（3）對旅客託運的行李和對運輸的貨物的賠償責任限額，為每公斤人民幣 100 元。

6.2 對地面第三人損害的最高賠償限額

民用航空器造成地面第三人損害時，經營者的賠償責任是否需要有最高賠償限額的規定，國內外都存在很大的爭議。中國《民用航空法草案》第 170 條至 173 條、第 178 條和第 180 條，曾就因民用航空器對地面第三人造成損害的賠償責任限額作出了規定。但是，「有些委員和全國人大財經委員會提出，國際上多數民用航空大國都沒有對地面第三人損害實行賠償責任限額的制度。在這種情況下，本法作出地面第三人賠償責任限額的規定，可能不利於合理處理賠償責任問題。因此，建議刪去草案上述幾條的規定」。[15] 最後，《民用航空法》對於賠償責任限額沒有作出規定。

四 高度危險物致害責任

1. 高度危險物致害責任的概念與歸責原則

高度危險物致害責任，是指因佔有或使用高度危險物造成他人損害時，佔有人或使用人應當承擔的侵權責任。高度危險物包括易燃、易爆、劇毒、

---

15. 〈全國人大法律委員會關於《中華人民共和國民用航空法（草案）》審議結果的報告〉（1995 年 10 月 23 日在第八屆全國人民代表大會常務委員會第十六次會議）。

放射性等高度危險物。高度危險物致害責任適用的是無過錯責任。因為這些物品具有「易燃、易爆、劇毒、放射性等」高度危險性。一方面，由於獨特的物理或化學屬性，這些物品非常容易造成人身傷亡和財產損失；另一方面，在佔有、使用這些物品時，佔有人、使用人必須盡到高度的注意義務，採取特別的防護。稍有不慎，在這些物品的運輸、裝卸、儲存或使用的過程中，其內在的高度危險性就可能現實化，給他人造成損害。

2.　構成要件

2.1　佔有、使用高度危險物

2.1.1　高度危險物的涵義

《侵權責任法》、《民法通則》第 123 條列舉了幾類高度危險物，即易燃、易爆、劇毒、放射性等高度危險物。但是，哪些物品屬於「易燃、易爆、劇毒、放射性等高度危險物」，缺少明確的規定。實踐中爭議很大。本書認為，儘管上述法律、法規、規章及國家標準規定的「危險物品」中包括了「高度危險物」，但絕非所有的危險物品都屬於高度危險物。如果不做任何限制，將一切危險物品都作為高度危險物，進而適用無過錯責任，顯然是不合理的。判斷某物品是否屬於高度危險物，不僅要考慮其是否屬於上述國家標準中規定的危險物品，還需要符合本章第一節關於高度危險的判斷標準。此外，為防止造成他人損害，該物品的所有人、管理人或使用人負有高度的注意義務。由於高度危險物具有高度的危險性，所有人等只有盡到高度的注意義務，才可能（而非必然）避免該物品之高度危險性現實化，造成他人損害。如果只要盡到一般的謹慎，就可以防止某物品給他人造成損害，該物品就只是一般的危險物品，適用過錯責任原則處理即可。從中國法律的規定來看，高度危險物與一般危險物品在生產、儲存、經營、運輸安全上有不同的要求。對前者的要求遠遠高於後者（參見《危險化學品管理條例》）。也正因如此，《侵權責任法》第 75 條才規定，即便是他人非法佔有高度危險物而造成損害的，所有人、管理人如果不能證明對防止他人非法佔有盡到「高度注意義務」的，仍需要與非法佔有人承擔連帶責任。

2.1.2 佔有、使用高度危險物

佔有、使用高度危險物的情形包括生產、裝卸、運輸、儲存、保管高度危險物等。《侵權責任法》第 72 條之所以提出「佔有或者使用」的要求，是因為：一方面，佔有、使用高度危險物就意味着，開啟了對周圍環境的高度危險源，佔有人或者使用人相應地負有造成他人損害之義務。另一方面，只有在有人佔有、使用高度危險物時，才能確定對由此造成的損害負責任之主體。倘若自然界中存在的物品，即便具有高度危險性，造成了他人損害，因與人之行為無關，故不發生侵權責任。

2.2 高度危險物造成了他人損害

首先，所謂他人是指高度危險物的佔有人、使用人之外的人。而損害既包括人身傷亡，也包括財產損失。其次，損害必須是因高度危險物的危險性現實化所致。如果受害人的損害與高度危險物的危險無關，雖然構成侵權行為，也不屬於高度危險物致害責任。例如，運輸劇毒化學品的車輛發生交通事故，造成他人傷亡，則應當適用機動車交通事故責任。

3. 減責與免責事由

3.1 減責事由

《侵權責任法》第 72 條第 2 句規定：「被侵權人對損害的發生有重大過失的，可以減輕佔有人或者使用人的責任。」這是因為高度危險責任屬於無過錯責任。為了更好地保護受害人，提高佔有人或使用人的注意義務，法律才特別規定，只當受害人對損害之發生有重大過失的，方能減輕侵權人之賠償責任。

3.2 免責事由

依據《侵權責任法》第 72 條第 1 句，如果高度危險物的佔有人或者使用人能夠證明損害是由於受害人的故意或者不可抗力所致，則不承擔責任。此外，《侵權責任法》第 76 條還提供了一種免責事由，即受害人未經許可進入

高度危險物存放區域，管理人能夠證明已經採取了安全措施並盡到了警示義務的，可以減輕或者免除責任。

4. 責任主體

4.1 佔有人、使用人

原則上，高度危險物的佔有人、使用人是高度危險物致害責任的主體（《侵權責任法》第 72 條第 1 句）。但是，因《侵權責任法》第 75 條對非法佔有人的責任有特別之規定。故此，該法第 72 條中的佔有人僅限於「合法佔有人」。此外，由於在該條中佔有人與使用人並列，而使用人必定要佔有高度危險物方能使用，所以，第 72 條中的佔有人是指「使用人之外的合法佔有人」，具體包括：所有權人以及基於運輸、保管等非以使用為目的合同關係而生的債權佔有高度危險物之人。使用人則是指，基於借用、租賃等以使用為目的合同而佔有高度危險物的人。

4.2 所有人、管理人

首先，依據《侵權責任法》第 74 條第 1 句，所有人在高度危險物遺失或拋棄高度危險物的情況下，就該高度危險物給他人造成的損害，承擔無過錯責任。這是因為，所有人依法對高度危險物的保管負有高度之注意義務。倘因保管不善而致高度危險物遺失，所有人難辭其咎。如果是因為他人的盜竊致使高度危險物丟失，鑒於該物品本身的高度危險性，為保護受害人，所有人仍需要承擔侵權。[16] 至於所有人任意拋棄高度危險物，該行為本身就有明顯的過錯，所有人更應對由此造成的損害承擔責任。

其次，《侵權責任法》第 74 條第 2 句規定的所有人將高度危險物交由他人管理的情形，主要是指所有人將高度危險物交由他人保管、運輸、儲存。此中的管理人，為所有人、使用人之外的合法佔有人。此時，因管理人實際佔有高度危險物，故依《侵權責任法》第 72 條，由其作為佔有人就高度危險

---

16. 王勝明主編（2010）。《中華人民共和國侵權責任法解讀》。372 頁。

物給他人造成的損害負無過錯責任（第 74 條第 2 句）。但是，當「所有人有過錯的」，應與管理負連帶責任（《侵權責任法》第 74 條第 3 句）。所有人有過錯的情形是指，所有人在將高度危險物交由他人管理時沒有履行法定義務或具有其他的過錯，而該過錯行為與損害的發生存在因果關係。具體來說包括以下情形。

(1) 沒有選擇具有法定資格的管理人來管理高度危險物的情形。例如，依據《危險化學品安全管理條例》第 43 條，從事危險化學品道路運輸、水路運輸的，應當分別依照有關道路運輸、水路運輸的法律、行政法規的規定，取得危險貨物道路運輸許可、危險貨物水路運輸許可，並向工商行政管理部門辦理登記手續。危險化學品道路運輸企業、水路運輸企業應當配備專職安全管理人員。如果所有人委託的是沒有相應許可證的運輸企業運輸劇毒化學品的，應當認為所有人具有過錯。

(2) 所有人沒有依法採取相應的管理、防護措施的情形。例如，《放射性物品運輸安全管理條例》第 6 條第 2 款規定：「放射性物品的託運人（以下簡稱託運人）應當制定核與輻射事故應急方案，在放射性物品運輸中採取有效的輻射防護和安全保衛措施，並對放射性物品運輸中的核與輻射安全負責。」如果託運人沒有採取有效的防範保衛措施的，則其有過錯。

(3) 所有人未依法如實向管理人說明高度危險物的名稱、性質、數量、危害以及應急措施等需要注意，以免造成他人損害的情形。例如，《港口危險貨物管理規定》第 16 條規定：「作業委託人應當向從事危險貨物港口作業的企業提供正確的危險貨物名稱、國家或聯合國編號、適用包裝、危害、應急措施等資料，並保證資料正確、完整。作業委託人不得在委託作業的普通貨物中夾帶危險貨物，不得將危險貨物匿報或者謊報為普通貨物。」

4.3 非法佔有人

《侵權責任法》第 75 條規定：「非法佔有高度危險物造成他人損害的，由非法佔有人承擔侵權責任。所有人、管理人不能證明對防止他人非法佔有盡

到高度注意義務的，與非法佔有人承擔連帶責任。」該條中的「非法佔有」，是指通過盜竊、搶劫、搶奪等方法違背所有人或管理人的意志而取得對高度危險物的佔有之人。當非佔有人佔有的高度危險物造成他人損失時，首先要由非法佔有人承擔侵權責任。同時，所有人、管理人原則上也要負連帶責任。但是，如果所有人、管理人能夠證明「對防止他人非法佔有盡到高度注意義務的」，僅由非法佔有人承擔侵權責任。這意味着：在非法佔有高度危險物造成損害之時，受害人無需證明所有人、管理人的過錯，而是實行過錯推定。所有人、管理人應反駁對其過錯的推定。並且，所有人、管理人只是證明了自己對非法佔有盡到了一般的注意義務是不夠的，必須證明自己已經盡到了高度注意義務。所謂「高度注意義務」，不同於善良管理人的注意義務；[17] 它的要求高於善良管理人的注意義務。高度注意義務意味着：所有人、管理人在避免他人非法佔有上符合了法律的全部要求（如按照法律的規定採取安全保衛措施等），盡到了自己應盡的全部注意義務，即便如此，仍不能避免他人對高度危險物之非法佔有。例如，某恐怖組織採取武裝搶奪的方法，打死某劇毒化學品廠的安保人員後搶走了一批劇毒化學品，並將之投放到水庫，造成了巨大的損害。對於這種恐怖組織的武裝搶劫，該化學品廠顯然是盡到了高度注意義務的。

五　　高度危險活動致害責任

1.　　概念與類型

　　高度危險活動致害責任，是指從事高空、高壓、地下挖掘活動或者使用高速軌道運輸工具造成他人損害時，經營者應承擔的侵權責任（《侵權責任法》第 73 條）。高度危險活動致害責任與高度危險物致害責任一樣，適用的都是無過錯責任，無非前者的高度危險性來自於活動，而後者來自於物品本身。依據高度危險活動的類型不同，可將高度危險致害責任分為：高空作業

---

17. 奚曉明主編（2010）。《〈中華人民共和國侵權責任法〉條文理解與適用》。514 頁；王利明、周友軍、高聖平（2010）。《中國侵權責任法教程》。692 頁。

致害責任、高壓致害責任、地下挖掘活動致害責任，以及高速軌道運輸工具致害責任。

1.1 高空作業致害責任

「高空作業」並非是指任何高於地面的距離進行的作業。但究竟何為高空作業，卻無法律和司法解釋作出明確規定。有人認為，依據國家關於高處作業標準的規定，高空作業就是高處作業，即只要距離墜落高度基準面兩米及以上的作業就屬於高空作業。此種觀點難謂妥當，因為高處作業標準中的危險主要是指對作業人而言的危險性，而非指對他人造成損害的危險性。高空作業致害責任的高度危險性應當是指，對「他人」而非作業人「本人」的人身、財產安全產生的高度的危險。具體多高才叫做高空，並無確定的標準。

1.2 高壓致害責任

高壓致害責任可以分為高壓電致害責任與高壓容器致害責任。已被廢止的《觸電損害賠償解釋》曾規定，高電壓致害責任是指一千伏（kV）及其以上電壓等級的高壓電造成他人人身損害時的侵權責任。但是，究竟哪些壓力容器屬於高壓容器，進而需要適用高壓致害責任，尚無明確的規定。從國務院頒佈的《特種設備安全監察條例》的規定來看，那些涉及生命安全、危險性較大的鍋爐、壓力容器（含氣瓶）、壓力管道致害的情形，可以考慮適用高壓致害責任。

1.3 地下挖掘致害責任

地下挖掘活動，是指在地表以下的一定深度進行的挖掘行為，包括鑽探活動、地下礦產採掘活動、地下鐵路的修建等。至於究竟多深才能構成地下挖掘，法律沒有明確規定。由於這些在地下進行的挖掘活動，極可能對地表的建築物及人員安全造成嚴重的威脅，因此適用無過錯責任。

1.4　高速軌道運輸工具致害責任

軌道運輸工具，是指在鐵軌、輕軌、磁懸浮軌道等固定軌道上運行的交通運輸工具，如火車、地鐵、磁懸浮列車、有軌電車等。所謂「高速」，並無明確的標準，應當依據一般社會觀念確定。[18] 例如，與目前每小時 300 公里的高鐵相比，城市地鐵或輕軌的速度通常只有每小時 30 至 40 公里左右，但不能因此就認為地鐵運營不屬於高速軌道交通工具。

2.　高壓電致害責任

2.1　概念與構成要件

高壓電致害責任，是指高壓電造成他人損害時，電力設施產權人應當承擔的侵權責任。高壓電致害責任屬於高度危險作業致害責任的一種，適用無過錯責任。高壓電致害責任應具備以下要件：

2.1.1　高壓電

何為高壓電，實踐中曾存在不同的認識。電力行業通常將電壓在一萬伏以上的才稱為高壓電，至於輸電線路上只有 22 萬伏以上的輸電線路才被認為是高電壓。[19] 然而，最高人民法院原《觸電損害賠償解釋》則將高壓電界定為：一千伏（kV）及其以上電壓等級的高壓電。之所以以「一千伏（kV）」為標準，主要就是考慮到《電力設施保護條例》第 10 條第 1 項規定，「一千伏以上的架空電力線路要設置保護區，即導線邊線向外側水平延伸並垂直於地面所形成的兩平行面內的區域」。顯然，一千伏及以上的電壓等級的電，已經對周圍環境具有了高度危險，因此屬於高壓電。[20]

---

18. 王利明（2011）。《侵權責任法研究》（下）。598 頁。

19. 國家電力公司給全國人大常委會法工委的《關於請求對〈民法通則〉第 123 條進行解釋的函》。轉引自：汪治平（2001）。《人身損害賠償若干問題研究》。北京：中國法制出版社。8 頁。

20. 汪治平（2001）。《人身損害賠償若干問題研究》。11 頁。

2.1.2 造成了損害

侵權法中的損害既包括人身傷亡如身體的殘疾或者死亡，也包括財產損害如物品的毀損。但是，高壓電致害責任中的損害僅限於「人身傷亡」，即因觸電而受傷或死亡（《觸電損害賠償解釋》第 2 條第 1 款）。理由在於：首先，高壓電的運行之所以被稱為高度危險作業，關鍵在於其對自然人的人身權益構成了高度的危險，而非對財產權益構成高度危險。其次，實踐中，高壓電引發的侵權賠償糾紛基本上都只是與人身傷亡有關。如果高壓電只是侵害了財產權益，造成了損害，完全可基於供用電合同追究供電人的違約責任，或者依據《侵權責任法》第 6 條第 1 款以及《電力法》的規定追究加害人的過錯侵權責任，沒有適用無過錯責任之必要。

2.1.3 存在因果關係

受害人的人身損害是因接觸高壓電所致。也就是說，損害是因高壓電流通過身體而造成的。如果損害是由於輸送、儲存高壓電的設施或其他物件本身所致，如電線桿倒塌砸傷行人、電線劃傷車輛等，應當適用《侵權責任法》第 11 章物件損害責任的規定。

2.2 責任主體

2.2.1 電力設施產權人的概念

高壓電致害責任的主體應為電力設施的產權人。《觸電損害賠償解釋》第 2 條第 1 款規定：「因高壓電造成人身損害的案件，由電力設施產權人依照《民法通則》第 123 條的規定承擔民事責任。」電力設施的產權人包括電力設施的所有人和管理人。之所以不完全採取「所有權」一詞，主要是考慮到國有獨資電力企業和其他國有企業的全部財產歸國家所有，企業沒有所有權。[21] 而將高壓電致害責任的主體規定為電力設施的產權人，原因在於：電雖屬自然力，但它是人類可以控制的一種能量（製造、運輸或儲存），屬於民法意義上

---

21. 同上註。16 頁。

的無形物。[22] 作為無形物的電，只有通過有形的載體才輸送、存儲和使用。而電力設施就是輸送、存儲高壓電的設備，因此，高壓電致人損害在民法原理上與物件致人損害是一樣的。故此，應由電力設施的產權人承擔責任。

2.2.2　電力設施產權人的確定

電力的供應由多個環節構成的，電力設施也是相互連接的。故此，只有明確了電力設施產權的分界處，才能準確判明造成損害的電力設施的產權人是誰。電力設施產權的分界處就是劃分相互連接的電力設施產權歸屬的分界點。分界點電源側的電力設施歸供電人所有，分界點負荷側供電設施歸用電人所有。

2.3　免責事由

高壓電致害責任的免責事由為兩項：受害人故意與不可抗力（《侵權責任法》第 72 條）。既然如此，《觸電損害賠償解釋》第 3 條第 3、4 項將「受害人盜竊電能，盜竊、破壞電力設施或者因其他犯罪行為而引起觸電事故」，以及「受害人在電力設施保護區從事法律、行政法規所禁止的行為」，也作為免責事由，顯然違背了《侵權責任法》，應予廢止。

3.　鐵路運營致害責任

3.1　概念

鐵路運營致害責任，屬於高速軌道運輸工具致害責任的一種。它是指因鐵路之運營造成他人損害時，運營者應承擔的侵權責任。鐵路運營造成他人損害的情形可以分為兩類：鐵路行車事故與其他鐵路運營事故（《鐵路法》第 58 條第 1 款第 1 句、《鐵路人身損害賠償解釋》第 1 條第 1 款）。

22.《物權法草案（二審稿）》第 2 條第 2 款第 2 句曾規定：「動產指不動產以外的物，包括能夠為人力控制的電、氣、光波、磁波等物。」

3.1.1 鐵路行車事故

　　也稱鐵路交通事故，是指鐵路機車車輛在運行過程中與行人、機動車、非機動車、牲畜及其他障礙物相撞，或者鐵路機車車輛發生衝突、脫軌、火災、爆炸等影響鐵路正常行車的鐵路交通事故（《鐵路交通事故應急救援和調查處理條例》第 2 條）。

3.1.2 其他鐵路運營事故

　　是指鐵路行車事故之外的，因鐵路之運營致他人損害的情形，如乘客在上下車時摔傷或被列車擠傷、旅客在列車行駛中遭受人身傷亡、貨物在運輸過程中被毀損等。

3.2 類型

　　鐵路運營致害責任除可分為鐵路行車事故責任與其他鐵路運營事故責任外，還可依據受害人與鐵路運營者有無合同關係，分為以下兩類：

3.2.1 鐵路運營造成旅客或託運人的人身傷亡、財產損害

　　此類損害事故中，受害人與鐵路運營者之間存在客運合同、貨運合同關係，因此發生侵權責任與違約責任的競合。受害人可以要求鐵路運營者承擔侵權責任或違約責任。

3.2.2 鐵路運營給沒有合同關係的人造成人身傷亡、財產損失

　　所謂「沒有合同關係的人」，是指與鐵路運營者之間不存在貨運合同、客運合同關係的民事主體，如行人、機動車駕駛人等。此類損害事故也稱「鐵路路外事故」。由於受害人與鐵路運營者之間不存在合同關係，所以其只能按照《侵權責任法》第 73 條，要求運營者承擔侵權責任。

3.3　歸責原則

鐵路運營屬於高度危險作業，因鐵路運營造成他人損害的侵權責任適用無過錯責任（《侵權責任法》第 73 條、《鐵路法》第 58 條第 1 款第 1 句、《鐵路人身損害賠償解釋》第 4 條）。

3.4　免責事由

依據《侵權責任法》第 73 條，鐵路運營者的免責事由只有兩項：不可抗力與受害人故意。受害人故意，是指受害人故意以臥軌、碰撞等方式造成損害的情形（《鐵路人身損害賠償解釋》第 5 條第 2 項）。但是，《鐵路人身損害賠償解釋》第 7 條第 2 款針對鐵路運輸人身損害賠償責任規定了一種特別的免責事由，即「受害人不聽從值守人員勸阻或者無視禁行警示信號、標誌硬行通過鐵路平交道口、人行過道，或者沿鐵路線路縱向行走，或者在鐵路線路上坐臥，造成人身損害，鐵路運輸企業舉證證明已充分履行安全防護、警示等義務的，不承擔賠償責任」。

3.5　減責事由

鐵路運營致害責任屬於高度危險責任，適用無過錯責任原則。故此，只有當受害人對於損害的發生具有重大過失時，方能減輕鐵路運營者的侵權賠償責任。《鐵路人身損害賠償解釋》在區分受害人有無完全民事行為能力的基礎上，依據受害人與鐵路運營者的過錯不同，分別確定了不同的減責比例。

3.5.1　對於不完全民事行為能力人，規定最低的賠償比例

在精神障礙者、未成年人遭受他人損害時，如不承認過錯能力，即便這些人不具有認識行為危險性的能力、無法自我保護，也會因自己的行為與損害的發生或擴大存在因果關係而被認定具有過失，從而適用過失相抵，減輕侵權人的賠償責任。這顯然是不公平的。故此，《鐵路人身損害賠償解釋》第 8 條第 1 款規定：「鐵路運輸造成無民事行為能力人人身損害的，鐵路運輸企業應當承擔賠償責任；監護人有過錯的，按照過錯程度減輕鐵路運輸企業的賠償責任，但鐵路運輸企業承擔的賠償責任應當不低於全部損失的 50%。」

第 2 款規定：「鐵路運輸造成限制民事行為能力人人身損害的，鐵路運輸企業應當承擔賠償責任；監護人及受害人自身有過錯的，按照過錯程度減輕鐵路運輸企業的賠償責任，但鐵路運輸企業承擔的賠償責任應當不低於全部損失的 40%。」

3.5.2　比較受害人與鐵路運營者的過錯

因鐵路運營致害責任屬於高度危險責任，適用無過錯責任原則。故此，只有當受害人對於損害的發生具有重大過失時，方能減輕鐵路運營者的侵權賠償責任。但是，《鐵路人身損害賠償解釋》並未考慮此點，而是依據受害人與鐵路運營者的過錯不同，分別確定了不同的減責比例。該解釋第 6 條規定：「因受害人翻越、穿越、損毀、移動鐵路線路兩側防護圍牆、柵欄或者其他防護設施穿越鐵路線路，偷乘貨車，攀附行進中的列車，在未設置人行通道的鐵路橋梁、隧道內通行，攀爬高架鐵路線路，以及其他未經許可進入鐵路線路、車站、貨場等鐵路作業區域的過錯行為，造成人身損害的，應當根據受害人的過錯程度適當減輕鐵路運輸企業的賠償責任，並按照以下情形分別處理：(1) 鐵路運輸企業未充分履行安全防護、警示等義務，受害人有上述過錯行為的，鐵路運輸企業應當在全部損失的 80% 至 20% 之間承擔賠償責任；（2）鐵路運輸企業已充分履行安全防護、警示等義務，受害人仍施以上述過錯行為的，鐵路運輸企業應當在全部損失的 20% 至 10% 之間承擔賠償責任。」

3.6　第三人侵權與鐵路運營者的侵權責任

3.6.1　第三人侵權與鐵路運營者的安全保障義務

《侵權責任法》第 37 條規定：「賓館、商場、銀行、車站、娛樂場所等公共場所的管理人或者群眾性活動的組織者，未盡到安全保障義務，造成他人損害的，應當承擔侵權責任。因第三人的行為造成他人損害的，由第三人承擔侵權責任；管理人或者組織者未盡到安全保障義務的，承擔相應的補充責任。」因此，在旅客運輸過程中，如果第三人給旅客造成損害的，首先應當由實施侵權行為的第三人承擔侵權責任。鐵路運營者作為公共場所的管理人只有在沒有盡到安全保障義務的情形下，才承擔相應的補充責任。對此，《鐵路

人身損害賠償解釋》第 13 條第 1 款明確規定：「鐵路旅客運送期間因第三人侵權造成旅客人身損害的，由實施侵權行為的第三人承擔賠償責任。鐵路運輸企業有過錯的，應當在能夠防止或者制止損害的範圍內承擔相應的補充賠償責任。鐵路運輸企業承擔賠償責任後，有權向第三人追償。」

3.6.2　第三人原因不能免除責任

如果侵權行為來自於車外的第三人，《鐵路人身損害賠償解釋》第 13 條第 2 款則規定：「車外第三人投擲石塊等擊打列車造成車內旅客人身損害，賠償權利人要求鐵路運輸企業先予賠償的，人民法院應當予以支持。鐵路運輸企業賠付後，有權向第三人追償。」這一規定主要是為了保護旅客的合法權益，因為在車外的人員投擲石塊的情況下，基本上很難找到侵權人，因此不得以第三人侵權為由要求免除責任，或者僅如同車內的第三人侵權那樣承擔補充責任。

3.7　鐵路運營者與其他人的共同侵權

《鐵路運輸人身損害賠償解釋》第 9 條第 1 款規定：「鐵路機車車輛與機動車發生碰撞造成機動車駕駛人員以外的人人身損害的，由鐵路運輸企業與機動車一方對受害人承擔連帶賠償責任。鐵路運輸企業與機動車一方之間，按照各自的過錯分擔責任；雙方均無過錯的，按照公平原則分擔責任。對受害人實際承擔賠償責任超出應當承擔份額的一方，有權向另一方追償。」

3.8　鐵路運營致害責任的主體

(1)　因國家鐵路、地方鐵路之運營造成損害的，鐵路運營者為鐵路運輸企業（《鐵路法》第 58 條第 1 款），包括鐵路局和鐵路分局（《鐵路法》第 72 條）。[23] 國家鐵路是指由國務院鐵路主管部門管理的鐵路（《鐵路法》第 2 條第 2 款）。地方鐵路是指由地方人民

---

23. 鐵路運輸站段屬鐵路運輸企業的組成部分，不實行自主經營、自負盈虧和獨立核算，不是鐵路運輸企業。參見《全國人大常委會法制工作委員會關於如何理解和執行法律若干問題的解答（五）》。

政府管理的鐵路（《鐵路法》第 2 條第 3 款）。依據 2013 年 3 月 14 日第 12 屆全國人民代表大會第一次會議審議通過《國務院機構改革與職能轉變方案》，實行鐵路的政企分開，取消鐵道部，組建國家鐵路局，由交通運輸部管理，承擔鐵道部的行政職責。同時，組建中國鐵路總公司，承擔鐵道部的企業職責。中國鐵路總公司，下設 18 個鐵路局、[24] 3 個專業運輸公司等企業，現管轄鐵路營業里程 97,840 公里，職工總數 204.56 萬人，資產總額 46,631.59 億元。因此，受害人因鐵路運營遭受損害時，需以造成損害的列車所屬的鐵路局或公司作為被告，要求其承擔賠償責任。

(2) 因專用鐵路及鐵路專用線之運用造成損害的，運營者為肇事工具或者設備的所有人、使用人或者管理人（《鐵路人身損害賠償解釋》第 15 條）。專用鐵路，是指由企業或者其他單位管理，專為本企業或者本單位內部提供運輸服務的鐵路（《鐵路法》第 2 條第 4 款）。鐵路專用線，是指由企業或者其他單位管理的與國家鐵路或者其他鐵路線路接軌的岔線（《鐵路法》第 2 條第 5 款）。

六 高度危險區域致害責任

1. 高度危險區域致害責任的概念與歸責原則

高度危險區域致害責任，是指受害人未經許可進入高度危險活動區域或者高度危險物存放區域遭受損害，該區域的管理人依法應當承擔的侵權責任。

高度危險區域致害責任也是無過錯責任。但是，與高度危險活動致害責任和高度危險物致害責任相比，高度危險區域致害責任最大的特點在於免責和減責事由不同。依據《侵權責任法》第 76 條，高度危險致區域致害責任的減責和免責事由必須同時符合兩個條件：其一，受害人是未經允許而進入到

---

24. 分別是：哈爾濱鐵路局、瀋陽鐵路局、北京鐵路局、呼和浩特鐵路局、鄭州鐵路局、濟南鐵路局、上海鐵路局、南昌鐵路局、廣鐵（集團公司）、柳州鐵路局、成都鐵路局、昆明鐵路局、蘭州鐵路局、烏魯木齊鐵路局、青藏鐵路公司、太原鐵路局、西安鐵路局、武漢鐵路局。

高度危險區域的。其二，管理人必須已經採取安全措施且盡到了警示義務。前兩項條件缺一不可。如果受害人經過允許進入的，那麼在該區域遭受損害的，不得因為管理人採取了安全措施並盡到警示義務而言免責或減責。

2. 高度危險區域致害責任構成要件

2.1 未經許可進入高度危險活動區域或高度危險物存放區域

所謂高度危險活動區域是指從事高度危險活動的特定地方，如民航機場是民用航空公司進行活動的區域，該區域內飛機不停起降，屬於高度危險活動。倘若有人未經允許擅自進行該區域，不僅對其自身的人身財產安全將構成嚴重威脅，也會危害民用航空活動的安全。部隊進行軍事演習、武器實驗的區域，也是高度危險活動區域。高速公路也是高度危險活動區域，因為在高速公路上行駛的車輛速度很快，對周圍環境具有高度危險故而也是高度危險活動區域，應當進行封閉管理。中國《道路交通安全法》第 67 條明文規定：「行人、非機動車、拖拉機、輪式專用機械車、鉸接式客車、全掛拖斗車以及其他設計最高時速低於 70 公里的機動車，不得進入高速公路。」如果依法不得進入高速公路的行人或車輛進入高速公路發生了損害，則其請求高速公路的管理人承擔侵權責任的，應當適用《侵權責任法》第 76 條的規定（《道路交通事故損害賠償解釋》第 9 條第 2 款）。

所謂高度危險物存放區域，是指存放高度危險物的區域，例如存放炸藥的倉庫；儲存劇毒化學物品的倉庫、存放放射性物質的鉛房等。例如，依據《危險化學品管理條例》第 23 條以下的規定，生產、儲存劇毒化學品、易制爆危險化學品的單位，應當設置治安保衛機構，配備專職治安保衛人員。危險化學品應當儲存在專用倉庫、專用場地或者專用儲存室（以下統稱專用倉庫）內，並由專人負責管理；劇毒化學品以及儲存數量構成重大危險源的其他危險化學品，應當在專用倉庫內單獨存放，並實行雙人收發、雙人保管制度。

2.2 管理人沒有採取安全措施並盡到警示義務的

高度危險活動區域或高度危險物存放區域的管理人，可能本身就是高度危險活動的經營者或高度危險物的所有人或使用人，例如高鐵運行本身就是

《侵權責任法》第 73 條規定的高度危險活動，鐵路運輸企業本身就是該危險活動的經營者。同時，鐵路運輸企業也是鐵路線路兩旁、貨場等高度危險活動區域的管理人。再如，在生產中需要使用高度危險物，因此購買了一定數量的高度危險物存放在倉庫中，則其既是高度危險物的佔有人，也是高度危險物存放區域的管理人。當然，在很多時候，管理人也可能與高度危險活動的經營者或高度危險物的所有人或使用人分離，不是同一主體。例如，首都機場跑道上起降的飛機可能是中國國際航空公司的、海南航空公司的或南方航空公司的，但是，對機場跑道等高度危險活動區域進行的管理，卻不是這些航空公司，而是首都機場集團公司。

由於管理人管理的是高度危險活動的區域或高度危險物的存放區域，因此，其必須盡到高度的注意義務，以免發生損害。這種高度的注意義務體現為：首先，必須採取了安全措施。如安排專門的安全保衛人員、定期有專人巡查、設置了封閉式的圍欄或鑄造了高牆防止他人未經許可進入等。例如，依據中國《民用航空安全保衛條例》第 11 條以下的規定，機場控制區應當根據安全保衛的需要，劃定為候機隔離區、行李分檢裝卸區、航空器活動區和維修區、貨物存放區等，並分別設置安全防護設施和明顯標誌。機場控制區應當有嚴密的安全保衛措施，實行封閉式分區管理。人員與車輛進入機場控制區，必須佩帶機場控制區通行證並接受警衛人員的檢查。

其次，僅採取安全措施還不夠，還必須盡到警示義務，即應當應當通過醒目的標誌警示本區域是高度危險活動區域或高度危險物存放區域，以免他人誤入該區域而遭受損害。

3.　高度危險區域致害責任的減免責事由

依據《侵權責任法》第 76 條，如果受害人是未經許可進入高度危險物的存放區域而受到損害的，當管理人能夠證明其已經採取安全措施並盡到警示義務的，可以減輕或者不承擔責任。所謂安全措施，不僅包括避免他人未經許可擅自進入該區域而依法採取的安全保衛措施，也包括避免因高度危險物造成他人損害的安全措施。所謂警示義務是指，設置明顯的警示標誌從而使他人得以知悉將進入的區域屬於高度危險物的存放區域。例如，《危險化學品安全管理條例》第 20 條第 2 款規定：「生產、儲存危險化學品的單位，應當在其作業場所和安全設施、設備上設置明顯的安全警示標誌。」

第二十四章

飼養動物損害責任

一　概述

1.　飼養動物損害責任的規範目的

　　飼養動物損害責任，是指飼養的動物造成他人損害時，飼養人或管理人應當承擔的侵權責任。近年來，中國經濟快速發展，人民生活水平日益提高。無論在城市還是農村，飼養動物的情形愈來愈普遍。據有關部門估計，中國現有犬隻數量約為 1 億隻左右，且需求量正以每年 20% 的速度增長。[1] 飼養動物數量增長的同時，由於動物飼養人或管理人的素質普遍比較差，也帶來愈來愈多的問題，如動物咬傷他人、動物噪音擾民等。僅 2009 年，中國被動物傷害的人數就超過 4,000 萬人。[2] 中國也是世界上受狂犬病危害最嚴重的國家之一，狂犬病一直位列中國各類傳染病報告死亡數的前五位。[3] 每年報告的狂犬病發病人數和死亡人數均在 2,000 人以上，數量僅次於印度，位居全球第二位。為更好地規範飼養動物的行為，防止飼養動物給他人造成損害，《侵權責任法》第 10 章對飼養動物致害責任做出了詳細的規定。

2.　飼養動物損害責任的歸責原則

2.1　《民法通則》規定的是無過錯責任

　　《民法通則》第 127 條規定：「飼養的動物造成他人損害的，動物飼養人或者管理人應當承擔民事責任；由於受害人的過錯造成損害的，動物飼養人或者管理人不承擔民事責任；由於第三人的過錯造成損害的，第三人應當承擔民事責任。」通說和司法實踐都認為，該條確立了動物致害的無過錯責任，即在《民法通則》中，無論何種類型的動物，在造成他人損害時，動物的飼養人或者管理人都要承擔無過錯責任。

---

1. 王勝明主編（2010）。《中華人民共和國侵權責任法解讀》。383 頁。
2. 同上註，382 頁。
3. 衛生部、公安部、農業部、國家食品藥品監督管理局。《中國狂犬病防治現狀》（2009 年 9 月 22 日）

2.2 《侵權責任法》的混合歸責原則

《侵權責任法》一改《民法通則》的做法，區分了不同類型的動物和情形，規定了不同的歸責原則。首先，依據該法第 78 條，原則上飼養動物造成他人損害時，無論飼養人、管理人有無過錯，均應承擔侵權責任，即無過錯責任。只有在證明損害是因受害人故意或重大過失所致時，飼養人或者管理人方能免責或減責。

其次，《侵權責任法》第 79 條與第 80 條特別規定了兩類更為嚴格的無過錯責任，[4] 即在以下兩種情形中，動物的飼養人或管理人不僅承擔的是無過錯責任，而且是非常嚴格的責任：（1）違反管理規定，未對動物採取安全措施造成他人損害的情形；（2）禁止飼養的烈性犬等危險動物造成他人損害的情形。這兩類責任的嚴格之處在於，即便受害人對於損害的發生具有重大過失，也不能減輕侵權人的責任。之所以作此規定，理由在於：那些違反管理規定不對動物採取安全措施的飼養人或管理人，以及飼養法律明文禁止飼養的烈性犬等危險動物的人，其行為不僅嚴重違法，主觀上具有重大過錯，且客觀上對他人的人身、財產安全造成了很大的威脅。對這些漠視國家法度、肆意妄為之徒，自然不應寬待。

最後，《侵權責任法》第 81 條對動物園給予了特別的優待。依據該條，動物園飼養的動物造成他人損害的，不適用無過錯責任，而適用過錯推定責任。也就是說，動物園可以通過證明盡到管理職責而免除責任。據立法機關有關人士的解釋，做此規定的理由在於：動物園飼養的動物是為了滿足人民物質和文化生活提高的需要，或進行科學研究，並非如普通的自然人那樣，純粹是出於精神上的滿足。況且，從實踐來看，遊客因動物園的動物而遭受損害，要麼是因為動物園沒有盡到管理的職責（如安全設施或設備的瑕疵、欠缺警示標誌等），要麼是遊客的自身的原因（如違反規定投餵食物、激惹或挑逗動物等）。因此，在動物園已經盡到了管理職責的情形下，損害就完全是由於受害人自身原因所致。此時，如果令動物園承擔責任，過於苛刻。[5]

---

4. 王利明（2011）。《侵權責任法研究》（下卷）。629 頁

5. 在《侵權責任法》起草中，對此動物園動物造成損害適用過錯推定責任，有不同的意見。參見：〈《侵權責任法》草案座談會簡報（二）〉，全國人大常委會法制工作委員會民法室編（2010），《侵權責任法立法背景與觀點全集》。第 146 頁。

二　構成要件

1.　無過錯責任的構成要件

1.1　飼養的動物

1.1.1　飼養的意義

《侵權責任法》與《民法通則》規定，造成他人損害的動物應是「飼養的動物」。「飼養」並不局限於「餵食」或「豢養」，而應做廣義的解釋，即凡是為某人所有或者為某人佔有、管理、控制的動物都屬於「飼養的動物」。至於該動物為他人控制或者管理的力度究竟有多大，並不是一個需要考慮的問題。因此，無論是個人飼養的犬、貓，還是動物園、自然保護區的動物等，均屬於飼養的動物。

之所以要求是「飼養」的動物，就是為了排除了「野生」的動物致害的情形。既然是飼養的動物，就意味着該動物是有「飼養人或管理人」的。既然是有人飼養或管理的動物造成了他人損害，毫無疑問，飼養人或者管理人就是承擔侵權責任的人。至於完全處於自然狀態下的野生動物造成他人損害時，沒有飼養人或管理人，故原則上不發生侵權責任，受害人只能自擔損害、自認倒霉。

1.1.2　「動物」的涵義

在動物學上，動物是多細胞真核生命體中的一大類群，稱之為動物界。動物一般不能將無機物合成有機物，只能以有機物（植物、動物或微生物）為食料。因此，動物具有與植物不同的形態結構和生理功能，以進行攝食、消化、吸收、呼吸、循環、排泄、感覺、運動和繁殖等生命活動。目前，世界上已知的動物種類大約有 150 萬種。其中，脊椎動物有 46,900 多種，無脊椎動物大約 130 多萬種。顯然，人類不可能飼養這麼多的動物，因此飼養動物損害責任中的動物的範圍，也不可能如此廣泛。從中國的實踐來看，常見造成他人損害的動物有以下幾類：其一，家庭飼養的家畜與家禽，如貓、狗、豬、馬、牛、騾、驢、羊、雞、鴨、鵝等；其二，動物園飼養的各種動物，如獅子、老虎、豹、熊等野獸、猛獸和鳥類；其三，為藥用等經濟目的飼養

各類動物，如農場飼養的奶牛、養殖場飼養的為做藥材使用的蜈蚣、蠍子等；為獲取蜂蜜飼養的蜜蜂等。

1.2 造成了他人損害

飼養動物造成了他人損害，包含兩層意思：首先，該飼養動物的行為是導致他人損害的原因，即兩者之間存在因果關係。其次，該飼養動物給他人造成的「損害是因該動物特有的危險所致」（*Der Schaden muss auf der spezifischen Tiergefahr beruhen*）。這種危險性究竟來源於動物的本性，還是因動物受外界刺激而做出的自然反應，無關緊要。不過，當動物如同一個機器或障礙而發生作用造成他人損害時，不屬於特定動物的危險造成的損害。[6] 例如，甲給其飼養的猴子發出指令，令其盜竊乙的錢包。顯然，乙的財產損失並非因為猴子本身的危險性引發的，該猴子本身並不具有偷竊他人錢包的動物危險性，猴子的這一行為是受到了甲的訓練所致，猴子無非是甲的工具而已。甲應依據《侵權責任法》第 6 條第 1 款的過錯責任原則向乙承擔損害賠償責任。

實踐中，飼養動物造成他人損害的主要表現方式如狗咬傷人、動物將人絆倒、貓抓傷人、牛將人頂傷、馬踩踏他人的莊稼等。此外，因動物驚嚇而給受害人造成損害、動物將疾病傳染給他人的情形也屬於飼養動物造成他人損害。[7]

飼養動物給他人造成的「損害」包括人身傷亡，也包括財產損失。實踐中，最為常見的就是人身損害，如狗咬傷、撞傷他人。但是，也有財產遭受損害的情形，如飼養的牛到他人的菜園中啃食蔬菜、踐踏莊稼；馬匹衝撞他人的攤位導致物品毀損等。

---

6. Brox/ Walker. *Besonderes Schuldrecht*. §42, Rn. 19.

7. 例如，在〈左強訴王玉銀、白牧等健康權糾紛案〉中，受害人因被告飼養的動物的驚嚇而摔倒受傷，法院認為，適用飼養動物損害責任。參見天津市第二中級人民法院（2014）二中民四終字第 204 號民事判決書。

2. 絕對責任的構成要件

2.1 《侵權責任法》第79條規定的動物致害責任

現代城市，人口稠密，作為生物界高等動物的人，常難有一席之地，何況貓狗之類的動物！如果任由飼養人、管理人隨意飼養動物，勢必給公眾之安全造成嚴重威脅。為防止飼養的動物造成他人損害，法律、法規等對於飼養動物有嚴格的管理性規定。《上海市養犬管理條例》、《南京市養犬管理條例》、《西安市養犬管理條例》、《北京市養犬管理規定》、《成都市養犬管理條例》等地方性法規和規章都明確規定：禁止攜帶犬隻進入醫院、機關、學校、幼兒園、療養院、少年兒童活動場所、體育場館、博物館、圖書館、影劇院、賓館、飯店、商場、室內農貿市場、金融經營場所，以及設有犬隻禁入標識的公園、風景名勝區等公共場所；攜犬乘坐客運出租汽車，必須徵得駕駛人同意，並為犬隻戴嘴套或者將犬隻裝入犬袋（籠）；攜犬乘坐電梯的，應當避開人們乘坐電梯的高峰時間。

動物的飼養人或者管理人必須遵守這些規定，採取相應的安全措施，避免損害他人。如果飼養人或者管理人違反規定，不採取安全措施，造成他人損害的。因其具有嚴重過錯，所以即便受害人對於損害的發生具有重大過失，也不能減輕責任。

2.2 《侵權責任法》第80條規定的動物致害責任

「烈性犬等危險動物」對於他人的人身、財產安全，顯然有高度之危險。因此，許多地方性法規和規章要麼規定，個人不得飼養烈性犬；要麼規定，在特定區域內不得飼養烈性犬。例如，《上海市養犬條例》第 12 條第 3 款規定：「禁止個人飼養烈性犬隻。」《北京市養犬管理規定》第 10 條規定：「在重點管理區內，每戶只准養一隻犬，不得養烈性犬、大型犬。禁養犬的具體品種和體高、體長標準，由畜牧獸醫行政部門確定，向社會公佈。國家級文物保護單位、危險物品存放單位等因特殊工作需要養犬的，必須到單位所在地公安機關辦理養犬登記。」《成都市養犬管理條例》第 21 條第 1、2 款規定：「禁止個人飼養烈性犬、大型犬。單位因護衛等工作需要飼養烈性犬隻或飼養多隻犬隻的，應當報所在地的區（市）縣公安機關批准。」

如果飼養人或者管理人知法犯法，違反規定飼養了禁止飼養的烈性犬等危險動物，則其具有嚴重的過錯，法律上應當對之施以更為嚴格的責任，即只要該危險動物造成他人損害，即便受害人對損害的發生具有重大過失，飼養人或者管理人也不能減輕責任。

「烈性犬」並非一個動物學上的概念，其具體範圍如何，並無法律和行政法規的統一規定。一般是由各地的畜牧獸醫行政部門加以確定。此外，《侵權責任法》第 80 條只是列舉了「烈性犬」這一種危險動物。實踐中，除了烈性犬外，此類危險動物還包括毒蛇、食人魚等。但是，目前尚無法律、法規或規章的明確規定。

3. 過錯推定責任的構成要件

動物園的動物造成他人損害的，依《侵權責任法》第 81 條，動物園承擔的是過錯推定責任。即動物園的過錯是被法律推定的，其只有證明「盡到管理職責」後才能免責，否則就應當承擔責任。[8] 動物園包括綜合性動物園（水族館）、專類性動物園、野生動物園、城市公園的動物展區、珍稀瀕危動物飼養繁殖研究場所（《城市動物園管理規定》第 2 條第 1 款）。對於動物園的管理職責，中國《動物防疫法》、《城市動物園管理規定》等法律規章有明確的規定。

三　法律後果

1. 責任主體

1.1　飼養人、管理人

「如源於一個動物的危險變成了現實，確定誰應當承擔責任並不總是很容易的。從嚴格責任制度的觀點來看，最具有說服力也是最適當的解決方案，

8.《中華人民共和國最高人民法院公報》。2013 年第 8 期。

似乎是規定由動物的保有者承擔排他的責任。」[9] 動物的保有者即動物的所有人、佔有人。《侵權責任法》第 78 條以下沿用了《民法通則》第 127 條的規定，將飼養動物損害責任的主體規定為「飼養人或者管理人」，而非為動物的所有人或佔有人。箇中理由如何，難以知悉。

動物的飼養人，通常是動物的所有權人，包括單獨所有人或共有人。根據中國一些地方性法規或地方政府規章，城市養犬者應當到居住地或者單位住所地的區、縣公安部門指定機構申請辦理養犬登記和年檢。公安機關建立的養犬管理信息系統和養犬管理電子檔案上要記載養犬人的姓名、居住地或者單位名稱、住所地等信息，所謂「養犬人」就是犬類的飼養人。

動物的管理人，是指動物所有人之外的對動物進行實際的控制與管理的人，既包括依法負有管理動物的職責的人（如國家設立的動物園），也包括其他有權佔有動物之人，如依借用合同、保管合同的約定而負有管理動物職責之人。動物的管理人可以是直接佔有人，也可以是間接佔有人。但如果某人是依據用人單位的指令或者接受勞務方要求而照顧動物，則動物的管理人是該用人單位或接受勞務的人。

受害人需要證明給其造成損害的動物是被告飼養的動物，即被告是致害動物的飼養人或管理人。有些情況下，由於致害動物的特殊性，法院可以根據案件的事實合理推斷出被告就是致害動物的飼養人或管理人。[10]

1.2　遺棄、逃逸的動物致害時的責任主體

動物脫離了飼養人或管理人的佔有處於逃逸的狀態，或者動物的飼養人或管理人遺棄了動物時，該動物致人損害時的責任主體仍為原飼養人或管理人（《侵權責任法》第 82 條）。這是為了加強動物的飼養人或管理人對動物的管理職責，以免危害公眾安全而作出的特別規定。[11]

---

9. 〔德〕克里斯蒂安・馮・巴爾（2005）。《歐洲比較侵權行為法（上）》。277 頁。

10. 〈張一釗訴貢建生因被蜂蜇致其人身損害賠償糾紛案〉，最高人民法院中國應用法學研究所編（2005）。《人民法院案例選》（總第 53 輯）。214 頁以下。

11. 參見雷春榮、左功雄（2004）：〈被棄狗咬傷人，原主人仍要賠〉。中國法院網，2004-08-09 11:36:44。

2. 免責事由

2.1 受害人故意

由於《侵權責任法》第 27 條規定：「損害是因受害人故意造成的，行為人不承擔責任。」而第 26 條規定：「被侵權人對損害的發生也有過錯的，可以減輕侵權人的責任。」因此，筆者傾向於將第 78 條理解為：當被侵權人故意造成損害時，動物的飼養人或者管理人可以不承擔責任。當受害人對損害的發生具有重大過失時，動物的飼養人或者管理人仍應承擔責任，但可以減輕責任。無論是受害人故意還是重大過失，均應由動物的飼養人或者管理人舉證證明之（《民事訴訟證據規定》第 4 條第 1 款第 5 項）。

2.2 第三人過錯

《侵權責任法》第 83 條規定：「因第三人的過錯致使動物造成他人損害的，被侵權人可以向動物飼養人或者管理人請求賠償，也可以向第三人請求賠償。動物飼養人或者管理人賠償後，有權向第三人追償。」所謂「因第三人的過錯致使動物造成他人損害的」包括兩層涵義：首先，動物的飼養人、管理人以及受害人之外的第三人從事了有過錯的行為。例如，甲拿石頭砸丙飼養的 A 犬，致使 A 犬發怒掙脫韁繩，將路人乙咬傷。乙既可以請求 A 犬的飼養人丙承擔侵權責任，也可以請求甲承擔侵權責任。其次，受害人的損害完全是由於第三人有過錯的行為所致，動物的飼養人或管理人不存在任何過錯。如果動物的飼養人或者管理人也存在過錯，則不適用《侵權責任法》第 83 條。例如，甲、乙二人是鄰居，分別飼養了 A 犬與 B 犬。一天，兩人出來遛犬，二人都沒有用繩子將犬拴住，以致 A 犬與 B 犬打架。B 犬被咬傷後狂性大發，將路人丙咬傷。本案中，甲、乙二人皆有過錯，他們二人的過錯行為結合起來導致了受害人丙的損害，依據《侵權責任法》第 12 條，應各自承擔相應的賠償責任；難以確定責任大小的，平均承擔賠償責任。

第二十五章

物件損害責任

一　　概述

1.　　物件損害責任的概念與類型

1.1　　概念

物件損害責任有廣、狹義之分。狹義的物件損害責任，僅指建築物、構築物、道路、林木等人工物造成他人損害時的侵權責任。《侵權責任法》第11章規範的就是狹義的物件損害責任。廣義的物件損害責任，是指人類管理、控制下的任何物件、物品或動物造成他人損害時的侵權責任，其範圍除狹義的物件致害責任外，尚包括產品責任、機動車交通事故責任、高度危險物責任、環境污染責任、飼養動物損害責任等，本章研究的是狹義的物件損害責任。

物件致害責任的法律規範早在古代羅馬法中就已存在，但其充分之發展卻是在現代社會。隨着人類認識世界與改造世界的能力的不斷提高，現代社會中人工建造的各種建築物或其他設施數量與日俱增。現代人已成為生活在「鋼筋水泥叢林」中的生物。建築物等人工構造物造成損害的情形，時有發生。法律上不僅應當對此等損害加以預防控制，而且在損害發生後要為受害人提供合理的救濟手段。《侵權責任法》施行前，《民法通則》第125、126條以及《人身損害賠償解釋》第16條是規範物件損害責任的主要規定。《侵權責任法》採用了單獨一章（第11章）、共七個條文對物件損害責任作出了規範。

1.2　　類型

1.2.1　　《民法通則》中物件損害責任的類型

《民法通則》中規定的物件損害責任有兩類：第一，地面施工致害責任。《民法通則》第125條規定：「在公共場所、道旁或者通道上挖坑、修繕安裝地下設施等，沒有設置明顯標誌和採取安全措施造成他人損害的，施工人應當承擔民事責任。」該侵權責任屬於過錯責任，但其對過錯的判斷非常客觀化，即有無「設置明顯標誌和採取安全措施」。

第二，建築物、其他設施以及擱置物、懸掛物損害責任。《民法通則》第126條規定：「建築物或者其他設施以及建築物上的擱置物、懸掛物發生

倒塌、脫落、墜落造成他人損害的，它的所有人或者管理人應當承擔民事責任，但能夠證明自己沒有過錯的除外。」該條規定的是過錯推定責任。此外，《人身損害賠償解釋》16 條第 1 款對《民法通則》第 126 條進行了擴張性解釋，將以下情形也納入其中：（1）道路、橋梁、隧道等人工建造的構築物因維護、管理瑕疵致人損害的；（2）堆放物品滾落、滑落或者堆放物倒塌致人損害的；（3）樹木傾倒、折斷或者果實墜落致人損害的。」

1.2.2 《侵權責任法》中物件損害責任的類型

與《民法通則》相比，《侵權責任法》不僅以專章規定物件損害責任（第 11 章），而且規定的物件致害責任的類型也比較多。其中，既有建築物、構築物或者其他設施及其擱置物、懸掛物造成損害的責任，也有拋擲物、墜落物、堆放物致害責任，還有林木、地面施工以及窨井等地下設施造成損害時的責任。

依據不同的標準，可以對《侵權責任法》中的物件損害責任進行不同的分類。首先，依據造成損害的物件之類型，可以分為不動產損害責任與動產損害責任。前者即建築物、構築物、其他設施、林木、窨井等地下設施損害責任（《侵權責任法》第 85、86、90、91 條）；後者是指拋擲物、墜落物、堆放物損害責任（《侵權責任法》第 85、87、88、89 條）。其次，依據歸責原則不同，可以將其分為適用過錯責任的物件損害責任（《侵權責任法》第 91 條第 1 款）、適用過錯推定責任的物件損害責任（《侵權責任法》第 85、88、90 條以及第 91 條第 2 款）、適用無過錯責任的物件損害責任（《侵權責任法》第 86 條第 1 款、第 89 條），以及適用公平責任的物件損害責任（《侵權責任法》第 87 條）。

2. 物件損害責任的歸責原則

2.1 比較法

比較法上，物件損害責任的歸責原則多屬過錯責任，但是為了保護受害人，減輕其舉證負擔，基本上都採取的是過錯推定責任。例如，依據《德國民法典》第 836 條及以下各條，在建築物或者其他附着於土地的人工物倒塌，

或者建築物或人工物的部分脫落，導致他人死亡或損害的，土地的佔有人應當承擔責任，除非其能夠證明為了防止危險的發生而盡到了交易上的必要注意。司法實踐中，對於佔有人的免責事由的舉證要求非常高，即其證明「採取一切技術上可能和適當的措施，以避免對他人發生危險」，甚至連自然現象也都應當注意到如暴雨等。[1]《奧地利普通民法典》第 1319 條規定：「如果建築物或者其他在土地上建造的工作物倒塌或者脫落，導致他人受傷或者造成其他損害，則建築物或其他工作物的佔有人應當承擔賠償責任，但以事故的發生是工作物具有瑕疵的結果，且佔有人不能證明為了防止危險已經盡到了必要的注意為限。」再如，《意大利民法典》第 2053 條規定：「建築物或者其他建造物的所有權人，對因該物的倒塌所致損害應當承擔責任；但是能夠證明倒塌並非因維修或建築的瑕疵所致的，不在此限。」

2.2　中國法

在中國，《侵權責任法》依據造成損害的物件的不同以及物件造成損害的方式的不同，規定了不同的歸責原則。主要有以下四類：

(1)　適用無過錯責任的，有第 86 條規定的建築物、構築物或者其他設施倒塌致害責任；第 89 條規定的公共道路遺撒物等致害責任。

(2)　適用過錯推定責任，有第 85 條規定的建築物等脫落、墜落致害責任；第 88 條規定的堆放物倒塌致害責任；第 90 條規定的林木折斷致害責任；第 91 條規定的窨井等地下設施致害責任。

(3)　適用一般過錯責任的，即第 91 條第 1 款規定的地面施工致害責任。

(4)　適用公平責任的，即第 87 條規定的拋擲物、墜落物致害責任。

---

1. 〔德〕馬克西米利安・福克斯（2004）。《侵權行為法》第 5 版（齊曉琨譯）。北京：法律出版社。189 頁。

二 不動產致害責任

1. 建築物、構築物及其他設施致害責任

1.1 歸責原則

《侵權責任法》第 85 條與第 86 條區分了「建築物、構築物或者其他設施」致害的具體方式，而確立了不同的歸責原則。對於建築物、構築物或者其他設施脫落致人損害的，適用過錯推定責任；如果是建築物、構築物或者其他設施倒塌造成損害的，則適用無過錯責任。作此區分的理由是：建築物倒塌嚴重危害人民群眾的人身、財產安全，因此對建築物倒塌致害責任需要進行更嚴格規定。[2]

1.2 構成要件

1.2.1 致害的物件是不動產，即建築物、構築物或者其他設施

建築物，也稱「房屋」，是指任何在土地上建造的直接供人們居住生活、從事生產活動或者進行其他活動的場所。按照用途可將其分為：民用房屋，如獨戶住宅、多戶住宅；工業房屋，如生產廠房、倉庫等；商業房屋，如旅店、銀行、超市、客運站、冷藏庫等；文教衛生房屋，如學校教學樓與校舍、醫院門診住院大樓、影劇院、歌舞廳、辦公樓、體育場（館）、會議廳等。不過，物件損害責任中的建築物不同於《物權法》中的建築物。前者無須已經建成，僅有鋼骨支架，無法擋風避雨，亦屬之。而《物權法》上權利人享有所有權的建築物，必須是已經合法建築完畢的建築物。

構築物，是指以人力方式在地面上建造的具有特定用途、但不能直接供人們進行居住生活、從事生產活動或者其他活動的場所，包括道路、橋梁、隧道、碼頭、油罐、溝渠、地窖、城牆、公共廁所、堤壩、墓碑、電視發射塔、高壓電線塔、無線電基站、路燈、廣告牌、各種人工樹立的桿子（如電線桿、電纜桿、懸掛電影銀幕的桿子、懸掛道路交通指示牌的桿子等）、絞手

---

2. 〈全國人民代表大會法律委員會關於《中華人民共和國侵權責任法（草案）》審議結果的報告〉。2009年 12 月 22 日十一屆全國人大常委會第十二次會議。

架、纜車、體育器械等。至於該構築物是附着於土地的永久性設施還是臨時性設施，在所不問。

其他設施即建築物、構築物的附屬設施，如房屋內的電梯、消防設備間、車位、儲物間等。

無論是建築物、構築物還是其他設施，都屬於不動產。在動產導致他人損害時，如果該動產是不動產上的擱置物、懸掛物，則適用《侵權責任法》第85條；如果是堆放的物品，則適用《侵權責任法》第88條。如果是從建築物中拋擲出來或墜落的物品，難以確定具體侵權人的，則適用《侵權責任法》第87條。至於其他的動產致害，則適用《侵權責任法》第6條第1款。例如，被告違規在黃河上架設了浮橋，在黃河調水調沙期間又未按規定及時拆除掉浮橋。導致浮橋被水沖走，將下游原告投資建設的施工棧橋撞壞。該案不屬於《侵權責任法》第85條規範的情形，因為浮橋並不屬於不動產，此案適用《侵權責任法》第6條第1款即可。[3]

1.2.2 因脫落、倒塌等造成他人損害

脫落，是指建築物、構築物或者其他設施上的某一成分（如磚塊、瓷磚、窗戶）等與建築物、構築物或其他設施脫離後掉落下來。倒塌，是指建築物、構築物或者其他設施主體結構或者整個建築物、構築物或其他設施傾倒、崩塌。

「倒塌、脫落」只是建築物、構築物或者其他設施因為維護、管理瑕疵而造成他人損害的兩種典型情形，建築物、構築物及其他設施致害責任不限於這兩種情形。例如，道路因施工質量問題，突然塌陷導致行人或機動車掉入坑中受傷；橋梁斷裂致使車輛掉入河中等。對於這些建築物、構築物或者其他設施致人損害的情形，均可適用《侵權責任法》第85條。

---

3. 〈河南花園口黃河浮橋有限公司與中鐵大橋局集團第一工程有限公司侵權責任糾紛案〉，河南省鄭州市中級人民法院 (2013) 鄭民二終字第 646 號民事判決書。

1.3　免責事由

　　除不可抗力與受害人故意這兩項一般性的免責事由外，因建築物、構築物或者其他設施脫落致害責任屬於過錯推定責任，故所有人、管理人或使用人可以通過證明自己沒有過錯即盡到了管理、維護職責而免責任。不過，所有人、管理人或使用人僅證明損害是由於第三人原因造成的，尚不能認為已經證明了自己沒有過錯，所有人、管理人或使用人依然要承擔賠償責任。當然，在其賠償後，有權向其他責任人追償（《侵權責任法》第 85 條第 2 句）。

　　至於建築物、構築物或者其他設施倒塌致害責任，因其適用的是無過錯責任，故建設單位更不可能以沒有過錯為由免責。事實上，即便建築物的倒塌完全是由其他責任人原因所致，建設單位也要與施工單位承擔連帶責任，無非事後可以追償。需要注意的是，《侵權責任法》第 86 條中有兩處關於「其他責任人」的規定。該條第 1 款第 2 句規定「建設單位、施工單位賠償後，有其他責任人的，有權向其他責任人追償」。同條第 2 款規定：「因其他責任人的原因，建築物、構築物或者其他設施倒塌造成他人損害的，由其他責任人承擔侵權責任。」根據參與《侵權責任法》起草工作的人士的解釋，這兩款中的「其他責任人」的涵義不同。第 1 款第 2 句中的「其他責任人」，是指勘察單位、設計單位、監理單位等除施工單位之外的參與建築活動的主體。第 2 款中的「其他責任人」主要是所有權人（業主）、其他使用人等。[4] 也就是說，即便建築物等的倒塌是由設計單位、勘察單位或監理單位的原因所致，建設單位與施工單位也要向受害人承擔連帶責任，無非賠償後可以追償。但如果建築物的倒塌完全是由業主不當使用（如破壞承重牆）、超過合理使用期限而使用，則建設單位、施工單位就不應當承擔責任。被侵權人只能直接請求該其他責任人承擔侵權責任。

　　本書認為，《侵權責任法》這種區分不僅從立法技術上說非常拙劣，而且也沒有什麼道理。因為就受害人而言，他並不知道「其他責任人」是設計單位、勘察單位或監理單位，還是業主或其他的人。如果真的是要保護受害人的權益，那麼無論其他責任人是誰，都應由建設單位和施工單位先賠，然後他們去向真正的責任人追償。

---

4. 王勝明主編（2010）。《中華人民共和國侵權責任法解讀》。420 頁以下。

1.4　責任主體

1.4.1　所有人、管理人或者使用人

　　建築物、構築物或者其他設施脫落造成他人損害時，責任主體為所有人、管理人或者使用人。

　　首先，所有人是指建築物、構築物或者其他設施的所有權人。中國實行不動產登記制度，不動產登記簿是不動產物權歸屬和內容的根據（《物權法》第16條第1款）。因此，在確定某人是否屬於所有人時，可以通過查詢不動產登記簿了解。因建築物、構築物或者其他設施脫落而遭受損害的被侵權人屬於《物權法》第條規定的利害關係人，有權向不動產登記機構申請查詢複製不動產登記簿。

　　其次，管理人是比較寬泛的概念，它是指雖非建築物等不動產的所有人，但依法或依約定享有管理權限的民事主體。所謂依法享有管理權限的，如市政管理部門對城市公路、橋梁等享有管理的權限。使用人，是指基於債權關係或物權關係而對建築物、構築物或者其他設施享有使用的民事主體，即所有人之外的有權佔有並使用該不動產的人，如房屋的承租人、借用人等。

　　依據《侵權責任法》第85條，建築物、構築物或其他設施脫落導致他人損害時，責任主體是所有人、管理人或者使用人。具體由何人承擔，需要根據案件具體情形確定。有些情形下，需要承擔責任的就是具體的某個主體如所有人、管理人或使用人。有些情形下，所有人、管理人或者使用人可能構成多數人侵權責任，需要對受害人的損害承擔按份責任。例如，甲所有的房屋的一扇窗戶已經出現了問題，搖搖欲墜。甲將該房屋出租給乙，乙在承租房屋時知道該窗戶存在問題，但既沒有要求出租人甲修理，自己也沒有修理。某日刮大風，窗戶框子連同玻璃掉下來將丙停放在樓下的汽車砸壞。丙以所有人甲和使用人乙為共同被告，提起損害賠償之訴。對丙之損害，甲和乙應當依據《侵權責任法》第12條承擔按份責任。由於承租人乙最具有防止危險發生的能力，其完全可以通過修理或要求出租人修理而避免損害的發

生，故此其責任更大。至於出租人甲因其違反租賃合同，沒有提供安全的租賃物，所以也要承擔相應的責任。[5]

1.4.2 建設單位、施工單位

在建築物、構築物或者其他設施倒塌造成他人損害時，責任主體為建設單位與施工單位，兩者向被侵權人承擔連帶責任。建設單位，是指依法取得土地使用權，在該土地上建造建築物、構築物或者其他設施的單位。它們是建設工程合同的總發包人。實踐中，房地產開發企業、機關和企事業單位是比較常見的建設單位。施工單位即具體負責建築物、構造物或其他設施施工建設的企業，即建築公司。

2. 林木致害責任

2.1 概述

林木，是指種植在土地上的樹木。林木種植在土地上，不可移動，故屬於不動產（《擔保法》第 92 條第 1 款、《不動產登記暫行條例》第 2 條第 2 款）。比較法上，有些國家將林木致害責任准用建築物致害責任的規定，如日本。《侵權責任法》頒佈前，《人身損害賠償解釋》第 16 條第 1 款第 3 項通過擴張解釋《民法通則》第 126 條，將「樹木傾倒、折斷或者果實墜落致人損害的」情形納入其中。《侵權責任法》則將林木致害責任作為物件損害責任的單獨類型加以規定。依據《侵權責任法》第 90 條，因林木折斷造成他人損害，林木的所有人或者管理人不能證明自己沒有過錯的，應當承擔侵權責任。

2.2 歸責原則與構成要件

林木致害責任適用過錯推定責任，因為：林木折斷、傾倒造成他人損害，多因林木的所有人或者管理人之過錯所致，即他們未盡到應有的管理、維護的職責，如及時清除乾枯的樹枝、砍伐已經枯死的樹木、採摘成熟的果

---

5. 〈陳某等訴胡某等損害責任糾紛案〉，上海市第一中級人民法院（2013）滬一中民一（民）終字第 2326 號民事判決書。

實等。因此，在林木致害時，依據造成他人損害這一事實，就可以推定所有人或管理人存在過錯。相反，如果所有人或管理人盡到維護、管理的職責，通常就不會造成他人的損害。即便仍然給他人造成損害，也往往是因為不可抗力或第三人的過錯行為所致，此時所有人或者管理人因無過錯，故此無需承擔侵權責任。

林木致害責任的構成要件為：首先，受害人遭受了損害，該損害可能是人身損害，也可能是財產損害。其次，該損害是因林木折斷造成的。大樹上的樹枝折斷掉下來將受害人砸傷，大樹整個折斷或傾倒壓壞受害人停在樹下的汽車等，當然屬於因林木折斷造成損害的情形。如果林木掉下來在路上，受害人被掉在路上的樹枝絆倒摔傷或被刺傷眼睛，是否也屬於「因林木折斷」造成的損害？對此，有些法院採取肯定的態度。[6] 本書認為，對於因林木折斷造成他人損害應當做廣義的解釋，上述情形皆屬之。此外，雖然《侵權責任法》第 90 條的文字表述中只是提到了「折斷」，但從立法本意來看，該條規範的不僅是林木的樹枝、樹幹折斷造成他人損害的情形，還包括林木傾倒、果實墜落造成他人的情形。

2.3 責任主體

林木折斷等造成他人損害的，應當由林木的所有人或者管理人承擔侵權責任。所有人即林木的所有權人，管理人，是指依據合同或法律規定對林木負有管理職責的民事主體，如公園管理處對公園內的樹木負有管理職責；公路養護管理部門對種植在公路旁的護路樹負有管理職責；物業公司對物業小區內的樹木負有管理職責等。

---

6. 〈中山市大涌鎮香格爾花木園藝場與鐘建軍林木折斷損害責任糾紛再審案〉，廣東省高級人民法院（2013）粵高法民一申字第 866 號民事裁定書。

3. 地面施工致害責任

3.1 規範目的

　　《民法通則》第 125 條是對地面施工致害責任的最早的規定。從立法資料來看，當初設立這一條的目的，是因為「報紙經常報道有的地方在馬路旁、胡同裏堆放建築材料造成交通事故；有的清理了陰溝後不將鐵蓋復原蓋上，有的挖坑不設標誌，造成自行車、行人跌入，受害人傷筋斷骨。報紙上只見呼籲有關部門採取措施排除這些危險，卻未見有要求賠償的」。[7]「長期以來，對施工者的責任缺乏明確規定，以致施工者任意開挖，常有行人、車輛不慎跌入溝道，造成人身傷害、財產損失，並且追究損害賠償責任時也無法可依。《民法通則》的有關規定，對於增強施工者責任心，採取必要預防措施，保護人民群眾的人身和財產安全，是十分必要的。」[8]

　　《侵權責任法》第 91 條第 1 款延續了《民法通則》第 125 條的規定，該款規定：「在公共場所或者道路上挖坑、修繕安裝地下設施等，沒有設置明顯標誌和採取安全措施造成他人損害的，施工人應當承擔侵權責任。」

3.2 歸責原則

　　從《民法通則》第 125 條與《侵權責任法》第 91 條第 1 款的規定來看，地面施工致害責任為一般的過錯責任，受害人仍然需要證明施工人的過錯，無非該責任中過錯的證明採取了客觀而非主觀的標準，即受害人只要證明施工人沒有「設置明顯標誌和採取安全措施」，施工人就存在過錯，應承擔責任。

---

7. 中國政法大學民法教研室（1986）。《中華人民共和國民法通則講話》。北京：中國政法大學出版社。223 頁。

8. 徐開墅等編著（1988）。《民法通則概論》。北京：群眾出版社。246 頁。

3.3　構成要件

3.3.1　在公共場所或道路上進行了挖坑、修繕安裝地下設施等的活動

　　地面施工致害責任的適用範圍為「公共場所或道路」，這是因為：公共場所、道路是供不特定的人即公眾往來、通行之地。施工人在這樣的地方施工，理應負有高度的注意義務，防止對公眾之人身和財產造成損害。至於在非公共場所或者道路的地方，進行挖坑、修繕安裝地下設施的活動而致人損害的案件，不適用《侵權責任法》第 91 條第 1 款。例如，在自家的院子裏挖坑，未採取安全措施，導致他人跌入坑中摔傷，此時適用一般的過錯責任原則即可。

　　道路的範圍比較容易認定，因為《道路交通安全法》有明確之規定。有疑問的是，哪些場所屬於「公共場所」。所謂公共場所，不應被狹隘地理解為廣場、影劇院、操場等公眾聚集、活動的場所。凡是供不特定人出入、通行、活動的場所，都應歸入「公共場所」之內。例如，在一個案件中，被告水產公司在庫區內供公眾通航的水面上設置網箱和固定繩，但沒有設置任何警示標誌，致受害人划船通過時被勒絆掉入水中溺水而亡。[9] 儘管航道並未包括在《侵權責任法》第 91 條第 1 款的「道路」中，但是由於航道是供公眾通行的，因此可以認為是公共場所，從而適用本款之規定。

3.3.2　沒有設置明顯標誌和採取安全措施

　　《民法通則》第 125 條、《侵權責任法》第 91 條第 1 款明確要求那些在公共場所、道路上從事挖坑、修繕安裝地下設施等施工活動的人，負有設置明顯標誌和採取安全措施的義務。除此之外，中國其他法律也有相應的規定，如《道路交通安全法》第 105 條、《建築法》第 39 條、《公路法》第 32 條等。

　　對施工人是否「設置明顯標誌和採取安全措施」的判斷，應依據以下標準：首先，如果法律、法規和規章就如何設置明顯標誌和採取安全措施有明確的規定的，應符合這一規定。例如，《公路法》第 32 條要求施工單位在施

---

9. 〈李家英因清江水產公司在庫區水道設置網箱固定繩而未設警示標誌致使其夫溺水身亡訴長陽縣水產局損害賠償案〉，最高人民法院中國應用法學研究所編（2005）。《人民法院案例選・2004 年民事專輯》。105 頁以下。該案一審判決適用了《民法通則》第 125 條的規定，值得肯定。

工路段兩端設置明顯的施工標誌和安全標誌，如果施工單位只是在一端設置了而沒有在另一端設置，那麼顯然不符合法律的要求，具有過錯；[10] 其次，如果法律、法規和規章等對此沒有明確的規定，法院應從維護公眾安全的角度出發，從嚴認定施工人是否設置了明顯標誌和採取安全措施。

3.3.3 造成他人損害

受害人的損害既包括人身傷亡，如導致行為人被絆倒摔傷或掉入施工所挖的坑內受傷，也包括造成財產損害，如導致車輛掉入施工坑內毀損。如果是因沒有查明地下供電、供水設施，在施工過程中將供水設施挖斷，不僅給受害人造成了巨額的水費損失，還將受害人的財產淹沒，此時受害人要求施工人承擔侵權責任究竟是適用《侵權責任法》第 91 條第 1 款還是第 6 條第 1 款？有的法院認為，此種情形下應當適用《侵權責任法》第 91 條第 1 款。因為「涉及城市供水設施的建設工程開工前，施工單位應當向城市自來水供水企業或相關管理單位查明地下供水管網情況，施工影響供水設施安全的，施工單位應當採取相應保護措施」，如果沒有採取相應的保護措施造成他人損害的，施工人應當承擔《侵權責任法》第 91 條第 1 款規定的責任。[11] 本書認為，從《侵權責任法》第 91 條第 1 款的立法本意來看，施工人之所以要「設置明顯標誌和採取安全措施」是為了避免因為在公共場所或道路上挖坑、修繕安裝地下設施而給公眾的人身財產安全造成損害。因此，地下設施管線的安全並不是該款所要保護的。對於因被告的過錯導致地下供水供電設施損壞，應當適用《侵權責任法》第 6 條第 1 款。

3.4 責任主體

地面施工致害責任的主體為「施工人」。但是，既不能將「施工人」簡單地理解為直接進行「挖坑、修繕安裝地下設施等」活動的人，也不能過於寬泛

---

10. 《江蘇省高級人民法院關於審理人身損害賠償案件若干具體問題的意見》第 27 條第 2 款規定：「施工人雖然設置了標誌和採取了措施，但由於其設置的標誌不明顯、採取的措施尚未達到足以保障他人安全的程度，因此造成他人人身損害的，施工人仍應承擔民事責任。」

11. 〈杭州市某某集團有限公司與浙江省某某建設有限公司地面施工損害責任糾紛上訴案〉，浙江省杭州市中級人民法院（2013）浙杭民終字第 2670 號民事判決書。

的理解為一切與「挖坑、修繕安裝地下設施等」活動的相關主體。施工人為何人，應依據這些主體之間的法律關係分別確定。

4. 地下設施致害責任

4.1 概述

《侵權責任法》第 91 條第 2 款是對地下設施致害責任的規定。所謂地下設施，是指在地面以下以人力方式修建的窨井、水井、下水道、地下坑道等設施。窨井是指上下水道或其他地下管線工程時用於檢查後疏通而建造的井狀構造物。嚴格地說，地下設施也屬於構築物，無須單獨規定。但由於《侵權責任法》第 85 條和第 86 條只是規定了構築物倒塌、脫落、墜落這三種造成他人損害的方式，不夠周延，因此有單獨規定之規定。

4.2 歸責原則

地下設施致害責任適用過錯推定責任，管理人可以通過證明已經盡到管理職責來免除責任。管理職責即維護與管理之義務，管理人應盡何種程度的維護與管理義務，要考慮地下設施之位置等因素而定。如果是位於道路和公共通道上的地下設施，由於直接關涉到到公眾安全，管理人必須盡到高度的注意義務。

4.3 責任主體

地下設施致害責任的主體為管理人，該管理人既包括地下設施的所有人，如某人在自家院落內修建的水井、地窖等，也包括雖非所有人但對地下設施負有管理、維護職責的民事主體，如公路養護段、高速公路管理公司、物業服務公司、市政管理部門等。[12]

---

12. 〈張六汀等與滬陝高速公路宛坪運營管理中心等道路交通事故財產損害賠償糾紛上訴案〉，河南省南陽市中級人民法院（2010）南民二終字第 109 號民事判決書。

三　動產致害責任

1.　擱置物、懸掛物致害責任

1.1　概述

　　《侵權責任法》第 85 條規定了建築物、構築物或者其他設施上的「擱置物、懸掛物」，脫落、墜落造成他人損害的責任。擱置物、懸掛物並非建築物等不動產的成分，而是動產。懸掛物是指通過一定的連接方式而懸掛在建築物、構築物或其他設施的內部或外部的物體，如掛在過街天橋上的公路指示牌，建築物外牆上的空調外掛機、燈箱、霓虹燈招牌或廣告品，建築物或其他設施內部的懸掛的吊燈、吸頂燈、吊扇、音箱、雕塑、畫像，冬天屋檐上雨雪結冰形成的冰稜等。懸掛物雖然不是建築物、構築物或其他設施的成分，但由於與建築物、構築物或其他設施相連接，所以也不是能夠隨意移動的，這是其與擱置物的區別。

　　擱置物是指人為擱置在建築物、構築物或其他設施上，但並非該建築物、構築物或其他設施的成分，也並不與建築物、構築物或其他設施相連接，而是可以隨意移動的動產，如放置陽台、窗台上的花盆、啤酒瓶、鐵管、磚塊、杠鈴等。

1.2　歸責原則

　　擱置物、懸掛物脫落、墜落造成他人損害的原因多是所有人、管理人或使用人未盡維護、管理義務所致，因此適用過錯推定責任。除非所有人、管理人或使用人證明自己沒有過錯，否則應當承擔責任。

2. 拋擲物、墜落物致害責任

2.1 規範目的

近年來，在中國各地先後發生多起建築物中拋擲的或墜落的物品造成他人損害的案件。[13] 由於無法查明具體的加害人為誰，故對此類案件的處理，司法實踐中存在很大的分歧。在缺乏明確法律規定的情形下，法院對此類案件的處理如此不同。甚至同一法院的不同的法官之間，也存在分歧。這就使得法院的裁判難以服眾，引發當事人的上訪或不斷申請再審，使糾紛長期難以解決，不利於促進社會的和諧穩定。為統一審判依據，填補被侵權人的損失，實現社會公平正義；合理分散損失，促進社會和諧穩定，維護社會秩序，[14]《侵權責任法》第 87 條規定：「從建築物中拋擲物品或者從建築物上墜落的物品造成他人損害，難以確定具體侵權人的，除能夠證明自己不是侵權人的外，由可能加害的建築物使用人給予補償。」可以說，《侵權責任法》的這一規定填補了法律的空白，解決了困擾司法實踐的難題，體現了《侵權責任法》「促進社會和諧穩定」的立法目的。

2.2 責任性質

對《侵權責任法》第 87 條的補償責任之性質，有不同的看法。有人認為，本條規定的是侵權責任，其批准用的是「共同危險行為」的規則。[15] 本書認為，由於該條中僅規定「由可能加害的建築物使用人給予補償」，而補償顯然不同於賠償，所以該條確定的責任屬於公平責任。

---

13. 如重慶渝中區的多起煙灰缸致害案；山東濟南的菜板傷人案；南京的磚頭傷人案等。相關案件事實參見劉士國（2006）。〈樓上落下物致人損害加害人不明的法律救濟〉，《煙台大學學報》。第 3 期。

14. 王勝明主編（2010）。《中華人民共和國侵權責任法解讀》。426 頁以下。

15. 梁慧星（2010）。《侵權責任法重要條文解讀》（2010 年 1 月 29 日中華律協授課講稿），載百度網站 http://wenku.baidu.com/view/f3dadcc52cc58bd63186bdb1.html

2.3　構成要件

首先，造成損害的物品是從「建築物」、而非「構築物或其他設施」中拋擲或者墜落的物品」。這是因為，建築物如住宅樓、辦公樓往往層數較多且存在多個所有人（建築物區分所有權）或使用人，難以確定具體的侵權人。如果是從構築物或其他設施中拋擲或墜落的物品造成他人損害的，因該構築物或其他設施的權利人多為單個的民事主體，受害人完全可以依據《侵權責任法》第 85 條，要求所有人、管理人或使用人承擔責任，不存在「由可能加害的建築物使用人給予補償」的問題。實踐中常見的拋擲物或墜落物，如煙灰缸、磚頭、菜板、玻璃、花盆等。

其次，造成他人損害，該損害可能是人身傷亡，也可能是財產損失。前者如受害人被樓上掉下來的水泥塊砸傷，[16] 後者如受害人在自家露天陽台上建的陽光玻璃房的房頂被樓上扔下來的啤酒瓶砸壞。[17]

再次，難以確定具體的侵權人，即受害人無法證明具體的侵權人，法院也無法查明具體的侵權人。

2.4　責任主體

承擔《侵權責任法》第 87 條下的補償責任的主體，為「可能加害的建築物使用人」。首先，責任人是建築物的使用人而非所有人。使用人是指損害發生時佔有並使用建築物的人。使用人可能與所有人就是同一人，也可能不是同一人，例如，出租房屋的情形下，承租人就是使用人，不同於所有人。《侵權責任法》之所以將責任主體限定為使用人是因為，只有這些人於損害發生時在建築物內進行活動，控制、管理着建築物和建築物內的物品。當拋擲物、墜落物致人損害，又無法確定具體加害人時，加害者基本上就隱藏在使用人當中。因此，只有在實際使用人中間確定可能的加害人，才與社會生活的實際經驗最相吻合。

---

16. 〈黃某某訴陳權茂等十二戶人身損害賠償糾紛案〉，廣東省梅州市中級人民法院（2011）梅中法民一終字第 123 號民事判決書。

17. 〈張志福與吳東祥、杭霞雲、閔廷勇等不明拋擲物、墜落物損害責任糾紛案〉，貴州省遵義市匯川區人民法院（2014）匯民初字第 1748 號民事判決書。

其次，必須是可能加害的建築物使用人。所謂「可能加害」，是指與損害具有因果關係的可能性較大。例如，某小區有 A、B、C 三棟樓，A 樓位於小區的最東邊。受害人甲是在 A 樓東側被掉下來的煙灰缸砸傷。那麼，B 樓、C 樓以及 A 樓西側的住戶，絕非可能加害的建築物使用人。此外，即便是 A 樓東側的業主，一層以及二層的住戶也不大可能是可能加害的建築物使用人。

2.5　免責事由

可能的加害人只有在證明自己不是侵權人時，才能免除補償責任。要證明自己不是侵權人，就必須排除自己加害的全部可能性，這種證明責任的要求是比較高的。例如，受害人甲被建築物中拋出的煙灰缸砸傷。其以二樓上的住戶乙、丙、丁、戊為被告提起訴訟。被告丁證明了，損害發生時自己和家人全部在國外旅行，家中並無任何人居住。就可以排除其加害之全部可能性。但是如果丁只是證明自己和家人都不抽煙，因此沒有煙灰缸。這顯然沒有排除加害的全部可能性。因為被告及其家人不抽煙並不等於家中就一定沒有煙灰缸。

3.　堆放物致害責任

3.1　概述

《侵權責任法》第 88 條規定：「堆放物倒塌造成他人損害，堆放人不能證明自己沒有過錯的，應當承擔侵權責任。」該條規定的是堆放物致害責任，適用的是過錯推定責任。只有堆放人證明自己沒有過錯的，才可以免於承擔侵權責任。

堆放物屬於動產，不僅包括堆放在土地上的各種物品，如磚頭、水泥、鋼材、木材、石塊、煤塊等，還包括堆放在其他物品上的物，如堆放在汽車上的家具等。但是，堆放在在公共道路上的物，不屬於《侵權責任法》第 88 條的堆放物。對此類堆放物的致害責任，《侵權責任法》第 89 條有專門的規定。此外，堆放在建築物、構築物或其他設施上的物品，如果脫落、墜落造成他人損害的，也不適用《侵權責任法》第 88 條，而應適用該法第 85 條。

3.2 責任主體

《侵權責任法》第 88 條將堆放物致害責任的主體規定為「堆放人」。堆放人並非是指從事堆放行為之人，而應理解為堆放物品的所有人或者管理人（《人身損害賠償解釋》第 16 條第 1 款）。因為從事堆放物品行為的人有可能只是該物品的所有人或管理人的工作人員，依據《侵權責任法》第 34 條，工作人員在執行工作任務過程造成他人損害的，應由用人單位承擔侵權責任。

4. 妨礙通行的物品致害責任

4.1 規範目的

《侵權責任法》第 89 條是對妨礙通行的物品致害責任之規定。妨礙通行的物品是指在公共道路上堆放、傾倒或遺撒的妨害公眾通行的物品，如堆放在路上的沙石、磚塊、穀子；傾倒在路上的垃圾；從車上遺撒下來的土塊、石頭、石油等垃圾等。公共道路是供不特定的公眾通行之用，倘任由行為人在公共道路上堆放、傾倒、遺撒妨礙通行的物品，勢必對公眾的人身和財產安全造成極大的威脅。中國法律也明確禁止任何人在公共道路上違法堆放、傾倒或遺撒妨礙通行的物品，如《道路交通安全法》第 31 條、《公路法》第 46 條、《公路安全保護條例》第 16 條等。為進一步保障公眾安全，《侵權責任法》第 89 條對妨礙通行的物品造成損害的侵權責任做出了特別規定。

4.2 歸責原則

《侵權責任法》第 89 條規定，在公共道路上堆放、傾倒、遺撒妨礙通行的物品造成他人損害的，有關單位或者個人應當承擔侵權責任。該條規定的是無過錯責任，也就是說，只要在公共道路上堆放、傾倒、遺撒妨礙通行的物品造成他人損害的，有關單位或個人就要承擔侵權責任，無論其有無過錯。事實上，公共道路是供公共通行的，在公共道路上堆放、傾倒、遺撒妨礙通行的物品將會給公眾安全造成極大的危險，本身就是具有嚴重過錯的行為。故此，有關單位或個人當然要承擔責任。

4.3　責任主體

4.3.1　「有關單位或者個人」的涵義

　　承擔妨礙通行的物品致害責任的民事主體為「有關單位或者個人」。這顯然是一個非常模糊且範圍很廣的表述。它可能既包括那些直接從事堆放、傾倒、遺撒妨礙通行的物品的單位、個人，也包括對公共道路負有管理、維護義務的單位。從《侵權責任法》第 89 條的規定來看，應當僅限於那些直接「堆放、傾倒、遺撒妨礙通行的物品」的單位、個人。至於對公共道路負有維護、管理職責的單位，其在有過錯的情況下，也應當承擔相應的責任。對此，《道路交通事故損害賠償解釋》第 10 條規定：「因在道路上堆放、傾倒、遺撒物品等妨礙通行的行為，導致交通事故造成損害，當事人請求行為人承擔賠償責任的，人民法院應予支持。道路管理者不能證明已按照法律、法規、規章、國家標準、行業標準或者地方標準盡到清理、防護、警示等義務的，應當承擔相應的賠償責任。」這裏道路管理者承擔的是過錯推定責任，即受害人在無法查明堆放、傾倒、遺撒妨礙通行的物品的單位、個人時，可以直接起訴道路管理者。道路管理者只有證明了自己已經「按照法律、法規、規章、國家標準、行業標準或者地方標準盡到清理、防護、警示等義務」後，才能免責，否則就應當承擔責任。[18]

4.3.2　數人侵權責任

　　一般來說，如果是堆放在公共道路上的物品導致他人損害，責任人通常就是堆放人，包括該物品的所有人和管理人。但如果對公共道路負有管理和維護義務的民事主體沒有盡到管理維護職責的，就會發生多數人侵權的問題，即依據《侵權責任法》第 12 條，堆放人與道路的管理者分別向受害人承擔侵權賠償責任。《道路交通事故損害賠償解釋》第 10 條規定：「因在道路上堆放、傾倒、遺撒物品等妨礙通行的行為，導致交通事故造成損害，當事人請求行為人承擔賠償責任的，人民法院應予支持。道路管理者不能證明已按照法律、法規、規章、國家標準、行業標準或者地方標準盡到清理、防護、

---

18. 《中華人民共和國最高人民法院公報》。2015 年第 1 期。

警示等義務的，應當承擔相應的賠償責任。」此外，由於中國的高速公路基本上都是收費公路，受害人與高速公路公司存在合同關係，因此受害人不僅可以追究高速公路公司的侵權責任，也可以追究高速公路公司的違約責任。高速公路公司承擔違約責任後，可以向侵權的第三人追償。

第五編　侵權責任的承擔

第二十六章

侵權責任的承擔導論

一　概述

1.　侵權責任法律關係的主體

1.1　行為人與侵權人

《侵權責任法》區分了「行為人」與「侵權人」（如第 6 條、第 7 條、第 10 條）。行為人指的是從事加害行為的人，也稱「加害人」。侵權人則是指承擔侵權責任之人。《侵權責任法》以自己責任為基本原則，因此除法律另有規定，行為人就是侵權人。侵權人可以是自然人，也可以是單位（如法人或者其他組織）。當侵權人是單位的，即便其發生分立、合併，承受義務的單位為侵權人，應當承擔侵權責任。

1.2　被侵權人與侵權責任的請求權人

被侵權人，是指民事權益遭受侵害的人，也稱「受害人」、「被害人」。被侵權人有權請求侵權人承擔侵權責任（《侵權責任法》第 3 條）。因此，被侵權人通常就是有權要求侵權人承擔侵權責任的請求權人。但是，當被侵權人因侵權行為而死亡時，顯然無法請求侵權人承擔侵權責任。故《侵權責任法》第 18 條第 1 款規定：「被侵權人死亡的，其近親屬有權請求侵權人承擔侵權責任。被侵權人為單位，該單位分立、合併的，承繼權利的單位有權請求侵權人承擔侵權責任。」由此可見，被侵權人與侵權責任的請求權人可能發生分立。

1.3　賠償義務人與賠償權利人

賠償權利人與賠償義務人是損害賠償法律關係中的當事人。所謂賠償權利人，是指因侵權行為或者其他致害原因直接遭受人身損害的受害人、依法由受害人承擔扶養義務的被扶養人，以及死亡受害人的近親屬（《人身損害賠償解釋》第 1 條第 2 款）。

賠償義務人，是指因自己或者他人的侵權行為以及其他致害原因依法應當承擔民事責任的自然人、法人或者其他組織（《人身損害賠償解釋》第 1 條第 3 款）。

圖 26.1　侵權責任法律關係的主體

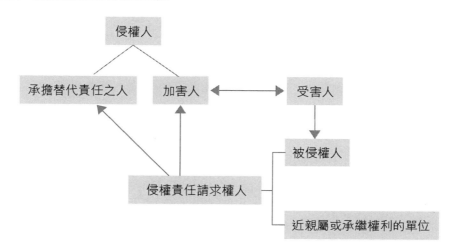

由於中國承擔侵權責任的方式除損害賠償外，還包括停止侵害、排除妨礙、消除危險、返還財產、賠禮道歉等，故《侵權責任法》用「侵權人」替代了「賠償義務人」。

2.　多樣化的侵權責任承擔方式

侵權責任成立後需要解決的問題就是，侵權人如何承擔侵權責任。法律上對侵權責任承擔方式的規定，應以最有效地消除侵權行為對被侵權人造成的不利影響為宗旨。如果侵權行為造成了被侵權人財產損失或精神損害，最有效的侵權責任方式就是損害賠償。通過恢復原狀或金錢賠償的方式，損害賠償責任可以使得受害人回復到倘若侵權行為沒有發生其應處的狀態。可是，雖然侵害了民事權益，構成了侵權行為，但尚未給被侵權人造成損害而只是構成了妨害或有妨害的危險，則被侵權人還存在制止即將發生的損害的機會。此時，立法者就應當賦予「法院在損害尚未發生的期間基於當事人的申請提供法律保護措施的職權」，否則就沒有盡到法律保護的義務。[1]

---

1. 〔德〕克里斯蒂安・馮・巴爾（2005）。《歐洲比較侵權行為法（下）》。159 頁。

《侵權責任法》繼承了《民法通則》第 134 條的規定，確立了多種侵權責任承擔方式，為被侵權人提供了可供選擇的救濟方式。該法第 15 條第 1 款規定了八種承擔侵權責任的方式：（1）停止侵害；（2）排除妨礙；（3）消除危險；（4）返還財產；（5）恢復原狀；（6）賠償損失；（7）賠禮道歉；（8）消除影響、恢復名譽。[2] 這些承擔侵權責任的方式，既能夠單獨適用，也可以合併適用（同條第 2 款）。

3. 侵權責任承擔方式的類型

《侵權責任法》僅在第 15 條第 1 款列舉了八種侵權責任的承擔方式，並未就每一類侵權責任的承擔方式如何適用，作更細緻的規定。不同的侵權案件中，侵權人承擔的侵權責任類型是不同的。故此，只有對這八種侵權責任承擔方式的性質進行類型化研究，方能準確地加以適用。

3.1 防禦型侵權責任承擔方式與補救型侵權責任承擔方式

依據功能的不同，可將侵權責任的承擔方式分為防禦型與補救型侵權責任承擔方式。

3.1.1 防禦型侵權責任承擔方式

防禦型侵權責任承擔方式也稱為預防型侵權責任承擔方式，包括停止侵害、排除妨礙與消除危險。此類侵權責任的承擔方式為被侵權人提供的是「事先的」（vortatlich）保護，主要適用於侵權行為尚未給被侵權人的人身權益、財產權益造成損害，但已構成侵害、妨礙或危險的情形。[3] 此外，即便損害已經發生，如果侵害或妨礙仍然存在，被侵權人也可以通過此類侵權責任承擔

---

2. 《侵權責任法》第 15 條第 1 款只是將《民法通則》第 134 條第 1 款中的兩類違約責任的承擔方式 —— 即「修理、重作、更換」及「支付違約金」，加以排除。

3. 正因如此，《〈民法通則〉意見》第 162 條第 1 款才規定：「在訴訟中遇有需要停止侵害、排除妨礙、消除危險的情況時，人民法院可以根據當事人的申請或者依職權先行作出裁定。」

方式排除之。故此，防禦型侵權責任承擔方式既具有「防範於未然」的功效，還可以「亡羊補牢」。

3.1.2 補救型侵權責任承擔方式

補救型侵權責任承擔方式是在侵權行為已給被侵權人造成了損害的場合，為被侵權人提供事後的（*nachtatlich*）救濟，包括返還財產、恢復原狀、賠償損失、賠禮道歉、消除影響與恢復名譽。此類侵權責任的承擔方式可以使被侵權人遭受侵害的權益，重新回復到侵權行為沒有發生時應處的地位。

防禦型侵權責任承擔方式與補救型侵權責任承擔方式既可以單獨適用，也可以合併適用。在損害尚未實際發生的情況下，通常只適用防禦型侵權責任承擔方式。如果被侵權人已經遭受了損害，無論是財產損失還是精神損害，都需要適用補救型的侵權責任承擔方式。當侵權行為已給被侵權人造成了實際的損害，且該行為仍在持續，被侵權人不僅可以要求侵權人恢復原狀、賠償損失，還有權要求侵權人停止侵害、排除妨礙。

3.2 絕對權請求權與損害賠償責任的區分與適用

依據性質的不同，可以將侵權責任的承擔方式分為絕對權請求權與損害賠償請求權。

3.2.1 絕對權請求權

絕對權請求權是指據以排除對物權、人格權、知識產權等絕對權的侵害、妨害或危險的侵權行為，從而確保這些絕對權之圓滿狀態的請求權。性質上屬於絕對權請求權的侵權責任承擔方式有停止侵害、排除妨害、消除危險、返還財產、賠禮道歉以及恢復名譽、消除影響。[4]

---

4. 崔建遠（2002）。〈絕對權請求權或侵權責任方式？〉，《法學》。第 11 期；崔建遠（2003）。〈債法總則與中國民法典的制定 —— 兼論賠禮道歉、恢復名譽、消除影響的定位〉，《清華大學學報（哲社版）》。第 4 期。

3.2.2 損害賠償請求權

損害賠償請求權是指侵權人請求被侵權人賠償因侵權行為給其造成的損害（財產損失與精神損害）的請求權。恢復原狀與賠償損失是最典型的侵權損害賠償請求權，它們是實現這一請求權的兩種具體方式。在中國法上，還有比較特殊的兩類侵權責任的承擔方式，即賠禮道歉以及消除影響、恢復名譽。這兩類侵權責任的承擔方式是在被侵權人遭受了精神損害後方能發生，具有（精神）損害的填補功能，因此也可歸入損害賠償請求權的範疇。

絕對權請求權與損害賠償請求權這兩類侵權責任的承擔方式有以下區別：首先，是否具有獨立性上的不同。絕對權請求權不是獨立的請求權，它具有從屬性，即從屬於所保護的絕對權。而侵權損害賠償請求權，性質上為債法的請求權，屬於獨立的請求權。

其次，保護的對象不同。損害賠償請求權適用於一切《侵權責任法》所保護的民事權益受到損害的場合，無論是人身權益，還是財產權益。絕對權請求權保護的只是性質上屬於絕對權的民事權利，而不包括債權以及並非權利的民事利益。因為只有絕對權具有排他性，效力非常強大，可以對權利人以外的一切人發生排斥效力。

再次，適用的要件不同。如前所述，歸責原則只是損害賠償的歸責原則，而非任何侵權責任的歸責原則。侵權損害賠償責任以過錯責任為最基本之歸責原則，無過錯責任須有法律之明文規定方能適用。故此，適用作為損害賠償請求權的侵權責任承擔方式時，原則上要求侵權人存在過錯（受害人證明之或法律推定之），除非法律另有規定。但是，適用作為絕對權請求權的侵權責任承擔方式時，即無須考慮是否有損害，也無須考慮侵權人有無過錯。即便侵權人沒有過錯，構成對絕對權的侵害、妨害或妨害之危險時，也要承擔停止侵害、排除妨礙等侵權責任。因為權利人之外的任何人，在未經權利人同意又無法定的免責事由的情形下，對絕對權之妨害或侵害行為本身就是非法的。基於絕對權的排他性，權利人當然有權排除之。[5]

第四，是否連帶承擔責任上的不同。連帶責任就是連帶賠償責任，也稱連帶債務。只有當數個侵權人承擔的是性質上屬於損害賠償請求權的侵權責

---

5. 王洪亮（2010）。〈論侵權法中的防禦請求權〉，《北方法學》。第 1 期。

任，他們才可能構成連帶責任。至於作為絕對權保護請求權的侵權責任，如返還財產、排除妨害、消除危險等，是無法連帶承擔的。

最後，是否適用訴訟時效上存在差別。基於人格權等絕對權被侵害而產生的停止侵害、排除妨礙、消除危險等請求權不適用訴訟時效。

二　　絕對權請求權

1.　　停止侵害

1.1　　涵義

停止侵害，是指被侵權人要求侵權人停止正在進行（而非已經停止或尚未實施）的對絕對權的侵害行為。該侵權責任承擔方式的特點在於：首先，適用範圍非常廣泛，可以適用於任何絕對權（無論是物權，還是人身權抑或知識產權）遭受持續侵害的場合。[6] 其次，不管侵權行為是否已給被侵權人造成了實際了損害，只要侵害行為依然存在，被侵權人就可以要求侵權人停止侵害。故此，司法實踐中，停止侵害與損害賠償責任往往會被同時適用。

1.2　　實現方式

侵害絕對權的加害行為的表現形態不同，停止侵害的具體實現方式也有所不同。例如，在侵害名譽權的案件中，如果被告是通過在網站上發表文章或聲明的方式侵害了原告的名譽權，那麼停止侵害就意味着被告應當刪除在該網站上發表的文章或聲明。[7] 倘若被告是在報刊雜誌上侵害他人的名譽權，則被告必須停止發行或停止繼續向社會發行、贈閱該涉案之報刊。[8] 在被告安裝朝向原告家門的攝像機涉及侵害隱私權的案件中，停止侵害就是要求被告

---

6. 孫亞明主編（1991）。《民法通則要論》。北京：法律出版社。245 頁。

7. 參見〈李忠平訴南京藝術學院、江蘇振澤律師事務所名譽權侵權糾紛案〉，《中華人民共和國最高人民法院公報》。2008 年第 11 期。

8. 參見〈李林訴《新生界》雜誌社、何建明侵害名譽權糾紛案〉，《中華人民共和國最高人民法院公報》。1998 年第 1 期。

拆除攝像機。而在侵害著作權的情形下，如果被告未經權利人的許可擅自使用其作品，只有被告停止使用該侵權作品方可達到停止侵害之效果。[9] 如果被告是在其產品上使用了侵權作品，停止侵害就要求被告必須停止該產品的銷售。再如，因環境污染侵權案件中，停止侵害可以是要求污染者停止污染行為，如要求木材加工廠不得從事製造噪聲或燒烤店不得進行露天燒烤，也可以是要求侵權人為被侵權人安裝防止污染的設施，如為被侵權人安裝雙層的隔聲窗將噪音降下來等。

2. 排除妨礙

2.1 涵義

排除妨礙，是指侵權人實行的侵權行為使被侵權人已無法行使或無法正常行使其絕對權時，被侵權人有權要求其將此種妨礙加以排除的侵權責任承擔方式。

在《物權法》第 35 條規定物權人的排除妨害請求權之前，《民法通則》第 134 條就已將排除妨礙作為一種可以廣泛適用的民事責任承擔方式。《侵權責任法》更是明確地將排除妨礙規定為侵權責任的承擔方式。

2.2 適用要件

2.2.1 妨礙必須是對被侵權人絕對權的圓滿狀態構成了持續性的干涉[10]

例如，A 將廢棄的汽車停在 B 的車位上，這就構成了對 B 的車位所有權行使的持續性干涉。如果是轉瞬即逝的妨礙，顯然無需加以排除。

由於排除妨礙中的妨礙與停止侵害中的侵害都要求具有持續性，因此這兩種侵權責任的承擔方式實際上的功能是相同的。實踐中，有人主張，停止侵害針對的是持續的侵害「行為」，而排除妨礙是針對持續的妨害「結果」。不過，這種區分並不容易。例如，甲公司使用的景觀照明燈每晚於 6 點至凌

---

9. 參見〈陳興良訴數字圖書館著作權侵權糾紛案〉，《中華人民共和國最高人民法院公報》。2003 年第 2 期。

10. Looschelders (2008), *Schuldrecht Besonderer Teil*. Rn. 1433.

晨 6 點亮着，對鄰近居民 A 的正常生活造成了嚴重的影響。我們既可以説該案中存在甲公司的持續性妨害行為，也可以説 A 受妨礙這一結果是持續存在的。所以，A 既可以要求甲停止侵害，也可以要求甲排除妨礙。《侵權責任法》同時規定停止侵害與排除妨礙，似無必要。[11]

2.2.2　妨礙必須是以違法的方式進行的[12]

由於排除妨礙是一種絕對權請求權，因此不以侵權人有無過錯為要件。任何人只要對他人的絕對權的干涉沒有約定的或法定的權利作為基礎，那麼此種干涉就構成了妨礙，被妨礙者就有權要求排除之。

2.3　實現方式

妨礙之排除，原則上應由侵權人加以實現。如果被侵權人自行排除該妨礙並為此支付費用的，其有權依據無因管理或不當得利之規定，要求侵權人返還該費用。[13]

3.　消除危險

3.1　涵義

消除危險，是指侵權行為雖然既未對他人的絕對權造成實際損害，也沒有構成現實的侵害或妨礙，但是存在造成損害或妨害的現實之危險時，被侵權人有權要求侵權人消除這一危險。《物權法》第 35 條規定，物權人在物權可能受到妨害時，有權請求消除危險。而依據《侵權責任法》第 21 條，只要侵權行為「危及他人人身、財產安全的」，被侵權人就可以請求侵權人承擔消除危險的侵權責任。由此可見，消除危險不僅適用於物權，也適用其他權利。

---

11. 不同意見，參見王利明（2010）。《侵權責任法研究（上卷）》。第 629 頁。

12. Larenz/ Canaris (1994). *Lehrbuch des Schuldrechts*, zweiter Band Besonderer Teil, 2. Halbband. §86 IV 1b.

13. Deutsch/ Ahrens (2009). *Deliktsrecht*. Rn. 743.

但是，對於相對權以及人身利益、財產利益等，消除危險則不能適用。因為這些權利和利益，不是絕對權，不具有社會公開性。

3.2 適用要件

3.2.1 危險是現實存在的

危險是指人身、財產安全的危險。被侵權人負有證明危險存在的舉證責任。在證明危險存在之時，應區分「重複危險」（*Wiederholungsgefahr*）與「首次危險」（*Erstbegehungsgefahr*）。[14] 重複危險，是指侵權人製造的某一危險已經造成過一次損害，且該危險將會繼續造成相同類型的損害。此時，已經發生過的損害就足以推定危險的存在。例如，一樓的住戶甲安裝超出牆體的防盜窗，致使盜賊通過該防盜窗進入二樓住戶乙家中實施了盜竊，這一事實本身就足以表明證明危險的存在。乙有權要求甲消除危險，即拆除該防盜窗。[15]但是，對於首次危險，即尚未造成過實際損害的危險，被侵權人應當證明該危險具有發生損害的極大可能性。

3.2.2 危險是因侵權人的不法行為所致

一方面，只有當違法行為導致的危險，被侵權人才有權要求侵權人加以消除。雖然行為存在危險，但符合法律的規定，不能要求消除危險。另一方面，「危及他人人身、財產安全的」狀態是因侵權行為所致。這意味着，侵權人的行為與危險狀態的產生之間存在因果關係。

---

14. Jauernig/ Jauernig. §1004, Rn. 11.

15. 參見〈董長征訴於福茂安裝超出牆體的窗戶護欄致竊賊通過該護欄進入其家盜竊要求拆除案〉。最高人民法院中國應用法學研究所編（2000）。《人民法院案例選》（總第 32 輯）。78 頁以下。

4. 返還財產

4.1 涵義

返還財產的涵義非常豐富，既包括作為《物權法》上的返還財產，也包括債法上的返還財產。《物權法》上的返還財產，又稱返還原物請求權，包括作為物權請求權的返還原物請求權（*dinglicher Rueckgabeanspruch*），以及屬於佔有保護請求權的返還原物請求權。對前者的規定如，《物權法》第 34 條：「無權佔有不動產或者動產的，權利人可以請求返還原物。」《合同法》第 58 條第 1 句：「合同無效或者被撤銷後，因該合同取得的財產，應當予以返還；不能返還或者沒有必要返還的，應當折價補償。」[16] 對後者的規定如，《物權法》第 245 條：「佔有的不動產或者動產被侵佔的，佔有人有權請求返還原物。佔有人返還原物的請求權，自侵佔發生之日起一年內未行使的，該請求權消滅。」通說認為，《侵權責任法》中的返還財產僅指《物權法》上的返還原物請求權。[17]

債法上的返還財產又可以分為：合同上的返還請求權與不當得利返還請求權。合同上的返還請求權（*vertraglicher Rueckgabeanspruch*），是指合同終止後一方當事人依合同享有的請求對方返還合同標的物的請求權。[18] 例如，依據《合同法》第 235 條、第 377 條，在租賃、保管期間屆滿後，出租人或寄存人有權請求承租人或保管人返還租賃物或保管物。作為不當得利返還請求權的返還原物是指，請求獲得不當利益者返還原物的請求權。例如，《〈民法通則〉意見》第 131 條第 1 句規定：「返還的不當利益，應當包括原物和原物所生的孳息。」

---

16. 關於本條中返還財產僅指返還原物請求權的詳細分析，參見崔建遠（2005）。〈關於恢復原狀、返還財產的辨析〉，《當代法學》。第 1 期。
17. 王利明（2010）。《侵權責任法研究》（上卷）。637–638 頁。
18. Münch Komm BGB/ Baldus. §985, Rn. 45.

4.2　適用要件

4.2.1　侵權人對財產的佔有是無權佔有

只有當佔有人是無權佔有，即佔有存在不法性時，被侵權人才能要求侵權人返還財產。無權佔有，是指侵權人在被請求返還財產時沒有佔有的本權（包括債權與物權）。

4.2.2　財產能夠返還，即被侵權人可以履行返還財產的責任

如果財產已經滅失或為他人善意取得，則被侵權人無法履行返還財產的責任。被侵權人只能要求侵權人承擔損害賠償責任。司法實踐認為，只要「標的物能夠返還的，就應適用返還財產責任。因為具體的財產對於所有權人而言，還不僅是一個財產價值的問題，還具有財產本身的價值和意義問題侵佔財產，只有返還財產即返還原物，才能夠保障受害人收受到損害的權利的全部恢復」。[19] 例如，《〈民法通則〉意見》第 126 條規定：「借用實物的，出借人要求歸還原物或者同等數量、質量的實物，應當予以支持；如果確實無法歸還實物的，可以按照或者適當高於歸還時市場零售價格折價給付。」

三　損害賠償請求權

1.　損害賠償的目的與原則

1.1　損害賠償請求權的目的

損害賠償請求權（*Ersatzanspruch*），也稱「損害賠償責任」。侵權人給被侵權人造成了損害（包括人身傷亡、財產損失）的，應承擔損害賠償責任，被侵權人因此享有損害賠償請求權。損害賠償請求權旨在填補受害人的損害，故補償功能（*Ausgleichsfunktion*）為其基本之功能。[20] 補償不僅意味着恢復受

---

19. 參見上海市高級人民法院民一庭頒佈的《侵權糾紛辦案要件指南》第 25 條之說明。

20. Vgl. Münch Komm BGB/ Oetker. §249, Rn. 8; Staudinger/ Schiemann, §249, Rn. 1; Oliver Brand (2010). *Schadensersatzrecht*. Munich: Beck. S. 19.

害人被減少的財產額，更意味着使受害人回到「倘若損害事件沒有發生時應處的狀態」，此乃各國損害賠償法共通的、最高的指導原則。[21]

1.2　損害賠償法的原則

為了實現補償功能，損害賠償法中遂產生了「完全賠償」與「禁止得利」這兩項基本原則。完全賠償原則（*Das Prinzip der Totalreparation*），也稱「要麼全賠，要麼不賠的原則」（*Das Alles oder nichts-Prinzip*），[22] 是指在任何產生損害賠償請求權的場合，不管損害的類型如何、加害人的過錯程度如何，均應先確定受害人所遭受的損害，然後由賠償義務人通過相應的賠償方法為賠償權利人提供一定的利益，以求全部填補損害，使受害人回復到倘未遭受侵害時應處之狀態。

禁止得利原則（*Bereicherungsverbot*），是指受害人不能因損害賠償而獲得超過其損害的利益。倘若賠償帶給受害人的利益超過了應予賠償的損害之範圍，就意味着受害人因侵害行為而獲利，這是法律所不允許的。[23]

2.　損害賠償的方法

2.1　恢復原狀與金錢賠償的區分

依據全部賠償與禁止得利的原則，損害賠償法不僅要回復符合受害人主觀利益期望的，並以市場的「普通價值」（*Gemeinwert*）為衡量依據的「價值利益」（*Wertinteresse*）—— 即財產總額的減少，更要回復權利主體對於自己具體的權益乃至實際生活目的所擁有的利益 —— 即「完整利益」（*Integritätsinteresse*）。[24] 為了對應完整利益上的損害與價值利益上的損害，損害賠償法中相應地有了「恢復原狀」（*Naturalherstellung*）與「金錢賠償」（*Geldersatz*）這兩種不同的賠償方法。

---

21. 參見曾世雄（2001）。《損害賠償法原理》。北京：中國政法大學出版社，14–17 頁。

22. Vgl. Medicus/ Lorenz (2008). *Schuldrecht I* (18 Aufl.). Rn. 624.

23. Vgl. Looschelders (2008). *Schuldrecht Allgemeiner Teil* (6 Aufl.). Rn. 876.

24. Vgl. Dieter Medicus (1969). *Naturalrestitution und Geldersatz*. 449.

恢復原狀保護的是受害人的完整利益，也稱「維持利益」（*Erhaltungsinteresse*）。而金錢賠償保護的是受害人的價值利益，也稱「金額利益」（*Summeninteresse*）。[25] 大陸法系民法中的完全賠償與禁止得利原則，要求法官在審判中應根據觀察損害的不同視角，分別確定賠償義務人須向受害人提供多少利益以填補全部損害。同時，法官還應根據適用恢復原狀與賠償損失這兩種不同的賠償方法所體現的規範目的（恢復受害人實際生活狀態或填補總財產差額），分別確定賠償是否給受害人帶來了「更多的」利益。當受害人主張完整利益賠償時，在恢復實際生活狀態目的實現後，考察法律的整體規範價值結構，仍可能要返還給賠償義務人一定利益；如果受害人主張的是價值利益的賠償，只要賠償義務人給付的金錢超過了受害人總體財產差額（即在事實上計算財產差額並考慮其他規範上的矯正因素後所得之損害額），就違反了禁止得利原則。總之，通過區分價值利益與完整利益，有針對性的採取恢復原狀與金錢賠償來保護受害人不同的損害，大陸法系民法充分貫徹了完全賠償與禁止得利的原則，實現了損害賠償法的補償功能。

2.2　恢復原狀與金錢賠償的適用關係

在中國，除了個別法律和司法解釋 —— 如《國家賠償法》第 32 條、《最高人民法院關於審理船舶碰撞和觸碰案件財產損害賠償的規定》第 2 條 —— 對損害賠償方法適用關係有特別的規定，包括《民法通則》、《合同法》、《侵權責任法》等在內的基本民事法律，既沒有完全採取恢復原狀優先原則，也沒有一律適用金錢賠償主義。申言之，從《民法通則》第 117、134 條，《物權法》第 37 條及《侵權責任法》第 15 條的規定來看，中國對損害賠償方法採取的恢復原狀與金錢賠償的平衡的規範結構，即自由裁量主義立法例，由法官根據個案具體情況來確定相應的賠償方法。不僅如此，依據《民法通則》第 134 條第 2 款、《侵權責任法》第 15 條第 2 款，恢復原狀和賠償損失甚至都不是對立的民事責任方式，兩者並不相互吸收，而是可以分別或合併適用。

---

25. Medicus/ Lorenz (2008). *Schuldrecht I*. Rn. 625ff.

3. 恢復原狀

3.1 概念

恢復原狀，是指通過修理被侵權人遭受毀損的財產，使之被降低的經濟價值得以恢復。通說認為，《民法通則》、《侵權責任法》等法律中的「賠償損失」這一責任方式就是「金錢賠償」。[26] 恢復原狀與金錢賠償都屬於損害賠償的方法。實踐中，如果被侵權人的財產已滅失或雖未滅失但進行修復不具有經濟上的合理性之時，一般只認可被侵權人金錢賠償的請求。

3.2 適用情形

3.2.1 侵害財產權益的賠償方式可以是恢復原狀或金錢賠償

依據《民法通則》第 117 條第 2 款，侵害他人財產，受害人可以要求賠償義務人恢復原狀，也可以要求折價賠償。同條第 3 款規定，受害人因此遭受其他重大損失時，還可以要求賠償損失。《物權法》第 36 條規定：「造成不動產或者動產毀損的，權利人可以請求修理、重作、更換或者恢復原狀。」第 37 條規定：「侵害物權，造成權利人損害的，權利人可以請求損害賠償，也可以請求承擔其他民事責任。」由於恢復原狀帶有行為給付的色彩，無法強制執行，司法實踐不太傾向於讓侵權人承擔恢復原狀的責任。[27]

3.2.2 侵害人身權益的賠償方式為金錢賠償

《侵權責任法》第 16 條規定：「侵害他人造成人身損害的，應當賠償醫療費、護理費、交通費等為治療和康復支出的合理費用，以及因誤工減少的收入。造成殘疾的，還應當賠償殘疾生活輔助具費和殘疾賠償金。造成死亡的，還應當賠償喪葬費和死亡賠償金。」《民法通則》第 119 條規定：「侵害公民身體造成傷害的，應當賠償醫療費、因誤工減少的收入、殘廢者生活補

---

26. 王利明、郭明瑞、方流芳（1988）。《民法新論》（上）。北京：中國政法大學出版社。488 頁；崔建遠（1992）。《合同責任研究》。長春：吉林大學出版社。192 頁以下；王利明（2003）。《合同法研究》（第二卷）。北京：中國人民大學出版社。593 頁。

27. 吳春香、李志明（2007）。〈損害賠償最高原則之理論與實踐〉，《人民司法·應用》。第 3 期。

助費等費用；造成死亡的，並應當支付喪葬費、死者生前扶養的人必要的生活費等費用。」第120條規定：「公民的姓名權、肖像權、名譽權、榮譽權受到侵害的，有權要求停止侵害，恢復名譽，消除影響，賠禮道歉，並可以要求賠償損失。法人的名稱權、名譽權、榮譽權受到侵害的，適用前款規定。」由此可見，在中國法上，侵害人身權益的損害賠償方式為金錢賠償。

4. 金錢賠償

所謂金錢賠償，是指由加害人向受害人支付貨幣以彌補受害人的財產損失或精神損害。例如，機動車發生交通事故致行人死亡的，侵權人向賠償權利人支付的喪葬費、死亡賠償金等；過失將他人房屋燒毀，向受害人支付賠償金等。《民法通則》第134條第1款與《侵權責任法》第15條第1款中都規定了「賠償損失」這樣一種民事責任的承擔方式。由於中國民法學說上並不區分受害人的價值利益的損害與完整利益的損害，因此多數學說認為，只要是賠償義務人向賠償權利人支付金錢以填補損害，都是賠償損失。至於該金錢是恢復原狀的費用，還是用於填補受害人具體財產的差額，在所不問。一些人甚至認為，由於恢復原狀需要支出一定的費用，所以恢復原狀實際上只是屬於金錢賠償的特殊方式而已。[28] 故此，在中國法上，賠償損失的範圍不同於大陸法系的金錢賠償，它既包括金錢賠償，還包括了大陸法上原本屬於恢復原狀範疇的恢復原狀的費用請求權（而這兩者正是需要嚴格加以區分的）。

5. 賠禮道歉、消除影響、恢復名譽

在加害人侵害名譽權、隱私權等人格權利、人格利益以及其他具有精神利益的權利（如著作權）時，經濟上賠償的方法只能使被侵權人被破壞的經濟地位得到恢復，卻無法填補受害人的精神痛苦、恢復其被破壞的社會地位。在中國，人們素來重視「面子」問題。正所謂「士可殺，不可辱」。許多受害人在名譽權、隱私權等權利被侵害時，並不要求金錢賠償，只是強烈要求賠禮道歉、恢復名譽。故此，在傳統的恢復原狀和金錢賠償之外，立足於中國

---

28. 參見魏振瀛主編（2010）。《民法》（第4版）。北京：北京大學出版社、高等教育出版社。677頁。

的國情，法律上又承認了兩種專門用來彌補人格權以及具有人格利益的權利受害時的侵權責任承擔方式，即賠禮道歉與消除影響、恢復名譽。

賠禮道歉，是指侵權人當庭以口頭的方式或者在報刊上以書面的方式，向被侵權人承認錯誤、表示歉意。賠禮道歉只適用於侵權之訴，而不適用於違約之訴。[29] 即便在侵權之訴中，也並非所有的侵權糾紛中受害人都有權要求侵權人賠禮道歉。賠禮道歉僅適用於那些給被侵權人造成精神損害（無論嚴重與否）的侵權行為，如侵害名譽權、肖像權、隱私權等人格權；侵害死者的肖像、隱私、名譽等人格利益，以及其他一些包含明顯的精神利益的權利如著作權。至於財產權如物權、商標專用權和以財產利益為主的一些權利如專利權等被侵害，不適用賠禮道歉。[30]

消除影響，是指侵權人在其因侵權行為給被侵權人造成的不良影響所及之範圍內，消除對被侵權人不利後果的民事責任。

恢復名譽，是指加害人在其侵害後果所及範圍內，使受害人的名譽權恢復到未曾遭受損害的狀態。消除影響與恢復名譽主要適用於侵害名譽權的情形。

司法實踐中，消除影響與恢復名譽主要適用於以下類型的案件，即侵害姓名權、肖像權、名譽權、榮譽權、人身自由權、人格尊嚴權、隱私權，以及侵害死者的姓名、肖像、名譽、榮譽或者披露死者的隱私等。[31]

---

29. 〈朱蘭英訴雲南機場地面服務有限公司、成都航空有限公司航空旅客運輸合同糾紛案 —— 殘疾旅客被航空公司拒載如何認定違約責任〉。最高人民法院中國應用法學研究所編（2013）。《人民法院案例選》（總第 84 輯）。北京：人民法院出版社。190–197 頁。

30. 黃松有主編（2005）。《民事審判實務問答》。北京：法律出版社。134 頁；蔣志培（2004）。〈在全國法院專利審判工作座談會上的總結講話〉。最高人民法院民三庭，《知識產權審判指導與參考》（第 7 卷）。北京：法律出版社。17 頁。

31. 參見北京市第一中級人民法院民事責任課題組（2011）：〈論消除影響、恢復名譽、賠禮道歉侵權民事責任形式〉。奚曉明主編，《民事審判指導與參考（總第 44 集）》。北京：法律出版社。142 頁。

第二十七章

財產損害賠償

一 概述

1. 涵義與類型

財產損害賠償，是指侵害他人民事權益並造成財產損失時，侵權人應當向被侵權人承擔的損害賠償義務。依據被侵害的民事權益的類型，財產損害賠償可被分為：人身傷亡的財產損害賠償與侵害其他民事權益的財產損害賠償。前者是指因侵害他人之生命權、身體權、健康權而致人死傷時，侵權人就被侵權人遭受的財產利益之損失而負擔的賠償義務。後者是指因侵害他人之財產以及其他人身權益（不包括生命權、身體權或健康權）而造成財產利益損失時，侵權人應負擔的賠償財產損害之義務。此類損害賠償又可進一步分為：侵害財產的賠償責任與侵害其他人身權益的財產賠償責任。《侵權責任法》第 16 條至第 18 條規範的，是人身傷亡的財產損害賠償。同法第 19 條與第 20 條規範的，則是侵害其他民事權益的財產損害賠償。

2. 性質與原則

無論何種民事權益遭受侵害，財產損害賠償都只是用來填補被侵權人因侵權行為所受之經濟利益損失。即便在被侵權人因侵權行為而死亡的場合，財產損害賠償從來也不可能是對逝去的生命之補償。因為任何金錢都不可能體現生命本身的「價值」或「價格」，對於死亡者也無法「恢復原狀」。此時之財產損害賠償，只是對被侵權人的近親屬遭受的經濟利益上的損害給予填補。故此，在財產損害賠償領域，無論是「同命同價」的訴求，還是「同命不同價」的批評，都是不正確的。

財產損害賠償應遵循完全賠償原則。[1] 侵權人必須就被侵權人遭受的全部經濟利益之損失，負賠償義務。一方面，財產損害賠償以填補被侵權人經濟利益損失為目的，損失的範圍決定了賠償的範圍。故此，「對賠償受到的損害而必須給予的賠償金，應當按照損害（本身）的價值來計算，（行為人的）過

---

1. Jauernig/ Teichmann. vor §§249–253, Rn. 2.

圖 27.1　損害賠償的類型與《侵權責任法》的規範

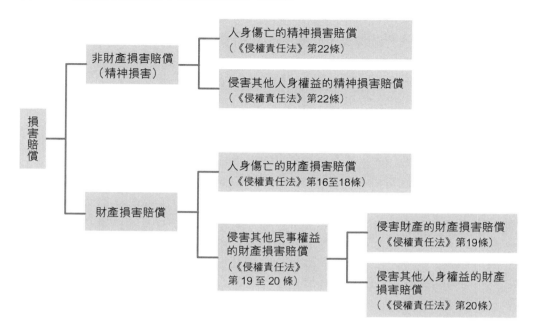

錯的嚴重程度對這種賠償金的數額不能產生任何影響。」[2] 另一方面，現實生活中，被侵權人的職業、收入、教育背景、人生規劃、社會地位等因素各不相同，即便是相同的民事權益受到侵害，不同的被侵權人的財產損害也不相同，賠償的數額也有差異。

二　人身傷亡的損害賠償

1.　特徵

首先，被侵權人的生命權、健康權或身體權遭受不法侵害後，既會產生各種財產上的損失，如醫療費、護理費、交通費、殘疾賠償金、喪葬費、死

---

2. 法國最高法院第二民事庭 1964 年 5 月 8 日判例，轉引自羅結珍譯（2005）。《法國民法典》（下冊）。
　北京：法律出版社，1092 頁。

亡賠償金等；也會產生精神利益上的損失，如被侵權人因身體殘疾而遭受的精神痛苦；近親屬因被侵權人死亡而生之悲痛。其中，財產損害賠償用於彌補被侵權人的財產利益損失，而精神損害賠償用於填補與撫慰被侵權人或其近親屬的精神痛苦。

其次，人身傷亡的財產損害賠償之方式為金錢賠償（*Geldsztz*），而非恢復原狀。因為：一方面，受害人的生命權被侵害時，人死不能復生，無法恢復原狀；另一方面，即便只是健康權或身體權遭受侵害而致傷殘，法律上也不應強制其與侵權人共同經歷身體康復這一過程。[3]

最後，人身傷亡的財產損害賠償的主體可能是被侵權人，也可能是其他人。例如，在生命權遭受侵害的情況下，由於被侵權人死亡，故而賠償請求權人是被侵權人之外的人，包括被侵權人的近親屬以及為被侵權人支付了醫療費、喪葬費等合理費用的人（《侵權責任法》第 18 條）。

2. 賠償範圍

2.1 概述

《侵權責任法》第 20 條第 1 句規定：「侵害他人人身權益造成財產損失的，按照被侵權人因此受到的損失賠償。」同時，該法第 16 條對人身傷亡的財產損失賠償範圍作出了以下規定：首先，只要侵權人侵害他人造成人身損害的，就應當賠償醫療費、護理費、交通費等為治療和康復支出的合理費用，以及因誤工減少的收入（第 16 條第 1 句）。其次，如果侵權行為造成受害人殘疾的，侵權人還應當承擔殘疾生活輔助具費和殘疾賠償金的賠償責任（第 16 條第 2 句）。造成受害人死亡的，還應當賠償喪葬費和死亡賠償金（第 16 條第 3 句）。

---

3. Brox/ Walker (2008). *Allegmeines Schuldrecht.* S. 355.

圖 27.2　人身傷亡財產損害賠償的具體項目

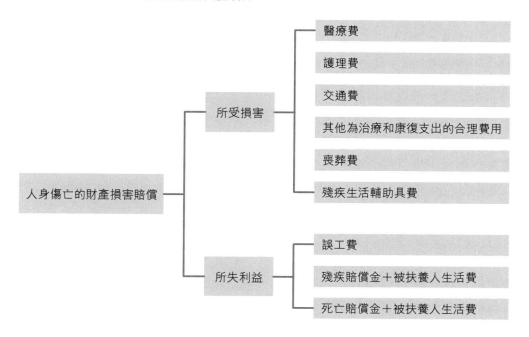

2.2　所受損害

　　所受損害（*damnum emergens*），也稱「積極損失」，即被侵權人因人身傷亡而支出的各種合理費用，包括「醫療費、護理費、交通費等為治療和康復支出的合理費用」、喪葬費，以及殘疾輔助器具費（《侵權責任法》第 16 條）。

2.2.1　醫療費

　　醫療費，是指被侵權人遭受人身傷害後接受醫學上的檢查、治療與康復而已經支出和將來必須支出費用。它既包括過去的醫療費用，如已支出的醫藥費、治療費等，也包括將來必須支出的醫療費用，如康復費、整容費，以及其他後續治療費。對於醫療費的計算，《人身損害賠償解釋》第 19 條規定：「醫療費根據醫療機構出具的醫藥費、住院費等收款憑證，結合病歷和診斷證明等相關證據確定。賠償義務人對治療的必要性和合理性有異議的，應當承擔相應的舉證責任。醫療費的賠償數額，按照一審法庭辯論終結前實際發生的數額確定。器官功能恢復訓練所必要的康復費、適當的整容費以及其他後

續治療費，賠償權利人可以待實際發生後另行起訴。但根據醫療證明或者鑒定結論確定必然發生的費用，可以與已經發生的醫療費一併予以賠償。」

2.2.2　護理費

　　護理費，是指被侵權人在遭受人身傷害（包括死者生前的搶救期間）期間，生活無法自理需要他人幫助而付出的費用。被侵權人如果沒有遭受人身傷害，本來可以自主處理生活，無需他人之幫助。但由於他人之侵權而遭受了人身傷害，被侵權人的生活已暫時或永遠的無法自理，需要他人之護理。由此產生的護理費，侵權人當然要賠償。《人身損害賠償解釋》第 21 條規定：「護理費根據護理人員的收入狀況和護理人數、護理期限確定。護理人員有收入的，參照誤工費的規定計算；護理人員沒有收入或者僱傭護工的，參照當地護工從事同等級別護理的勞務報酬標準計算。護理人員原則上為一人，但醫療機構或者鑒定機構有明確意見的，可以參照確定護理人員人數。護理期限應計算至受害人恢復生活自理能力時止。受害人因殘疾不能恢復生活自理能力的，可以根據其年齡、健康狀況等因素確定合理的護理期限，但最長不超過 20 年。受害人定殘後的護理，應當根據其護理依賴程度並結合配製殘疾輔助器具的情況確定護理級別。」

2.2.3　交通費

　　交通費，是指為治療和康復而支出的用於交通方面的合理費用，包括：（1）被侵權人本人就醫及轉院治療而產生的交通費；（2）必要的陪護人員陪同被侵權人就醫或轉院治療而支出的交通費。至於被侵權人的近親屬因參加侵權損害事故之處理而支出的交通費，不屬於「為治療和康復支出」的費用。《人身損害賠償解釋》第 22 條規定：「交通費根據受害人及其必要的陪護人員因就醫或者轉院治療實際發生的費用計算。交通費應當以正式票據為憑；有關憑據應當與就醫地點、時間、人數、次數相符合。」

2.2.4　其他為治療和康復支出的合理費用

　　這些費用大致包括：（1）營養費，即受害人在遭受人身傷害後，因發生代謝改變，通過日常飲食不能滿足受損機體對熱能和各種營養素的要求，必

須從其他食品中獲得營養所支出的費用。《人身損害賠償解釋》第 24 條規定：「營養費根據受害人傷殘情況參照醫療機構的意見確定。」(2) 住院伙食補助費，即受害人在住院治療期間或死亡的受害人在生前住院治療期間，補助伙食所需要的費用。《人身損害賠償解釋》第 23 條規定：「住院伙食補助費可以參照當地國家機關一般工作人員的出差伙食補助標準予以確定。受害人確有必要到外地治療，因客觀原因不能住院，受害人本人及其陪護人員實際發生的住宿費和伙食費，其合理部分應予賠償。」

2.2.5 殘疾生活輔助具費

所謂殘疾生活輔助具費，是指因受害人殘疾而造成身體功能全部或部分喪失後需要配製補償功能的殘疾輔助器具的費用。殘疾輔助器具包括：(1) 肢殘者用的支輔器，假肢及其零部件，假眼、假鼻、內臟托帶、矯形器、矯形鞋、非機動助行器、代步工具（不包括汽車、摩托車）、生活自助具、特殊衛生用品；(2) 視力殘疾者使用的盲杖、導盲鏡、助視器、盲人閱讀器；(3) 語言、聽力殘疾者使用的語言訓練器、助聽器；(4) 智力殘疾者使用的行為訓練器、生活能力訓練用品。[4]

《人身損害賠償解釋》第 26 條規定：「殘疾輔助器具費按照普通適用器具的合理費用標準計算。傷情有特殊需要的，可以參照輔助器具配製機構的意見確定相應的合理費用標準。輔助器具的更換周期和賠償期限參照配製機構的意見確定。」

2.2.6 喪葬費

喪葬費，即為死者辦理喪事而支付的費用，它是因侵害生命權中而產生的一種獨特的財產損害。《人身損害賠償解釋》第 27 條規定：「喪葬費按照受訴法院所在地上一年度職工月平均工資標準，以六個月總額計算。」喪葬費（以及醫療費）可能是由侵權人預先支付的，也可能來自於受害人的遺產、受害人近親屬墊付的款項，或者非親屬關係的自然人或者單位墊付的款項。如果侵權人已經支付了喪葬費（以及醫療費），當然無需再行支付。但如果是其

---

4. 汪治平（2001）。《人身損害賠償若干問題研究》。62 頁。

他自然人或單位支付的，則這些支付了喪葬費（以及醫療費）的單位或個人，能夠基於何種權利要求賠償義務人返還或者要求保險公司給予賠償？對此，《侵權責任法》第 18 條第 2 款規定：「被侵權人死亡的，支付被侵權人醫療費、喪葬費等合理費用的人有權請求侵權人賠償費用，但侵權人已支付該費用的除外。」《道路交通事故損害賠償解釋》第 26 條第 3 款也規定：「被侵權人因道路交通事故死亡，無近親屬或者近親屬不明，支付被侵權人醫療費、喪葬費等合理費用的單位或者個人，請求保險公司在交強險責任限額範圍內予以賠償的，人民法院應予支持。」

2.3　所失利益

所失利益，也稱「消極損害」，即被侵權人因人身傷亡而喪失的預期收入，包括因誤工減少的收入、殘疾賠償金、死亡賠償金（《侵權責任法》第 16 條）。

2.3.1　因誤工減少的收入

因誤工減少的收入，簡稱「誤工費」。它是被侵權人所遭受的財產損失中的所失利益部分，即如果沒有侵權行為時被侵權人本應獲得的收入。侵權人賠償被侵權人的「因誤工減少的收入」意味着，其需要向被侵權人支付誤工期間（即從遭受傷害到完全治癒這一期間）內，由於被侵權人無法工作或勞動而喪失的那部分收入。誤工費是對受害人所失利益的賠償。《人身損害賠償解釋》第 20 條規定：「誤工費根據受害人的誤工時間和收入狀況確定。誤工時間根據受害人接受治療的醫療機構出具的證明確定。受害人因傷致殘持續誤工的，誤工時間可以計算至定殘日前一天。受害人有固定收入的，誤工費按照實際減少的收入計算。受害人無固定收入的，按照其最近三年的平均收入計算；受害人不能舉證證明其最近三年的平均收入狀況的，可以參照受訴法院所在地相同或者相近行業上一年度職工的平均工資計算。」

2.3.2　殘疾賠償金

依據《侵權責任法》第 16 條，只有被侵權人因侵權行為而殘疾後，才有權要求侵權人賠償殘疾賠償金。被侵權人是否殘疾、殘疾的程度等，都需要

通過傷殘鑒定加以確認。殘疾賠償金，是用來賠償受害人因殘疾致勞動能力喪失或減少（*Aufhebung oder Minderung der Erwerbsfähigkeit*）而遭受的財產損失。在中國，殘疾賠償金數額的計算以抽象標準為原則，而外地採取具體的計算標準。依據《人身損害賠償解釋》，確定殘疾賠償金時應當考慮受害人喪失勞動能力的程度或者傷殘等級（第 25 條第 1 款）。同時，在受害人雖然傷殘但實際收入並未受到影響的場合，需要對殘疾賠償金的數額進行調整（第 25 條第 2 款）。

2.3.3　死亡賠償金

　　它是對由於侵權人死亡而產生的財產損失的賠償，並非是「生命」本身的賠償。任何人的生命都是無價的，不可能用財產價格來衡量。當受害人因侵權行為而死亡時，由於受害人已經死亡，喪失了一切權利能力，不可能再以自己的名義提出任何賠償請求。故此，加害人無需向死者承擔任何責任。「私法最後能夠為死者所作的不過是不使其姓名遭受踐踏，禁止他人將其屍體作為一件財物來對待，同時提供一個體面的葬禮。」[5] 但是，由於受害人的死亡，使那些依法針對受害人享有扶養請求權的人遭受了財產損失，即他們的扶養請求權無法獲得實現，因此侵權人負有向被侵權人的近親屬支付死亡賠償金。《人身損害賠償解釋》第 29 條規定：「死亡賠償金按照受訴法院所在地上一年度城鎮居民人均可支配收入或者農村居民人均純收入標準，按 20 年計算。但 60 周歲以上的，年齡每增加一歲減少一年；75 周歲以上的，按五年計算。」

3.　損害賠償數額的計算

3.1　計算方法

　　《人身損害賠償解釋》則針對人身損害的不同賠償項目，採取了不同的計算方法。首先，對於醫療費、誤工費、護理費、交通費、營養費、受害人到外地治療時本人及陪護人員的住宿費與伙食費等，採取了主觀的計算方法，

---

5. 〔德〕克里斯蒂安·馮·巴爾（2005）。《歐洲比較侵權行為法（下）》。71 頁。

即根據受害人實際支出予以賠償（第 19 至 24 條）。其次，對於殘疾賠償金、殘疾輔助器具費、住院伙食補助費、死亡賠償金、喪葬費、被撫養人生活費等，採取了抽象的計算方法，即不考慮受害人的個體差異，而是依據統一賠償標準（如受訴法院所在地上一年度城鎮居民人均可支配收入或者農村居民人均純收入等）和固定期限（如 60 歲以下為 20 年等）加以計算（第 23 條第 1 款、第 26 至 29 條）。

3.2　計算的時間點

《侵權責任法》沒有規定人身傷亡財產損害賠償的計算時間點。就被侵權人的所受損害而言，因被侵權人已經實際支出了醫療費、交通費等費用，故計算時間點並不重要，無須規定。至於所失利益，《人身損害賠償》採取的是受訴法院所在地的「上一年度」這一時間內的各種標準來計算賠償金額。如，對於喪葬費依據受訴法院所在地「上一年度」職工月平均工資標準計算（第 27 條）；對於死亡賠償金和殘疾賠償，則按照受訴法院所在地「上一年度」城鎮居民人均可支配收入或者農村居民人均純收入標準計算（第 25 條第 1 款、第 29 條第 1 款）。

3.3　計算基準地

3.3.1　原則上以受訴法院所在地為基準地

依據《人身損害賠償解釋》第 25、28 以及 29 條，殘疾賠償金、死亡賠償金和被扶養人生活費的賠償計算基準地都是受訴法院所在地，即受理案件的人民法院所在的省、自治區以及直轄市。《民事訴訟法》第 29 條規定：「因侵權行為提起訴訟的，由侵權行為地或者被告住所地的人民法院管轄。」所謂「侵權行為地」，包括侵權行為實施地與侵權結果發生地（《民事訴訟法意見》第 28 條、《〈民法通則〉意見》第 28 條）。

3.3.2　對計算基準地的調整

中國幅員遼闊、人口眾多，各地經濟發展水平差異相當大。實踐中，當被侵權人及其近親屬的住所地或經常居住與受訴法院所在地不一致時，就會

產生這樣一個問題：被侵權人及其近親屬的住所地或經常居住地的城鎮居民人均可支配收入或農村居民人均純收入等標準，遠高於受訴法院所在地的同類標準。此時，如果仍然按照受訴法院所在地的標準計算殘疾賠償金、死亡賠償金或者被扶養人生活費，就無法填補被侵權人的財產損害。有鑒於此，《人身損害賠償解釋》第 30 條依據「就高不就低的原則」對殘疾賠償金、死亡賠償金以及被扶養人生活費的計算基準地進行了適當的調整，即如果「賠償權利人舉證證明其住所地或者經常居住地城鎮居民人均可支配收入或者農村居民人均純收入高於受訴法院所在地標準的，殘疾賠償金或者死亡賠償金可以按照其住所地或者經常居住地的相關標準計算」。

4. 同一侵權行為致多人死亡的以相同數額確定死亡賠償金

《侵權責任法》第 17 條規定：「因同一侵權行為造成多人死亡的，可以以相同數額確定死亡賠償金。」作此規定的理由主要在於以下幾點：首先，有利於盡快解決糾紛，防止不同的賠償權利人之間互相攀比，避免造成新的矛盾，使得賠償問題長期無法解決，甚至引發群體性事件。其次，該條是對實踐經驗的總結。在中國以往處理同一損害事故造成多人死亡的案件（如礦難賠償）上，多採取給付所有受害人近親屬以固定數額賠償金的方式。[6] 此外，這一規定也為中國今後立法規範現代社會的大規模侵權賠償問題提供了法律依據。

5. 損害賠償金的支付方式

5.1 一次性支付與分期支付的涵義

損害賠償金的支付方式有兩種：一次性支付與分期支付。一次性支付（be award on a lump sum），是指在確定損害賠償金的數額後，侵權人一次性將全部的賠償金支付給被侵權人或其近親屬。分期支付也稱「定期金支付」，是指

---

6. 王勝明主編（2010）。《中華人民共和國侵權責任法解讀》。79 頁。

在確定損害賠償金的總額後，由侵權人按照固定的期限分批分次將賠償金支付給被侵權人或其近親屬。

5.2　中國法上以一次性支付為原則

《侵權責任法》第 25 條規定：「損害發生後，當事人可以協商賠償費用的支付方式。協商不一致的，賠償費用應當一次性支付；一次性支付確有困難的，可以分期支付，但應當提供相應的擔保。」這就是說，關於損害賠償金的支付方式究竟是一次性支付還是分期支付，應由當事人協商確定。如果當事人協商不成的，則以一次性支付為原則，而分期支付為例外，即僅適用於一次性支付確有困難的情形。是否確有困難，應由法院根據賠償義務人的經濟狀況等因素加以決定。在分期支付的時候，由於履行期限變長，可能出現侵權人財產狀況惡化以致無法繼續支付的情形，或者侵權人拖延或逃避繼續支付賠償金的義務的情形。因此，在採取分期支付方式的，法律要求侵權人應當提供相應的擔保（《侵權責任法》第 25 條第 3 句、《人身損害賠償解釋》第 33 條）。擔保既可以是物的擔保（如抵押、質押），也可以是人的擔保（保證）。此外，也可以採取其他具有一定的擔保功能的方式，如由銀行代管、代發賠償金等。

三　侵害其他人身權益的損害賠償

1.　概述

所謂其他人身權益，是指生命權、身體權與健康權之外的人身權益，包括姓名權、名稱權、名譽權、榮譽權、肖像權、隱私權、人身自由權、人格尊嚴權、婚姻自主權、監護權等人身權利與人格利益（《侵權責任法》第 2 條第 2 款、《精神損害賠償解釋》第 1 條）。侵害他人的人身權益既會給被侵權人造成精神損害，也會造成財產損失。依據《侵權責任法》第 20 條第 1 句，「侵害他人人身權益造成財產損失的，按照被侵權人因此受到的損失賠償」。一般來說，只有能夠被商業化利用的人身權（如姓名權、名稱權、肖像權）遭受侵害後，才可能造成被侵權人的財產損失。這一點尤其體現在那些歌星、影星、體育明星等知名人士身上。一般來說，被侵權人可以通過提供在相同

或類似的情況下授權他人使用姓名、名稱或肖像時可以獲得許可費等證據，證明自己其他人身權益遭受侵害時的財產損失。[7]

2. 損失難以確定時的賠償

2.1 規範目的

起草《侵權責任法》時，有的常委委員、法院和專家提出，侵害姓名權、名譽權、肖像權、隱私權等造成財產損失的，不少情況下損失賠償額難以計算，因此《侵權責任法》應當進一步對侵害人身權如何賠償作出規定。[8] 因此，全國人民代表大會法律委員會經同有關部門研究後，參照作出了具體的規定，這就是《侵權責任法》第 20 條第 2、3 句。依據這兩句，被侵權人的損失難以確定，侵權人因此獲得利益的，按照其獲得的利益賠償；侵權人因此獲得的利益難以確定，被侵權人和侵權人就賠償數額協商不一致，向人民法院提起訴訟的，由人民法院根據實際情況確定賠償數額。

2.2 具體適用

2.2.1 按照侵權人獲得的利益賠償

在被侵權人的損失難以確定，侵權人又因侵權行為獲利的情形，依據《侵權責任法》第 20 條第 2 句，可以按照侵權人的獲利確定賠償金額。所謂「被侵權人的損失難以確定」可以理解為：被侵權人雖有損失但無法證明，或者被侵權人實際上並未遭受損失。無論何種情形，由於侵權人的獲利並不等於被侵權人的損失，故而，此種建立在侵權人的獲利基礎上的賠償，實際上已非侵權損害賠償，而是權益侵害型不當得利（*Eingriffskondiktion*）之返還（《民法通則》第 92 條）。

---

7. 在德國，對於侵害人格權的財產損失，原告一般只能以許可費的標準要求賠償適當的報酬。Staudinger/ Hager. §823, Rn C290.

8. 〈全國人民代表大會法律委員會關於《中華人民共和國侵權責任法（草案）》修改情況的彙報〉（2009年 10 月 27 日十一屆全國人大常委會第十一次會議）；〈全國人民代表大會法律委員會關於《中華人民共和國《侵權責任法》(草案)》審議結果的報告〉（2009 年 12 月 22 日十一屆全國人大常委會第十二次會議），載王勝明主編（2010），《中華人民共和國侵權責任法解讀》。458 頁以下。

被侵權人依據《侵權責任法》第 20 條第 2 句請求賠償時，至少需要證明兩點：其一，侵權人獲得了利益。所謂獲得之利益，既包括侵權人因侵權行為而增加的收入，也包括減少的支出。其二，該利益是因侵權行為而產生的。至於侵權人所獲之利益是否被侵權人也能獲得的，在所不問。例如，A 公司利用中央電視台某著名節目主持人 L 的肖像做廣告推銷某食品，顯然侵害了 L 的肖像權。但是，當 L 起訴 A 要求賠償財產損失時，其無法證明自己的損失。因為依據國家廣電總局頒佈的《中國廣播電視播音員主持人職業道德準則》第 31 條之規定，主持人「不從事廣告和其他經營活動。不將自己的名字、聲音、形象用於任何帶有商業目的的文章、圖片及音像製品中」。可是，如果 A 聘請同等知名度的影星或歌星做該食品代言人，需要支付 300 萬元的代言費。由於 A 的侵權行為，其少支付了這筆代言費。所以，就可以認為 300 萬元屬於 A 公司因侵權行為所獲之利益。

2.2.2　人民法院確定

如果被侵權人既不能證明自己的財產損失，也無法證明侵權人的獲利，那麼依據《侵權責任法》第 20 條第 3 句之規定，侵權人與被侵權人可以先就賠償數額加以協商。協商不一致而向人民法院提起訴訟的，由人民法院根據實際情況確定賠償數額。所謂「實際情況」包括侵權人的主觀過錯形式、損害後果的嚴重程度、被侵權人的知名度等情況。

四　侵害財產權益的損害賠償

1.　涵義與賠償範圍

《侵權責任法》第 2 條第 2 款列舉的民事權益屬於財產權益的，包括所有權、用益物權、擔保物權、著作權、專利權、商標專用權、發現權、股權、繼承權等。侵害財產權益造成被侵權人的財產損失時，當然侵權人應當承擔損害賠償責任。侵害財產權益給被侵權人造成的財產損失可以分為兩大類：所受損害與所失利益。

所受損害，也稱直接損失，是指現有財產的價值的減少，既包括積極財產的減少，也包括消極財產的增加。例如，A 將 B 的一塊窗玻璃打破，該玻璃需要十元，那麼十元的損失就屬於 B 的積極財產減少。B 購買新玻璃後需要支付五元聘請工人安裝之，則該五元的損失屬於消極財產的增加。

所失利益（*Entgangener Gewinn*），也稱「間接損失」，是指被侵權人因財產權益被侵害導致了本應獲得的利益無法獲得。申言之，如果財產權益沒有遭受侵害，按照事物通常的發生、發展過程或按照被侵權人所作的準備以及採取的措施，被侵權人是具有極大的可能性可以通過使用該財產而獲得利益的，由於侵權行為的發生這些利益無法獲得。故此，侵權人應當承擔賠償。例如，甲公司的用於從事旅客運輸的 A 大客車被乙撞壞，在該車修理期間，甲無法利用該車從事運輸並獲得利益，該損失就是所失利益。所失利益，必須是依據事物通常發展進程，或者按照被侵權人的特殊情形具有獲得的極大可能性的。如果該利益是不可能獲得或者依法不能獲得的，不應給予賠償。[9]其次，如果法律明確否定或限制了所失利益的賠償，也不能給予賠償（如《國家賠償法》第 36 條第 8 項）。[10]

2. 賠償方式

在侵害財產權益時，恢復原狀是指侵權人應當對被毀損的物加以修復，使之回復到損害發生之前的狀態。例如，A 工廠排放污水將 B 的農田污染使之無法耕種，則應當採取措施恢復該土地原有的可耕種狀態。甲駕車將乙的車輛撞壞，甲將乙的汽車交由 C 修理廠進行修理。

侵害財產權益中的金錢賠償，是指侵權人就其給受害人的財產權益物權被侵害而遭受的財產損失，通過支付一定數額的金錢給予賠償的侵權責任方式。金錢賠償主要適用以下情形：

(1)　當事人約定或者法律明確規定採取金錢賠償的方式，如《國家賠償法》第 25 條。

---

9. 重慶市高級人民法院（2007）渝高法民終字第 45 號民事判決書。

10.《最高人民法院關於民事、行政訴訟中司法賠償若干問題的解釋》第 12 條。

(2)　財產無法恢復原狀，具體包括：（1）客觀上已經無法恢復原狀，既包括物品已經完全毀滅了（如 A 過失將 B 珍藏的一幅古字畫燒毀），也包括物品的損害十分嚴重，以致於在技術上是不可能恢復原狀的，例如，一輛轎車已經被整個壓毀，完全報廢。這種損害也稱為「技術性全部損害（technischer Totalschaden）」。[11]（2）雖然從技術上說可以恢復原狀，但是從經濟上說費用過大，已經超過了被毀損物品的總價值。此種損害也被稱為「經濟性全部損害（wirtschaftlicher Totalschaden）」。許多國家或地區的法律都明確承認，當「恢復受損前的狀態將給加害人造成不合理的負擔」時，則排除恢復原狀的賠償方式，特別是當恢復原狀的費用過高時情況更如此。

3. 損害賠償數額的計算

3.1 計算的時間點

　　侵害他人財產權益而造成財產損失時，以哪一個時間點來計算損失，有很多選擇項，如侵權行為發生的時間點、損害發生的時間點、訴訟開始的時間點、訴訟終結的時間點等。[12]《侵權責任法》第 19 條以「損失發生時」作為計算損失的時間點標準。通常，行為人的加害行為當時即造成損失的，加害行為發生時即為損失發生時。例如，甲在 2011 年 3 月 15 日將乙的 Ipad2 摔壞，這一天就是損失發生時。不過，有時加害行為雖然已經發生了，但是損失卻尚未發生，此時加害行為時與損害發生時就不一致了。例如，A 在 2011 年 3 月 15 日將 B 一台閒置不用的筆記本電腦偷走，1 個月後即 4 月 15 日 A 將該電腦摔壞了。A 的侵權行為發生在 3 月 15 日，由於 B 並不使用該電腦，所以侵權行為發生時，B 的所有權雖然遭受了侵害，可尚未造成損失（如使用利益的喪失）。但是，一個月後該電腦被摔壞了，B 方遭受實際的財產損失。因此，損失發生時應為 4 月 15 日。

---

11. 〔德〕迪特爾・梅迪庫斯（2005）。《德國債法總論》（杜景林、盧諶譯）。北京：法律出版社。463 頁。
12. 陳小君（2010）。〈財產權侵權賠償責任規範解析〉，《法商研究》。第 6 期。

3.2　計算的標準

依據《侵權責任法》第 19 條，侵害他人財產的，財產損失可以按照損失發生時的市場價格計算，也可以按照其他方式計算。所謂「市場價格」，是指被侵害財產的一般交易上的客觀價格。畢竟，任何物品在市場上的價格都是波動的，有漲有跌、有高有低，既不能以最高的價格，也不能以最低的價格為準。

至於其他方式來計算財產損失的情形有二：

3.2.1　不存在市場價格的物品

如古董、文物、舊物等。這些物品往往不存在市場價格，因此需要通過其他方式來確定被侵權人的損失。確定損失的方法有很多，如鑒定法、相似貨物估算法、投保價格確定法等。[13]

3.2.2　雖然有市場價格但以市場價格來計算財產損失並不妥當的情形

例如，在一起案件中，葉某從胡某處借走一枚特 15「首都名勝」的第 3 枚天安門「天空光芒四射」（也稱「放光芒」）的珍貴郵票後丟失。由於「天空光芒四射」珍貴郵票是錯版未發行郵票，按照國家有關部門的規定，是沒有定價的。但是，由於某種特殊原因又確實流入到社會上，在集郵市場上流通。雖然存在所謂的市場價格，但因該郵票量少而收藏價值大，價格在不斷上升。因此，法院認為，不能完全按照損失發生的市場價格計算賠償金額，而應當按照略高於市場價格的金額予以賠償。[14]

---

13. 本案取自陳現傑（2005）。〈對侵權案件中預見不能的損害結果應當適用可預見性規則限制其賠償範圍〉。最高人民法院民事審判第一庭編，《民事審判指導與參考》（總第 34 集）。75 頁以下。

14. 參見〈最高人民法院關於胡震波訴葉潤忠返還財物（郵票）糾紛應如何處理的函覆〉（1992 年 4 月 8 日）。

第二十八章

精神損害賠償

一　概述

1.　概念與特徵

　　精神損害賠償，也稱「非財產損害賠償」，是指因侵害他人的人身權益造成嚴重精神損害時，侵權人應當向被侵權人支付精神損害撫慰金（*Schmerzensgeld*）。《侵權責任法》第 22 條規定：「侵害他人人身權益，造成他人嚴重精神損害的，被侵權人可以請求精神損害賠償。」人身權益既包括人身權利，也包括人身利益。前者如生命權、身體權、健康權、姓名權、名譽權、榮譽權、肖像權、隱私權、人身自由權、人格尊嚴權、婚姻自主權、監護權等；後者如，死者的姓名、肖像、名譽、榮譽、隱私等人格利益。

1.1　精神損害賠償責任屬於侵權責任

　　中國司法實踐不承認在違約之訴中受害人可以主張精神損害賠償責任。《精神損害賠償解釋》沒有採納違反合同也應承擔精神損害賠償責任的觀點，而是將精神損害賠償的範圍限制在侵權案件類型中。[1]《最高人民法院關於審理旅遊糾紛案件適用法律若干問題的規定》第 21 條更是規定：「旅遊者提起違約之訴，主張精神損害賠償的，人民法院應告知其變更為侵權之訴；旅遊者仍堅持提起違約之訴的，對於其精神損害賠償的主張，人民法院不予支持。」

1.2　精神損害賠償責任適用於特定的侵權行為

　　一方面，由於精神損害賠償責任是隨着現代社會對人格權的日益重視而逐步發展出來的制度，它保護的是自然人的人身權益。[2] 故此，只有侵害人身權益時才產生精神損害賠償責任。另一方面，由於精神損害涉及的是心理上的痛苦、悲痛，精神上的沮喪或情感上的傷害，該損害本身無法用金錢加以衡量或計算。因此，在精神損害是否存在以及損害程度的確定等問題上，有

---

1. 最高人民法院民事審判第一庭（2001）。《最高人民法院〈關於確定民事侵權精神損害賠償責任若干問題的解釋〉的理解與適用》。12 頁。
2. 《中華人民共和國最高人民法院公報》。1997 年第 2 期。

很大的主觀性與不確定性。[3] 為防止精神損害賠償責任給人們的合理行為自由造成不適當的限制，避免其適用範圍的無限擴張，甚至誘使某些人藉此牟利，法律規定，只有精神損害達到嚴重的程度後，被侵權人才能請求侵權人承擔精神損害賠償責任。此外，在侵害人身利益的場合，只有當侵權人以「非法」或「違反社會公共利益、社會公德」的方式從事了該侵權行為時，方產生精神損害賠償責任（《精神損害賠償解釋》第 1 條第 2 款、第 3 條）。

2. 功能

2.1 補償功能

精神損害賠償如同財產損害賠償一樣，都是建立在補償而非懲罰的思想之上的。任何因侵權行為而「使他人生活變得沉重的人，都應當通過給付，使他人的生活在可能的範圍內重新輕鬆起來」。[4] 惟其如此，被侵權人才可以享有另外的舒適，或通過轉向其他的途徑以更好地實現其利益。換言之，儘管金錢並不真正的補償身體殘疾所帶來的傷痛、失去親人的痛苦，但是通過責令侵權人支付相當數量的金錢，被侵權人或者其近親屬可藉此取得替代性的歡娛，盡快從損害事故之陰影中走出來，重新開始正常的工作與生活。因此，精神損害賠償制度的首要功能是補償功能（*Ausgleichsfunktion*）。

2.2 撫慰功能

撫慰功能也稱滿足功能（*Genugtuungsfunktion*）。該功能是建立在這樣的思想基礎之上的，即加害人就其曾對受害人的所作所為負有使受害人滿意之義務（*Genugtuung schuldet*）。[5] 一方面，精神損害賠償責任「可使得受害人得到滿足，被害人得知加害人為此支付金錢後，其心中的憤懣將獲得平衡，報復之心亦將減少。對於現代人而言，縱使受基督教及文明的洗禮，報復之心

---

3. Münch Komm BGB/ Oetker. §253, Rn, 5; Staudinger/ Schiemann. §253, Rn1 ff.
4. *BGHZ* 18, 149, 154; vgl. Koetz/ Wagner (2010). *Deliktsrecht*, Rn. 702.
5. *BGHZ*. 18, 149, 154.

尚未完全消滅」。[6] 正是由於精神損害賠償責任可以體現法律伸張正義之精神，消除受害人及其親屬的報復念頭，故而精神損害賠償金也稱為「精神損害撫慰金」（《精神損害賠償解釋》第 8 條第 2 款、第 9 條）。另一方面，精神損害賠償責任的撫慰功能也與《侵權責任法》的預防功能緊密相連，因為通過使侵權人遭受金錢上的損失，有助於侵權人今後以更為謹慎的方式從事行為，避免侵害他人合法權益。[7]

二　精神損害賠償責任的適用

1.　適用範圍

1.1　《侵權責任法》對適用範圍的嚴格限制

《侵權責任法》的立法本意是要嚴格限制精神損害賠償責任的適用範圍。因為立法者認為：「侵權行為在不少情況下既造成財產損害，又造成精神損害。中國現行法律沒有明確規定精神損害賠償，但審判實踐中已有不少精神損害賠償的案例。經同有關部門研究認為，草案應當對精神損害賠償作出明確規定，但對精神損害賠償的範圍應當嚴格限制。」[8]《侵權責任法》第 22 條從兩方面限制了精神損害賠償責任的適用範圍：其一，侵害的客體，即侵害了人身權益；其二，損害後果，即造成他人嚴重精神損害。

1.2　適用的要件

1.2.1　侵害的是人身權益

只有被侵害的客體是人身權益，才會發生精神損害賠償責任。如果只是單純的物權等財產權被侵害，被侵權人只能要求侵權人承擔財產損害賠償責

---

6. v.Tuhr (1934). *Allgemeiner Teil des Schweizerischen Obligationsrechts*, I. S. 106.

7. Koetz/ Wagner (2010). *Deliktsrecht*. Rn. 704.

8. 〈全國人民代表大會法律委員會關於《中華人民共和國侵權責任法（草案）》主要問題的彙報〉，2008 年 12 月 22 日第十一屆全國人民代表大會常委委員會第六次會議。

任。人身權益包括人身權利和人身利益，主要有：（1）自然人的人格權和人格利益。這些人格權包括生命權、健康權、身體權、姓名權、肖像權、名譽權、榮譽權、隱私權、人格尊嚴權、人身自由權。（2）自然人的身份權，包括監護權、榮譽權、婚姻自主權等。（3）死者的人格利益，包括姓名、肖像、名譽、榮譽、隱私和遺體、遺骨。（4）具有人格象徵意義的特定紀念物品的所有權。

1.2.2 遭受了嚴重精神損害

被侵權人只是遭受了一般的或輕微的精神損害，無法獲得精神損害賠償金。而所謂的嚴重精神損害，必須做嚴格的解釋，限於以下兩種情形之一：其一，死亡或殘疾。該損害後果本身就是嚴重的精神損害。基於對生命的尊重和保障人身安全的需要，如果侵權人侵害他人人身權益造成了被侵權人死亡或者殘疾，該後果當然意味着被侵權人遭受了嚴重的精神損害。因為，任何人在殘疾或失去親人時，都會痛苦，此乃人之天性，不存在也不應存在例外。其二，其他情形下的證明責任。如果侵權人雖然侵害了他人的人身權益，但並未造成死亡或殘疾的後果，被侵權人必須證明嚴重精神損害的存在。如名譽權被侵害者證明，因該侵權行為而出現了嚴重的心理或生理疾病等。

2. 精神損害賠償的請求權人

2.1 被侵權人及其近親屬

因侵害他人的身體權、健康權或者其他人格權益而遭受嚴重精神損害的被侵權人，當然屬於精神損害賠償的請求權人。如果被侵權人因侵權行為死亡的，其近親屬有權要求侵權人承擔侵權責任。《精神損害賠償解釋》第 7 條規定：「自然人因侵權行為致死，或者自然人死亡後其人格或者遺體遭受侵害，死者的配偶、父母和子女向人民法院起訴請求賠償精神損害的，列其配偶、父母和子女為原告；沒有配偶、父母和子女的，可以由其他近親屬提起訴訟，列其他近親屬為原告。」第 18 條第 1 款規定：「受害人或者死者近親屬遭受精神

損害，賠償權利人向人民法院請求賠償精神損害撫慰金的，適用《最高人民法院關於確定民事侵權精神損害賠償責任若干問題的解釋》予以確定。」

2.2　侵害死者的人格利益時的精神損害賠償權利人

依據《精神損害賠償解釋》第 3 條，自然人死亡後，其近親屬因下列侵權行為遭受精神痛苦，向人民法院起訴請求賠償精神損害的，人民法院應當依法予以受理：以侮辱、誹謗、貶損、醜化或者違反社會公共利益、社會公德的其他方式，侵害死者姓名、肖像、名譽、榮譽；非法披露、利用死者隱私，或者以違反社會公共利益、社會公德的其他方式侵害死者隱私；非法利用、損害遺體、遺骨，或者以違反社會公共利益、社會公德的其他方式侵害遺體、遺骨。

2.3　侵害特定物品上的人格利益

《精神損害賠償解釋》第 4 條規定，具有人格象徵意義的特定紀念物品，因侵權行為而永久性滅失或者毀損，物品所有人以侵權為由，向人民法院起訴請求賠償精神損害的，人民法院應當依法予以受理。

2.4　法人、其他組織不屬於精神損害賠償的權利人

法人作為一種團體，法律賦予其一定人格權的目的主要是為了維護其財產利益，例如，法人的名稱被盜用、信用被毀損，實際上引起的是財產上的損失。法人本身並沒有獨立的身體與精神感受，不可能遭受精神損害。因此，對法人人格權遭受侵害的不會給予精神損害賠償。同樣，其他組織也沒有獨立的身體與精神感受，同樣不可能遭受精神損害。故此，《精神損害賠償解釋》第 5 條規定：「法人或者其他組織以人格權利遭受侵害為由，向人民法院起訴請求賠償精神損害的，人民法院不予受理。」

3.　精神損害賠償數額的確定

　　《精神損害賠償解釋》曾對精神損害的賠償數額的確定因素作出了具體規定。該解釋第 10 條第 1 款規定：「精神損害的賠償數額根據以下因素確定：(1) 侵權人的過錯程度，法律另有規定的除外；（2）侵害的手段、場合、行為方式等具體情節；（3）侵權行為所造成的後果；（4）侵權人的獲利情況；（5）侵權人承擔責任的經濟能力；（6）受訴法院所在地平均生活水平。」由於《侵權責任法》第 22 條將造成嚴重精神損害作為精神損害賠償的成立要件，加之該法第 20 條以侵權人的獲利作為侵害人身權益造成財產損失時的一種賠償標準，故此在確定精神損害賠償的數額不應再考慮侵權人的獲利情況以及侵權行為所造成的後果

第二十九章

損益相抵與過失相抵

一　損益相抵

1.　概念

損益相抵（*compensatio lucri et damni*/ *Vorteilsausgleichung*），也稱「損益同銷」，是指當賠償請求權人因同一賠償原因事實而受有利益時，賠償義務人有權要求將該利益加以扣除，從而確定損害賠償之範圍的制度。[1] 損益相抵制度的理論基礎在於損害賠償法中的「禁止獲利」（*Bereicherungsverbot*）原則。[2] 損害賠償具有補償功能，賠償義務人向賠償權利人承擔賠償責任後，應使後者處於損害事故如未發生時應處的地位，但賠償權利人不能因該損害之賠償而處於較損害發生前更為有利的地位。這就是禁止獲利原則的基本思想。

《民法通則》、《合同法》以及《侵權責任法》皆未對損益相抵制度作出規定，但司法實踐明確認可該制度。例如，《最高人民法院關於當前形勢下審理民商事合同糾紛案件若干問題的指導意見》第 10 條第 1 句規定：「人民法院在計算和認定可得利益損失時，應當綜合運用可預見規則、減損規則、損益相抵規則以及過失相抵規則等，從非違約方主張的可得利益賠償總額中扣除違約方不可預見的損失、非違約方不當擴大的損失、非違約方因違約獲得的利益、非違約方亦有過失所造成的損失以及必要的交易成本。」

2.　構成要件

2.1　損害賠償責任已經成立

損益相抵是損害賠償法中的制度，而只有損害賠償責任已經成立才存在賠償權利人與賠償義務人，進而適用損益相抵制度。在《侵權責任法》中，這意味着，侵權賠償責任已經成立，侵權人應當向被侵權人承擔損害賠償責任。雖然成立了侵權責任，但如果只是停止侵害、排除妨礙抑或賠禮道歉，而無損害賠償責任，亦不發生損益相抵之問題。

---

1. 鄭玉波（1974）：〈論過失相抵與損益相抵之法理〉，《民商法問題研究（二）》。台北：作者自刊。17 頁。

2. Looschelders (2008) . *Schuldrecht Allgemeiner Teil*. Rn. 929.

2.2　損害賠償請求權人受有利益

損益相抵的前提是賠償請求權人獲得了利益。該利益是僅限於財產利益，抑或也包括了精神利益，存在爭論。[3] 討論該問題的主要意義在於：當賠償請求權人要求賠償義務人承擔精神損害賠償責任時，義務人可否主張權利人因同一賠償原因事實而獲得了精神上的滿足，從而減少或免除精神損害賠償責任。[4] 例如，某高官 A 的妻子 B 被 C 酒後駕車撞死。A 與其二奶 D 如膠似漆，正為如何解除與妻子的婚姻關係而犯愁。C 的加害行為恰好成全了 A。當 A 要求 C 承擔精神損害賠償責任時，C 可否以 A 受有精神利益而主張損益相抵。中國多數學者認為，精神利益不應適用損益相抵。[5] 筆者贊同通說。首先，與受害人因同一賠償原因事實而獲得財產利益相比，精神利益的獲得具有更大的偶然性，其與該賠償原因事實的因果關係具有極大的不確定性。其次，將精神利益納入損益相抵制度中，與中國人民的社會心理相違背。

賠償請求權人因同一賠償原因事實獲得的財產利益，可以是「財產的增加（*Vermögensmehrung*）」即有所得到，也可以是「損失的避免（*Verlust vermeiden*）」即減少支出。該財產利益既可以是在損害事故發生時就已獲得的，也可以是在損失事故已經消失了後獲得的。[6]

2.3　該利益是因同一賠償原因事實而獲得的

賠償原因事實是指引發損害賠償責任的法律事實，如侵權行為、違約行為等。所謂「該利益是因同一賠償原因事實而獲得的」意味着，受害人獲得的利益，必須與引發賠償義務人承擔賠償義務的原因事實是同一法律事實，即該利益與損害事實之間存在因果關係。受害人雖然獲得了財產利益，但該利益之獲得與賠償原因事實無關，而是基於第三人的給付（如受害人好友的捐

---

3. 贊同精神利益也適用損益相抵的觀點，參見 Münch Komm BGB/ Oetker. §249, Rn. 232；反對的觀點參見 Lange/ Schiemann. § 9115, S. 497f.

4. Staudinger/ Gottfried Schiemann. §249, Rn. 141.

5. 楊立新（1994）。〈論損益相抵〉，《中國法學》。第 3 期；趙剛（2009）。〈損益相抵論〉，《清華法學》。第 6 期。

6. Münch Komm BGB/ Oetker. §249, Rn. 223 ff.

贈）、受害人個人特有的原因（如受害人房屋被焚毀後意外發現自己祖父埋藏在地下的財寶）或其他法律事實所生，不能適用損益相抵。[7]

3. 損益相抵的具體適用

3.1 適用損益相抵的情形

由於中國法院在確定受害人的損害時，採用的是「淨損害」的做法，即確定受害人的財產損失時，已經扣除了受害人因損害事實的而減少的支出、節約的成本，因此損益相抵適用的範圍非常狹窄。例如，甲用於運輸貨物的 A 汽車被乙損壞需要維修三天。正常情況下，每天甲用該車從事運輸時需要支出汽油費 300 元，停車費 100 元，過路過橋費 200，可獲利益 800 元。中國法院一般都認為，甲因三天無法使用該車而遭受的 2,400 元（每天 800 元乘以 3 天）才屬於損失。

實踐中，最常見的可以適用損益相抵的情形是：作為被保險人的賠償請求權人的財產權被侵害後，由此獲得的財產保險賠償金應從賠償義務人的賠償範圍中扣除。

3.2 不適用損益相抵的情形

3.2.1 責任保險的保險賠償金

責任保險是為了分散被保險人對第三人的賠償責任風險而設立的。責任保險賠償金是用於填補受害人的損失，故此不能認為賠償權利人獲得該賠償金屬於獲益，進行損益相抵。就責任保險賠償金不足的部分，賠償義務人應當繼續承擔損害賠償義務（如《道路交通安全法》第 76 條）。

---

7. 上海市第二中級人民法院（2004）滬二中民四（商）終字第 149 號民事判決書。

3.2.2　人身損害的保險賠償金

受害人在遭受侵害之前投保了人身保險，如人壽保險、意外傷害保險。在受害人因侵權行為而受傷或死亡時，被保險人或受益人獲得了保險賠償金後，依然有權向侵權人請求侵權損害賠償。侵權人不得主張損益相抵。

3.2.3　社會保險給付

受害人基於社會保險制度所獲得的給付，如工傷保險給付、基本醫療保險給付等不適用損益相抵。[8] 侵權人不能要求從侵權賠償金中扣除受害人獲得社會保險給付。

3.2.4　慰問金、撫恤金

人身傷亡損害賠償案件發生後，賠償義務人已經替受害人墊付了醫療費、交通費等費用，甚至給付了所謂的慰問金，則該筆費用在損害賠償總額中應予扣除。但是，對於第三人給予的慰問金或國家依《國防法》、《兵役法》、《軍人撫恤優待條例》、《傷殘撫恤管理辦法》等法律法規發放的死亡撫恤金、殘疾撫恤金及有關福利待遇，因屬於第三人或者國家給予的恩惠，其目的並非在於填補受害人的損害，[9] 也不屬於「與同一損害賠償原因事實存在因果關係的利益」，因此不能通過損益相抵予以扣除。

3.2.5　因被害人死亡而獲得的遺產

被害人因加害人的侵權行為而死亡，其繼承人因此得以繼承被害人的遺產，此種利益不能適用損益相抵而在死亡賠償金中加以扣除。因為被害人的遺產乃是被害人個人努力所得，其目的在於照顧其依法應當承擔撫養義務的親屬，不是因損害賠償事實而產生的利益，不能扣除。

---

8. 醫療保險給付不適用損害相抵的案例參見鄭金雄、陳捷（2011）。〈醫保已付醫藥費，患者能否再索賠？〉，《人民法院報》。2011 年 2 月 19 日。

9. 《軍人撫恤優待條例》第 1 條明確規定了給予撫恤待遇的目的在於「激勵軍人保衛祖國、建設祖國的獻身精神，加強國防和軍隊建設」。

二　過失相抵

1.　概念與特徵

1.1　概念

　　過失相抵（*Mitverschulden*），是指當受害人對於損害的發生或者損害結果的擴大具有過錯時，依法減輕或者免除賠償義務人的損害賠償責任的制度。過失相抵制度是對「要麼全賠償，要麼不賠原則」的突破，它允許對損害賠償加以權衡調整。[10] 該制度的理論基礎在於法律的公平精神。當受害人的過錯與加害人的過錯共同導致損害的發生，或者受害人的過錯導致了損害的進一步擴大時，無論是要加害人全部賠償，還是完全拒絕受害人的賠償請求權，都是不公平的。此時，應當根據受害人的過錯對損害賠償範圍進行調整，方才公平合理。《侵權責任法》第 26 條規定：「被侵權人對損害的發生也有過錯的，可以減輕侵權人的責任。」

1.2　特徵

1.2.1　受害人因他人的侵權行為而遭受損害

　　如果不存在他人的侵權行為而僅是由於受害人自身的原因而遭受損害，顯然不屬於過失相抵。這一點使過失相抵不同於受害人同意。因為在受害人同意他人對其財產進行侵害時，受害人的同意阻卻了該他人行為的違法性，因此不存在侵權行為，更不發生損害賠償的問題。

1.2.2　受害人對於損害的發生或者擴大也具有過錯

　　申言之，受害人所遭受的損害是由於加害人的過錯與受害人的過錯相互結合而共同造成的，或者受害人在遭受損害後因其過錯導致該損害被進一步擴大。例如，某甲將一根木棍擋在公路上，某乙因超速行使而沒有發現這根木棍以致汽車傾覆遭受損害。在本案中，甲用木棍擋住公路是具有過錯的，

10.　Jauernig/ Teichmann. §254 Rn1; Medicus/ Lorenz (2008). *Schuldrecht I Allgemeiner Teil*, Rn 634.

而乙因超速行使以致沒有及時發現公路上的障礙物也具有過錯，損害是在加害人甲與受害人乙自身的過錯相互結合的情形下而造成的。

1.2.3　過失相抵的法律效果是減輕或者免除加害人的賠償責任

　　而由於過失相抵的目的在於確定責任的範圍，因此一旦過失相抵的構成要件具備時，法院無須當事人的主張即可依職權減輕或者免除加害人的賠償責任。因為基於過失相抵而產生的減輕或免除責任，並非加害人須主張的抗辯事由，而是受害人的損害賠償請求權的部分或全部之消滅。[11] 且過失相抵制度的旨在謀求加害人與受害人之間的公平，[12] 法官當然有權依職權適用之。

2.　　構成要件

2.1　　受害人存在過錯

　　受害人的過錯是指，受害人對於損害的發生或者損害結果的擴大具有過失，不包括受害人故意引發損害的情形。受害人的過失，是指受害人沒有採取合理的注意或者可以獲得的預防措施來保護其身體、財產以及其他權益免受損害，以致遭受了他人的損害或者在遭受他人損害後進一步導致了損害結果的擴大。受害人的過失包括一般過失與重大過失。

　　重大過失是指受害人以極不合理的方式，沒有盡到對自己利益應有的最基本的注意，而與加害人共同導致自己遭受損害；或者在損害發生後，導致了損害結果的進一步擴大。受害人的一般過失，是指受害人沒有盡到作為一個合理的人而應有的對自己利益所應有的注意程度，從而使自己遭受了損害或造成損害結果的進一步擴大。

---

11. 史尚寬（2000）。《債法總論》。308 頁。
12. 孫森焱（2012）。《民法債編總論》（上冊）。452 頁。

2.2　受害人的過錯行為必須是損害發生或者損害結果擴大的原因

受害人的過錯行為，必須與同一損害的發生或者擴大之間存在因果關係。如果受害人的故意或者過失導致的不是同一損害的發生或擴大，而是另外一個損害的發生或者與加害人無關的損害的擴大，則屬於因果關係的中斷，而非過失相抵。具體來說，受害人的過失行為與損害的因果關係有以下兩類。

其一，受害人的過錯行為與加害人的行為相互結合，共同導致了同一損害後果的發生，即存在「共同的因果關係」（*addierte Kausalität*）。例如，張某在進入某施工現場找自己的朋友李某時，沒有按照規定戴安全帽。工人李某在施工時的不慎將一把扳手從三樓掉落，剛好砸在張某的頭上，致張某受傷。本案中，張某的損害是由於其過失行為與李某的過失行為相互結合共同造成的，欠缺其中之一，損害都不會發生，因此屬於過失相抵的情形。

其二，受害人的過錯行為只是導致了損害結果的進一步擴大。例如，甲某在騎車的過程中因過失將攤販乙某擺放的水果攤撞到，乙某在攤子倒了以後並未將散落在地上的水果收拾好，而是任其留在地上，結果被往來穿行的汽車壓壞。在本案中，水果攤被撞倒的損害只是由於甲某一人的過失行為所致，但是受害人乙某的故意行為導致了損害結果的進一步擴大。因此，也屬於過失相抵的情形。

2.3　受害人的行為必須是不當的行為

在認定是否構成過失相抵時，無需要求受害人的行為具備違法性，只要受害人的行為屬於不當行為即可。因此，當受害人的行為屬於正當防衛、緊急避險以及自助行為時，不適用過失相抵。此外，受害人因見義勇為的行為而遭受損害時，也不構成過失相抵。例如，甲衝進鐵路救出一個小孩，或為了保護有價值的財產而撲滅大火，或者站在街上警告路人注意交通事故造成的障礙等。

不當行為既可以是積極的作為，也可以是消極的不作為。消極的不作為構成過失相抵的情形包括：其一，當重大損害原因存在而賠償義務人不知道，受害人沒有促使賠償義務人注意。例如，將裝有昂貴鑽石戒指的信封交

給他人保管卻不加以說明；其二，在損害發生後，怠於避免或者減少損害。例如，在受害之後不及時前去就醫。

3.　適用的主體

在社會生活中，每個人都是權利主體與義務主體，他僅對自己的故意或過失行為負責，而不對他人的過錯行為負責。一般來說，第三人的故意或過失，對於受害人而言，不過是一種事變，受害人無須因該人的過錯而減少甚或喪失損害賠償數額。因此，過失相抵的基本結構原則上為：一個加害人與一個受害人，因雙方的共同過失而引發損害或導致損害的擴大。

但是，在第三人與受害人具有較為密切的關係時，如果頑固的堅持上述原則，顯然對加害人有失公平，對受害人則過於放縱。因此，各國民法莫不規定，在一定的情況下，第三人的故意或過失也應作為受害人的故意或過失，從而減輕甚至免除加害人的賠償責任。如《德國民法典》第 254 條第 2 款、第 278 條第 1 句，《意大利民法典》第 1229 條等。

對於與受害人有特定關係的第三人的過失，可否作為受害人的過失適用過失相抵，中國法律和司法解釋均無規定。本書認為，當與受害人存在特定法律關係的第三人對於損害的發生或擴大具有過失時，也可以進行過失相抵，從而減輕加害人的賠償責任。這些第三人包括：受害人的代理人或使用人、受害人的法定監護人和近親屬等。

4.　適用的限制

4.1　侵權人具有故意或重大過失，受害人僅有一般過失時，不適用過失相抵

《人身損害賠償解釋》第 2 條第 1 款第 2 句對過失相抵規則的適用作出了一項例外性的規定：即當侵權人是因故意或者重大過失致人損害的，而受害人只有一般過失時，不能運用過失相抵規則來減輕賠償義務人的賠償責任。這是因為：首先，當侵權人故意或重大過失侵害他人民事權益時，主觀惡性非常大。如僅因受害人的一般過失就減輕賠償責任，勢必鼓勵、縱容此

等侵權行為，不利於受害人的保護與對加害人的懲治。其次，侵權人故意或重大過失侵害他人意味着，其對自身行為的控制絲毫沒有控制或很少加以控制。既然如此，法律上就要對加害人、而非受害人提出更多的要求。再次，《合同法》第 53 條明確禁止那些限制或者免除造成對方人身傷害的責任或者因故意或者重大過失造成對方財產損失的責任的條款，原因是這些條款違反公序良俗。[13] 同理，如果在加害人故意或重大過失而受害人只有一般過失時，減輕賠償責也有違公序良俗。

4.2 侵權行為適用無過錯責任時，受害人有重大過失方能進行過失相抵

《人身損害賠償解釋》第 2 條第 2 款規定，在適用《民法通則》第 106 條第 3 款的規定確定賠償義務人的賠償責任時，當受害人有重大過失時，可以減輕賠償義務人的賠償責任。所謂「重大過失」指的是，受害人以極不合理的方式沒有盡到對自己利益應有的最基本的注意，而與加害人共同導致自己遭受損害；或者在損害發生後，導致了損害結果的進一步擴大。

《侵權責任法》既未一般性地規定，受害人具有重大過失時才能減輕侵權人的責任，也沒有區分受害人是無民事行為能力人、限制民事行為能力而規定最低的賠償比例。而只是在第 72 條與第 78 條規定的兩種具體的無過錯責任中，對過失相抵的適用進行限制，即只有當「被侵權人對損害的發生有重大過失」時，才能減輕侵權人的責任。

---

13. 王利明（2003）。《合同法研究》（第二卷）。477 頁。

一 中文文獻

1. 案例資料

上海市高級人民法院編（2001）。《上海法院典型案例叢編（民事、經濟、知識產權、執行案例）》。上海：上海人民出版社。

中國裁判文書網（http://www.court.gov.cn/zgcpwsw/）

北大法寶案例數據庫（http://www.pkulaw.cn/）

北京市高級人民法院（2007）。《損害賠償新型疑難案例判解》。北京：法律出版社。

北京市高級人民法院。《北京法院指導案例》（第 1–6 卷）。北京：知識產權出版社。歷年依次出版。

重慶市高級人民法院（2008）。《重慶審判案例精選（第三輯）》。北京：法律出版社。

最高人民法院中國應用法學研究所編（2005）。《人民法院案例選・2004 年民事專輯》。北京：人民法院出版社。

最高人民法院中國應用法學研究所編。《人民法院案例選》（第 1–87 輯）。北京：人民法院出版社、時事出版社。歷年依次出版。

最高人民法院民事審判第一庭（2014）。《最高人民法院民一庭民事典型案例精選（2008–2011）》。北京：人民法院出版社。

楊洪逵（2003）。《侵權損害賠償案例評析》。北京：中國法制出版社。

2. 釋義書

王利明主編（2010）。《中華人民共和國侵權責任法釋義》。北京：中國法制出版社。

王勝明主編（2010）。《中華人民共和國侵權責任法解讀》。北京：中國法制出版社。

王勝明主編（2010）。《中華人民共和國侵權責任法釋義》。北京：法律出版社。

奚曉明主編（2010）。《〈中華人民共和國侵權責任法〉條文理解與適用》。北京：人民法院出版社。

最高人民法院民事審判第一庭編（2001）。《最高人民法院〈關於確定民事侵權精神損害賠償責任若干問題的解釋〉的理解與適用》。北京：人民法院出版社。

最高人民法院民事審判第一庭編（2004）。《最高人民法院人身損害賠償司法解釋的理解與適用》。北京：人民法院出版社。

楊立新（2010）。《〈中華人民共和國侵權責任法〉精解》。北京：知識產權出版社。

3. 教科書

〔日〕五十嵐清（2009）。《人格權法》（鈴木賢、葛敏譯）。北京：北京大學出版社。

尹志強（2008）。《侵權行為法論》。北京：中國政法大學出版社。

〔美〕文森特・R・約翰遜（2004）。《美國侵權法》（趙秀文等譯）。北京：中國人民大學出版社。

王利明、周友軍、高聖平（2010）。《中國侵權責任法教程》。北京：人民法院出版社。

王澤鑒（2009）。《侵權行為》。北京：北京大學出版社。

王澤鑒（2012）。《人格權法：法釋義學、比較法、案例研究》。台北：作者自刊。

王澤鑒（2015）。《侵權行為法》。台北：作者自刊。

〔日〕田山輝明（2011）。《日本侵權行為法》（顧祝軒、丁相順譯）。北京：北京大學出版社。

〔日〕吉村良一（2013）。《日本侵權行為法（第 4 版）》（張挺譯）。北京：中國人民大學出版社。

江平、費安玲主編（2010）。《中國侵權責任法教程》。北京：知識產權出版社。

〔德〕馬克西米立安・福克斯（2006）。《侵權行為法》（齊曉琨譯）。北京：法律出版社。

4. 著作

〔英〕John G. Fleming（1992）。《民事侵權法概論》（何美歡譯）。香港：中文大學出版社。

〔荷〕J・施皮爾主編（2009）。《侵權法的統一：對他人造成的損害的責任》（梅夏英、高聖平譯）。北京：法律出版社。

〔英〕P・S・阿蒂亞（2012）。《「中彩」的損害賠償》（李利敏、李昊譯）。北京：北京大學出版社。

〔德〕U・馬格努斯主編（2009）。《侵權法的統一：損害與損害賠償》（謝鴻飛譯）。北京：法律出版社。

〔德〕巴爾、〔英〕克萊夫主編（2014）。《歐洲私法的原則、定義與示範規範：歐洲示範民法典草案：全譯本第 1 卷、第 2 卷、第 3 卷》（傅俊偉等譯）。北京：法律出版社。

〔德〕巴爾、〔英〕克萊夫主編（2014）。《歐洲私法的原則、定義與示範規範：歐洲示範民法典草案：全譯本第 5 卷、第 6 卷、第 7 卷》（王文勝等譯）。北京：法律出版社。

〔意〕毛羅・布薩尼、〔美〕弗農・瓦侖丁・帕爾默主編（2005）。《歐洲法中的純粹經濟損失》（張小義、鍾洪明譯）。北京：法律出版社。

王利明（2003）。《侵權行為法歸責原則研究》。北京：中國政法大學出版社。

王利明（2010）。《侵權責任法研究（上卷）》。北京：中國人民大學出版社。

王利明（2011）。《侵權責任法研究（下卷）》。北京：中國人民大學出版社。

朱岩（2011）。《侵權責任法通論・總論》。北京：法律出版社。

江必新主編（2010）。《最高人民法院〈關於審理審理鐵路運輸人身損害賠償糾紛案件適用法律若干問題的解釋〉理解與適用》。北京：中國鐵道出版社。

〔奧〕伯恩哈德・A・科赫、赫爾默特・考茨歐主編（2012）。《侵權法的統一：嚴格責任》（管洪彥譯）。北京：法律出版社。

〔德〕克里斯蒂安・馮・巴爾（2005）。《歐洲比較侵權行為法（上、下）》（張新寶、焦美華譯）。北京：法律出版社。

〔美〕彼得・凱恩（2010）。《侵權法解剖》（汪志剛譯）。北京：北京大學出版社。

〔荷〕施皮爾主編（2009）。《侵權法的統一：因果關係》（易繼明譯）。北京：法律出版社。

〔德〕迪特爾・施瓦布（2006）。《民法導論》（鄭沖譯）。北京：法律出版社。

〔德〕迪特爾・梅迪庫斯（2005）。《德國債法總論》（杜景林、盧諶譯）。北京：法律出版社。

〔德〕迪爾克・羅歇爾德斯（2014）。《德國債法總論（第 7 版）》（沈小軍、張金海譯）。北京：中國人民大學出版社。

奚曉明主編（2012）。《最高人民法院關於道路交通事故損害賠償司法解釋理解與適用》。北京：人民法院出版社。

奚曉明主編（2014）。《最高人民法院利用網絡侵害人身權益司法解釋理解與適用》。北京：人民法院出版社。

奚曉明主編（2014）。《最高人民法院關於食品藥品糾紛司法解釋理解與適用》。北京：人民法院出版社。

張新寶（2009）。《侵權責任法立法研究》。北京：中國人民大學出版社。

曾世雄（2001）。《損害賠償法原理》。北京：中國政法大學出版社。

最高人民法院民事審判第一庭（2005）。《中國民事審判前沿》（2005 年第 1 集）。北京：法律出版社。

最高人民法院民事審判第一庭（2005）。《中國民事審判前沿》（2005 年第 2 集）。北京：法律出版社。

最高人民法院民事審判第一庭。《民事審判指導與參考》（第 1–58 輯）。北京：法律出版社、人民法院出版社歷年依次。

黃松有主編（2005）。《民事審判實務問答》。北京：法律出版社。

〔日〕圓谷峻（2008）。《判例形成的日本新侵權行為法》（趙莉譯）。北京：法律出版社。

〔美〕戴維・G・歐文（2012）。《產品責任法》（董春華譯）。北京：中國政法大學出版社。

謝懷栻（2014）。《外國民商精要（第三版）》（程嘯增訂）。北京：法律出版社。

〔美〕羅伯特・考特、托馬斯・尤倫（1995）。《法和經濟學》（張軍等譯）。上海：三聯書店、上海人民出版社。

顧昂然、王家福、江平等（2000）。《中華人民共和國民法通則講座》。北京：中國法制出版社。

5.　立法資料

王利明主編（2005）。《中國民法典學者建議稿及立法理由・侵權行為編》。北京：法律出版社。

全國人大常委會法制工作委員會民法室編（2010）。《侵權責任法立法背景與觀點全集》。北京：法律出版社。

高聖平主編（2010）。《〈中華人民共和國侵權責任法〉立法爭點、立法例及經典案例》。北京：北京大學出版社。

梁展欣編訂（2013）。《民事司法規範大全‧侵權卷》。北京：人民法院出版社。

梁慧星主編（2005）。《中國民法典草案建議稿附理由‧侵權行為編、繼承編》。北京：法律出版社。

二　外文文獻

1.　英文著作

Dias, R. W. M. (Ed.). (1989). *Clerk & Lindsell on Torts* (16th ed.). London: Sweet & Maxwell.

Fleming, John G. (1992). *The Law of Torts* (8th ed.). Sydney: The Law Book Company Limited.

Gerven, W. van, Lever, J. & Labrouche, Larouche P. (2000). *Cases, Materials and Text on National, Supranational and International Tort Law*. Oxford: Hart Publishing.

Honoré, A. M. (1979). *Causation and Remoteness of Damage, International Encyclopedia of Comparative Law*, Vol. XI, Chapter 7. Tübingen: J. C. B. Mohr.

Rupert, M. J. & Powell, J. L. (1997). *Professional Negligence* (4th ed.). London: Sweet & Maxwell.

Markesinis, B. S. & Deakin, S. F. (1999). *Tort Law* (4th ed.) Oxford: Clarendon Press.

Markesinis, B. S. & Unberath, H. (2002). *The German Law of Torts: A Comparative Treatise* (4th ed.). Oxford and Portland, Oregon: Hart Publishing.

McGregor, H. (1997). *McGregor on Damages* (16th ed.). London: Sweet & Maxwell.

Neyers, J. W., Chamberlain, E. & Pitel, S. G. A. (2007). *Emerging Issues in Tort Law*. Oxford: Hart Publishing.

Parisi, F. (1992). *Liability for Negligence and Judicial Discretion* (2nd ed.). Berkeley: University of California.

Rogers, W .V. H. (2010). *Winfield & Jolowicz On Tort* (18th ed.). London: Sweet & Maxwell.

Weir, T. (1976). *Complex Liabilities, International Ecyclopedia of Comparative Law*, Volume XI, Tübingen: J. C. B. Mohr.

Wilby, D. Q. C. (Ed.). (2010). *The Law of Damages* (2nd ed.). New York: LexisNexis.

2. 德文著作

Brox, Hans & Walker, Wolf-Dietrich (2006). *Allegmeines Schuldrecht* (31 Aufl.). Munich: Verlag C. H. Beck.

Brox, Hans & Walker, Wolf-Dietrich (2008). *Besonderes Schuldrecht* (33 Aufl.). Munich: Verlag C. H. Beck.

Bueregeliches Gesetzbuch Kohlhammer-Kommentar (13 Aufl.). 2005.

Deutsch, Erwin & Ahrens, Hans Jürgen (2009). *Deliktsrecht* (5 Aufl.). München: Verlag Franz Vahlen.

Erman Buergerliches Gesetzbuch (12 Aufl.). 2008.

Esser, Josef & Weyers, Hans-Leo (2000). *Schuldrecht II, Besonderer Teil, Teilband* (2 Aufl.). Heidelberg: Müller.

Fikentscher, Wofgang & Heinemann, Andreas (2006). *Schuldrecht* (10 Aufl.). Berlin: De Gruyter.

Fuchs, Maximilian (2004). *Deliktsrecht* (5 Aufl.). Berlin: Springer Verlag.

Goetting, Schertz & Seitz (2008). *Handbuch des Persoenlichkeitsrechts*. München: Verlag C.H. Beck.

Hanspeter Strickler (1983). *Die Entwicklung der Gefaehrdungshaftung Auf dem Weg zur Generalklausel?*. Bern: Verlag Paul Haupt Bern und Stuttgart.

Jauernig BGB Kommentar (13 Aufl.). 2009.

Kötz, Hein & Wagner, Gerhard (2010). *Deliktsrecht* (11 Aufl.). München: Verlag Franz Vahlen.

Larenz, Karl & Canaris, Claus-Wilhelm (1994). *Lehrbuch des Schuldrechts, zweiter Band Besonderer Teil*, 2 Halbband. München: Verlag C.H. Beck.

Larenz, Karl (1987). *Lehrbuch des Schuldrechts, Band IAllgemeiner Teil*. München: Verlag C. H. Beck.

Looschelders, Dirk(2008). *Schuldrecht Besonderer Teil* (2 Aufl.). Köln: Carl Heymanns Verlag.

Looschelders, Dirk(2008). *Schuldrecht Allgemeiner Teil* (6 Aufl.). Köln: Carl Heymanns Verlag.

Medicus & Lorenz (2008). *Schuldrecht IAllgemeiner Teil* (18 Aufl.). München: Verlag C. H. Beck.Medicus, Dieter (2007). *Buergerliches Recht* (21 Aufl.). Köln: Carl Heymanns Verlag.

Medicus, Dieter (2007). *Gesetzliche Schuldverhaeltnisse* (5 Aufl.). München: Verlag C.H. Beck.

Medicus/ Lorenz (2010). *Schuldrecht II Besonderer Teil* (15 Aufl.). München: Verlag C. H. Beck.

Muenchener Kommentar zum Büergelichen Gesetzbuch (4 Aufl.). 2004.

Schlechtriem,Peter (2003). *Schuldrecht Besonderer Teil* (6 Aufl.).Tübingen: Mohr Siebeck.

Schwab, Dieter (2005). *Einfuehrung in das Zivilrecht* (16 Aufl.). Heidelberg: Müller.

Schwarz, Güenter Christian & Wandt, Manfred (2009). *Gesetzliche Schuldverhältnisse*, 3 Aufl. Munich: Verlag Vahlen.

Staudinger (1999). *Staudinger Kommentar zum BGB*. (13 Aufl.) Berlin: de Gruyter.

索引

九畫

十四畫

二、《侵權責任法》法條索引

第 71 條　35–36, 165, 178, 385, 388, 392, 395–396

第 72 條　35–36, 45, 56, 385–388, 400–401, 407, 502

第 73 條　305, 384–385, 388, 403, 408–409, 414

第 74 條　384, 387, 401–402

第 75 條　19, 51, 155, 173, 387, 399, 401–402

第 76 條　19, 164, 385, 400, 412–414

第 77 條　32, 384

第 78 條　30, 56, 164, 417, 422–423, 502

第 79 條　8, 417, 420

第 80 條　417, 420–421

第 81 條　30, 51, 417, 421

第 82 條　422

第 83 條　164, 173, 423

第 84 條　—

第 85 條　30, 36, 51–52, 54, 206, 301, 428–432, 438–439, 441–442

第 86 條　8, 30, 35, 282, 386, 427–429, 431, 438

第 87 條　46, 427–428, 430, 440–441

第 88 條　30 ,51, 428, 430, 442–443

第 89 條　30, 427–428, 442–444

第 90 條　30, 35, 51, 428, 434

第 91 條　30, 51, 427–428, 435–438